ELOGIOS A *DIOS ESTÁ TRABAJANDO*

Dios está trabajando, por Ken Eldred, es un destacable logro y un regalo para el cuerpo de Cristo. Contiene, sencillamente, una teología integral de los negocios en su aspecto vocacional, pero también actúa como un agente de cambio en favor del Reino. Es un libro de lectura obligatoria para los que sientan el llamado de Dios a trabajar en los negocios, pero también para los de vocación pastoral que desean una mayor comprensión de aquello que ocupa la atención de las personas en sus congregaciones. Es uno de los mejores libros sobre este tema que haya encontrado en mis treinta y cinco años de trabajo como hombre de negocios.

Edward G. Atsinger III
PRESIDENTE Y EJECUTIVO PRINCIPAL (CEO) DE
SALEM COMMUNICATIO

Esto es más que un libro. ¡Es un r
Dios está trabajando abre nuevos ca
ya está madura», y también lo e

PRESIDENTE DE THE
AUTOR DE *LOVING MONDAY: SUC*

Me siento complacido de ser amig
de caza. Ken es un visionario glo
ministerio de la iglesia, lo realiza p
de lectura obligatoria para

FUNDADOR Y PASTOR PF
SAI

Durante años, mi misión consistió
para ayudarlos a reconocer la ma
avanzar el reino de Dios. *Dios está*
manera refrescante y muestra cómo
con los asuntos del Reino. Ken Eldi
como ministerio y ofrece ejemplo
cualquier lugar del mundo. Recol
buscan usar sus capacid

FUNDADOR DE THE BUFORD FOUN
AUTOR DE *H*

El título lo dice de manera maravillosa: Dios trabaja y utiliza los asuntos del Reino para causar transformación espiritual, social y económica en el mundo de hoy. Ken Eldred demuestra en este fascinante libro que se están derribando las barreras artificiales que separaban los negocios de las misiones (o el trabajo de la fe), y que el Señor utiliza esta herramienta inesperada (los negocios) para llegar a las personas.

Christopher A. Crane
PRESIDENTE Y EJECUTIVO PRINCIPAL (CEO) DE OPPORTUNITY INTERNATIONAL

Ken Eldred ha escrito uno de los libros más profundos que he leído en años. El programa que presenta en *Dios está trabajando* tiene el potencial de revolucionar la obra misionera de la iglesia. Ken muestra que es posible utilizar los negocios no solo para financiar misiones, sino para misionar y evangelizar más eficazmente de lo que se puede hacer con los métodos actuales. Va más allá de la teoría, llega a los resultados reales y demuestra que los negocios ya son utilizados para extender el reino de Dios de manera extraordinaria, incluso en países del Tercer Mundo. Recomiendo este libro a todas las personas cristianas de negocios, a los pastores y a los líderes de las iglesias.

Dr. Jack Deere
PASTOR Y AUTOR DE *SURPRISED BY THE VOICE OF GOD* Y *SURPRISED BY THE POWER OF THE SPIRIT*

Generalmente, la primera reacción ante una dificultad económica de nuestro país o de algún otro es poner nuestras expectativas en que el gobierno solucione el problema prestando ayuda financiera. En el libro *Dios está trabajando*, Ken Eldred describe de manera impactante la manera en que los ciudadanos debemos formar parte de la solución a través de los negocios. Tiene razón, porque el desarrollo económico y comercial debe ir más allá de la sencilla provisión de subsidios. De hecho, la columna vertebral del éxito económico de nuestro país se debió a la aplicación de valores y creencias firmemente arraigadas en las prácticas comerciales. Aliento a todas las personas de negocios a leer este libro y a participar en el desarrollo de nuestro país y del mundo.

Honorable J. Dennis Hastert
VOCERO DEL SENADO

Se trata de un meticuloso estudio sobre Dios y los negocios. *Dios está trabajando* brinda el marco teológico y práctico para que comprendamos el potencial que tienen las personas de negocios para transformar el mundo. Este libro ofrece ejemplos útiles e ideas usadas por las personas de negocios enfocadas en el Reino, en todo tipo de mercados y jerarquías. Como capitalista de riesgo, me resultó particularmente atractiva la parte sobre inversiones centradas en el Reino. Conozco a Ken Eldred desde hace años, y puedo decir que es la persona indicada para escribir este libro. Su forma de integrar la vida familiar, la vida comercial y la pasión por Dios, son modelos a seguir para mí y para otras personas.

Paul Kim
SOCIO GERENTE DE PARAKLETOS@VENTURES

Pude ver cómo la increíble obra de Dios transformó a Corea de una de las naciones más pobres en 1960 al país número doce en la lista de los más desarrollados del mundo. *Dios está trabajando* señala con precisión el origen de nuestro éxito económico: la tremenda transformación espiritual de gran parte de nuestra población; y demuestra que esa transformación espiritual es la clave del crecimiento económico exitoso en otras naciones en vías de desarrollo. El Dr. Cho siempre nos enseñó a quienes nos dedicamos al mundo de los negocios que podemos hacer avanzar la obra de Dios a través del desarrollo comercial, y este libro lo explica ofreciendo ejemplos reales. ¡Me siento tan entusiasmada ante la idea de los negocios del Reino que le cambié el nombre a mi empresa para que refleje su misión!

Soon Bae Kim
ANCIANA PRINCIPAL DE YOIDO FULL GOSPEL CHURCH, SEÚL, COREA

Ken Eldred escribió una obra determinante sobre el impactante movimiento de los negocios como misión. Esta corriente cobra vida a través de muchos ejemplos e investigaciones de casos, explicados por este exitoso y entendido hombre de negocios. Mientras que los participantes del movimiento quizá vean solo las partes separadas, Ken ha desarrollado un marco sistemático que explica la forma en que Dios usará sus diferentes actividades para transformar económica y espiritualmente a las naciones. El libro es académico en su detallada investigación del contexto histórico y bíblico, pero es práctico en su manera de enseñar a dirigir los negocios para el Reino; y nos inspira a entrar en acción. Utilizaré este libro como texto principal en mi curso de MBA sobre desarrollo empresario y económico.

John E. Mulford Ph.D.
PROFESOR Y EX DECANO DE LA REGENT UNIVERSITY SCHOOL OF BUSINESS
DIRECTOR DEL CENTRO PARA EL DESARROLLO EMPRESARIO Y ECONÓMICO

En mis treinta y cinco años como capitalista de riesgo, observé que el factor más importante al evaluar un nuevo emprendimiento es el equipo humano. Antes de hacer negocios con un empresario o empresaria, siempre tomamos en cuenta su integridad, carácter y reputación. *Dios está trabajando,* demuestra de manera maravillosa que el principio de verdad arraigado en los nuevos emprendimientos de Silicon Valley, también puede aplicarse a los negocios en el resto del mundo. Los valores y la cultura son fundamentales para todo emprendimiento comercial exitoso.

John Mumford
SOCIO FUNDADOR Y GERENTE DE CROSSPOINT VENTURE PARTNERS

Al presente y en todo el mundo, Dios utiliza una nueva raza de misioneros, con corazones que los llevan a servir y pasión por ver crecer el Reino; pero que utilizan los negocios para lograr ambas cosas. Ken Eldred forma parte de los pioneros en el movimiento de los negocios del Reino que abarca todo el planeta, dando empleos, esperanza y nueva vida en Cristo a millones de personas. La iglesia necesita reconocer y abrazar este nuevo movimiento. ¡Y leer este libro será un buen comienzo!

Luis Palau
PRESIDENTE DE LA ASOCIACIÓN PALAU

Dios presenta un nuevo paradigma para las misiones en el siglo veintiuno: los negocios del Reino. En *Dios está trabajando*, Ken Eldred nos lleva paso a paso a conocer ese paradigma y explorar el rol que tenemos como cristianos en este nuevo movimiento de Dios. *Dios está trabajando* lo desafiará a ver la obra de su Reino en formas nuevas y poderosas.

Pat Robertson

FUNDADOR Y PRESIDENTE DE THE CHRISTIAN BROADCASTING NETWORK
CONDUCTOR DEL CLUB 700
AUTOR DE *BRING IT ON* Y *COURTING DISASTER*

Ken Eldred ha descubierto los secretos de la prosperidad en el reino de Dios y los revela de manera simple y práctica, para que todos los podamos comprender y tomar esas bendiciones para nuestras vidas.

César Castellanos

FUNDADOR Y PASTOR PRINCIPAL DE
MISSION CHARISMATIC INTERNATIONAL Y G12

En *Dios está trabajando*, Ken Eldred captura un paradigma absolutamente esencial para el cumplimiento de la Gran Comisión en nuestra generación: cómo usar los negocios para influir en las naciones. Ken, un reconocido empresario que ha establecido exitosos negocios para el Reino en las naciones no cristianas, escribe con la autoridad y el entendimiento de quien tiene experiencia práctica. Este libro es definitivamente de lectura obligatoria tanto para el que ocupa el púlpito como para los ministerios que se ocupan del mercado.

Ed Silvoso

PRESIDENTE DE HARVEST EVANGELISM, INC.
AUTOR DE *ANOINTED FOR BUSINESS*

Ken Eldred es un hombre que se concentra en lo que hay en el corazón de Dios: las misiones. Se necesitan grandes fuentes de capital para lograr realizar la tarea de la evangelización mundial, y Ken tiene un plan para conseguirlo. Su vida demuestra responsabilidad e integridad, y su historial es probado. Que el Señor multiplique el plan y la idea de Ken «mil veces más» (Deuteronomio 1:11).

Larry Stockstill

PASTOR PRINCIPAL DE BETHANY WORLD PRAYER CENTER
BAKER, LOUISIANA

Dios está trabajando, de Ken Eldreld es, con mucho, el libro más completo sobre el tema de los asuntos y negocios del Reino. Eldred ha fundado numerosas compañías exitosas constantemente conciliando los negocios con el ministerio, por lo que tiene mucho para trasmitir y contarnos. Todo aquel que sienta la carga por el mandato de la Gran Comisión, debe aprender sobre los negocios del Reino como estrategia excelente para el siglo veintiuno.

Tetsunao Yamamori

DIRECTOR INTERNACIONAL DEL LAUSANNE COMMITTEE FOR WORLD EVANGELIZATION

DIOS ESTÁ TRABAJANDO

Transformando personas y naciones
a través de los negocios

KEN ELDRED

GERENTE EJECUTIVO, FUNDACIÓN LIVING STONES

Vida

Dedicados a la Excelencia

La misión de Editorial Vida es proporcionar los recursos necesarios a fin de alcanzar a las personas para Jesucristo y ayudarlas a crecer en su fe.

DIOS ESTÁ TRABAJANDO
© 2006 Editorial Vida
Miami, Florida

Publicado en inglés bajo el título:
God is at Work
por Regal Books
© 2005 Ken Eldred

Traducción: *Grupo Nivel Uno, Inc.*
Edición: *Silvia Himitian*
Diseño interior: *Grupo Nivel Uno, Inc.*
Diseño de cubierta: *Cristina Spee*

ISBN 10: 0-8297-4741-9
ISBN 13: 978-0-8297-4741-6

Categoría: Vida cristiana / Vida práctica / Negocios y liderazgo

Impreso en Estados Unidos de América
Printed in the United States of America

06 07 08 09 ❖ 6 5 4 3 2 1

DEDICATORIA

Dedico este libro a mi esposa Roberta. Ella es mi inspiración. Con alegría y amor me brindó su apoyo en todo lo que Dios me llamaba a realizar. Me alentó, me desafío y me pulió a través de la sabiduría y los dones que el Señor le dió. Compartió sus dones con alegría y sacrificio, en especial su don para la consejería, haciendo avanzar el reino de Dios ayudándome a mí y a muchos otros que el Señor puso en su camino. Con toda gracia, ella aceptó las largas horas que me llevó completar esta obra.

Por tu amor y contribuciones, te estoy profundamente agradecido. Te debo tanto, Roberta, mi amor, por tus más de treinta años de dedicación.

CONTENIDO

PRÓLOGO

Fui testigo presencial del poder de Dios para transformar el estado económico, moral y cultural de una nación. Cuando inicié en 1958 una iglesia en Seúl, Corea del Sur, nuestro país se recuperaba de una guerra devastadora. Nuestra pequeña congregación, de cinco creyentes, se reunía en una vieja carpa militar que los norteamericanos me habían donado. La población cristiana de Corea del Sur era poco numerosa y no tenía gran importancia. Sin embargo, en las siguientes décadas, se produjo un movimiento masivo del Espíritu Santo, por el cual millones de personas comenzaron a seguir a Jesús. Se produjo una transformación de vidas. Hasta la fecha, los cristianos de Corea del Sur se han multiplicado veinte veces; y más de un tercio de los cincuenta millones de habitantes afirman ser cristianos evangélicos. Solamente los EE.UU. envía mayor cantidad de misioneros al mundo que nuestro país. Sí, ¡Corea ha vivido un tremendo crecimiento espiritual!

Durante ese mismo período, nuestra nación experimentó también un tremendo crecimiento económico. Después de la guerra de Corea, nuestro país era uno de los más pobres del mundo, ¡o quizás el más pobre de todos! El ingreso per cápita equivalía a un dólar norteamericano por semana. Nuestra economía se comparaba con la de las naciones más pobres de África y Asia. Hoy, Corea del Sur ha resurgido desde las profundidades de su pésima posición dentro del Tercer Mundo para pocisionarse en una economía floreciente, que exporta tecnología de primer nivel a todos los rincones del planeta. Nuestra producción económica per cápita se asemeja a la de muchas naciones de la Unión Europea.

Aquellos que han escuchado acerca de los cambios producidos en Corea quizá se sientan tentados a pensar que las transformaciones espirituales y económicas de los últimos cincuenta años no guardan relación entre sí, pero con seguridad este no es el caso. Ambos procesos estuvieron íntimamente relacionados, debido a que la fe y los valores cristianos han echado los cimientos para una exitosa actividad comercial. Sin el poder del evangelio, que cambió los corazones y la mente de nuestra gente, el país no habría sido testigo de tal bendición económica.

Este libro habla sobre los negocios del Reino, sobre el esfuerzo por promover la fe cristiana y el comercio a través de los negocios rentables. Reconoce y describe la fundamental conexión entre la transformación espiritual y la transformación económica de la que fui testigo en Corea. Al movilizar a sus hombres de negocios, la iglesia tiene una oportunidad única para impactar a las naciones en vías de desarrollo que buscan los mismos cambios producidos en mi país. Los esfuerzos seculares que buscan el desarrollo se concentran solamente en objetivos económicos; en cambio, los negocios del Reino reconocen que el comercio exitoso, capaz de mejorar una nación, requiere de un cimiento moral y cultural de naturaleza bíblica. Los empresarios y comerciantes cristianos pueden marcar una gran diferencia al difundir el evangelio de Jesús, transformador de vidas, al ser modelos de integridad en el mercado y al enseñar principios bíblicos que lleven al éxito en los negocios.

Actualmente, nuestra iglesia en Corea, Yoido Full Gospel Church, constituye una poderosa fuerza de setecientos mil cristianos que oran. Más de ciento cincuenta organizaciones profesionales y empresas forman la columna vertebral de nuestro sistema de células; y unos cincuenta mil hombres de negocios son miembros de nuestra comunidad empresarial. Mi espíritu se regocija ante el deseo que manifiestan de servir a Dios y al prójimo a través de su actividad en el mercado. Desafortunadamente, muchas iglesias consideran que los negocios son en esencia seculares, vacíos de todo valor espiritual y que conforman un emprendimiento poco digno para los cristianos. Luché contra ese engaño durante décadas. Dios llama a algunos de sus hijos a ocuparse del mundo de los negocios, así como llama a otros a trabajar en la iglesia; y están errados quienes intentan clasificar al primero como un llamado inferior. El mercado es un lugar tan legítimo para servir a Dios y al prójimo como lo es la iglesia. Felicito al Dr. Eldred por su confirmación en el ámbito de los negocios. Como él observa, el trabajo del empresario en sí puede tener un valor espiritual si consiste en un servicio y satisface las necesidades de los demás.

De hecho, la trayectoria personal del Dr. Eldred evidencia que trabajar en los negocios puede convertirse en un ministerio de amor y servicio al prójimo. Lo conozco desde hace años y pude ver la confirmación de aquella impresión que en un primer momento puso el Espíritu Santo en mí: que bendeciría a Dr. Eldred y lo utilizaría de manera poderosa. Fue un honor para mí tenerlo a él y a su amigo, el Dr. Paul Kim, Director Ejecutivo de Church Growth International, como los únicos ancianos de nuestra iglesia no residentes en Corea. Las ideas y conceptos de este libro han sido tema de muchas horas de conversación y me alegra verlas presentadas aquí de manera tan clara, convincente y atractiva, para el beneficio de muchas personas.

Los negocios del Reino son negocios con propósito. Son negocios con el objetivo de lograr una transformación espiritual, económica y social en las personas y en las naciones. Mi propio país sirve como testimonio de la transformación posible cuando «trabajamos con Dios» y creo que el esfuerzo y el trabajo en los negocios del Reino pueden llevar a otras naciones en vías de desarrollo a salir de sus oscuras condiciones espirituales y económicas. Oro para que mientras usted lea este libro, el Espíritu Santo acelere su corazón y le dé la visión de hacer grandes cosas por el Reino.

DAVID YONGGI CHO
Yoido Full Gospel Church
Seúl, Corea

PREFACIO Y
AGRADECIMIENTOS

El marco de los negocios del Reino que se presenta en este libro, se originó en un completo trabajo de investigación por parte de la Fundación Living Stones [Piedras Vivas]. Consultamos a más de cien importantes expertos y profesionales de instituciones cristianas y seculares. Las personas con las que hablamos ocupan puestos académicos y algunas de ellas están en fundaciones. Son personas de negocios que están en actividad. Financian algunos esfuerzos de los negocios del Reino de diversas envergaduras. Otros colaboran y otorgan préstamos individuales a pequeños propietarios, mientras que el resto reúne capital y administra grandes corporaciones en diversos lugares. Analizamos las opiniones de algunos expertos, las evidencias a partir de sus anécdotas y también los datos internos de esas fuentes. Realizamos también un concienzudo trabajo de investigación con los datos publicados sobre esfuerzos de desarrollo económico por parte de cristianos y de sectores seculares. A partir de estas fuentes, formamos un marco para entender y presentar lo que son los negocios del Reino.

En el 2003, se reunió un gran número de empresarios, pastores y académicos, pioneros en el campo de los negocios del Reino. La reunión fue en Lexington, Kentucky y tuvo como propósito organizar una serie de conferencias que promovieran los negocios del Reino como estrategia misionera. Esa reunión también sirvió para establecer términos, definiciones y perspectivas de lo que son los negocios del Reino. En resumen, tanto el léxico para referirnos a este campo, como el marco para entender el proyecto, se validaron y afirmaron. El libro se benefició mucho gracias a la contribución de esos expertos participantes.

Ningún libro se escribe solo. Hasta la Biblia fue escrita por el Espíritu Santo con ayuda de muchos fieles autores. Y aunque este libro, por supuesto, no puede compararse con las dimensiones de la Biblia, tampoco se podría haber logrado sin la ayuda de todas esas personas. No me alcanzaría el espacio para agradecer como se debe a todos los que contribuyeron.

Ante todo, quiero agradecer al Señor por dirigir esta obra a través del Espíritu Santo, por su sabiduría, dirección y liderazgo. Con esto no quiero decir que el libro está exento de errores, y asumo la responsabilidad por todas las posibles equivocaciones.

Quiero agradecer a Alex Brubaker, mi asistente y coordinador de personal, porque sin su colaboración este libro no habría sido posible. Y aunque asumo la responsabilidad de todo lo que hemos escrito, quiero destacar que él dedicó muchas horas a la creación de este libro, escribiendo, investigando, contribuyendo con ideas y organizando el contenido. Es un hombre con gran motivación e impulso, que siempre va más allá de mis expectativas.

El Dr. David Yonggi Cho, mi pastor personal y pastor de la iglesia más grande del mundo, la Yoido Full Gospel Church, en Seúl, Corea, me brindó mucha inspiración a través de sus enseñanzas, tanto en público como en privado, sobre cosas como la fe, los negocios y el desarrollo de las naciones. El Dr. Paul Kim, compañero anciano en esa iglesia, también es socio mío y un muy querido amigo que pasó mucho tiempo conmigo debatiendo ideas y repasando el material.

Muchos otros ayudaron aportando contenidos, ideas y correcciones.

Gregory Slayton, un buen amigo, condujo parte de la investigación inicial sobre desarrollo de micro empresas (DME), pequeñas y medianas empresas (PyMEs) y capital privado extranjero (CPE). Ted Yamamori, Director Internacional del Comité de Lausanne para la Evangelización Mundial, y John Warton, Director Internacional de Business Professional Network, me brindaron su consejo y repasaron el texto y los conceptos. Tom Henriksen, director adjunto de la Institución Hoover de la Universidad de Stanford me guió hacia el material de investigación y puso a mi disposición los recursos de la Institución Hoover. También quiero agradecer a otras personas que me ofrecieron invalorables consejos y opiniones, como John Mulford, Decano de la Escuela de Negocios de la Universidad Regent; Jack Deere, pastor y ex profesor del Seminario Teológico de Dallas; Steve Rundle, Profesor de Administración en la Universidad Biola; Tom Sudyk de Evangelistic Commerce and EC Group International; Scott McFarlane del Instituto EC y Jim Willenborg, querido amigo y socio desde hace años, que me brindó muchas sugerencias útiles. Roberta

Eldred, mi esposa, leyó el manuscrito para verificar si había errores. Mi hijo Kary Eldred añadió varios puntos para aclarar el texto. Y finalmente quiero agradecer a mis tres hijos adultos y a sus esposas, Eric y Becky Eldred, Kary y Mónica Eldred, Justin y Rachel Eldred, por su constante contención y sostén emocional mientras duró este proyecto.

Con todo este apoyo, quizá se pregunte usted qué hice yo. Simplemente aparecí.

Para más información

por favor visite:

www.godisatwork.org

NOTA DEL AUTOR

En 1848 se encontró oro durante la construcción de una nueva maderera en el Río American de Coloma, California. La noticia, luego de dos meses, llegó a San Francisco, pero fue recibida con escepticismo. Varios meses después, un hombre apareció con una botella que contenía polvo de oro y gritó: «¡Oro! ¡Oro! ¡Oro del Río American!»; y así, la epidemia de la fiebre del oro se apoderó de San Francisco. Las tripulaciones abandonaban sus barcos en el puerto para buscar oro. Los maestros dejaban las aulas para dirigirse a las doradas colinas. En un mes, según informó el *California Star,* los puertos, los pueblos y las granjas de todo el estado «quedaron casi sin habitantes»[1].

Considero que las oportunidades presentadas por los negocios del Reino son tan atrayentes como las que se dieron durante la fiebre del oro. En muchos aspectos, me siento como uno de los pioneros de California, aquellos hombres que traían la noticia de los espectaculares hallazgos y que narraban las maravillosas posibilidades, dando a los demás un mapa en caso de querer sumarse. En particular, este libro brinda lo siguiente:

- Ciertas bases en cuanto al vocabulario, definiciones, teología, perspectiva histórica, estructura y promesa de los negocios del Reino.
- Ejemplos muy interesantes de diferentes emprendimientos de los negocios del Reino que hacen avanzar a la iglesia en la totalidad del mundo en vías de desarrollo.
- Un marco para poder entender la manera en que los negocios del Reino están convirtiéndose en un impulso misionero de relevancia para la iglesia.
- Una guía para los cristianos interesados en participar y apoyar los emprendimientos de lo negocios del Reino en todo el mundo.
- Un glosario de terminología y estructura para los negocios del Reino, con el propósito de estimular a la reflexión, la investigación y el debate.

Aprovechemos la oportunidad

Los hombres y mujeres de negocios son personas de acción. Como empresarios van siempre adelante, aprovechando toda necesidad, objetivo administrativo o ministerio. El exitoso vendedor de zapatos Dwight L. Moody se convirtió en un gran evangelista del siglo dieciocho, y el pujante empresario Bill Bright fundó Campus Crusade for Christ [Cruzada Universitaria para Cristo]. Al percibir una determinada necesidad espiritual, esos hombres utilizaron las destrezas adquiridas y pulidas en el mundo de los negocios para establecer exitosos ministerios.

Hoy, existen cada vez más personas del mundo de los negocios que se comprometen con la Gran Comisión (ver Mateo 28:19-20) y que tienen una perspectiva un tanto distinta. A diferencia de Moody y Bright, optan por permanecer en su campo de acción empresarial. Utilizan precisamente el desarrollo del comercio y los negocios como vehículos para bendecir a pueblos enteros, llevándoles el evangelio de Jesús. Son diversas las formas de participar y cada una con distintas necesidades. En ocasiones, la visión es capacitar a los pobres para poder iniciar pequeños emprendimientos comerciales. En otros casos, se busca crear empleos ayudando a pequeñas y medianas empresas a desarrollarse y ser rentables. Otros se acercan a emprendimientos mayores, como gerenciar y administrar, para aprovechar su potencial de influir en ciudades enteras y amplios sectores de la industria.

Es claro que los negocios del Reino presentan una oportunidad muy grande y que la clave está en la manera en que responda la iglesia. Podemos luchar contra ello, o podemos ver la oportunidad que nos brinda. Para lograr eficacia en los negocios del Reino, y quizá más que en cualquier otro movimiento misionero, se requiere del apoyo y la participación de un buen porcentaje de miembros del cuerpo de Cristo. Oro para que al leer este libro considere usted la forma en que Dios podría usar sus dones, capacitación y pasión para hacer avanzar su Reino a través de los negocios.

> *«Estos dos pioneros de la civilización, el cristianismo y el comercio, han de ser inseparables por siempre».*
> —DR. DAVID LIVINGSTONE (1857)

CAPÍTULO 1

DE SILICON VALLEY A BOMBAY

Es sábado por la mañana en Bombay (Mumbai). Una docena de personas se reúne en una casa pequeña para aprender sobre Dios y hablar con él. Oran por su comunidad, le piden a Dios que se mueva de manera potente y que ellos puedan dar testimonio de él a todos los que se les crucen ese día y todos los días. Si embargo, esas personas no son vecinos ni miembros de una misma iglesia. Tampoco oran por los que viven a su alrededor. De hecho, algunos han viajado desde lejos para asistir a esa cita. Se reúnen para orar por su compañía: ET. Oran para que los cristianos de ET sean sal y luz a quienes transitan con ellos en el mundo de los negocios, empleados, colegas, socios y clientes.

ET es un centro de atención telefónica de la India, con unos mil empleados, todos inteligentes profesionales y graduados de la universidad. Creció a un ritmo acelerado durante sus cinco años de vida. Algunos de los clientes de la compañía son usuarios con importantes tarjetas de crédito en los EE.UU., y la compañía es reconocida por la calidad de su servicio. A primera vista, podría parecer el típico caso de un próspero negocio de la India, pero no es así. En ET el sesenta por ciento de los empleados afirma ser cristiano. ¿Cómo es esto, en un país donde solamente el dos por ciento de la población se identifica con la fe cristiana? En pocas palabras, fue el Espíritu de Dios el que les dió la visión de utilizar los negocios como recurso para promover el evangelio de Jesús.

Tuve el privilegio de participar en el emprendimiento comercial de ET como consejero estratégico desde sus inicios, como miembro de la junta y como inversor. Durante años mi carrera había consistido en iniciar y administrar compañías, pero no estaba en la búsqueda de una más y ¡menos en la India! En este caso la oportunidad vino a mí. La mano de

Dios pareció encargarse de eso. Él me mostró que mis habilidades para los negocios podían usarse en una nación en vías de desarrollo para satisfacer necesidades económicas y espirituales. Los cristianos debían enfrentar grandes escollos para conseguir un empleo en la India. Dios me mostró cómo podían obtener empleos significativos y sostener a sus familias e iglesias locales. Tendrían un lugar en el que serían un ejemplo de los principios bíblicos en el campo de los negocios, infundiendo el perfume de Jesús a la actividad comercial y acercando personas hacia él.

Existen también muchos otros que hacen avanzar a la iglesia por medio de los negocios en diversos lugares del mundo. Forman parte de un inmenso mar de cambios que sacude la forma en que la iglesia lleva a cabo su misión. Los empresarios cristianos se insertan en un ministerio integral que crea empleos y negocios rentables, y que fortalece a la iglesia local, permitiendo a las personas tomar la decisión de seguir a Jesús. Se insertan en «los negocios del Reino».

Los negocios del Reino logran transformaciones económicas y espirituales en todo el planeta, y son muy bien recibidos también en naciones en vías de desarrollo tradicionalmente cerradas al evangelio. Para prestar ayuda se convocó a micro-emprendedores como Bintou, una viuda en Malí que vende mercadería en su pequeña tienda. Otros asisten a pequeñas o medianas empresas y a sus propietarios, como David Berlancic, que gerencia una cantera en Croacia. Descubrí que mi historia es solamente una entre muchas, y que un buen número de personas de negocios cristianas habían sido llamadas a usar sus dones en el esfuerzo de las misiones mundiales. Cada una de esas personas posee su propia historia de cómo Dios los preparó y dirigió hacia una oportunidad de llevar a cabo negocios del Reino.

¿Qué hubiera pasado si me lo perdía?

Mi historia comienza una noche ruidosa en la ciudad de Nueva York, hace treinta años. Nueva York es la ciudad que nunca duerme. Yo tampoco podía dormir. Ese día mi jefe me había llamado a su oficina y después de una breve conversación, cambió mi vida. No, no de la forma en que uno pensaría. En treinta minutos pasé de ser su asistente y analista a ser el gerente de servicios de mercadeo. De simple empleado pasé a ser la cabeza de una división de trescientas cincuenta personas, con cinco gerentes que respondían directamente a mí. ¡No podía creerlo!

Allí, reclinado en mi cama, analicé la situación. Al graduarme de la Escuela de Negocios de Stanford estaba listo para enfrentar el mundo, armado con todo lo que había aprendido. Me sentía como un protón disparado desde un ciclotrón, listo para encender el mundo de los negocios con mi conocimiento de las últimas herramientas en materia de negocios. Sin embargo, y aunque las herramientas eran altamente eficaces, descubrí que no me ayudaban a explicar o resolver una buena cantidad de asuntos complicados.

En ese entonces tenía veintisiete años, una maestría en administración de negocios de Stanford, y escalaba rápidamente posiciones en una importante compañía de Nueva York. ¿Pero hacia dónde me llevaba todo eso? ¿Qué sería yo en unos treinta años más? Intenté trazar un mapa de mi futura trayectoria profesional. Al final de varias perturbaciones y repeticiones, todo me parecía vacío, carente de propósito. Agotado mentalmente, una idea extraña e intimidante me asaltó de pronto. ¿Eso era todo lo que había? ¿Qué pasaría si a los sesenta años despertaba un día y me daba cuenta de que había cometido un error? ¡Ni siquiera tenía una leve idea de dónde podría producirse la falla! Lo que sí sabía era que si me equivocaba y lo descubría a los sesenta años, ya no tendría tiempo de recuperar todo lo perdido. Esa idea me asustaba y jamás se lo dije a nadie. Pero durante años acosó mi pensamiento y me movilizó a buscar una respuesta. Allí, en mi cama, jamás pensé que la respuesta era Dios.

Unos años más tarde me casé, tuve un hijo y una casa en California. Mi esposa Roberta y yo pensamos que nuestro hijo debía tener las mismas oportunidades que nosotros en cuanto a religión. Elaboramos un plan. Nuestra primera parada sería la iglesia local a la que yo asistía de niño. Luego iríamos a la iglesia católica donde se había criado Roberta, después seguiríamos nuestro recorrido en un templo budista, más tarde en la sinagoga y así continuaríamos.

Jamás pasamos de la primera parada. Domingo a domingo luchaba con Dios. Sabía que estaba oyendo verdades espirituales. Comencé a pensar seriamente en el Señor y entendí que él quería tener una relación personal conmigo. Mi lucha con Dios no tenía nada que ver con la decisión de seguir o no a Jesús, sino con lo que debía hacer si daba ese paso. Al escuchar los sermones de cada domingo, llegué a la conclusión de que la única forma en que un cristiano de verdad podía servir a Dios era como pastor: un verdadero seguidor de Jesús dejaría su carrera y se dedicaría a predicar.

Quería ser cristiano... pero también quería dedicarme a los negocios. Mi educación, capacitación, conocimientos, habilidades y pasión estaban allí, en los negocios. ¿Podría en verdad dejarlo todo para seguir a Dios? En el estacionamiento de la iglesia, después del servicio un domingo por la mañana, luché con Dios a causa de esa decisión. El Señor me señaló el Salmo 37:4: «Deléitate en el Señor, y él te concederá los deseos de tu corazón». Mi corazón anhelaba la actividad comercial, así que le pedí a Dios que cambiara mis deseos. Esa mañana decidí seguir a Dios, aunque tuviera que ser pastor en algún sector pobre de la ciudad.

Mi ministerio: Los negocios

Un tiempo después me di cuenta con tristeza que hasta los cristianos maduros suelen sucumbir a esa idea y llegan a la conclusión de que para servir a Dios deben dejar sus carreras o profesiones. Es que no ven la oportunidad ni el valor espiritual de su trabajo en el mercado. El ministerio de la persona de negocios consiste en servir a los demás a través de bienes y servicios de utilidad, infundiendo en cada interacción personal la fragancia de Cristo. Ese es un llamado de Dios, y era mi llamado también.

Los negocios de acuerdo con el Libro

Dios me concedió el deseo que albergaba en mi corazón. Me llevó años comprender plenamente el importante concepto de los negocios como ministerio. Porque Dios me enseñó poco a poco. Un domingo, nuestro pastor predicó sobre «los guerreros de fin de semana». ¿Era yo una de esas personas que oran y adoran los domingos y luego lo dejan todo en su casa para entrar en un mundo completamente diferente los lunes? Me di cuenta que era cierto, que yo era así. Era un guerrero de fin de semana y reconocí que mi fe debía tener impacto en el trabajo. Tendría que hacer negocios de acuerdo con el Libro. Tendría que evaluar mis actos a la luz de los parámetros bíblicos de la integridad, la moral y el amor.

Así que durante muchos años llevé fielmente al Señor conmigo, con la intención de servirlo en el mundo de los negocios. Utilicé la Biblia para considerar con toda minuciosidad mis acciones. Quería agradar al Señor y pude encontrar un gran valor en actuar según sus parámetros.

Fue el primer paso para convertir mi carrera en un ministerio y estoy seguro de que muchos podrán identificarse con eso.

La sociedad con Dios

Con el tiempo, el Señor me mostró su deseo de ser algo más que un parámetro de moral o un modelo de afecto y preocupación por los demás en mi práctica comercial. Comenzó a revelarme que quería ser mi socio en todo lo que emprendiera. Desde un principio, veía a Dios como aquel que me puso en la Tierra y se ocupaba de mí. Lo veía interesado en el proceso de cómo conducía yo mis negocios. Sin embargo, pensé que no le interesaban los resultados de mi negocio porque no eran un asunto «espiritual». No me daba cuenta de que estaba subestimando al Señor. Porque a él le interesaban los resultados y la manera de conducirme como hombre de negocios.

Hace poco, un amigo me contó que al orar solo pide fuerzas y coraje para hacer lo correcto en sus negocios. Eso está bien, pero Dios tiene mucho más y quiere dárnoslo. Esas oraciones subestiman el potencial de la relación que tenemos con Dios. Le dije que esa era una buena oración, pero que no tomaba en cuenta a Dios como socio en sus negocios. Me respondió: «Entiendo. Solamente veo la mitad de la ecuación. La otra mitad en mi negocio es Dios».

Consideré aquella una buena analogía; pero la ilustración resultaría mejor si pensáramos en un motor funcionando con un solo cilindro cuando tiene siete más a su disposición.

Otro amigo expresó un pensamiento muy común entre los hombres de negocios de la iglesia: «Nunca oro pidiendo resultados específicos. No está bien molestar a Dios con esas cosas. Lo que pido es que se haga la voluntad de Dios en cada situación».

Eso también está bien. Pero no llega a reconocer que Dios nos quiere guiar y abastecer en cada aspecto de nuestras vidas, en tanto seguimos su plan para nosotros. Sabemos que él es capaz de lograr determinados resultados porque lo vemos hacer milagros allí donde los médicos no pueden. Sin embargo, como no siempre responde afirmativamente a ese tipo de oración, suponemos que es mejor no pedir. Aun así, Dios se ocupa de hacer milagros para compensar nuestra incapacidad. El rey David pasó una semana de rodillas ante Dios pidiéndole que salvara la vida de su hijo. Dios no lo hizo, pero eso no impidió que David siguiera pidiendo.

Es decir, que si no pedimos a Dios que responda nuestras oraciones específicamente, nunca sabremos cuando las respondió en realidad. Eso incluye nuestras oraciones pidiéndole que sea nuestro socio y que genere resultados milagrosos en nuestro trabajo. En mi caso, Dios quería ayudar pero yo no se lo pedía. Cuando entendí que Dios deseaba asociarse conmigo, que le importaba el resultado de mis negocios y que esperaba que yo le pidiera por resultados específicos, sentí mucho más profundamente la sospecha de que los negocios eran mi ministerio.

El éxito en los negocios y la Biblia

Durante el tiempo que dediqué a escribir este libro, Dios me llevó a un nuevo plano de conciencia y percepción. Ya había comprendido que Dios se interesaba por los negocios y había observado también la correlación de los conceptos bíblicos con la realidad de los negocios. Pero pasó un tiempo antes de poder apreciar plenamente hasta qué punto la Biblia es el fundamento de todo concepto significativo en la actividad comercial. La honestidad, el servicio, la excelencia, el respeto, el compromiso, el valor, la confianza, la lealtad y la calidad no son solamente prácticas exitosas para toda persona de negocios, sino también principios bíblicos. *Antes que todo lo demás*, son principios bíblicos. Rara vez se les da crédito a las Escrituras por eso, porque pocos reconocen el génesis de aquellos conceptos. Por esa causa, muchos aprendimos esos principios sin referencia alguna a su origen bíblico. Finalmente, pude apreciar que las buenas prácticas comerciales no están reñidas con la Biblia sino que *están* en la Biblia.

Cuando se menciona a los empresarios y comerciantes exitosos, que operan según los principios bíblicos, en artículos de revistas o en capítulos de libros, los escritores suelen mostrarse incrédulos ante el hecho de que tienen éxito a pesar del «lastre» de seguir las leyes de Dios. ¿Cómo podrían ganar dinero sin hacer trampa, sin ser deshonestos y sin tratar a sus empleados como poca cosa?

Estoy convencido de que estas personas son exitosas no *a pesar* de seguir los principios bíblicos sino justamente *a causa* de hacerlo.

Todos los conceptos relevantes con respecto a los negocios tienen un fundamento bíblico. Por ejemplo, las naciones con grandeza económica demuestran un alto nivel de confianza en sus sistemas morales, culturales y económicos. Por supuesto, la confianza es fundamental en nuestra relación con Dios, porque él es confiable. El gobierno de la ley, tan esencial para la fortaleza económica y la estabilidad social, también es básico en la Biblia. Todos estamos bajo una autoridad superior y las leyes de Dios son inmutables. La estabilidad en el gobierno es elemental para el éxito de los negocios. El mandato bíblico de «tratar a los demás como queremos que nos traten a nosotros» es básico para el concepto del buen servicio. La ética y la moral se definen por su sólido conjunto de creencias fundamentales a las que todos adhieren. Y el Señor es el pegamento que sostiene todo esto unido.

Así como los principios bíblicos conducen al éxito de los negocios, el mercado nos presenta la oportunidad de llevar la verdad de Dios a otros de manera particularmente relevante. Solamente tenemos que conectar los puntos entre los negocios y la Biblia. En el proceso de enseñar y demostrar prácticas comerciales exitosas, podemos presentar el evangelio de palabra y con los hechos. Esa oportunidad de trasmitir el evangelio a través de los negocios da buenos resultados aquí y en muchos países, y es lo que incentivó a muchos cristianos con intenciones de misionar a establecer un negocio para el Reino.

Vivir el llamado

Antes de que Dios me revelara que los negocios eran mi ministerio, lo primero que hizo fue abrirme las puertas para que pudiera ocuparme de eso. Me uní a una pequeña firma y comencé a trabajar. Me había comprometido a seguir a Dios dondequiera que él me llevara, aun si implicaba ser pastor en una comunidad pobre. Pero al igual que Abraham, a quien Dios le pidió que sacrificara su precioso hijo antes de ofrecerle otro camino, tampoco tuve que realizar ese sacrificio. A Dios le interesaba más ver si demostraba mi voluntad y disposición a hacerlo. Le importaba mi corazón y el deseo que me había dado de ser un hombre de negocios.

Sabía que allí afuera había oportunidades de negocios, pero al principio me costaba verlas. Me sentía como el cazador que puede oír graznar a los patos a su alrededor pero no logra ver ni siquiera uno. Le pedí entonces a Dios que abriera mis ojos y quitara el velo. Lo hizo, y pronto vi que delante de mí destellaban las oportunidades de negocios como si fueran los patos de un juego de puntería en alguna feria de pueblo. Sentí que Dios me urgía a iniciar un nuevo negocio, por lo que me reuní con un amigo que decía tener al menos una docena de ideas. Las repasamos una a una. En un momento supe que Dios me dirigía hacia un concepto en particular, y dije: «Volvamos atrás y conversemos sobre esto».

Dedicamos tres meses a estudiar la idea, desarrollar un plan de negocios y cumplir con los trámites necesarios. Corrían los primeros años de la década del setenta, conocida como la era de las mini computadoras. Todavía faltaba un tiempo considerable para que entraran en el mercado las computadoras personales y solamente las empresas tenían computadoras. El concepto inicial del negocio se enfocaba en resolver un problema que tenían muchas de esas compañías. Los fabricantes de soporte para computadoras ponían énfasis en las corporaciones más grandes y solo a ellas se dedicaban. Los pedidos de resmas de papel y otros insumos solamente se aceptaban si eran por grandes volúmenes, y se debía esperar semanas para la entrega. Los vendedores no podían servir adecuadamente a las compañías pequeñas que no necesitaban grandes cantidades de papel o cintas para impresoras, y a los fabricantes de accesorios para computadoras no le era viable ni rentable ocuparse de los pedidos más pequeños. Creíamos que existía la oportunidad de ofrecer un servicio eficiente y de bajo costo a esos clientes, cuyos pedidos no superaran los $ 150. Luego de elaborar varias soluciones posibles, finalmente decidimos que lo mejor sería el método de catálogos para pedidos por correo. Años más tarde, ese método se hizo muy popular, pero en ese momento era una idea bastante revolucionaria.

Para poder servir a los clientes, teníamos que ayudarlos a conectar sus mini computadoras a periféricos como las impresoras. En esos días, no eran tan comunes los modelos universales, y cada fabricante tenía su propio diseño, lo que producía una incompatibilidad de modelos. Por eso, conectar los productos de los principales fabricantes de mini computadoras con los miles de periféricos existentes resultaba un problema enorme. El diseño específico de cada uno obligaba a los clientes a comprar los periféricos del fabricante de su computadora, y los precios solían ser muy altos.

Hablé de esta idea con varias personas, entre ellas el presidente de Hewlett Packard. Mi padre, en una época, había sido el número tres en la compañía, luego de sus fundadores, Dave Packard y Bill Hewlett; y el actual presidente solía ser su protegido. «El problema de los cables es como una lata llena de lombrices», dijo sin optimismo alguno en cuanto a una solución. Tomé ese comentario como un desafío. Mi brillante socio pasó días estudiando manuales y buscando formas de conectar computadoras y periféricos de distintos fabricantes. Podíamos ofrecer productos útiles por correo y de esa manera, estaríamos sirviendo a un segmento de propietarios que no tenían quién se ocupara de ellos, y al mismo tiempo les ahorraríamos horas en la búsqueda de soluciones. Con un capital de $ 5.000 y una bolsa de supermercado llena de piezas conectoras, fundamos Inmac.

Cómo define Dios el éxito

¿Cómo define Dios el éxito? Su definición es diferente a la de nuestra cultura. Y así lo demostró enviando a su Hijo para reconciliar al hombre consigo: Dios se concentra en las relaciones. «Más bien, busquen primeramente el reino de Dios y su justicia, y todas estas cosas les serán añadidas» (Mateo 6:33). En la economía de Dios, el éxito significa que mi relación con él crece cada día más. Pero: «El que no provee para los suyos, y sobre todo para los de su propia casa, ha negado la fe y es peor que un incrédulo» (1 Timoteo 5:8), dice Dios. Por eso en la economía de Dios, el éxito significa que primero debo tener una relación con él, y luego una relación de calidad con mi esposa y mis hijos. Finalmente, si mi compañía es próspera, lo demás viene por añadidura.

Cuando creamos Inmac, tuve que decidir cuál sería mi compromiso personal con la compañía. Porque Dios me mostraba que en primer lugar estaba él, luego mi esposa y mis hijos, y por último mi empresa. Sentí que me llamaba a vivir según sus prioridades día a día, no solamente de palabra. Como es usual en toda persona de negocios, desarrollé un plan. Conté la cantidad de horas por semana que permanecía despierto y comencé por dedicar tiempo a Dios. ¿Cuántas horas por semana necesitaría para asegurar mi crecimiento en el conocimiento e intimidad con Dios? Repetí el mismo cálculo para establecer el tiempo que apartaría para mi esposa y mis hijos. ¿Cuánto me restaba por semana para el trabajo? Cuarenta horas. Ese compromiso de tiempo personal para los negocios tendría que ser suficiente, concluí. Esas cuarenta horas serían intensas, pero Dios haría que el proyecto resultara.

Mi compromiso fue puesto a prueba muy pronto, cuando comencé las reuniones con los capitalistas de riesgo; ellos eran potenciales inversores en nuestra incipiente compañía. Quienes financian emprendimientos nuevos esperan que los empresarios comprometan la mayor parte de su tiempo personal al negocio. Los capitalistas de riesgo quieren la seguridad de que los fundadores dedicarán sus vidas al emprendimiento y por lo general esperan que ocupen en él unas sesenta a setenta horas por semana. Sabía que esperaban esa cifra y tuve que ser directo y sincero. Como era de esperar, las cuarenta horas que yo proponía no les cayeron muy bien. Los capitalistas de riesgo no quisieron invertir y por eso tuvimos que conseguir $ 50.000 de amigos y familiares. Sin embargo, para poder controlar el emprendimiento, siempre mantuvimos una participación principal en el capital. (De hecho, Inmac nunca tuvo más de $ 500.000 de capital efectivo hasta el momento en que comenzamos a cotizar en bolsa, y la mayor parte provenía de la opción de compra de acciones para los empleados).

Con los años encontré que Dios siempre bendecía mi compromiso de dar prioridad a él y a mi familia por encima de los negocios.

El llamado a Inmac

Inmac era una empresa joven y con dificultades, empecé a preguntarme si sería ese de veras el llamado de Dios para mí. Todo lo que poseíamos estaba en el negocio, incluyendo las garantías de préstamos personales. Percibía su llamado a ese negocio, pero quizá me había equivocado. ¿Quería Dios que buscara otro tipo de emprendimiento, o que después de todo me hiciera pastor? Como lo hizo Gedeón, mi esposa Roberta y yo acordamos poner un vellón ante Dios. Necesitaba una señal fuera de lo común, que inequívocamente proviniera de él. Las ventas habían bajado de $ 2.300 por día a $ 2.200 y luego a $ 2.100. Estaba preocupado.

—Te veo concentrado en las cifras de ventas diarias —dijo Roberta—. ¿Cuál considerarías una señal de que Dios confirma tu llamado a este negocio?

—No lo sé —respondí.

—Bueno, ¿qué te parece si tomamos el número perfecto de Dios, el siete? Confiemos en Dios para obtener ventas de $ 7.000 por día —sugirió Roberta—. Y para que no pienses que es una casualidad, vamos a orar por tres días de $ 7.000 en ventas.

Yo no quería ser poco espiritual, en especial delante de mi esposa, así que asentí y acepté la idea. ¡Pero ahora sí estaba preocupado! ¿Cómo podría Dios lograr justamente eso?

Decidimos orar durante diez días. Los primeros cinco días sentí terror absoluto por lo que podía pasar. Pero seguimos arrodillados y pidiendo una y otra vez. En pocos días más, Dios me dio tranquilidad, y aunque su respuesta fuera no, eso significaría que tenía algo mejor para nosotros en el futuro. Al octavo y noveno día de orar, sentía cada vez más que Dios se acercaba a nuestro vellón. Y al décimo día, un domingo, Roberta y yo estábamos convencidos de que Dios nos bendeciría con ventas de $ 7.000 al día siguiente.

El lunes por la mañana le anuncié a Nancy, nuestra representante de ventas, que tendríamos pedidos por $ 7.000 ese día. Ninguno de nuestros empleados sabía de nuestro período de oración y durante esos diez días las ventas habían caído todavía más: a $ 1.900 y luego a $ 1.800. Nancy me miró con escepticismo. Seguramente, con franqueza, dudaba de mi cordura. Sospecho que los demás empleados comenzaron a preparar su currículum vitae al enterarse de que el jefe se estaba volviendo loco. Cuando comenzó el día y las cosas empezaron a verse promisorias, Nancy vino a mi oficina para aliviar mi ansiedad. Anunció alegremente que posiblemente llegáramos a los $ 5.000. «No. Tienen que ser $ 7.000», le contesté.

Asombradísima, al final del día vino a decirme que por fin la suma había alcanzado apenas un poco más de $ 7.000. Ninguno de mis empleados caminaba con el Señor en ese entonces y eso los impactó, ¡y el más impresionado fui yo!

El lunes siguiente los resultados fueron los mismos. Y también el lunes que le siguió. Después, las ventas volvieron a caer a su nivel anterior, unos $ 2.000 por día. Pero eso no me preocupaba porque Dios había demostrado con toda claridad que le importaba mi emprendimiento y que lo tenía en sus manos. Allí era donde él me quería. Como estaba seguro del lugar que Dios había elegido, también supe que él me diría cuándo debía dejar Inmac. Y le prometí estar listo para eso. Pero pasados los años, todavía podía señalar en los gráficos de ventas los tres momentos de Dios.

Tiempo después, descubrí un versículo que hablaba de mi llamado. «Que cada uno permanezca en la condición en que estaba cuando Dios lo llamó» (1 Corintios 7:20). Dios había confirmado mi llamado a ese negocio.

Servirnos los unos a los otros en amor

El valor espiritual de los negocios radica en el servicio al prójimo. En Inmac lo cumplimos ofreciendo productos útiles y esforzándonos por dar una asistencia superior. El servicio a otros no solo es un principio bíblico, sino que también resultó ser una ventaja competitiva. Cuando empezamos a vender productos de computación por correo, varias empresas tecnológicas importantes, como Digital Equipment Corporation (DEC) y Hewlett-Packard (HP), estaban creciendo. ¿Aplastarían nuestro pequeño e incipiente emprendimiento?

Nos sentimos orgullosos de nuestro primer catálogo, y por eso envié una copia al presidente de HP con una nota en la que le agradecía su ayuda. Justo el día en que llegó el catálogo a sus manos, mi socio estaba en la oficina frente a él y vio su reacción. El presidente de HP recorrió con una mirada el catálogo, y con cierta displicencia, lo echó ante la vista del jefe de su división: «Si Eldred, en una operación individual, puede desarrollar un catálogo para ocuparse de nuestros clientes y del resto de la industria —dijo con tono enojado— no veo por qué toda tu división no es capaz de ofrecer un soporte igualmente bueno con un catálogo propio».

Mientras tanto, DEC había anunciado el lanzamiento de su propio catálogo de productos, similar al nuestro. Como ambas empresas juntas representaban dos tercios del mercado, estaba seguro de que no tendríamos futuro si HP y DEC se ocupaban de sus clientes como lo habíamos planeado nosotros. Pero, también sabía que si pasaban por lo menos dos años antes de que esos gigantes compitieran entre sí, ya habríamos tenido tiempo suficiente como para establecernos y sobrevivir perfectamente. Mi esposa sugirió orar por eso, y así lo hicimos.

Cuando la publicidad del nuevo catálogo de DEC salió a la calle, sentí que flaqueaban mis fuerzas. En medio de mi preocupación, mi socio me sugirió llamar al número telefónico gratuito para clientes y solicitar una copia. Sentí miedo y dudé antes de llamar. ¡Pero la llamada resultó reveladora de mucho! Es que el teléfono sonó una docena de veces. Ya me sentía mejor. Nuestra política era no dejarlo sonar más de tres veces, y luego atender la línea apenas sonara. Finalmente respondió alguien del otro lado:

—Hola.

Mi confianza iba en aumento. Pedí una copia del catálogo que aparecía en la publicidad, y para mi asombro la señorita que me atendía preguntó:

—¿De qué catálogo habla, señor?

Creí que había marcado un número equivocado, pero antes de poder disculparme, la voz continuó:

—Un momentito... —y sin ponerme en espera, gritó a una compañera— ¡Oye, Mabel! ¿Sabes algo de un catálogo de DEC?

—Toma su nombre y domicilio —respondió Mabel—. Apenas salga el catálogo le enviaremos una copia.

Mi temor a que DEC sirviera eficientemente a sus clientes se esfumó. Jamás sería una amenaza seria para nuestra compañía en sus comienzos.

Decidimos iniciar la ofensiva con HP. Le ofrecimos a su División de Mini computadoras un catálogo para sus clientes, desarrollado y administrado por Inmac, pero con la marca de HP. Las negociaciones se extendieron durante mucho tiempo y finalmente no llegamos a nada. Al terminar ese proceso habían pasado ya dos años sin competencia real, y nuestra posición en el mercado estaba establecida. Dios había respondido a nuestra oración.

De palabra y con los hechos

Un año después de fundar Inmac, comencé a preocuparme por adherirla a principios bíblicos: «¿Cómo puedo transformarla en una compañía cristiana?», le pregunté a un pastor.

Con sabiduría me explicó que no existían las compañías cristianas. «Solamente las personas son cristianas», afirmó. «Pero los creyentes pueden utilizar sus negocios como oportunidades para dar a conocer a Cristo».

Tenía razón. De palabra y con los hechos podemos dar a conocer a Cristo a través de nuestros negocios.

Podemos darlo a conocer *de palabra*, de varias maneras. Reconocíamos y agradecíamos a Dios por sus bendiciones en oración en todo banquete, almuerzo y reunión de la compañía. Después de preguntarles a los potenciales empleados qué era lo que los motivaba, aprovechaba la oportunidad para charlar con ellos sobre mi motivación. También invitaba, abiertamente, a los empleados a recurrir a mí con sus problemas o preocupaciones. Muchas veces eran preocupaciones personales. Luego de oír lo que contaban, preguntaba si les molestaría que orara por sus problemas. Nunca nadie objetó. De hecho, muchos me daban las gracias con sinceridad y hasta vi llorar a hombres fuertes que se conmovían porque alguien se interesaba tanto en sus problemas como para orar con ellos.

En la sala de entrada de Inmac puse folletos y tratados de la Biblia, junto con una carta que resumía mi fe personal y el modo en que eso afectaba nuestra manera de tratar a las personas y conducir los negocios de la empresa.

LOS PANFLETOS QUE ENCONTRARÁ AQUÍ

Estos panfletos resumen la fe de quien firma esta carta. Cuando comenzamos con Inmac entregué mi trabajo al Señor. Este compromiso personal ha crecido a lo largo de los años. Sus bendiciones para todos en Inmac han sido abundantes.

La fe es un asunto muy personal, con un Dios muy personal. Dios quiere que todos acudamos a él, pero no nos obliga a hacerlo, aunque podría si lo quisiera. Nos pide, a cada uno, que tomemos una decisión en cuanto a él, en cuanto a quién es su Hijo y con respecto a lo que él hizo por nosotros hace casi 2000 años. Dios hizo mucho por mí y le doy gloria por todo ello.

¿De qué manera lo beneficia a usted esta posición personal tan firme, como proveedor, empleado o visitante de Inmac?

1. *En todo nos esforzaremos por tratarlo con justicia.*
2. *En todo buscaremos ser una compañía ética y de excelencia.*
3. *Todos serán tratados con respeto y consideración.*
4. *La fe personal es un privilegio y un asunto muy privado. Su privilegio y privacidad en este tema se respetarán siempre.*
5. *Si por alguna razón no fuera tratado usted según estos principios, no será adrede y enmendaremos el error.*

Si tiene preguntas sobre estos panfletos, o sobre las políticas de la compañía, por favor no dude en tomar el teléfono que hay en la recepción y llamarme al interno 5003.

Kenneth A. Eldred
Ejecutivo principal (CEO)

Un día una empleada furiosa vino a verme. Objetaba la práctica de exhibir esos folletos. Los había quitado de la sala de recepción como forma de protesta, según me dijo. Conversamos y le expliqué cuál era el rol de Dios en mi vida y por consiguiente, en la dirección y administración de la compañía. Además, le aclaré que ella era libre de ignorar los folletos. Pero la cosa no quedó ahí: al final de la conversación me reveló el profundo dolor personal que había en su vida. Cuando terminó nuestra reunión, la mujer había orado a Jesús para seguir sus caminos.

También podemos dar a conocer a Cristo *con los hechos,* según conduzcamos nuestro negocio. Aquí va un ejemplo: en los días en que se comenzaban a vender programas de computación en paquetes, no existía aún el concepto de la licencia individual. Era común compartir programas, aunque las licencias otorgaran derecho a usarlos solamente en una computadora. Los empleados de Inmac no eran una excepción, ya que compraban programas y se los pasaban a sus compañeros. Dios me hizo poner atención a eso, y cuando le pregunté a nuestro gerente de Informática si sucedía lo mismo en nuestra empresa, respondió que sí. Objeté y dije que esa práctica no era correcta, que equivalía a robar.

—Todo el mundo lo hace —me dijo.

—No me importa si lo hacen todos. Nosotros tenemos que hacer lo que es correcto ante los ojos de Dios —y le encomendé que calculara los perjuicios resultantes de esa práctica y cuánto costaría pagar por todos los programas que se estaban usando de manera ilegal. Dos semanas más tarde el gerente vino con la cifra: $ 250.000. Era mucho más de lo que podíamos pagar.

—Dios nos dará el dinero —le dije—. Pero tenemos que reemplazar todos los programas ilegales por copias legítimas.

Ya no se podrían compartir programas. No estoy seguro de cómo Dios lo hizo, pero ese año hubo ganancias a pesar de todo lo que se gastó en los programas legales (¿O quizá fue gracias a lo que gastamos en comprarlos?). Dios le enseñó a todos en la empresa una valiosa lección.

Inmac seguía creciendo, y empecé a preocuparme por no poder monitorear su temperatura espiritual. ¿Cómo podía asegurarme de que siguiéramos operando de acuerdo con los principios bíblicos? Oré sobre eso y Dios me dio una seguridad: «Mira, Ken —me dijo— sé que me has dado tu negocio. Si algo no va bien, yo te lo haré ver. Cuando suceda, quiero que arregles el problema en cuestión. Pero si no lo hago, no andes buscando problemas».

Tendría que confiar en que Dios me alertaría ante las situaciones de pecado, como lo había hecho con respecto a los programas compartidos de manera ilegal.

Amar al prójimo como...

El servicio al cliente seguía siendo una marca distintiva en nuestra compañía. Nos asegurábamos de respetar a nuestros clientes y su valioso tiempo.

Como resultado, Inmac asumió el compromiso de enviar productos de computación el mismo día en que se recibiera la orden de pedido. Este tipo de servicio era algo inaudito en la industria, y hasta algunos en la compañía lo consideraban imposible. Pero lo logramos, y a los clientes les encantaba. Hoy, el servicio de entrega inmediata es algo habitual.

El principio bíblico que nos enseña: «Traten a los demás tal y como quieren que ellos los traten a ustedes», es fundamental en el buen servicio. Una clienta de Inglaterra solicitó un gabinete, pagando las 30 libras adicionales para que nosotros lo armáramos con estantes. Sin embargo, recibió el gabinete sin estantes y nosotros atendimos su llamada de queja: «He sido cliente de ustedes durante años —nos reprochó— y ahora tuve que gastar 100 libras para que alguien armara los estantes que ustedes tendrían que haber instalado. ¡No volveré a comerciar con ustedes!» Nuestro gerente local se disculpó por el error y acordó cubrir sus gastos, ofreciendo rembolsar no solamente el dinero que había pagado para el armado, sino también reponiendo las 100 libras que le había costado nuestro error. La clienta se calmó.

Al día siguiente todos en la oficina de la mujer estaban alborotados porque había llegado un lindo ramo de rosas para ella. ¿Quién lo había enviado? La tarjeta adjunta al ramo decía: «Sabemos que le costó tiempo y energía nuestro error, y que eso no se paga con dinero. Por favor acepte estas rosas en señal de gratitud por haber sido leal clienta durante años». La clienta inmediatamente tomó el teléfono y llamó al gerente local que había firmado la tarjeta.

«En todos mis años de trabajo con proveedores y socios nunca nadie hizo algo tan considerado por mí. Gracias —dijo— me comprometo a comprar en Inmac mientras la compañía opere y los recomendaré a todos los que conozco».

El crecimiento y la venta de Inmac

A medida que pasaban los años, noté que los negocios forman parte de un proceso más amplio, de un andar con Dios a lo largo de la vida. Al principio Inmac tuvo dificultades. Luego, sobrevivió. Más tarde, creció. En cada momento del camino Dios tenía una nueva lección para enseñarme, un nuevo aspecto de mi carácter que desarrollar. La compañía comenzó a cotizar en bolsa en 1987. El día de la oferta inicial en la Bolsa de Comercio de Nueva York, Dios obró un milagro espectacular, algo equivalente a que el sol se detuviera. (Describo este suceso en todos sus detalles al principio del capítulo 13.) El emprendimiento que había comenzado con $ 5.000 y una bolsa de conectores, seguía creciendo y llegó a ser una empresa con mil quinientos empleados en diez países, e ingresos anuales de $ 400 millones.

En un determinado momento, percibí que Dios me estaba dirigiendo hacia otra parte, y por eso vendí Inmac en 1996 a MicroWarehouse. El día de la fusión me reuní con el nuevo presidente: «Se hará cargo usted de una compañía muy importante para mí —le dije—. La creé de la nada y ahora sus ingresos totalizan $ 400 millones. Me alegro de que la haya comprado, pero quiero darle algo más importante aún». Quería informarle que la compañía que compraba era resultado directo de mucha oración. Hablé con él sobre la guía de Dios a lo largo de los años y mi fe personal en Jesús.

Después de esa reunión, que duró media hora, el hombre me agradeció y fue hacia la oficina del presidente. Un tanto asombrado, balbuceó: «Eldred acaba de hablarme de Jesús. ¿Habla en serio?»

El presidente, también cristiano, sonrió y le dijo: «Sí, así es».

Había algo mucho más valioso que Inmac y yo quería trasmitírselo, ¡y era gratis!

La venta de Inmac fue un hecho importante en mi vida, casi como ver un hijo a quien uno crió durante veinte años, que se casa y se muda para iniciar su propia familia. Cuando dejé Inmac también sentí que Dios me instaba a dejar todas las juntas corporativas de las que formaba parte. Me tomó unos años ver la mano de Dios obrando y las bendiciones que me daría por ese paso de fe. Sin que yo lo supiera, aunque Dios me cerraba una puerta, estaba abriendo otra.

El nacimiento de Ariba

Mientras dirigía Inmac, tuve una idea de negocios que consideraba promisoria. Sin embargo, la idea se me había ocurrido como empleado de Inmac y sentía que debía permanecer en la empresa. Ahora, muchos sentirán la tentación de racionalizar este punto legal. Quizá sea mía la idea pero, ¿cómo podría la empresa probar que se me había ocurrido estando en Inmac? Lo único que sabía era que Dios esperaba mi adhesión a los más altos principios de integridad. Dicho de manera sencilla, hacer lo contrario sería robarle a la compañía. Por eso cuando MicroWarehouse compró Inmac, informé a la nueva gerencia de mi idea nueva de negocios. Porque consideraba que tenían derecho a ella y les pertenecía. «¿Quieren la idea?», pregunté.

«No, no entra en nuestros planes de negocios», respondieron. «Eres libre de conservarla y trabajar en ella si quieres». Entonces, con una conciencia limpia pude explorar el proyecto y pedir la bendición de Dios sobre este. No tenía idea de lo asombrosa que sería su respuesta por ese acto de obediencia.

John Mumford es un hermano en Cristo y amigo mío desde hace décadas. Fue cofundador de Inmac y director fundador de Crosspoint Venture Partners, una respetada empresa de capitales de riesgo de Silicon Valley. Juntos desarrollamos y dimos forma a mi idea. El concepto era bastante simple, aunque novedoso para su tiempo. Muchas compañías tienen una compleja base de proveedores con quienes toda comunicación, coordinación, planificación y organización de pedidos se hace en papel, con mucho esfuerzo pero sin gran eficiencia. Podríamos simplificar y mejorar ese proceso de administración en la cadena de proveedores utilizando Internet. Con la ayuda adicional de otros en Benchmark Capital Partners, cofundamos Ariba en 1996.

Estaba muy entusiasmado con ese nuevo emprendimiento pero, ¿qué debía hacer con lo que Dios me había indicado, de ya no pertenecer a juntas de directorio? La respuesta de Dios fue instantánea. «Tú y John Mumford son empresarios e inversores de trayectoria en este emprendimiento», me dijo el recientemente designado ejecutivo principal (CEO) de Ariba en una reunión. «Sin embargo, tenemos un solo lugar libre en la junta. Como John representa a una empresa de capitales de riesgo, yo propongo que se lo ofrezcamos a él. Espero que no te ofendas». Debo admitir que sentí cierta desilusión por no haber sido elegido, pero no me ofendí. Sabía que esto confirmaba el rumbo que Dios me marcaba.

Ariba creció y a mediados de 1999 decidimos hacerla cotizar en bolsa. Nuestra esperanza inicial era poner un precio de $ 8 por acción, pero el mercado estaba muy caliente y como todas las primeras empresas comerciales de Internet, dos meses más tarde Ariba se lanzó al mercado con un precio de $ 23 por acción. El día de la apertura, el precio cerró a $ 90. ¡La empresa que habíamos fundado tres años antes ahora valía seis mil millones de dólares!

A diferencia de los gerentes y miembros de la junta, yo no tenía lazos oficiales con la compañía, por eso no estaba sujeto al período de prescripción de venta de acciones. No conocía los planes y resultados de la compañía. Tenía sentido para mí diversificar mis inversiones. Durante el año siguiente Ariba alcanzó un valor de cuarenta mil millones de dólares y yo pude disponer de mis acciones a precios muy atractivos. Luego, como sucedió con tantas otras compañías de Internet, Ariba perdió valor. Pero providencialmente, al estar alejado de la posición del directorio, Dios me había permitido vender gran parte de mi inversión durante el período de tiempo más oportuno.

Hacia los negocios del Reino

Más o menos en esa época, Dios abrió mis ojos a la oportunidad de transformar a personas y naciones a través de los negocios en todo el mundo. A comienzos de 1999, un viejo amigo mío nacido en la India vino a comentarme que tenía una idea de negocios, pero que requeriría de mi ayuda. Había una condición: la empresa debía estar en la India. Su idea consistía en aprovechar la mano de obra de calidad y de bajo costo de ese país, y las mejoras en las telecomunicaciones transpacíficas para establecer un centro de atención telefónica que sirviera a clientes en los Estados Unidos. Mis anteriores emprendimientos habían sido en Silicon Valley y no me atraía mucho la idea de iniciar otro negocio. Pero en esa oportunidad había algo en particular que me convocaba. Dios me dio la visión de utilizar ese emprendimiento para hacer avanzar su Reino. Acordé con mi amigo prestar ayuda con una condición: que le diera la oportunidad de trabajar a jóvenes cristianos, capacitados y competentes de la India.

«¡Claro que sí!», dijo.

Así nació ET.

Recordaba la guía de Dios en cuanto a no tomar posiciones en juntas de directorio, por eso no sabía muy bien cómo responder cuando mi amigo me pidió que sirviera en el directorio de su nueva empresa. Decidí que el mejor curso de acción sería la oración. Un día, mientras era el anfitrión de un misionero que nos visitaba, llevándolo en el auto de lugar en lugar, me presentaron al pastor de una iglesia local. El hombre me dijo: «Tengo para ti una palabra de parte de Dios».

Sentí asombro e intriga a la vez.

«Estás indeciso en cuando a una compañía —continuó—. Dios quiere que sepas que él está en eso y que debes aceptar la posición. También estás relacionado con otra compañía que crecerá a la velocidad de una saeta». No podía creerlo. Sí, estaba indeciso en cuando a ET y también tenía relaciones con Ariba, pero ¿venía todo esto de parte de Dios? Cuando unos mese más tarde, Ariba creció más allá de nuestras expectativas y aumentó su valor como acabo de relatar, supe que Dios me dirigía a comprometerme más en ET. Acepté el puesto en la junta de directores.

Una visión para los negocios del Reino

Dios me dio la visión de utilizar mi posición de influencia en ET para lograr un avance de su Reino en la India. Funcionaría de este modo: reclutaríamos y emplearíamos a cristianos capacitados. La compañía ofrecería salarios atractivos a sus empleados. Los cristianos de la compañía tendrían mentores en la fe, y estarían bien equipados. Serían la sal y la luz para los que interactuaran con ellos en el mercado. También donarían dinero a la iglesia local, y así se rompería la dependencia del financiamiento proveniente de occidente. Era una visión en la que usaríamos un negocio rentable para hacer avanzar a la iglesia en la India. Una visión para los negocios del Reino.

La fibra óptica aumentó significativamente la capacidad y calidad de las telecomunicaciones entre la India y los EE.UU. Era importante que ET utilizara esa tecnología. La Bolsa de Prabhadevi, en Bombay, era el punto de aterrizaje para los cables de fibra óptica desde los EE.UU., por lo que decidimos ubicar la compañía allí mismo. Dios nos proveyó un edificio que estaba a unos noventa metros de la terminal de fibras ópticas. Resulta que Bombay es una de las pocas ciudades cosmopolitas de la India y que tiene una actitud religiosa relativamente abierta. Los primeros veinticinco empleados eran hindúes, musulmanes y cristianos. Para febrero de 2001, ET contaba ya con un centro de atención telefónica de alta tecnología y con sesenta y cuatro puestos de trabajo. Hoy la compañía tiene más de mil empleados.

El personal del centro de atención telefónica de ET es distinto del personal de otras empresas de su tipo. Casi todos son graduados universitarios y la gran mayoría tiene diplomas en campos relativos a la computación. Mi amigo cumplió con su palabra y comenzó a reclutar empleados de las facultades cristianas de la localidad. Esos talentosos cristianos demostraron ser empleados excelentes, por eso la empresa ya no necesitó que los alentara a seguir buscándolos. Diversos grupos cristianos ayudaron a preseleccionar a los candidatos. Para cientos de cristianos de la India, ET significa hoy un lugar donde hay oportunidades laborales de calidad y donde pueden utilizar sus talentos. El salario inicial es muy generoso, comparado con lo que se paga en otras empresas, lo suficiente como para atraer a los jóvenes más brillantes. Con unos $ 350 a $ 400 por mes, el personal del centro de atención telefónica puede contribuir de manera importante a la economía local y hasta darse el lujo de contratar ayuda externa, con lo cual contribuyen a la economía y brindan la oportunidad de difundir el evangelio a otras personas.

También está la oportunidad de brindar capacitación y disciplina espiritual a los cientos de cristianos de ET. Muchos tienen una fe más cultural que personal, y su entendimiento de las Escrituras suele ser limitado. Nosotros vemos cómo su fe se convierte a diario en la experiencia de seguir a Cristo. La fe activa de los centenares de cristianos en ET puede tener un impacto tremendo en la iglesia local.

Hemos tenido la oportunidad de introducir un programa de desarrollo de líderes cristianos en la compañía. PowerWalk, una organización canadiense que desarrolló un curso de capacitación cristiano principalmente para iglesias, se reunió con los ejecutivos de ET, entre los cuales varios son seguidores de Jesús. PowerWalk ofreció un curso para los empleados con asistencia no obligatoria, y aseguró que removería el lenguaje explícitamente cristiano y las referencias a la Biblia, aunque utilizaría extractos de las Escrituras y conceptos bíblicos. El programa brindaría capacitación comercial y de liderazgo a los empleados de ET. Aunque la gerencia es hindú, la compañía aceptó con gusto la idea y expresó el deseo de que todo el grupo de gerentes asistiera al curso de base cristiana. El programa de liderazgo de PowerWalk es interactivo y entretenido, y tiene que ver con las relaciones. Presenta también oportunidades para interactuar fuera del aula, con lo cual se puede medir el interés espiritual de los participantes. Durante una semana, unas ochenta o noventa personas de diversas posiciones dentro de la compañía, que representaban un diez por ciento del personal, asistieron a las sesiones de capacitación. Al finalizar la semana, se acordó que el programa se ofrecería a todo el personal, e incluso a los cónyuges de los empleados.

El curso de PowerWalk se ha convertido, hoy en día, en un componente habitual de la capacitación de los nuevos empleados. El jefe de recursos humanos tiene la responsabilidad de promover a los que realizan el curso, que dura una jornada entera. PowerWalk también ayudó a formar un grupo pastoral de hombres y mujeres de la localidad, que están disponibles para toda la tarea de mantenimiento de resultados que surja del esfuerzo de ET. Ese equipo de cristianos de la India está capacitado para dictar un curso más amplio a grupos reducidos, incluyendo tópicos como el matrimonio y el manejo del estrés. Ese equipo también puede actuar como consejero del personal de ET y plantar iglesias en hogares de la zona. «Dios está abriendo puertas, y la gente está siendo expuesta al evangelio. Es todo un desafío», observa Dan Sinclair, de PowerWalk.

Un grupo de empleados de ET se comprometió a realizar reuniones regularmente en las que se buscaría desarrollar la fe, siguiendo un programa de diez partes que apuntaría a fortalecerlos en el mercado. También orarían por la compañía y por la condición espiritual de quienes interactúan con ellos a diario. Cuando ET pasó por un momento financiero difícil, que amenazaba su existencia, los empleados cristianos se reunieron para orar por su fuente de trabajo. La compañía se recuperó y muchos reconocieron el origen de ese cambio.

¿Hay algo más en esto?

Dios me dio la visión de utilizar los negocios para hacer avanzar su iglesia y brindar bendición económica en la India. ¿Pero eso sería todo? ¿O había algo más? ¿Había otros cristianos con objetivos similares en compañías comerciales? ¿Formaba parte, sin saberlo, de un movimiento de Dios abarcador de mucho más de lo que yo veía? ¿El modelo usado en ET era el único formato para utilizar los negocios como misión? ¿Qué otras perspectivas usaban diversos creyentes comprometidos con el Reino para lograr transformación económica y espiritual? ¿Y en qué lugares operaban?

Tenía muchas preguntas, así que decidí iniciar un trabajo de investigación.

CAPÍTULO 2

LOS NEGOCIOS COMO ESTRATEGIA EMERGENTE DE LAS MISIONES

«Por favor, no nos envíen dinero porque lo único que crea es división. Envíennos, sí, personas de negocios que puedan crear puestos de trabajo para que podamos construir y crecer».

La conferencia de líderes cristianos de Europa Oriental, realizada en Bulgaria, en el 2004, mostró que había un llamado unificado para que la iglesia de occidente enviara cristianos conocedores del mundo de los negocios, de modo que fueran de bendición económica y espiritual en esos países.

Rajesh, un líder indio de una organización que coordina el esfuerzo de quince mil misioneros de la India, afirmó: «Necesitamos aprender a vivir nuestra fe en el mercado, a trabajar y dar testimonio al mismo tiempo. Necesitamos modelos que nos muestren cómo comerciar llegando a otros con la fe».

Drazen, de Croacia, fue más lejos: «Es bueno que nos envíen misioneros, pero preferiríamos que nos enviaran empresarios cristianos que nos enseñaran y ayudaran a crear empresas y empleos del modo en que Cristo quiere que lo hagamos».[1] Estos líderes cristianos estaban haciendo un llamado en favor de los negocios del Reino.

La idea puede parecer inusual, pero ya en 1857, el pionero misionero y explorador Dr. David Livingstone comentó: «Estos dos pioneros de la civilización, el cristianismo y el comercio, han de ser inseparables por siempre».

El continente africano sufría condiciones espirituales y económicas muy lúgubres, y Livingstone creía que el esfuerzo de las misiones debía enfocarse en ambas facetas para poder lograr transformación verdadera. Las dos necesidades más acuciantes de los africanos, hace ciento cincuenta años, eran la de seguir a Jesús y la de conseguir que se abrieran oportunidades económicas; y siguen siendo actualmente requisitos prioritarios en muchos lugares del mundo.

Un común denominador de la pobreza es el ingreso de menos de dos dólares al día. La mitad de la población mundial, de 6.3 mil millones de personas, vive con ese ingreso o menos todavía.[2] En los próximos quince años se sumarán unos mil millones de personas más a la población mundial, y la vasta mayoría nacerá en hogares que viven por debajo de la línea de pobreza. Mientras tanto hay 2.3 mil millones que viven en grupos todavía no alcanzados por la iglesia (menos del dos por ciento son evangélicos, menos del cinco por ciento son cristianos). Las cincuenta principales ciudades más grandes y menos evangelizadas se encuentran en la famosa «Ventana 10-40», donde el ingreso anual es menor a quinientos dólares. Las oscuras condiciones espirituales y económicas persisten y la iglesia tiene por delante una tremenda oportunidad para ofrecer las soluciones de Dios a esos problemas.

Una breve historia de las misiones

A lo largo de la historia, Dios ha utilizado las principales fuerzas políticas, culturales y económicas de cada período para dar a conocer el evangelio. Por ejemplo, en el siglo uno, los primeros cristianos utilizaban los caminos y rutas comerciales marítimas del impero romano para predicar el evangelio en todas partes. En el siglo cuarto, el cristianismo llegó a ser la religión oficial del imperio, y se permitió predicarlo en toda la región. A mediados y fines del primer milenio, Dios utilizó a la iglesia católica y ortodoxa para convertir a las tribus bárbaras de Europa del norte y central. En la era de la exploración (1400-1800), Dios usó a las potencias marítimas, España, Francia, Inglaterra, Portugal y los Países Bajos, para llevar el evangelio a todo el mundo.

El movimiento moderno de misiones protestantes de habla inglesa se inició unos años antes de 1800, con William Carey. Él se ocupó de organizarlo para que los misioneros llevaran el evangelio a pueblos distantes en diversos países, estableciendo la primera agencia misionera moderna. Carey mismo tuvo un período difícil pero exitoso como misionero en la

India. Muchos otros lo siguieron y el siglo diecinueve vio la expansión más rápida del cristianismo de toda la historia desde el siglo cuarto. En 1750, el veintidós por ciento de la población decía ser cristiana, el veintiséis por ciento del mundo había sido evangelizado y la Biblia estaba disponible en sesenta idiomas. Para 1900, el treinta y cuatro por ciento de la población mundial se proclamaba creyente, el cincuenta y uno por ciento del mundo había sido evangelizado y la Biblia estaba disponible en quinientos treinta y siete idiomas.[3]

¿Pero cómo le ha ido a la iglesia últimamente? Es claro que continuó la inversión en misiones. Desde 1900 la población mundial se cuadruplicó, en tanto que la cantidad de misioneros se multiplicó por siete. Sin embargo, y a pesar de ese esfuerzo misionero mayor, el último siglo no ha visto grandes avances en cuanto al cristianismo, ya que el treinta y tres por ciento de la población mundial se define como cristiana (comparados con el treinta y cuatro por ciento de 1900).[4]

La situación actual de las misiones

Según *World Christian Trends AD 30-AD 2000* [Tendencias Cristianas Mundiales], dos mil millones de personas en todo el mundo se llaman cristianos y seiscientos cincuenta millones de estas personas son cristianos evangélicos o se dicen practicantes. Hay cuatrocientos treinta y cuatro mil misioneros de tiempo completo, cuatrocientos mil misioneros de tiempo parcial que van al extranjero, y cuatro mil ciento cincuenta agencias que envían misioneros en representación de todas las denominaciones cristianas del mundo.

De los $ 320 mil millones que anualmente se donan para causas cristianas, solamente $ 18 mil millones (el seis por ciento) se destinan a misiones al extranjero. Además, la gran mayoría de los fondos destinados a misiones se utilizan en regiones del mundo ya alcanzadas por el evangelio:

- $ 15.6 mil millones (317.000 misioneros) al «mundo cristiano» (27% de la población mundial, por ejemplo: Brasil, Polonia, Reino Unido).
- $ 2.1 mil millones (106.500 misioneros) al «mundo no cristiano evangelizado» (40% de la población mundial, por ejemplo: India, Japón, China, Rusia.)

- $ 0.3 mil millones (10.500 misioneros), al «mundo no evange-
  lizado» (33% de la población mundial, por ejemplo: Algeria,
  Camboya, Turquía).[5]

En su totalidad, los recursos asignados a las misiones de todo el mundo parecerían considerables, pero si los evaluamos en proporción a la cantidad de habitantes del planeta, no lo son tanto. El número equivale a un
misionero cristiano por cada catorce mil personas. La iglesia le envía a las
misiones en el extranjero $ 3 por cada habitante de la tierra. Sin embar-
go, la mayor parte de ese dinero está destinado a esfuerzos por llegar al
mundo cristiano. Casi el setenta y cinco por ciento de la población mundial reside en el mundo no cristiano, mayormente en los países en vías de
desarrollo. Son menores los recursos misioneros destinados a esa región,
allí donde los negocios del Reino pueden tener el mayor impacto. De
hecho, esa región tiene solamente un misionero cristiano por cada treinta
y ocho mil habitantes, y solamente se destinan $ 0.50 en esfuerzos misio-
neros por persona.

Además, la cantidad de dinero destinado a misiones (en dólares constantes) no ha aumentado en los últimos treinta años. Los fondos para el
trabajo misionero en el extranjero apenas sobrepasan el factor de inflación.[6] Parte del problema, en principio, consiste en acceder a esos países.
Independientemente de la merma de donaciones, siguen cerrándose las
puertas a los misioneros tradicionales. La condición actual no se presenta
auspiciosa para el crecimiento de la presencia misionera en el resto del
mundo, a menos que algo cambie.

Las barreras que impiden las misiones

En muchas partes del mundo, los misioneros tradicionales encuentran
barreras significativas para poder entrar en una nación y realizar su tarea
de evangelización. Esto sucede principalmente en muchos países que
están oficialmente cerrados al evangelio. Pero, aun en los países evangeli-
zados del mundo (aunque no cristianos), hay limitaciones en la cantidad
de visas que se emiten a los misioneros, ya que estos no se consideran
como visitantes valiosos. Sin alternativas legítimas, los misioneros buscan
recursos para sortear los límites y restricciones legales, y entran a esos países como turistas, estudiantes o empresarios.

Los misioneros tradicionales descubren pronto que acceder al país puede ser un problema relativamente menor, en comparación con las dificultades que se presentan cuando intentan cumplir con su tarea de evangelización. En regiones donde esa actividad y la del discipulado van en contra de la ley local, o no son vistas con buenos ojos por las autoridades, muchos misioneros se ven frustrados debido a la falta de un lugar físico para realizar reuniones o establecer relación con los habitantes. Esta dificultad se complica todavía más ante las barreras sociales que son cada vez mayores, como la creciente desconfianza hacia un occidental (en particular si es norteamericano) que cuenta con ingresos en el extranjero. No es una situación que los habitantes locales comprendan con facilidad. Los misioneros con apoyo completo que visitan naciones pobres, con frecuencia son acusados de ser agentes de la CIA o traficantes de drogas, y eso obviamente tiene impacto en su capacidad para difundir el evangelio.

Los misioneros tradicionales están enfrentando también peligros reales de parte de fuerzas políticas militantes y religiosas. En los últimos años, se han dado a conocer actos de brutalidad y asesinato a misioneros en lugares como Vietnam, Colombia, India, Uganda, Panamá, Afganistán y las Filipinas. A causa de su posición como evangelizadores cristianos y obreros religiosos, los misioneros se han convertido en blanco de ataques en algunas regiones.

El costo de mantener a cientos de miles de misioneros occidentales se está convirtiendo en una carga que crece día a día. El promedio del costo anual por misionero extranjero en el mundo cristiano asciende a unos $ 50.000. Incluso en el mundo no evangelizado, que comprende a casi todas naciones del Tercer Mundo, el promedio del costo total por año es de casi $ 30.000.[7]

Y más aun, en algunos países los misioneros con apoyo total ganan muchas veces más dinero de lo que representa el ingreso promedio local, y esa brecha tan grande entre el estilo de vida del misionero y el de los habitantes locales está desalentando a la gente a ofrendar dinero a la iglesia, por lo que se perpetúa la necesidad de contar con financiamiento que provenga de occidente.

Algunos gobiernos nacionales y locales también limitan la cantidad de apoyo financiero externo que se permite a las iglesias locales. Por ejemplo, el gobierno prohindú, que gobernaba la India hasta hace poco, dificultaba los trámites a las organizaciones cristianas que debían obtener un permiso para recibir fondos desde el exterior, bajo el Acta de

Regulación de Contribuciones Extranjeras. Debido a esas restricciones, quienes proveen los fondos desde la misma nación critican cada vez más el crecimiento de la iglesia local.

A la luz de tales realidades, muchos han buscado una estrategia alternativa para las misiones, para reemplazar a la estrategia que se utilizó durante estos dos últimos siglos y que principalmente se apoya en el respaldo del financiamiento extranjero. Por supuesto, siempre serán importantes los plantadores de iglesias y misioneros tradicionales, los maestros, los evangelistas, los doctores, las enfermeras y los traductores. Todo movimiento misionero emergente como negocios del Reino, tiene que complementarlos. Pero el modelo de misionero occidental, financiado desde el extranjero, seguirá enfrentando presiones crecientes.

Si está llegando a su fin la era del paradigma del misionero tradicional, ¿qué utilizará el Señor en el siglo veintiuno para esparcir su Reino? Según Billy Graham, «una de las próximas y grandes movidas de Dios será a través de los creyentes en el lugar de trabajo».[8]

La estrategia emergente de las misiones para el siglo veintiuno

Mi expectativa es que los negocios del Reino sean una herramienta fundamental que revolucione las misiones en el siglo veintiuno, proveyendo un vehículo económicamente autosustentable y que permita la llegada de más misioneros cristianos a cualquier país. Los profesionales de los negocios del Reino no solo traen la bendición del evangelio, sino la de empleos productivos y progreso económico a los ciudadanos de esos países.

Durante siglos, los misioneros cristianos eran bienvenidos en las naciones si traían consigo la experiencia más necesitada por la sociedad anfitriona, como el cuidado de la salud y la educación. Ahora, es el conocimiento, la tecnología y la asistencia de occidente la que abre las puertas a los cristianos misioneros en las naciones en vías de desarrollo. En el siglo veintiuno, la prioridad de la mayoría de esas naciones es la de ayudar a los ciudadanos a salir del pozo económico y de la pobreza endémica. Y casi todos los gobiernos de países del Tercer Mundo reconocen, hoy en día, que uno de los ingredientes principales para el crecimiento económico sostenido es el capital y la experiencia de occidente. Un gran número de gobiernos que no admiten misioneros cristianos bajo ninguna circunstancia, sorprendentemente sí aceptan a personas de negocios occidentales, aunque sean cristianas, mientras traigan al país el capital, la experiencia y el conocimiento que tanto se necesitan para crear mejores oportunidades económicas para sus pueblos.

Las tendencias y la dinámica actual

La necesidad más imperiosa de las naciones en vías de desarrollo en la actualidad es la de un adelanto económico, y los profesionales de los negocios del Reino son una solución bien recibida. Pensemos en las siguientes observaciones del mundo en que vivimos:

- El capitalismo del libre mercado es la fuerza económica más poderosa del mundo de hoy y es el sistema económico elegido por la vasta mayoría de las naciones en el mundo. Hasta los gobiernos que de palabra se adhieren a otros modelos (como China), están rápidamente moviéndose hacia los mercados de libre comercio.
- Las inversiones son, por encima de la asistencia, el modelo preferido como método de ayuda en los países en desarrollo. Desde 1990 a 2000, la asistencia oficial para el desarrollo a las naciones en este proceso ha permanecido estable en $ 53 mil millones. Durante el mismo período, el ingreso neto de capitales privados a naciones en vías de desarrollo casi se cuadriplicó, subiendo de los $ 44 mil millones a los $ 154 mil millones. El capital privado se ha convertido en el origen principal de financiamiento para las economías emergentes.[9]
- Los empresarios son los principales creadores de nuevos empleos, oportunidades y riqueza en el mundo de hoy. Incluso, en los EE.UU. Las pequeñas empresas son las que dan la mayor cantidad de oportunidades de crecimiento. Desde 1990 a 1997, las pequeñas empresas norteamericanas sumaron más del setenta y cinco por ciento de los nuevos empleos en la economía del país.[10] Esta tendencia es todavía más pronunciada en países económicamente subdesarrollados, donde el sector de negocios pequeños e informales con frecuencia representa el noventa por ciento del producto bruto interno de la nación (PBI).[11]

- El apoyo de la sociedad a los empresarios que crean empleos y riqueza crece en el nivel local y nacional. Como resultado, los empresarios que conciben puestos de trabajo y riqueza son bienvenidos en casi todos los países; y la mayoría obtiene un lugar de influencia y respeto dentro de su comunidad local.

Dios desea bendecir a las naciones espiritual y materialmente. Y resulta lógico que utilice las tendencias actuales hacia el capitalismo y el desarrollo económico para promover el establecimiento de su Reino. Así como Dios utilizó las fuerzas dominantes de la política, la cultura y la economía para que se difundiera el evangelio en el pasado, desde las rutas comerciales en el imperio romano a las expediciones navales en la era de la exploración, hoy se dispone a hacer lo mismo. Los negocios del Reino, como vehículo de misión, hablan de las necesidades actuales y del deseo de los gobiernos y pueblos del mundo entero, que con desesperación buscan el conocimiento, la experiencia y los capitales de inversión para los negocios.

Los esfuerzos misioneros en el mundo, de parte de personas de negocios

Es claro que el potencial para los negocios es un componente central del enorme esfuerzo de la iglesia por promover las misiones en todo el mundo. En los EE.UU., el veintiuno por ciento de los diplomas universitarios y maestrías están relacionados con el mundo de los negocios.[12] Si su perfil religioso es similar al de la población en general (casi un veinte por ciento de cristianos evangélicos), esto significa que en los EE.UU. hay tantos cristianos evangélicos graduados en administración de negocios cada año, como misioneros protestantes de tiempo completo en el mundo *en total*. Y aunque hay diez mil quinientos misioneros cristianos extranjeros en el mundo no evangelizado, hay cincuenta mil cristianos laicos que residen en países cerrados.[13] Los cristianos dedicados a la actividad comercial constituyen una fuerza enorme y con gran potencial para difundir el evangelio y transformar a las naciones.

Sin embargo, ¿cuáles son los beneficios de los negocios como estrategia misionera? ¿Hay algún rasgo singular como promesa a los negocios del Reino? Yo veo al menos diez razones por las que las personas de negocios son estratégicamente importantes y producen un resultado eficaz:

1. *Negocios del Reino es un modelo de misiones completamente auto-sustentable*: Los negocios rentables mantienen a los cristianos que se dedican a la gran comisión, sin utilizar recursos donados por iglesias o agencias misioneras. Casa Bernabé es un orfanato de Veracruz, propiedad de la iglesia Verbo de Nicaragua. La iglesia administra este lugar que tiene catorce hectáreas de tierra fértil, que se arriendan para actividades de agricultura. La tierra produce alimento para los ochenta niños del orfanato, y a ellos se les enseña a desarrollar destrezas u oficios vocacionales, lo que brinda un ingreso para el ministerio del orfanato.

2. *Negocios del Reino brinda experiencia, tecnología y capital para satisfacer grandes necesidades*: Un empresario, con visión del Reino, construyó la fábrica de chips más avanzada de china con tecnología occidental y un capital de inversión de $ 1.6 mil millones. Los profesionales de los negocios del Reino levantan el comercio local, ofreciendo los principios, la capacitación, el consejo y el financiamiento necesarios para el crecimiento de los negocios.

3. *Negocios del Reino crea puestos de trabajo*: El desempleo es un problema acuciante en la mayoría de los países subdesarrollados, y con frecuencia termina en el caos, los disturbios y la violencia. La mejor forma de ayudar a los necesitados es dándoles trabajo. En muchas regiones, los cristianos se enfrentan con barreras y desafíos, como en el caso de la India, donde ET brinda empleo a cientos de cristianos. Los profesionales de los negocios del Reino crean y desarrollan negocios y empresas que dan como resultado puestos de trabajo a muchas personas, cristianas o no cristianas.

4. *Negocios del Reino edifica la economía local y bendice a la nación*: Como se enseñan principios bíblicos para conducir el negocio y se mejora la infraestructura comercial, la economía del país se fortalece. Y a medida que crece la actividad comercial, más familias obtienen mejores ingresos y un estándar de vida más holgado. Una empresa comercial participante de los negocios del Reino fue premiada con el mayor galardón industrial en Israel, recibiendo una felicitación de parte del gobierno por haber bendecido a la nación. Los profesionales que crean negocios del Reino son una bendición para los países porque desarrollan compañías y negocios exitosos.

5. *Negocios del Reino brinda acceso a muchos lugares*: También en países cerrados al evangelio, las personas de negocios de occidente que llegan para crear y promover empresas exitosas en cada localidad son vistas con buenos ojos. Los profesionales de los negocios del Reino actualmente desarrollan actividades en lugares como Afganistán, China y Corea del Norte, debido a que tienen acceso a todos los rincones del mundo.

6. *Negocios del Reino presenta el evangelio de palabra*: Los negocios proveen un contexto maravilloso para la evangelización personal. El capitalismo exitoso se basa en principios bíblicos y la cultura se ve transformada a través de las oportunidades que hay para enseñar estos principios y su origen bíblico. La gente cambia a través del poder salvador de Jesús y se transforman vidas ante la posibilidad de trasmitir la palabra y la obra de Jesús. El testimonio de los cristianos en una compañía del Reino en China dio como resultado que diez personas por mes decidieran seguir a Jesús. Los profesionales de los negocios del Reino hablan del evangelio de Cristo a los empleados, a líderes de negocios y a la comunidad local.

7. *Negocios del Reino presenta al evangelio también con los hechos*: Jesús andaba con sus discípulos y les enseñaba con el ejemplo, explicándoles la verdad a uno por uno. Es en nuestra actividad cotidiana que sacamos a Cristo a la luz. Los negocios son un ámbito que brinda una oportunidad a los profesionales de demostrar el evangelio en la vida cotidiana, como modelos de fe en el mundo real, a un gran número de personas. Al explicar el concepto de los negocios del Reino ante un grupo de cristianos, me preguntaron qué pasaría si una compañía quebraba. Yo creo que los momentos de dificultades dan una buena oportunidad de demostrar la verdadera fe, algo que en tiempos de bonanza es más difícil de hacer.

8. *Negocios del Reino permite financiar a las iglesias con fondos generados en su localidad*: A medida que los cristianos locales ganan su salario y crean negocios rentables, también acumulan recursos que les permiten mantener la misión de la iglesia local. Esto es muy importante en lugares donde hay bloqueos o restricciones para el financiamiento exterior, aunque en verdad, en todas

partes es conveniente no depender del apoyo de occidente. Los profesionales de negocios del Reino les dan a los creyentes de las naciones en vías de desarrollo la capacidad de hacerse económicamente abastecedores de su iglesia local. Por ejemplo, el propietario de una compañía del Reino en Croacia pudo utilizar sus ganancias para financiar la construcción del edificio de su iglesia local.

9. *Negocios del Reino puede ser un socio valioso en diversos esfuerzos misioneros*: De ninguna manera podemos considerar que los negocios del Reino reemplace el trabajo de los plantadores de iglesias, traductores y pastores. Siempre serán necesarios los misioneros tradicionales. De hecho, las ganancias de todo emprendimiento comercial exitoso podrían utilizarse para mantener a los misioneros que dependen de financiamiento externo. En algunos casos, como sucede con una compañía del Reino en China, la propia empresa ofrece empleos e ingresos a misioneros extranjeros que tienen además objetivos de discipulado o plantado de iglesias en la localidad. (Pero es importante, también, que esos misioneros cumplan con su trabajo de manera competente y dedicada, y que no sacrifiquen las obligaciones de la compañía en pos de sus objetivos de evangelización.) Los profesionales de los negocios del Reino generan recursos y oportunidades que pueden luego desplegarse hacia otros segmentos del movimiento misionero mundial.

10. *Negocios del Reino utiliza un recurso importante, aunque poco usual en la iglesia*: Hay muchas personas de negocios que desean participar más en el esfuerzo misionero de la iglesia. Tenemos que darle a la comunidad de negocios la oportunidad de ser útiles en la iglesia y en las misiones, más allá de extender cheques u ocuparse de la administración, porque si no capturamos sus corazones no capturaremos sus almas. *Negocios del Reino* no se limita solamente a quienes desarrollan empresas grandes. Todo aquel que tenga experiencia comercial podrá sumar su contribución, principalmente en los países en vías de desarrollo. Los ejecutivos principales (CEO), los gerentes, los propietarios de pequeños comercios y los empresarios tienen dones, talentos y experiencia que pueden usarse para llevar el evangelio a diversos

países, bendiciéndolos. Recuerdo la historia de un gerente financiero que fue en viaje de misión a Méjico para construir viviendas, pero no tenía experiencia ni capacitación en eso. Imagine cuánto más podría haber hecho para bendecir a la gente, si en lugar de construir casas les hubiera ayudado a mejorar la forma en que administraban sus pequeños negocios y el sistema financiero de su país.

Responder a un mundo que cambia

Creo que los esfuerzos de los negocios del Reino representan un enorme océano de cambios para el movimiento misionero mundial. Los cambios son algo con lo que siempre tendremos que contar. Porque vivimos en un mar de cambios. Por eso, es importante la forma en que los enfrentemos. Hay dos actitudes posibles que producen reacciones muy distintas:

- Hay gente que ve el cambio como una *carga difícil*. Esas personas se muestran reticentes a alterar su conducta o a hacer las cosas de modo distinto. Con frecuencia, esa actitud da como resultado la resistencia a toda sugerencia de cambio.
- Otros ven el cambio como una *oportunidad*. Esas personas logran ver la posibilidad de crecimiento o de nuevo rumbo. Para ellos el cambio genera una oportunidad que antes no existía y esa actitud suele llevarlos a anticipar su potencial.

El cambio suele ser el resultado de tendencias que cierran las puertas a métodos existentes, abriendo otras para modos o perspectivas nuevas. Para poder aprovechar los cambios, primero hay que reconocer las tendencias. En su libro *Mi Experiencia con Dios*, Henry Blackaby alienta a aquellos que desean ver un crecimiento de la iglesia a mirar lo que Dios está haciendo, para poder unirse a él. No debemos buscar su bendición en nuestros programas o en nuestros métodos. Pero sí tenemos que sintonizarnos con con lo que su mano obra en el mundo, y luego ir en la misma dirección.[14] ¿De qué modo está cambiando Dios el mundo hoy? ¿Cómo deberíamos responder?

Conclusión

En los últimos dos siglos, la necesidad de educación y cuidados básicos para la salud brindaron una oportunidad a maestros y doctores misioneros de llevar el evangelio a tierras lejanas. Y aunque hoy siguen existiendo esas necesidades, lo que más se precisa es el desarrollo económico. Esta es una oportunidad que ya está madura para que la aprovechen las personas de negocios, ya que en su misión podrán llevar al evangelio a países de todo el mundo. Las fuerzas de la economía de libre mercado están ganando adeptos en una creciente cantidad de países. Esas economías incipientes tienen sed de tecnología, inversión y conocimiento para poder salir de su posición en el Tercer Mundo. La oportunidad para los negocios del Reino está en su punto justo.

Los cristianos que se dedican a los negocios son un recurso poco utilizado en el esfuerzo mundial de las misiones, en particular en un momento en que la carga de mantener económicamente a misioneros de tiempo completo y las barreras que existen en contra de ellos presentan cada vez más obstáculos. Las personas de negocios que aportan experiencia y capitales de inversión son bienvenidas en las regiones cerradas a los misioneros tradicionales. Pueden predicar el evangelio de palabra y con los hechos, demostrándolo en los desafíos cotidianos del mundo empresarial. Pueden mantenerse por medio de la actividad comercial rentable y pueden bendecir a las naciones brindando oportunidades de empleo que fortalecen las economías y mejoran el estándar de vida de sus habitantes. Dios se está moviendo, y los negocios del Reino son hoy una importante estrategia de misión que acompañan su obra y su movimiento.

He hablado de la importancia de los negocios del Reino como estrategia de misión, pero ¿qué es exactamente lo que quiero decir con «Negocios del Reino»? ¿Hablo sencillamente de cristianos que se dedican a los negocios? ¿Es este término sinónimo de «fabricantes de carpas»? Veámoslo.

CAPÍTULO 3

LAS DEFINICIONES DE LOS NEGOCIOS DEL REINO

Dan Carless es un empresario norteamericano que tiene pasión por hacer crecer el reino de Dios. En sus treinta y tres años como empresario, este exitoso emprendedor de la industria inmobiliaria, renovó treinta proyectos de condominios, en su mayoría propiedades de alto nivel en San Diego y Hawai. La compañía de Dan adquirió complejos de apartamentos ya existentes, contrató trabajadores para renovar y remodelar las unidades, y vendió cada una de ellas por separado como condominios. El negocio fue un éxito. ¿Pero existía alguna forma de canalizar su conocimiento empresarial para hacer avanzar el ministerio de la iglesia? ¿Era una posibilidad viable realizar proyectos cuyas ganancias financiaran ministerios cristianos?

Los engranajes comenzaron a rodar.

Dan dirigió su enfoque del Reino a Colorado Springs, una ciudad de quinientos mil habitantes, donde la autoridad encargada del sector de viviendas informaba la existencia de treinta mil inquilinos frustrados que no lograban comprar su casa propia. El plan consistía en bendecir a los obreros de esa ciudad, para que salieran de su pobreza económica, física y espiritual. Era un ejemplo del ministerio de Jesús. Pero en lugar de crear un servicio que se apoyara en las donaciones de caridad, Dan buscó crear un modelo que rindiera ingresos continuos, sin depender de las donaciones externas. Y mejor aún, rendiría ganancias, lo cual alentaría a los inversores a utilizar parte de sus ganancias para promover otros esfuerzos del Reino.

Como había crecido en un sector humilde de Detroit, Dan, hijo de un ministro, conocía las dificultades de los obreros pobres. Con poca o ninguna capacidad de ahorro, los obreros de Colorado Springs preferían ser propietarios y no inquilinos, pero el obstáculo radicaba en su incapacidad para efectuar pagos mensuales de hipotecas más un adelanto importante para la compra. La cuota mensual podía ser equivalente al costo del alqui-ler, pero desafortunadamente no estaban dadas las condiciones para lograr todo eso. Hasta que Dan utilizó sus conocimientos comerciales para brin-dar una solución de negocios del Reino. Compró un complejo de ciento once unidades habitacionales, planeando renovarlas para vender cada uni-dad a precios por debajo del mercado. Formó alianzas con prestamistas seleccionados que tenían programas de políticas liberales diseñadas para los obreros de bajos recursos.

Una unidad se apartó para un matrimonio que serían los pastores de la comunidad, llamados «entrenadores de vida». A ellos se les encargaría ocuparse de las ciento diez familias residentes. El plan requería que cada residente asistiera a varias clases dadas por los entrenadores de vida antes de recibir los $ 3.500 de asistencia para los costos operativos. Ese monto era suficiente para el pago por adelantado, sin representar erogación pro-pia. Lo que aprendieran en el curso sería de gran importancia para los obreros: cómo hacer un presupuesto familiar, administración de finanzas personales, mantenimiento y cuidado de la vivienda, convivencia y buena vecindad, y una perspectiva de habitar allí a largo plazo. Al completarse el proyecto los entrenadores de vida vivirían en la comunidad guiando a los residentes en los asuntos cotidianos, para edificar una comunidad de bue-na convivencia, dadora de vida para todos. Los entrenadores de vida tam-bién tendrían un papel importante en la asociación de propietarios, para establecer así, la oportunidad de plantar una iglesia y ministrar a la gente.

Para financiar ese emprendimiento enfocado en el Reino, Dan buscó inversores que se unieran a su visión. Después de catorce meses, la ganan-cia estimada para los inversores sería del veinticinco por ciento y se los invi-taba a donar una porción de sus ganancias al ministerio que eligieran. Por ejemplo, un inversor enfocado en el Reino podría ofrecer una suma supe-rior al retorno esperado de su inversión, en acciones o fondos mutuos. De este modo el emprendimiento bendeciría no solamente a quienes recibie-ran viviendas a precios asequibles, sino también a otros en todo el mundo.

Los inversores, el desarrollista, el agente inmobiliario, los contratistas y los administradores de la propiedad serían todos cristianos comprometi-dos que estarían satisfaciendo una necesidad real en la comunidad. La iglesia demostraría que se ocupaba de las necesidades físicas, económicas y espirituales de la ciudad, y se convertiría en una verdadera amiga de la ciudad y su gobierno. Dan Carless estaba utilizando su conocimiento y experiencia para hacer avanzar el reino de Dios.[1]

Las expresiones de los negocios del Reino

El emprendimiento comercial de Dan, por cierto, tiene una buena cantidad de objetivos nobles. ¿Pero es un negocio del Reino? ¿Qué queremos
decir con este nombre?

Negocios del Reino tiene objetivos diversos y debemos cubrir varias
facetas para poder describirlos. Sí, tienen que ver con las misiones, con
prácticas comerciales exitosas, con la integración del trabajo y la fe, con el
desarrollo económico, con difundir el evangelio, con la transformación de
vidas y naciones. Sin embargo, no son esas las únicas características de los
negocios del Reino. Al igual que el emprendimiento de Dan Carless, los
negocios del Reino combinan todos esos factores en un movimiento integrado de misiones que es nuevo y revitalizador.

Hace poco conversé con alguien de una organización cristiana sobre la
misión que llevaban adelante. Me explicó que se ocupaban de trabajar con
los pobres. Esta organización equipa a comerciantes cristianos para que
ayuden a los pobres y se ayuden mutuamente entre sí formando sociedades. Luego describí parte de la tarea en la que yo participaba, y cómo utilizábamos compañías rentables en el extranjero para predicar el evangelio.
No utilizábamos los mismos términos y parecía que hablábamos de cosas
distintas. Nos llevó casi una hora darnos cuenta de que, en esencia, hablábamos de lo mismo.

Hay una parábola antigua, se cree que tuvo origen en China. En esa
parábola tres hombres ciegos deben describir a un elefante. Uno, toman-
do la trompa dice: «El elefante es como una enorme víbora». Otro sostiene la cola y dice que el elefante se parece más a una soga. El tercero abraza
una de las patas del elefante y dice: «Es como un árbol». Como sucede en
la parábola, los negocios del Reino tienen distintas facetas, con aspectos
muy diferentes. Se relacionan con empresas de envergadura diferente, desde negocios unipersonales a grandes corporaciones. Su operación se realiza dentro y fuera de las compañías, desde el gerente al inversor. Se
establecen en todos los lugares del mundo, desde Ecuador a China.

Al investigar la manera en que otros creyentes fueron llamados a utilizar el mundo de los negocios como forma de predicar el evangelio de
palabra y con los hechos, descubrí que actúan en los negocios como estrategia de misión desempeñándose en una amplia gama de capacidades.
Interactúan con los empleados, negocian con los proveedores, aconsejan a

empresarios, crean productos útiles y generan riqueza local. Estos son todos vehículos que hacen avanzar el reino de Dios. Una definición de los negocios del Reino debe abarcar los diversos modos en que Dios está usando a su pueblo en el esfuerzo misionero mundial.

- *Fundador o gerente de un negocio del Reino.* Quienes conocen sobre la administración de empresas construyen y lideran negocios exitosos en países en vías de desarrollo. Ofrecen empleo, capacitación, ingresos y el evangelio de Jesús a muchas personas. Por ejemplo, Clem Schultz es uno de los muchos empresarios norteamericanos que decidieron crear compañías manufactureras en Asia Oriental con objetivos puestos en el Reino. Sus fábricas siguen un plan de negocios que busca resultados económicos, y un «plan para la Gran Comisión», que tiene que ver con objetivos de impacto espiritual.[2]

- *Prestamistas de los pobres.* Los cristianos efectúan micropréstamos a quienes no pueden obtener préstamos bancarios. También brindan instrucción comercial y espiritual a aquellos que reciben el dinero y que, por lo general, crean pequeños emprendimientos industriales. El Banco Barclays fue iniciado por devotos cuáqueros en 1690, enfocados en las necesidades de los pobres, un segmento de la población al que ningún otro banco quería atender. Hoy, las organizaciones cristianas como Opportunity International y World Vision asisten a los pobres mediante préstamos y capacitación en administración del dinero.

- *Mentores y financistas de los negocios del Reino.* Los profesionales cristianos en materia de negocios brindan el financiamiento, el asesoramiento y la guía que necesitan los cristianos locales y los administradores de negocios en el mundo en vías de desarrollo. Integra Ventures, por ejemplo, tiene en su mayoría empleados que son profesionales en materia de negocios. Asiste a quienes administran los negocios del Reino brindando fondos, asesoría y discipulado, para lograr el éxito como parte del paquete de financiación.

- *Entrenamiento en los negocios del Reino.* Algunos entrenan a administradores y gerentes locales en destrezas y principios básicos que se necesitan en el mundo de los negocios. Esos cursos de capacitación incluyen instrucción en valores y principios bíblicos que llevan al éxito en los negocios. Por ejemplo, SERVUS, una organización suiza liderada por cristianos, ofrece cursos de capacitación en los negocios, con principios bíblicos, a gerentes y administradores de países en vías de desarrollo.

- *Consultoría a corto plazo de los negocios del Reino.* Los profesionales cristianos se ocupan de tareas de misión a corto plazo, que buscan bendecir a los propietarios de comercios y negocios en países en vías de desarrollo. Al conectarse con negocios específicos durante viajes cortos, estos empresarios occidentales consultan con administradores cristianos sobre estrategias y asuntos espirituales. Liderada por Brett Johnson, Equip lleva a profesionales de Silicon Valley en viajes cortos a los negocios del Reino como estrategia misionera. Su objetivo es ayudar a hombres y mujeres de negocios en Sudáfrica a formular los propósitos de sus emprendimientos como los negocios del Reino.

- *Asesoría experta en los negocios del Reino.* Los cristianos occidentales, con gran experiencia en materia de negocios, utilizan sus conocimientos y su red de contactos para asistir a negocios del Reino en países en vías de desarrollo. Aunque por lo general residan en continentes diferentes y tal vez se hayan retirado de su actividad profesional, igualmente pueden brindar ayuda valiosa dando de su experiencia y abriendo puertas en el mundo occidental. Business Professional Network, liderada por John Warton en los EE.UU., es un excelente ejemplo de organización, conectando a empresarios occidentales y su vasta experiencia con emprendimientos incipientes del Tercer Mundo.

- *Socios de ventas para los negocios del Reino.* Los profesionales y las organizaciones de los negocios del Reino ubicados en el Primer Mundo buscan asistir a las compañías del mismo movimiento pero ubicadas en países en vías de desarrollo. Al comercializar productos o formar asociaciones con canales de ventas, los que están en occidente brindan asistencia valiosa a los negocios del Reino. Por ejemplo, un distribuidor mayorista cristiano de los EE.UU. es hoy socio de ventas de una compañía en China, añadiendo así una línea de productos fabricados por la compañía del Reino ubicada en China a los productos que distribuye. El

EC Institute (Michigan), organización de los negocios del Reino, también asiste a empresas extranjeras con esos objetivos al conectarlos con compradores occidentales.

- *Apoyo inicial para los negocios del Reino.* Algunos cristianos empleados en el mundo de los negocios de occidente están en posiciones que les permiten abrir puertas a los negocios del Reino. Sin dejar de actuar en defensa de los intereses de sus organizaciones, pueden introducir los productos o servicios de emprendimientos comerciales del Reino. Un amigo, enfocado en el Reino que trabaja para una de las principales compañías de tarjetas de crédito en EE.UU., abrió las puertas para que ET presentara sus servicios como centro de atención telefónica. Esta sencilla acción posibilitó una relación comercial que potencialmente podría duplicar la cantidad de personas empleadas por ET en la India.
- *Inversores en los negocios del Reino.* Dios bendijo a muchas personas con recursos financieros para que sean inversores principales en los negocios del Reino de todo el mundo. Esas personas promueven los negocios del Reino brindando capital a compañías encabezadas por cristianos locales o extranjeros residentes. Por ejemplo, Evangelistic Commerce, liderada por Thomas Sudyk, invirtió en la creación de diversos negocios en países en vías de desarrollo.
- *Administradores de fondos de los negocios del Reino.* Aunque este rol está todavía en pañales, los profesionales de los negocios del Reino también pueden actuar como administradores de fondos privados de inversión. Trabajan dentro de la ley que rige el establecimiento y administración de fondos de inversión y así, pueden servir a empresarios, gerentes e inversores, asistiendo y financiando los negocios del Reino. Por ejemplo, Business Professional Network US, inició un pequeño fondo exploratorio para invertir en emprendimientos promisorios de los negocios del Reino.

Hay muchos individuos y organizaciones que participan activamente en los negocios del Reino y, sin embargo, los términos comúnmente usados para describir los negocios del Reino todavía no se codificaron. Hasta hoy, la práctica de los negocios del Reino ha excedido los esfuerzos por definirlos y estudiarlos de manera sistemática. Necesitamos definir el lenguaje y la estructura para que los profesionales puedan comunicarse con claridad. El término fundamental en esta descripción, es justamente «Negocios del Reino».

Dicho en pocas palabras...

Los negocios del Reino son emprendimientos comerciales con fines de lucro, diseñados para facilitar la transformación que Dios obra en las personas y en las naciones. Los negocios se convierten en herramienta de misión para ministrar a quienes tienen necesidades reales, tanto en el aspecto económico como en el espiritual. Ambas necesidades deberán verse satisfechas para que el trabajo sea exitoso. Aunque la práctica de los negocios del Reino adopta diversas formas, lo que unifica esos esfuerzos es el compromiso con la transformación sustentable, captada en un objetivo triple: 1) rentabilidad y sustentabilidad, 2) creación de empleos y riquezas locales, 3) el avance de la iglesia local (el objetivo triple de los negocios del Reino se detalla en el Capítulo 8). Los negocios del Reino buscan estas tres cosas simultáneamente.

Este libro trata, específicamente, sobre los negocios del Reino en el campo de las misiones de los países en vías de desarrollo. El término «Negocios del Reino» puede aplicarse y de hecho se aplica a muchos esfuerzos encomiables, como el de Dan Carless, para lograr cambios en el Primer Mundo ya desarrollado, aunque no trataremos ese tema en el libro. Por ejemplo, los cristianos que trabajan con los pobres en las ciudades, que crean comercios y que ven una transformación espiritual y económica, también trabajan a favor de los objetivos de los negocios del Reino. Y aunque muchas de las ideas que contiene este libro pueden aplicarse a sus esfuerzos tan valiosos, nuestro trabajo aquí se centra en las misiones en países en vías de desarrollo y no se referirá directamente a los intentos por reformar los sectores de pobreza en occidente.

Los profesionales de los negocios del Reino

Los profesionales de los negocios del Reino son personas capacitadas en negocios que utilizan sus talentos para promover la misión mundial de la iglesia través de los negocios del Reino. Son llamados y están equipados para utilizar sus dones espirituales en el contexto de los negocios. Los profesionales de los negocios del Reino tienen el corazón y la mente enfocados en promover el crecimiento de comercios, compañías y de la iglesia al mismo tiempo. En lugar de percibir su tarea laboral como una distracción de su ministerio, los profesionales reconocen su actividad como vehículo importante a través del cual llevan el evangelio a otros, de palabra y con los hechos. Los profesionales de los negocios del Reino se comprometen con la satisfacción de necesidades sociales, económicas y espirituales en los lugares más pobres, con la disposición de vivir y trabajar allí.[3]

Los profesionales de los negocios del Reino ven su misión como una tarea multifacética: buscan influir a través de la vida de Cristo en los empleados, los socios, los proveedores, los clientes y en la comunidad en general. Utilizan la actividad comercial para demostrar principios y valores bíblicos. Sirven a otros ofreciendo productos de calidad y servicios útiles. Buscan brindar un lugar donde la gente pueda utilizar sus talentos y ganarse la vida. Desean crear una cultura de luz, dentro y en torno al comercio, por medio del amor de Jesucristo y de principios comerciales con base bíblica.

Los negocios del Reino

Negocios del Reino consiste en emprendimientos comerciales con fines de lucro, en el campo de las misiones de países en vías de desarrollo, a través de los cuales los profesionales cristianos buscan satisfacer necesidades espirituales, sociales y económicas. Las empresas participantes de los negocios del Reino tienen distintos tamaños y formas. Sin embargo, hay algunas características comunes a todas ellas.

Como expliqué en el capítulo 1, los negocios no son cristianos. La gente puede ser cristiana, pero no el negocio. Por eso, la discusión se centra en las características de los cristianos que se dedican a los negocios, y no en las características de las compañías o negocios cristianos. Esta es una distinción sutil, pero importante. Porque la gente puede entrar en comunión con Dios, mientras que los negocios y comercios no pueden hacerlo. El Espíritu Santo puede habitar en las personas, pero no en los negocios. Las personas pueden convertirse en hijos e hijas de Dios, pero no los negocios. La confusión con respecto a eso puede llevar a decisiones cuestionables. Hay gente que quizá quiera establecer una compañía cristiana donde solamente se dé empleo a personas cristianas. ¿Pero cómo serán la luz y la sal de mundo en su lugar de trabajo si solamente están rodeados de otros cristianos?

Jesús enseñó que por el fruto se conoce al árbol. El seguidor de Jesús que tiene al Espíritu de Dios como fuerza y motor exhibirá buen fruto, la santificación es la señal principal de la presencia del Espíritu Santo. De hecho las Escrituras explícitamente nombran las características de ese fruto del Espíritu: amor, alegría, paz, paciencia, amabilidad, bondad, fidelidad, humildad y dominio propio (ver Gálatas 5:22-23). Entonces ¿en qué vemos el fruto de los negocios del Reino? R. Paul Stevens, estudioso y autor de trabajos sobre la temática de la fe en el mercado, observa diez características de compañías lideradas por seguidores de Jesús cuyo objetivo es el de hacer avanzar el reino de Dios:[4]

1. *La presencia de un cristiano o varios cristianos con una esfera de influencia.* Esto no implica necesariamente que el ejecutivo principal (CEO) o el propietario mayoritario de la empresa tenga que ser cristiano. Yo soy un miembro del directorio e inversor minoritario en ET, una compañía de la India con algunos cristianos en la gerencia, pero con una influencia decididamente cristiana. En Inmac, mi socio no era seguidor de Cristo, aunque acordamos que operaríamos la empresa según los principios comerciales bíblicos. La característica fundamental es que los cristianos tienen influencia sobre las políticas y la dirección de la empresa o el negocio.

2. *El producto o servicio que se ofrece está en armonía con el propósito de la creación de Dios.* «Y dijo: "Hagamos al ser humano a nuestra imagen y semejanza. Que tenga dominio sobre los peces del mar, y sobre las aves del cielo; sobre los animales domésticos, sobre los animales salvajes, y sobre todos los reptiles que se arrastran por el suelo"» (Génesis 1:26). El mandamiento de Dios de llenar la tierra y gobernar sobre su creación incluye el desarrollo del mundo. Obviamente, hay actividades y planos de los negocios, como la pornografía y las drogas ilegales, que no cumplen con ese mandato. Sin embargo, la mayoría de las actividades comerciales, desde la producción de equipos médicos a la limpieza en seco o la venta de mercadería y la agricultura, son útiles para la sociedad.

3. *Una misión o propósito comercial más grande y profundo que la mera ganancia financiera (aunque la incluye) para que el negocio contribuya de algún modo al reino de Dios.* Durante más de veinticinco años, el objetivo personal de mi vida fue ser testigo de Cristo ante los empleados y la comunidad comercial, y financiar la obra cristiana en el mundo. He pasado de ser empresario, a capitalista de riesgo y filántropo, pero los objetivos de mi misión personal no cambiaron nunca.

4. *El producto y servicio se ofrece con tal excelencia que sugiere la presencia del Reino y brinda una oportunidad de dar testimonio.* Aunque no está ubicada en un país en vías de desarrollo, Buck Knives es un excelente ejemplo de esta característica de los negocios del Reino. La compañía del Sur de California ha fabricado navajas de alta calidad durante más de diez años. Es reconocida por la calidad de sus productos. La nota de garantía a los clientes contiene palabras del presidente Chuck Buck: «Desde el principio, la gerencia decidió hacer de Dios su socio Principal... Cada una de nuestras navajas debe reflejar la integridad en la administración que caracteriza a nuestro Socio Principal».[5] Estos excelentes productos de Buck permiten a la compañía señalar hacia Jesús, cuya vida y enseñanzas incentivan a que el servicio ofrecido sea superior.

5. *Los clientes son tratados con dignidad y respeto, y no solo como medios para obtener ganancias.* El servicio excelente significa que el cliente debe ser amado y respetado como persona creada a la imagen de Dios y que las transacciones comerciales deben ser justas. «Bienvenidos a bordo», les dice Buck a sus clientes, «Ahora forman parte de una gran familia. Aunque hablamos de unos pocos millones de personas, nos gusta pensar en cada uno de nuestros usuarios como miembro de la familia de Buck Knives».[6] Debemos tratar al prójimo con amor y respeto. Si el comercio es nuestro ministerio, el servicio genuino al cliente forma parte de nuestro camino como seguidores de Dios.

6. *Los empleados y obreros están equipados para lograr el mayor potencial en sus vidas, y si son cristianos, incentivados a trabajar con fe, esperanza y amor.* Dios dotó a las personas con talentos y capacidades. Una de las principales características sobre el trato

a los empleados es permitirles utilizar esos talentos de manera significativa, estimularlos a dar gloria a Dios a través de su trabajo. Los que son seguidores de Jesús deben comprometerse por completo a la excelencia de su labor en lugar de ser negligentes por dedicarse al ministerio. En Inmac yo veía mi labor en parte como cabeza de la compañía y también como forma de preparar a las personas para que ocuparan puestos más importantes dentro de ella.

7. *Todos los aspectos del comercio se consideran potencialmente como ministerio y asunto de oración.* Los profesionales de los negocios del Reino piensan en su trabajo como ministerio, y la guía a través de la oración es un aspecto importante en la estrategia de su negocio. «El fantástico crecimiento de Buck Knives Inc. no fue por accidente», les dice Chuck Buck a sus clientes. «En una crisis, entregamos a Dios el problema y él jamás tardó en brindarnos una respuesta».[7] Del mismo modo, ustedes encontrarán en estas páginas varias ocasiones en las que Dios claramente respondió a oraciones que tenían que ver con aspectos de mi trabajo en el mundo de los negocios.

8. *La cultura (valores, símbolos, creencias) bajo los que se rige el negocio han de estar alineados con la Palabra de Dios y los propósitos del Reino.* Se le otorga un renovado reconocimiento, dentro de la educación empresarial, a la cultura de una compañía como clave para el éxito. Al promover y adherir explícitamente a los principios bíblicos tales como la integridad, el servicio, la justicia, el respeto y la confianza, los profesionales de los negocios del Reino pueden infundir en sus empresas y en la comunidad local comercial los valores que dan honor a Dios. Su Reino avanza a medida que las personas y sus prácticas comerciales honran las enseñanzas de Dios.

9. *El negocio o empresa resulta sobre la base de la gracia.* El mundo de los negocios está lleno de desigualdades. La posición en la organización, en la economía y la sociedad dan como resultado la posibilidad de ejercer poder sobre otros. Dios nos invita a operar según la base de la gracia, porque él extiende su gracia hacia nosotros cuando fracasamos. «Si a veces no logramos cumplir con nuestros objetivos es porque somos humanos», dice el mensaje de Buck, «es imperativo que nos esforcemos por

corregir las cosas».[8] Del mismo modo les decíamos a los empleados de Inmac que admitieran sus errores si se equivocaban; nosotros los apoyaríamos. Extendíamos gracia a nuestra clientela permitiendo a los empleados encargados del servicio al cliente, corregir y resolver cualquier problema en el momento, ya sea causado por nosotros o por el cliente. Esos empleados tenían una única regla: Si tuvieras este problema, ¿qué querrías que hiciera la empresa para resolverlo? Seguramente cometerán errores y fracasos, pero los profesionales de los negocios del Reino deben operar siempre dentro de un espíritu de gracia.

10. *Los líderes son servidores dedicados a complacer la misión del negocio, los intereses de los empleados, los clientes y los accionistas, porque ante todo somos siervos de Dios.* El liderazgo del servicio se ha convertido recientemente en un concepto que algunos académicos han llegado a aceptar, pero sus orígenes no son modernos. Jesús enseñó que el estatus y el heroísmo no eran condiciones necesarias para liderar. De hecho, sostuvo que para ser líder uno tiene que ser primero servidor. En lugar de buscar honor y posición, los líderes siervos se comprometen con la misión común, y dan a los miembros de su equipo la posibilidad de destacarse. Como siervo de Dios busqué servir a otros en Inmac. La carta que mencioné en el capítulo 1, que se exhibía en la recepción de Inmac, dejaba muy en claro que los empleados, clientes y socios podían esperar ser tratados con respeto, justicia e integridad porque yo era seguidor de Jesús.

Los falsos negocios del Reino

Negocios del Reino es un vehículo potente para la satisfacción de necesidades espirituales, sociales y económicas, pero esto no se compara con las fuerzas que se oponen a Dios. El enemigo se las rebusca para tomar lo que es bueno y ofrecer imitaciones que dañan a los cristianos y al evangelio. De hecho, si Dios usa algo para su gloria, podemos estar casi seguros de que la respuesta no tardará en venir.

Por eso, no nos sorprende ser testigos de la usurpación del enemigo en los negocios del Reino. En noviembre de 2003 el FBI y el Servicio Impositivo de los EE.UU. arrestaron a un ex misionero en las Filipinas, a varios miembros de su familia y a un ministro. Se les acusó de operar un plan fraudulento en el que robaron unos $ 160 millones. Bajo el nombre de International Product Investment Corporation (IPIC), recaudaban dinero que donaban cristianos y ministerios, prometiendo retornos del veinticinco al cincuenta por ciento en tres a seis meses. Por fuera, IPIC importaba productos fabricados en los países en vías de desarrollo, principalmente Panamá, y los vendía en grandes tiendas norteamericanas como Costco, J. C. Penney y Pier 1 Imports. Un ejecutivo del ministerio que comenzó a sospechar, realizó las diligencias debidas visitando Panamá, y descubrió una operación que dejaba en evidencia la imposibilidad de sostener el nivel de ventas que afirmaban tener los ejecutivos de IPIC. La Comisión de Valores de los EE.UU. descubrió que IPIC no operaba legítimamente; los dólares que contribuían los nuevos inversores pagaban a inversores anteriores. Y además, los investigadores federales confirmaron que los organizadores del plan tenían casas, un helicóptero y un yate, adquiridos con el dinero de los inversores.[9]

Destaco esta historia para dar unas palabras de advertencia: la primera está ilustrada en la parábola de Jesús sobre la semilla de mostaza. Aunque hay distintas interpretaciones de esa parábola, muchos creen que habla de la tendencia de Satanás a engancharse, y explotar para su propio interés, diversos movimientos de Dios: «El reino de los cielos es como un grano de mostaza que un hombre sembró en su campo. Aunque es la más pequeña de todas las semillas, cuando crece es la más grande de todas las hortalizas y se convierte en árbol, de modo que vienen las aves y anidan en sus ramas» (Mateo 13:31-32). Anteriormente en ese capítulo, Jesús había relatado la parábola del sembrador en la que los pájaros que representan a Satanás se comen parte de las semillas que siembra el agricultor, representación de Cristo. Ahora los pájaros anidan en el árbol que Dios hizo crecer a partir de la semilla más pequeña. Desafortunadamente, cuando el Reino crece de ese modo, los pájaros llegan.

La segunda advertencia es que los cristianos no podemos hacer la vista gorda ante los casos de malos negocios, sencillamente porque el emprendimiento contenga un aspecto de ministerio. No podemos justificar el sostén al pobre o los planes de negocios ilegales y el personal inexperto bajo la bandera de algún beneficio en el ministerio. Es vital trabajar con profesionales que tengan conocimientos y se mantengan dentro de la ley. Una cantidad de personas y organizaciones que están dentro de ese perfil aparecen mencionados en este libro.

Las barreras para los negocios del Reino en la iglesia

Muchos cristianos sostienen opiniones que representan barreras importantes a la idea de utilizar los negocios del Reino como herramienta para las misiones. Una de esas barreras, como mencionamos antes, es la creencia de que solo los pastores u obreros cristianos de tiempo completo se ocupan de la obra de Dios. Yo también creía lo mismo. Como dije en el capítulo 1, me llevó un tiempo descubrir que las pasiones y talentos que Dios me había dado estarían mejor utilizados en el mundo de los negocios y que allí era donde él quería que lo sirviera. También comprendí que el llamado más espiritual para cada persona es cuando Dios la llama según la manera en que la ha equipado. No hay un llamado mayor que ese, ni siquiera trabajar en el ministerio. Mi llamado consistía en servir a las personas llevándoles el evangelio a través de los negocios.

Como esa idea resulta común, se debe conversar sobre ella para que los negocios del Reino puedan verse como una misión encomiable de la iglesia. Además descubrí que algunos cristianos sinceros a veces no comprenden ciertos aspectos y que por ello ponen barreras a los negocios del Reino. A continuación presento algunas observaciones sobre la transformación, el trabajo, los negocios, las ganancias y las riquezas. (Estos conceptos se presentan con mayor detalle en el Apéndice A.)

La transformación

Varios segmentos de la iglesia de hoy ponen énfasis en distintos aspectos de la transformación. Hay cristianos que se concentran exclusivamente en la transformación espiritual, demostrando gran celo por la evangelización, pero con poca compasión por los marginados sociales o necesitados. Otros ponen énfasis en la transformación social y económica, ellos promueven la armonía, la unidad y curan males físicos y sociales. El ministerio de Jesús demuestra que a Dios le importa transformar las condiciones espirituales, sociales y económicas de las personas. Alimentó a los hambrientos, llamó a la gente a la santidad personal, sanó a los enfermos, enseñó en la sinagoga, predicó ante miles de personas y se preocupó por los marginados sociales. Tuvo un ministerio integral, no limitado a un plano en particular. Del mismo modo, los negocios del Reino se comprometen con la transformación de las naciones y acrecienta el reino de Dios a través de un ministerio integral, que se ocupa de los males espirituales, económicos y sociales que flagelan a muchos pueblos de las naciones en vías de desarrollo.

El trabajo

La concepción que encontramos en gran parte de la iglesia actual, en la que a los profesionales cristianos de vocación se les enseña que tienen un llamado más elevado que su trabajo secular, no está sostenida por las Escrituras. Los cristianos necesitamos adoptar un paradigma que vea al trabajo en sí mismo como ministerio y como santo llamado de Dios para sus vidas, ya sea que estén empleados por la iglesia o no. Todos los creyentes, con sus diversidad de dones y talentos dados por Dios, son llamados al ministerio (o servicio) y se puede decir que se dedican a la obra cristiana a tiempo completo. El trabajo es inherentemente bueno y un mandato de Dios. Es un ministerio, sea en los negocios, en la escuela, en el hogar o en la iglesia.

Los negocios

Los cristianos tenemos dones y vocaciones de todo tipo, que incluyen trabajar en el mundo de los negocios. Aunque los medios y la representación mediática de la gente de negocios nos hagan pensar que no hay aspecto redentor en su tarea o profesión, los negocios sí pueden ser una tarea noble. El comercio exitoso tiene que ver con servir al prójimo y aumentar su estándar de vida. Tiene que ver con descubrir las necesidades de las personas y satisfacerlas. Los negocios dan gloria a Dios cuando bendicen al hombre a través de la creación de productos útiles, de la entrega de servicios excelentes y de la edificación y mejora del nivel de vida de la sociedad.

Las ganancias

La creencia más común es que los negocios tienen como objetivo principal maximizar las ganancias. Sin embargo, el verdadero propósito de los negocios es brindar un servicio para servir a otros a través de la provisión de bienes y servicios útiles. Cuando se trabaja en pos de este objetivo, aparecen las oportunidad de ganancia. La ganancia es como el oxígeno que permite crecer a la compañía para seguir sirviendo a otros con eficiencia. Otra noción muy común sostiene que las organizaciones sin fines de lucro son inherentemente más nobles que las organizaciones con fines de lucro. No hay correlación directa entre la falta de lucro y el beneficio a la sociedad. De hecho, cuando más grande sea el beneficio que aporte el producto o servicio a quien lo reciba, tanto mayor será el potencial de ganancia. No podemos pensar que los negocios son algo innoble o poco espiritual solamente porque generan ganancias.

La riqueza

Algunos cristianos piensan que la pobreza y la austeridad son más espirituales que la riqueza. Otros creen que la salud y la bendición financiera necesariamente vienen con la fe sincera. Tanto el «evangelio de la pobreza», como «el evangelio de la salud y la riqueza», dejan de lado la rica enseñanza bíblica sobre la prosperidad. La riqueza (material, física y espiritual) nos es dada por Dios y él espera que nosotros la administremos para sus propósitos. También quiere que la disfrutemos. Es cierto, la pobreza y la riqueza presentan potenciales tropiezos. Pero la pobreza es una enfermedad y un gran segmento del mundo sufre de la desesperanza que la acompaña. Por otra parte, la mejora económica trae consigo un proceso de éxito que impulsa a una nación a aumentar la riqueza, la autoestima, la salud, el desarrollo y el uso de los talentos.

Tales actitudes, muy comunes dentro de la iglesia, crean barreras reales a la aceptación y crecimiento de los negocios del Reino como movimiento eficaz de misión. Quienes devalúan los resultados económicos o espirituales consideran que el trabajo en el comercio es de segunda clase, ven los negocios como algo innoble, las ganancias como algo sucio y la riqueza como un enemigo, por lo cual, no pueden aceptar que los negocios del Reino sea una parte encomiable del movimiento de las misiones. Negocios del Reino descansa sobre la noción de que a Dios le importa la transformación espiritual, social y económica de las personas, que el trabajo en el mundo de los negocios es tanto un llamado como un ministerio, que la ganancia es algo necesario y también señal de servicio útil y que la pobreza es una enfermedad social que debe ser tratada.

Relacionar los negocios y las misiones

Es importante que los cristianos, en especial si nos dedicamos al mundo de los negocios, tengamos un marco de referencia que nos permita conectar los negocios con las misiones. Hay tres formas de relacionar estos dos campos: los negocios *para* las misiones, los negocios *y* las misiones, los negocios *como* misiones.[10]

Los negocios para las misiones

Los que sostienen la idea de que los negocios deben servir únicamente como fuente de asistencia a las misiones y a los esfuerzos evangelizadores, consideran a los misioneros y a los que tienen el ministerio como vocación los únicos calificados para llegar al mundo; y creen que el rol de los negocios y el comercio se limita a proveerles recursos. Existen diversas variantes en cuanto a la idea de los negocios *para* las misiones.

Funciones de soporte para las misiones. Algunos cristianos ven a la gente de negocios en las misiones, con el rol de proveer la experiencia y el conocimiento técnico y profesional que haga falta para evangelizar el mundo. Por ejemplo, los consultores cristianos en computación y las editoriales pueden asistir a las agencias misioneras en su obra de difundir el evangelio. Aunque son funciones importantes que deben se cubiertas por profesionales, no alcanza a cubrir la definición de los negocios del Reino, porque limita su rol al apoyo profesional.

Frente para las misiones. Algunos misioneros ven a los negocios como un fachada útil para conseguir las tan necesarias visas. El negocio es un vehículo que utilizan para obtener acceso y residencia, y el título de «empresario» puede ayudarlos en ciertas circunstancias. Por supuesto, el negocio ocupa un segundo plano y la prioridad es la misión. Pero la falta de experiencia, conocimiento e interés en asuntos comerciales casi siempre provoca un fracaso económico; de todas maneras los misioneros se las arreglan para seguir «operando» durante varios años. No es esta, por cierto, la idea que hay tras los negocios del Reino.

El profesional de los negocios del Reino, Clem Schultz, fundó y administró empresas en el este de Asia durante varios años. Muchas veces lo buscan aquellos que desean utilizar sus empresas como cubierta para su obra de evangelización en una región. Clem estipula entonces que esos misioneros deberán trabajar al menos veinte horas por semana en la empresa y que deben ser competentes, calificados y tener compromiso pleno con sus empleos en sus compañías. Incluso estipula que no den testimonio a sus compañeros de trabajo en horas laborales sino después, para que el creyente demuestre ética de trabajo durante las horas en que se ha comprometido con la compañía. Negocios del Reino es un vehículo para las misiones, pero no debe usarse como frente o cubierta para los misioneros que no tienen interés alguno en trabajar allí.

Fuente de financiamiento para las misiones. Algunos cristianos, al no encontrar una intersección entre el trabajo en el mercado y el trabajo en las misiones, ven el valor redentor de los negocios por su capacidad de brindar fondos para la obra misionera. Los negocios no son en realidad un trabajo virtuoso, piensan, pero el dinero que se gana con los negocios se puede usar para financiar la obra espiritual.

También esta perspectiva deja de lado el aspecto pleno de Los negocios del Reino. Sea en Canadá o en Croacia los negocios siguen siendo una fuente importante de financiamiento para la iglesia local. Sin embargo, limitarlos a ese rol, en el esfuerzo misionero de la iglesia, es ser corto de vista. Porque los negocios no han de relegarse a un lado, porque es allí donde todos los días se conocen y transforman las personas.

Los negocios y las misiones

Otros admiten que existe un rol misionero legítimo para la persona de negocios en el mundo. El campo de las misiones no es únicamente para los misioneros mantenidos por las iglesias. En especial, en aquellas regiones de difícil acceso para los misioneros tradicionales, ¿por qué no reubicar a los cristianos allí a través del empleo? Su trabajo en el campo comercial les otorga los fondos y la posición legal para permanecer en el país, y pueden ocuparse de su ministerio fuera de su horario laboral. Logran cumplir ambos propósitos: ocuparse de los negocios y de las misiones.

Este concepto, que también se conoce como «fabricar carpas», no debe confundirse con la práctica de los negocios del Reino que describimos aquí. Tentmakers International Exchange define la idea de negocios y misiones de la siguiente manera: «Tentmakers [fabricantes de carpas] incluye a testigos cristianos de cualquier país, que usando su capacidad o experiencia vocacional obtienen acceso y se mantienen en otras culturas, con la intención primaria de hacer discípulos para Cristo Jesús y cuando es posible, establecer y fortalecer iglesias».[11] En lugar del objetivo triple de los negocios del Reino (ganancia y sustentabilidad, empleo local y creación de riquezas, y avance de la iglesia local), el objetivo de los fabricantes de carpas, consiste únicamente en obtener resultados espirituales. Los fabricantes de carpas suelen tomar empleos como medio para obtener acceso al país con propósitos de evangelizar. La intención principal es hacer discípulos para Cristo Jesús. Y aunque los profesionales de los negocios del Reino también buscan formar seguidores de Jesús, su mandato incluye elevar el estándar de vida y crear un entorno mejor para todos brindando empleo, recursos económicos, bienes y servicios.

Los fabricantes de carpas suelen encontrar problemas para resolver la tensión entre su empleo secular y su propósito real, la obra de la misión. Al asignar poco valor eterno a sus empleos, los fabricantes de carpas ven su empleo de nueve a cinco como un escollo en el ministerio. Lo usan como el boleto de entrada que deben pagar para acceder al campo de la misión. En oposición a eso, los profesionales de los negocios del Reino no ven su trabajo como escollo al ministerio. Su trabajo *es* su ministerio.

Los fabricantes de carpas han logrado cierto nivel de popularidad en las últimas décadas, en especial en los países menos abiertos a los misioneros tradicionales. Esa perspectiva ha dado resultados positivos, pero también ha habido fracasos a lo largo del camino. Los fabricantes de carpas tienen un rol esencial en el avance del evangelio en todo el mundo, pero la idea de los negocios del Reino va más allá de tomar un empleo para obtener acceso a un país en el extranjero con propósitos de evangelización. Los negocios del Reino no consideran el comercio y el ministerio como esferas de acción separadas.

Los negocios como misión

El concepto de los negocios del Reino ve a los negocios como misión. Considera la actividad comercial en sí misma como obra de misión. Negocios del Reino reúne compañías con fines de lucro que satisfacen necesidades espirituales, sociales y económicas. Los profesionales de los negocios del Reino trabajan con problemas del mundo real, a través de los cuales muestran al evangelio en acción. Y quizá más importante aun, los negocios del Reino brindan una poderosa plataforma de sustento al avance del evangelio, dentro y fuera de la empresa.

Las personas que participan en los negocios del Reino se vuelven creadoras de empleo que brindan oportunidades laborales a quienes las necesitan con desesperación (con frecuencia creyentes que viven en esos lugares). Sus compañías producen bienes y servicios valiosos. Crean valor a largo plazo para todos los integrantes: empleados, socios, clientes, inversores y miembros de la comunidad. Y de manera eficaz, difunden el evangelio en la comunidad local en la que operan, sin costo para la iglesia local o mundial. Son vehículos de misión para una transformación sustentable.

Conclusión

Negocios del Reino consiste en emprendimientos comerciales con fines de lucro, diseñados para fomentar la transformación de Dios en personas y naciones. El objetivo de los negocios del Reino en los países en vías de desarrollo es fomentar compañías sustentables que amplíen la misión de la iglesia local, brindando empleo y recursos económicos. Al liderar, diagramar, aconsejar, financiar y promover empresas o emprendimientos, los profesionales de los negocios del Reino sirven de moderadores de la cultura, la visión, la contratación, la compensación, y de las prácticas comerciales; todos componentes importantes del ministerio a las naciones.

Aunque los profesionales de los negocios del Reino, quizá, no tengan capacitación formal en teología, igualmente están en una posición ideal para enseñar el evangelio de palabra y con los hechos. Al hablar la verdad y vivir la fe en su lugar de trabajo pueden guiar a muchos hacia Cristo. Buscan bendecir a las naciones a través de los negocios. Consideran su trabajo en el comercio como un ministerio y no como vehículo de acceso o apoyo para el ministerio. Negocios del Reino es misionar.

El poder de los negocios para transformar las naciones se ve ilustrado en la siguiente declaración del ex presidente de China, Jiang Zemin: «Yo haría que el cristianismo fuera la religión oficial de China».[12]

¿Por qué diría algo así el líder comunista del país más poblado de la tierra? ¿Lo convencieron los argumentos de apologética que defienden la veracidad del cristianismo? No. Temo que su asombrosa declaración no fluye de la fe personal o el análisis teológico. Jian Zemin notó algo en el cristianismo que lo convierte en algo especialmente atractivo. Lo veremos a continuación.

CAPÍTULO 4

EL CAPITALISMO EXITOSO Y LOS PRINCIPIOS BÍBLICOS

Cuando Inmac era todavía una compañía muy joven, recibimos un cargamento de sobres a prueba de rasgado de parte de un proveedor. Mientras los desempacaba, por accidente corté un tercio del contenido. Me molesté porque esos sobres representaban el cinco por ciento del dinero inventariado en nuestra compañía. Como había considerado el costo económico, no podía reunir el coraje necesario para quitarlos del inventario. Cuando llegó el primer pedido de sobres a prueba de rasgado, sin pensarlo dos veces, envié una cantidad de sobres rotos. De repente, no hubo más pedidos. Ni un solo llamado durante tres días.

Mientras oraba esa noche recordé los sobres y percibí que Dios intentaba llamar mi atención. Le pedí que me perdonara por engañar al cliente al que se los había enviado y prometí enmendar las cosas. A la mañana siguiente, muy avergonzado me disculpé por el error ante mi confundido empleado de tiempo parcial. Luego corrí a entregarle al cliente una misma cantidad de sobres, pero de los buenos. Por lo general, lo jueves era el día con menos pedidos, ¡pero ese día llegaron muchísimos al punto que agotamos todo lo que teníamos en stock para la semana! Creo que el Señor me estaba diciendo: «Ken, si no puedo confiar en ti para lo poco, ¿cómo podré hacerlo para lo mucho?»

Yo había enviado intencionalmente productos defectuosos, y al hacerlo violé los principios bíblicos de la integridad, la honestidad, el servicio y la calidad. Aunque uno no esperaría que ese incidente produjera las consecuencias drásticas e inmediatas que siguieron (probablemente sí una merma a largo plazo), fue buena la manera en que Dios me llamó la atención. Porque el mercado recompensa la adhesión a los valores bíblicos y penaliza a quienes actúan en oposición a ellos. Los principios bíblicos son la base del capitalismo exitoso.

El capitalismo

En 1982, el ex editor de *Christianity Today*, Harold Lindsell, afirmó que el mundo entero se encontraba en medio de una gran batalla mundial entre dos fuerzas opuestas: el capitalismo y el socialismo. Veía al socialismo como concepto peligroso que se volvía más y más popular en esferas que abarcaban desde la economía a la religión.[1] Los vientos han cambiado desde entonces. Hoy, las políticas comunistas de la Unión Soviética son vistas por lo general como un experimento fallido, y hasta las economías híbridas con fuertes componentes socialistas están cayendo. (Figura una discusión más extensa sobre el socialismo en el Apéndice B.)

Cada vez más naciones en vías de desarrollo vuelven su mirada hacia el capitalismo como solución a los problemas económicos que las acosan.

Se ha dicho que el capitalismo no es un buen sistema, excepto cuando se lo compara con todos los demás. Muchos cristianos se sienten conmovidos ante la disparidad económica que hay en el mundo y las condiciones en muchas regiones son causa de preocupación para la iglesia. El escritor, filósofo y teólogo Michael Novak dijo:

> Si uno tiene en mente, ante todo, las necesidades materiales de los pobres, los hambrientos y los oprimidos, en lugar de los sentimientos propios, se pregunta: ¿Cuál es la forma más eficaz y práctica de aumentar la riqueza de las naciones? ¿Qué es lo que produce riqueza? He llegado a pensar que el sueño del socialismo democrático es inferior al sueño del capitalismo democrático y que la superioridad de este último en la práctica es innegable.[2]

Si hay un principio que subyace al sistema económico del capitalismo, es el de los derechos inalienables de la propiedad del individuo. Esto implica el derecho intrínseco a poseer, controlar y utilizar la propiedad privada, en particular, los medios de producción. La tierra, el equipo, el dinero y la mano de obra son medios de producción. Hay otras cosas que son propiedad y que incluyen las ideas, las marcas y productos. Todo eso puede ser propiedad de una persona o un grupo de personas, y pueden intercambiarse libremente por otro tipo de propiedad de manera que satisfaga a ambas partes. Se deriva un beneficio agregado de tal transacción y la suma de todas esas transacciones lleva a la creación de riqueza para la sociedad.

El capitalismo y las Escrituras

Como ningún otro sistema económico en la historia de la humanidad, el capitalismo produce los bienes y servicios necesarios y mejora el nivel de vida de la gente. ¿Pero hay respaldo bíblico para el capitalismo? La respuesta es «sí», en varios niveles. A diferencia de los ejemplos modernos del socialismo, el capitalismo descansa sobre el principio bíblico de la libertad y la responsabilidad personal. El hombre es libre para utilizar sus dones del modo en que lo prefiera; es libre para dedicarse a la vocación a la que Dios lo guía. El capitalismo también cumple de manera más eficaz el mandato de Dios al ser humano en el jardín del Edén en cuanto a «que lo cultivara y lo cuidara» (Génesis 2:15b).

En el Antiguo Testamento el pueblo de Dios tenía propiedad privada: tierras, animales y dinero. Era un sistema «capitalista». Los israelitas eran libres de hacer con su propiedad lo que quisieran. Había una única excepción que limitaba la liquidez perfecta de los activos inmobiliarios. Dios les había prometido a los israelitas la tierra de Canaán, y debían ser sus administradores. A cada familia se le dio una propiedad específica. La ley del Jubileo mandaba que la propiedad inmobiliaria pudiera rentarse, mas no venderse. Cada cincuenta años, terminaban todos los contratos de renta y la tierra volvía al propietario original o a sus herederos. Por supuesto, el precio que se pagaba por usar la propiedad tomaba en cuenta lo que restaba del tiempo del alquiler, y quienes alquilaban la tierra eran libres de usufructuarla. En la economía agraria de Israel, la ley del Jubileo era una forma de dar a todos la oportunidad de un nuevo comienzo. Al igual que gran parte de las leyes modernas de la bancarrota, tenía como propósito mantener a la sociedad libre de la esclavitud o el fracaso perpetuo. Pero en ningún modo podía considerarse la ley del Jubileo un medio de redistribuir la riqueza. En esencia, el Antiguo Testamento representa la libre empresa y un mercado inmobiliario con algunas restricciones de venta.

La Biblia sí reconoce que la debilidad humana puede manifestarse en el mercado y el comercio. La codicia puede dar como resultado el uso de la propiedad privada con fines innobles. En el Antiguo Testamento, eso era tratado por medio de las leyes contra la usura. Por ejemplo, la ley que se dio a Moisés estipula que si se presta dinero a uno del pueblo de Dios que está en necesidad, no habría que cobrarle interés y no se requeriría garantía, esencial para el bienestar del que recibe el préstamo (ver Éxodo 22:25-27). Es decir, que se debía ayudar a un hermano o hermana en necesidad y considerarlo un regalo, no una oportunidad de beneficiarse a partir de su desesperada situación.

Es importante distinguir la situación de desesperación que describe Éxodo de aquella que tiene alguien que solicita un préstamo para iniciar o expandir su negocio. Dios no declara ilegal la práctica de prestar dinero o cobrar intereses en sí misma. Veamos las profecías bíblicas que anuncian que Israel en su prosperidad: «y tú podrás darle prestado a muchas naciones, pero no tendrás que pedir prestado de ninguna» (Deuteronomio 15:6; 28:12). En la parábola de los talentos, Jesús elogia a los que hicieron crecer lo que Dios les dio ganando un retorno sobre sus inversiones. Por ello, la ley de Dios dada a Moisés, no debe interpretarse como prohibición para quienes conducen los negocios del Reino, a recibir un retorno justo por sus inversiones.

Aunque las enseñanzas y parábolas de Jesús brindan amplias oportunidades para hablar en contra de la propiedad privada, no hay un pasaje que lo señale claramente. En varias historias, Jesús afirma el derecho del propietario a cobrar la renta, el derecho de un hijo a heredar la propiedad de su padre, el derecho de un agricultor a hacer lo que quiera con su riqueza y el derecho de un noble a esperar retorno sobre sus inversiones. Si bien Jesús denuncia el uso poco sabio de los recursos, afirma la propiedad, control y usufructo de la propiedad privada.

El éxito del capitalismo

Muchos sistemas capitalistas democráticos tuvieron un asombroso éxito con la mejora del nivel de vida y la riqueza de las naciones, y fueron de bendición material a su pueblo. De hecho, de las cincuenta economías más ricas del mundo solamente una tiene historia socialista (Eslovenia, que ya dejó de serlo). El resto son naciones con fuerte compromiso hacia el capitalismo.[3]

El ejemplo comparativo más acabado podría observarse en Alemania. Antes de la Segunda Guerra Mundial, Alemania oriental tenía el PBI per cápita un siete por ciento mayor al de Alemania occidental. Después de la guerra, Alemania occidental floreció bajo el capitalismo democrático y se convirtió en potencia económica. Bajo el socialismo, Alemania oriental languideció. Luego ambas se reunificaron en 1990, ¡y el PBI de Alemania occidental era un ochenta y dos por ciento superior al de Alemania oriental![4]

No hay duda de que las economías capitalistas logran ventajas crecientes. La sociedad obtiene beneficios a través de un mejor tratamiento para las enfermedades, mayor provisión de alimentos y un buen nivel de vida para la gente. Un reloj digital de cinco dólares contiene más potencia informática de lo que podría haber costeado la corporación mas grande del mundo hace tan solo dos generaciones. Incluso los miembros de menor posición económica en los países desarrollados pueden comprar automóviles, televisores, aspirinas y electricidad; recursos y productos que Salomón no hubiera imaginado siquiera, y la expectativa de vida actual excede a la de reyes y reinas que reinaban en Europa hace varios siglos.

Tres sistemas conectados: el económico, el político y el moral-cultural

El capitalismo es un sistema económico, uno de los tres componentes del gobierno de una sociedad. El sistema económico no puede separarse de sus dos hermanos: el sistema político y el moral-cultural. Los tres determinan las reglas del juego en una sociedad. Douglass North, un economista secular, ganó el premio Nóbel por su trabajo; en él expone cómo estas reglas, a las que llama «instituciones», tienen un potente efecto en el rendimiento económico.[5] Demostró que tanto las reglas formales del sistema político (constituciones, leyes, reglamentos) como las informales del sistema moral-cultural (valores, convenciones, normas sociales) tienen un importante papel en los resultados económicos. Entonces, seríamos poco sabios si ofreciéramos soluciones que no llegaran a cubrir los problemas de los sistemas políticos y moral-culturales de una nación.

Los tres sistemas están entrelazados y el resultado más eficaz requerirá que actuaran en conjunto. El sistema económico del capitalismo opera mejor en un ambiente de libertad, y el sistema político debe defenderlo. Sin embargo, no significa que la democracia sea un ingrediente necesario para el capitalismo exitoso. En Singapur, aunque hay elecciones, Lee Kuan Yew y su partido político controlan el gobierno a tal punto que se trata esencialmente de una dictadura benevolente. Pero aunque ejerciera un control político más estricto, el gobierno otorga la libertad económica necesaria para que florezca el sistema capitalista en Singapur. Mónaco es técnicamente una monarquía, pero la libertad económica y el respeto por la propiedad privada han dado como resultado el éxito económico. Aunque el sistema político democrático no es requisito para el éxito del capitalismo, sí son esenciales un gobierno estable, el respeto por la propiedad privada y un sistema moral y cultural alineado con valores judeo-cristianos.

Aunque algunos respaldan la iniciativa de exportar el capitalismo y la democracia a las naciones en vías de desarrollo, no se presta mucha atención al sistema moral y cultural que hace falta para que tengan éxito. Sin embargo, es en la arena moral y cultural donde los cristianos tienen mucho para ofrecer: «Está bien y es bueno enseñar principios económicos que beneficien a los países en vías de desarrollo, pero no hay que imponer un sistema moral específico», predican los secularistas. Sin embargo, el capitalismo eficaz requiere de un sistema moral que nutra ciertos valores y virtudes, y a menudo son estos los que faltan en las culturas de muchos países en vías de desarrollo.

La ausencia de una moral que acompañe y equilibre al capitalismo para impedir que se deforme, ha dado como resultado situaciones desastrosas. Los sistemas capitalistas sin respaldo moral provocan negocios sin principios ni salud. Estos sistemas pueden llevar al comercio de esclavos, como había en África y las Américas hace varios siglos.[6] Pueden llevar a un entorno comercial marcado por la corrupción, como en Europa Oriental hace unos años. Pueden llevar al abuso de los trabajadores, como sucede en muchos lugares de Asia. Sin un sistema moral y cultural sólido que afiance la confianza en el sistema económico, el capitalismo no puede tener éxito.

El capitalismo y la autoridad moral judeo-cristiana

Todo programa de estudio de las escuelas y facultades donde se enseña lo relativo a la administración de negocios, afirmará que la cultura de la compañía es un factor importante para el éxito de toda empresa. Las deficiencias en ese campo deben remediarse. Sin embargo, es asombrosa la existencia de cierta reticencia a reconocer que la cultura de una nación también es un factor importante para el éxito de la economía del país. Los sistemas morales y culturales incompatibles con el capitalismo exitoso necesitarán modificaciones.

Las prácticas comerciales de un país se caracterizan según tres actitudes morales posibles: inmoralidad, amoralidad o moralidad.[7] Es inmoral el comercio y la economía que opera en oposición a las leyes de Dios y de la nación. El tráfico ilegal de drogas, el crimen organizado y la pornografía infantil caben en esta categoría. El fraude, la violencia, los sobornos y la extorsión son subproductos de la inmoralidad. Si las fuerzas del gobierno no están controladas por la ilegalidad, seguramente se ocuparán de castigar o restringir la actividad comercial inmoral. Pero aunque el gobierno no tomara cartas en el asunto, el comercio inmoral que viole las leyes de una nación deberá operar de manera subterránea, fuera del mercado público. Por eso el comercio inmoral no brinda una solución sustentable para la economía de una nación.

La amoralidad es una actitud que a menudo encontramos en el comercio occidental moderno. Su mantra podría resumirse en dos palabras: maximizar las ganancias. Aunque operan dentro de la ley, estos profesionales se despreocupan de los principios morales. La pregunta no es «¿está bien o está mal?», sino «¿es legal o ilegal?» La ley entonces reemplaza a la moral. En muchos aspectos los EE.UU. están adoptando un estándar de amoralidad, a medida que el tejido moral de la Constitución se ve reemplazado por una legislación cada vez más compleja. Pero la ley no puede reemplazar a la moral. «Muéstrame la ley, y te mostraré la trampa», suelen decir algunos abogados.

La confianza y la lealtad son conceptos foráneos al sistema amoral. Se promete algo a los empleados y a los clientes, que puede no cumplirse si el compromiso implica mayores gastos o menor ganancia. El resultado es entonces un entorno frío y calculador en el cual los empleados no encuentran alegría y los clientes siempre sospechan. Además, donde no hay confianza hace falta más control, más cheques, más balances. Esto aumenta los costos y pone a la sociedad en una desventaja económica evidente. La cantidad de leyes que aparecen para regular el comercio en los EE.UU. crece de manera exponencial y todo añade costos al sistema, reduciendo así el valor económico.

La tercera opción es un entorno de negocios que opera dentro de un estándar *moral*. Los valores como el servicio, la integridad y la lealtad se practican, no porque sean exigidos por la ley, sino por ser moralmente correctos. En ese entorno, el valor de la persona no entra únicamente en la ecuación de la contribución a las ganancias. Es un ambiente donde el espíritu humano florece. La confianza es lo que resulta cuando los demás miembros del sistema económico operan bajo tales estándares morales. Entonces, con plena confianza, los largos contratos pueden reemplazarse por un apretón de manos. Ya no hay necesidad de costosas medidas de seguridad que garanticen el rendimiento. En un contexto financiero y comercial que se rige por la moral, las transacciones se simplifican y se reducen los costos. Es decir, que el factor moral es un componente vital para el capitalismo exitoso a largo plazo.

¿Qué estándar moral?

El capitalismo debe desarrollarse junto con una cultura de moralidad que actúe como contrapeso para las versiones inmorales o amorales del sistema económico. ¿Pero cuál debería ser la base de la moral? No es esta una pregunta para tomar a la ligera. El ex Presidente de la Comisión de Valores de los EE.UU. (SEC), John Shad, ofreció donar $ 20 millones a la Facultad de Economía de Harvard para establecer un programa de ética. Comenzó con una cifra de $ 250.000 y encargó que primero se definiera lo que es la ética. Los intelectuales de Harvard no lograron llegar a un acuerdo en cuanto a la definición, y el proyecto quedó trunco. Aun ante la oferta de una gran donación para un programa de ética, quedaron en un callejón sin salida. En la atmósfera de relativismo filosófico que prevalecía en la universidad, no había cabida para un único recurso que definiera la ética. Surge entonces una pregunta: ¿Cuál debería ser la fuente de ese estándar moral? Nuevamente, tendremos que hablar aquí de tres fuentes alternativas: el interés propio, un código ético secular universal, o la revelación de una autoridad moral superior judeo-cristiana.[8]

Quienes abogan por la elección de un estándar moral basado en *el interés propio* afirman que el mundo de los negocios recompensa a quienes son considerados como empresarios o comerciantes que operan con moralidad. La reputación de honradez, justicia y buena calidad, es un punto económico a favor, protegido por las compañías en beneficio propio. Hay cierta verdad en eso, pero la fachada puede esfumarse cuando predomina el interés económico en la deshonestidad o la injusticia. Richard Whately, el arzobispo anglicano del siglo diecinueve, dijo en Dublín: «La honradez es la mejor política, pero quien se gobierna según esa máxima no es un hombre honrado».[9] El hombre honrado es aquel que se gobierna con la máxima «la honradez es la *única* política». El hombre que cree que la honradez es la mejor política, la abandonará apenas descubra que no parece ser la mejor. El famoso caso de Enron, en los EE.UU., lo ilustra muy bien. Esta compañía sostenía un ambiente moral y ético, pero no pasó mucho tiempo antes de que dejara en evidencia que la fuente suprema de tal moralidad era el interés propio.[10] Cuando el interés propio y las enormes ganancias económicas lo dictaron, Enron decidió seguir un camino que para la mayoría de las personas es claramente falto de ética.

El interés propio como fuente de la moral da como resultado una ética situacional que se guía según el grado de ganancia personal. Cuando Israel no tenía rey y no había autoridad moral superior para respetar, el pueblo actuaba según su propio interés, y «cada uno hacía lo que le parecía mejor» (Jueces 17:6). Pero al final, el propio interés no es lo suficientemente fuerte como para mantenerse como fuente de autoridad moral.

Hay quienes apelan a una moralidad *universal,* que puede derivar de la sabiduría de las tradiciones éticas o religiosas del mundo. Esa perspectiva es muy respaldada por instituciones internacionales, y diversos grupos como el Consejo del parlamento de Religiones Mundiales (1993) y la Fundación Inter-Fe (1994), que intentaron definir una ética global. Independientemente de la dificultad inherente para la construcción de tal código, el problema real de esa perspectiva está en su incapacidad para convertir a las personas en adherentes al estándar moral. ¿Qué cosa motivaría a la gente a interiorizar esta moralidad universal? ¿Qué es lo que promovería la adopción de una ética universal? Aunque esa perspectiva reconoce la necesidad de una norma moral basada en una conciencia transformada, carece de mecanismos que logren la necesaria conversión del corazón.

La tercera fuente de estándares morales, la *autoridad suprema de Dios*, brinda una cultura moral sólida. La Palabra de Dios revelada tiene también poder para transformar la conciencia del hombre. Los seguidores de la fe judeo-cristiana eligen la lealtad, la honestidad y el trato justo, no porque promuevan sus intereses solamente sino porque en última instancia rendirán cuentas ante el Todopoderoso. Cuando las personas acuden a Dios como fuente de sabiduría moral, evitan las trampas de la moralidad cambiante basada en el propio interés, y las de la moralidad universal en la que no hay alianza personal. Lord Brian Griffiths concluyó sobre la fe judeo-cristiana: «que ve los negocios como vocación o llamado, de modo que la carrera en los negocios se percibe como vida de servicio ante Dios, y es una de las más poderosas fuentes de las que pueden derivarse, establecerse y respaldarse estándares morales absolutos en la vida de los negocios».[11] Solamente un estándar moral que se somete a la autoridad de Dios tendrá poder perdurable.

La ley de Dios escrita en los corazones de los hombres

Los Estados Unidos se fundaron hace más de doscientos años sobre la base de tres documentos pequeños, pero importantes: la Declaración de la Independencia, la Constitución y el Acta de Derechos. Esos tres documentos reflejan los valores escritos en los corazones de los hombres que fundaron el país. John Adams, el segundo presidente de los EE.UU., lo dijo así:

> No tenemos un gobierno armado con el poder capaz de contender con las pasiones humanas que la moralidad y la religión no pueden refrenar. La avaricia, la ambición, la venganza o la galantería romperían las sogas más fuertes de la red de nuestra constitución, como una ballena rompe una red de pesca. *Nuestra Constitución se redactó únicamente para un pueblo moral y religioso. Es totalmente inadecuada para el gobierno de otro tipo de pueblo.*[12]

Adams, en ese entonces, sabía que la Constitución resultaría adecuada para gobernar a un pueblo moral y religioso. Los documentos fundacionales delineaban valores y principios bíblicos ya integrados a la sociedad de esos días, y estas convicciones tan sólidas eran los ladrillos para la construcción de la nación.

La Revolución Francesa tuvo lugar casi en la misma época que la revolución norteamericana, y aunque los revolucionarios tenían objetivos similares, había una diferencia importante. A pesar del lema: *«¡Libertad, igualdad, fraternidad!»*, los franceses no compartían la misma pasión por la rectitud personal y la sujeción a la autoridad de Dios. Buscaban introducir un gobierno humanístico, sin Dios, y el resultado fue muy distinto al de la experiencia norteamericana. «En lugar de la libertad, la justicia, la paz, la felicidad y la prosperidad de la que disfrutaban los norteamericanos, Francia sufrió caos e injusticia, con miles de cabezas rodando bajo la afilada hoja de la guillotina», observa W. Cleon Skousen.[13] Las virtudes cristianas no formaban parte del ADN de los revolucionarios franceses y el resultado fue una nación que no se moldeó «bajo Dios».

Alexis De Tocqueville vivió en la época sangrienta y caótica posterior a la Revolución Francesa. Como jurista le intrigaba la sociedad tan distinta que estaba emergiendo en América del Norte. En 1831 visitó los EE.UU.

para estudiar su sistema de gobierno y la cultura de su pueblo. De Tocqueville documentó sus observaciones en su famosa obra *Democracia en América*:

> «Las sectas (denominaciones) que existen en los EE.UU. son innumerables. Todas diferentes con respecto a la forma de adorar el hombre a su Creador, y sin embargo están todas de acuerdo en cuanto a las obligaciones que los hombres se deben entre sí. Cada una de estas denominaciones adora a la Deidad de manera que le es propia, pero todas predican *la misma ley moral en nombre de Dios*... Además, casi todas las denominaciones en los EE.UU. están comprendidas en la gran unidad del cristianismo y la moralidad cristiana es la misma en todas partes ... No hay país en el mundo donde la religión cristiana tenga mayor influencia sobre las almas de los hombres que en los Estados Unidos de Norteamérica».[14]

De Tocqueville descubrió que la clave para la comprensión del éxito de la democracia y de la sociedad en Norteamérica era la ley moral cristiana que albergaban las almas de los hombres. «Así, aunque la ley permita que los norteamericanos hagan lo que les plazca, la religión les impide concebir y les prohíbe cometer lo que sea injusto o impulsivo», observó.[15] Detrás de esos tres documentos fundacionales, por breves que fueran, estaba la ley de Dios escrita en los corazones de los hombres y mujeres de Norteamérica.

Mientras en Norteamérica se establecía la separación entre la iglesia y el estado para prohibir que el estado interfiriera en el libre ejercicio de la religión, en Francia la pared separadora entre la iglesia y el estado, llamada *laicité*, buscaba proteger a la esfera política de la iglesia. Hoy, Francia sigue tan comprometida como siempre con el secularismo y dispuesta a librar la nación de la influencia religiosa. «El secularismo no es negociable», afirmó el Presidente Jacques Chirac. El secularismo es la única religión aceptable en la vida pública. En su afán por limpiar la casa de toda religión, se pisotean las libertades. Una ley reciente, que prohíbía todo símbolo religioso como los velos musulmanes, las gorritas de los judíos y las cruces cristianas notorias en las escuelas públicas, encontró oposición en protestas y manifestaciones, en particular de parte de los musulmanes que hoy conforman un diez por ciento o más de la población total. «Así como la casa limpia de demonios que no se llena con Dios vuelve a atraer a siete demonios peores (ver Mateo 12:43-45), las campañas publicitarias de la libertad y la tolerancia no podrán contra la agresiva marcha del Islam», opinó Andree Seu, de *World Magazine*.[16] Guiados por la creencia de que no hay absolutos y que todas las religiones y culturas tienen el mismo valor, el secularismo deja un peligroso vacío en la sociedad francesa.

Adoptar el estándar moral

Mientras el socialismo cae en desgracia y el capitalismo gana más y más adeptos, la pregunta que tenemos es: ¿Adoptarán las naciones en vías de desarrollo un capitalismo secular y vacío de una autoridad moral superior, o adoptarán un capitalismo judeo-cristiano infundido con los valores morales de las Escrituras? Los secularistas promueven un capitalismo amoral, que se preocupa solamente por las leyes y los beneficios, o una moralidad universal que carece de convicción. Ninguno de los dos sistemas genera un mecanismo para la transformación de la conciencia del hombre, para la conversión de su corazón.

El capitalismo existente en la Rusia postcomunista no puede considerarse un éxito. Su mayor defecto es la carencia de un tejido moral necesario. Entre 1994 y 1999, el tráfico de drogas ilegales y los crímenes económicos en el sector bancario se cuadruplicaron, y para el año 2000, aproximadamente el ochenta por ciento de las empresas ofrecían dinero para protegerse de fraudes y crímenes financieros. La corrupción también hace estragos en el sistema judicial y político. La riqueza del país ha quedado privatizada en manos de unos pocos oligarcas. A fines de la década de 1990, las siete personas más ricas eran las que supuestamente controlaban el cincuenta por ciento de la economía rusa. La adopción de un capitalismo despojado de autoridad moral ha dejado a Rusia en una situación económica tan poco auspiciosa ¡que muchos desearían volver al comunismo![17]

De Tocqueville adjudicaba el éxito de los EE.UU. a la ley de Dios escrita en los corazones de los hombres:

> Finalmente, el estado de la Unión se resume en el carácter del pueblo. Busqué la grandeza y genio de América en sus puertos atestados de mercadería, en sus amplios ríos, y no la encontré. La busqué en los fértiles campos, en las vastas praderas, y no la hallé tampoco allí. Busqué en sus ricas minas y en su activo mundo

comercial, pero tampoco la encontré. No fue sino hasta que entré en las iglesias de Norteamérica y sentí el fuego de sus púlpitos encendidos con rectitud, que entendí el secreto de su genio y poder.[18]

El poder de la autoridad moral de Dios sobre una persona produce un carácter recto y buena disposición, y es esta la única fuente de moralidad que logra una interiorización auténtica y firme de un estilo de vida virtuoso. Exportar el capitalismo solo no basta. Hay que aparejarlo con valores bíblicos. De hecho, los que se ocupan de los negocios del Reino tienen la maravillosa oportunidad de demostrar, de palabra y con el ejemplo, cómo la ética que lleva al éxito en los negocios se basa en la Biblia. Los principios y actitudes cristianos son los valores que subyacen al capitalismo exitoso. La persona que adopta esas virtudes se acerca a la transformación suprema que produce la adopción de la fe cristiana. Quienes participan de los negocios del Reino no deben esconder ni dejar de reconocer la fuente suprema de sus principios. Porque aunque es bueno formar gente de negocios que considere la honradez como la política ideal, mejor es producir gente de negocios honrada que opere con un sentimiento de responsabilidad hacia Dios.

Los valores bíblicos del capitalismo exitoso

Max Weber escribió a comienzos del siglo veinte sobre los orígenes del exitoso espíritu del capitalismo que observaba en partes de Europa y en especial en los EE.UU. ¿Por qué florecía el capitalismo en determinadas regiones?, se preguntaba. Su conclusión fue que los países que habían adoptado valores predominantemente protestantes, esfuerzo y piedad personal, experimentaban un éxito económico mucho más avanzado que sus vecinos con recursos y grupos éticos similares. Mientras en las naciones católicas los píos servían en la iglesia, en las naciones protestantes el espíritu de piedad personal estaba presente en el mercado. La interiorización de los valores bíblicos y el énfasis en el carácter personal daba como resultado un capitalismo exitoso.[19]

Antes de escribir su popular libro *Los siete hábitos de la gente altamente eficiente*, Stephen Covey repasó la literatura que se había publicado en los EE.UU. con referencia al éxito desde la fundación de la nación. Descubrió que en los primeros ciento cincuenta años de historia del país se consideraba el carácter como factor dominante para el éxito. Benjamín Franklin y otros autores proponían una ética de carácter que iba acompañada de virtudes tales como la integridad, la templanza, la humildad, el coraje y la fidelidad. En los últimos cincuenta años, concluye Covey, esa ética de carácter ha sido reemplazada por una ética de la personalidad. Lo que hay dentro no importa tanto como lo externo. El éxito hoy tiene que ver con vestirse correctamente, comprender la política corporativa, hablar con elocuencia y sobresalir en situaciones sociales.

Los libros de Covey, al igual que muchos otros que hablan sobre la administración en los negocios, son populares en nuestros días porque consideran al carácter como el ingrediente perdido desde hace años en el capitalismo exitoso. En lugar de destacar las técnicas o actitudes mentales, los principios bíblicos siguen siendo los valores subyacentes en la ética del carácter.

Grover Cleveland, vigésimo segundo y vigésimo cuarto presidente de los EE.UU., dijo: «El ciudadano es mejor hombre de negocios si es un caballero cristiano, y de seguro los negocios no son menos prósperos y exitosos si se rigen por principios cristianos». ¿Cuáles son los valores bíblicos del capitalismo exitoso? Aquí mencionamos los más obvios, que tienen relación con el carácter de la persona, con las relaciones interpersonales y con el rendimiento del trabajo.

Valores del carácter personal	Valores en las relaciones interpersonales	Valores en el rendimiento
Integridad	Humildad	Servicio
Honradez, apego a la verdad	Servicio	Excelencia
Lealtad, fidelidad	Respeto, dignidad	Valor
Confianza	Justicia, trato justo	Calidad
Compromiso, diligencia	Gracia, compasión	
Orden, prolijidad	Perdón	
Esperanza	Consideración	
	Confianza	
	Rendición de cuentas	
	Interdependencia	

Los principios bíblicos en acción

Hemos observado que el capitalismo exitoso se basa en la Biblia. ¿Pero cómo afectan esos valores bíblicos el modo de conducir los negocios? ¿De qué manera actúan los principios bíblicos en el mercado?

La honradez, justicia e integridad. Las empresas y negocios con cultura de honradez, justicia e integridad se benefician a partir de su reputación. Los clientes, socios y empleados se sienten atraídos hacia ellas. Si existe alguna duda sobre los beneficios económicos de una buena reputación, preguntemos a los vendedores de productos en eBay. Los compradores pueden evaluar el servicio que reciben y dejar sus comentarios. Si el vendedor no entregó el producto, mintió o exageró acerca de la descripción, o no lo entregó adecuadamente, el comprador deja comentarios negativos que podrán ver todos los compradores potenciales. Si un producto llega a tiempo, su descripción fue fiel y todo ha sido correcto, los comentarios positivos serán el resultado. Como es sabido, los compradores toman en cuenta toda esa información antes de realizar una oferta; por eso los vendedores de eBay protegen mucho su puntaje y se esfuerzan por mejorarlo y mantenerlo.

El servicio. El capitalismo eficaz consiste en servir al prójimo, que al mismo tiempo, evalúa con su billetera lo bueno o lo malo del servicio. Los bienes y servicios tienen que ser útiles para el comprador, y cuanto más valor representen, tanto más estará dispuesto a pagar por ellos. En Inmac el servicio excelente era una prioridad máxima. Al principio logramos una buena posición ante la competencia de compañías más grandes, cuidando a nuestros clientes mejor de lo que ellos lo hacían. Establecimos la práctica innovadora de las entregas en el mismo día. A nuestros clientes les encantaba y permanecían leales a Inmac. Servir a otros por medio de productos y servicios útiles es una cuestión central para un negocio exitoso.

La gracia y el perdón. Una de las razones por las que Silicon Valley es un terreno fértil y dinámico para nuevas ideas y emprendimientos es la actitud prevaleciente que tienen las empresas locales hacia el fracaso. En lugar de rechazar a los empresarios que fracasaron en sus emprendimientos, Silicon Valley tiene un notable sentido de perdón y gracia hacia los que van tras un sueño con coraje. Se le otorga un valor superior a la persona que fracasó, una vez pasada su experiencia, a diferencia de otras regiones del país donde se lo considera profesionalmente arruinado. La gracia alimenta el espíritu empresarial al conceder libertad para fracasar.

La humildad, la dignidad y el servicio. «Casi todo ejecutivo ... dice que el viejo estilo de liderazgo donde impera el control y las órdenes ya no funciona», dijo David Bradford, de la Facultad de Negocios de Stanford.[21] El concepto de administración que se basa en el liderazgo de servicio (o liderazgo postheroico) es hoy promovido en las principales escuelas de negocios, aunque en verdad data del siglo uno, presentado por el ejemplo de Jesús. Dicho de manera sencilla, indica que el medio más eficaz para relacionarse con los empleados es con una actitud humilde de servicio y reconocimiento de los dones y talentos de los demás.

Bradford relata una de sus historias favoritas, la de Henry Ford. Con exasperación, Ford preguntó: «Si quiero contratar un par de manos, ¿por qué tengo que contratar a la persona entera?» El líder humilde considera el valor de la persona e incentiva sus talentos y dignidad. Busca utilizar todas las capacidades de la persona. En lugar de reforzar la estructura jerárquica en la que hay superiores y subordinados, Bradford dice que la organización debería coordinarse entre «socios mayores» y «socios jóvenes». En lugar de trabajar como un llanero solitario, un amo de todos los demás, el líder humilde buscará cómo servir y apoyar a los demás miembros del grupo. El liderazgo eficaz no se basa en la posición o el grado académico, sino en el servicio hacia la organización y la aceptación mutua dentro de ella.

La excelencia y la calidad. Otras tendencias modernas reconocen el valor del rendimiento en el trabajo, según los principios bíblicos, como clave del éxito. En su libro *En búsqueda de la excelencia,* Tom Peters y Robert Waterman describen las características de las compañías dedicadas a la excelencia. Ese libro es uno de los más populares en su categoría y en toda la historia de la literatura de negocios.

Otro factor del éxito es la calidad, y hay miles de organizaciones que se comprometen al Manejo de la Calidad Total (MCT). Como miembro del personal del General Douglas McArthur, encargado de reconstruir el Japón de postguerra, W. Edwards Deming se ha convertido en sinónimo del MCT. Después de que Deming les explicó los métodos de control de calidad a los gerentes japoneses en 1950, la frase «hecho en Japón» se convirtió en símbolo de la mayor calidad. Deming promovió la formación de Círculos de Calidad compuestos por voluntarios, que se capacitaban en materia de estadísticas y trabajo en equipo. En las décadas siguientes, el compromiso de las compañías japonesas con la calidad era algo evidente.

Las automotrices como Toyota y Nissan descubrieron que la calidad de sus productos era una ventaja competitiva sobre sus competidores norteamericanos. Hoy, el Premio Deming es el más alto galardón a la calidad en Japón.[21]

Los principios bíblicos que redimen a los negocios

Aunque no sea su fe personal, muchos educadores y personas de negocios identificaron determinados principios morales que llevan al éxito en los negocios. Sin embargo, el cristiano que se dedica a los negocios puede ir todavía más lejos. Porque avanzar sobre un código moral básico puede redimir al mercado a través del poder del Espíritu Santo. Un negocio puede, de veras, convertirse en la sede de un ministerio de servicio al prójimo, un lugar donde se satisfagan necesidades reales, tanto económicas como físicas o espirituales. Riverview Community Bank, en Otsego, Minnesota, se dedica justamente a eso.

«¿Es este el banco que ora por la gente?», pregunta alguien que llama por teléfono.

«Así es», responde Chuck Ripka, Vicepresidente Principal del Riverview Community Bank. Chuck y muchas otras personas de negocios con visión del Reino fundaron ese banco en marzo de 2003.

Dieciocho años antes, mientras trabajaba en un negocio de muebles, Chuck sintió que el Señor lo guiaba a orar con un cliente por primera vez. Sin que Chuck lo supiera, ese cliente estaba pasando por una crisis personal. Unos días más tarde, volvió y compró un colchón. En esa ocasión Dios le habló a Chuck. «Me mostró que yo podía ministrar y prosperar en el mercado al mismo tiempo», dice.

La oración es hoy algo cotidiano y regular en el banco, y los resultados han sido tremendos. Chuck mismo ora con dos o tres personas cada día. Durante los primeros quince meses después de la apertura del banco, setenta y dos personas se convirtieron en seguidores de Jesús, cifra que incluía clientes, empleados, familiares, meseras de restaurantes de la vecindad, y otros. Casi sesenta personas experimentaron sanidades, algunas de ellas muy dramáticas. Se corrió la voz y la gente viajaba hasta tres horas en auto solo para visitar «el banco donde oran por la gente».

Los cuarenta y ocho inversores del Riverview Community Bank no son todos cristianos, pero muchas veces el plan de negocios del banco, explícitamente, consiste en «traer el cristianismo al mercado». Desechando la idea de que la oración y el ministerio solamente pertenecen al ámbito de la iglesia o del hogar, el liderazgo del banco actúa según la visión de satisfacer las necesidades económicas, físicas y espirituales de la gente en el mercado. Y al mismo tiempo, el negocio prospera. El banco se puso como objetivo lograr $ 3.5 millones en depósitos para el final de su primer trimestre. Pero los primeros $ 20 millones en depósitos durante ese período ¡verdaderamente excedieron los planes que tenían para el año entero! Al fin del primer año, el banco había logrado depósitos por $ 50 millones, mucho más de lo esperado para los primeros cinco años.

Los empleados del banco buscan vivir los principios bíblicos al tratar con los clientes, y para eso les ministran a través de excelentes servicios financieros, sinceridad personal y amor. «La actitud de la gerencia es que si a un cliente le cuesta pagar puntualmente, no le enviaremos los cobradores sino que lo llamaremos para preguntar cómo podemos orar por su situación», dice Chuck Ripka. El Riverview Community Bank va más allá de los principios morales al llevar el fruto del Espíritu al mercado. Construye capital espiritual (tema del capítulo siguiente). El banco redime los negocios para la gloria del Señor: «Creo que Dios usa el banco como modelo de lo que él puede hacer», concluye Chuck.[22]

Los principios bíblicos en los negocios producen la transformación de una nación

Los principios bíblicos en los negocios, que hoy se están redescubriendo, fueron fundamentales en la transformación de la cultura comercial de Londres en la Edad Media. El ejemplo de las Livery Companies (en español conocidas como Compañías de Londres, o Compañías de Librea) ilustra el poder de los principios bíblicos en acción. Es la historia de cómo los estándares morales y la responsabilidad ante los demás pueden revolucionar el clima comercial de una nación.[23]

Creadas en los siglos once y doce, las Livery Companies eran organizaciones que reunían a los trabajadores de distintos gremios. El rey Eduardo III otorgó los primeros permisos en el siglo catorce, y las primeras doce grandes compañías incluían a los mercaderes de productos secos, a los almaceneros, los vendedores de géneros, los pescadores y los joyeros. (También se formaron varias Livery Companies en el siglo veinte, que incluían a los fabricantes de instrumentos científicos, a los pilotos de avión y a los navegantes.) Las Livery Companies tuvieron orígenes religiosos y comerciales, ya que buscaban proteger y promover el comercio. Las Livery Companies estaban muy ligadas a la iglesia, y por lo general toda reunión era precedida por la oración y adoración a Dios. Tenían nombres como «La Compañía más Adoradora de los Joyeros», y lemas como «Alabad a Dios por todo» (los panaderos) o «En Dios está toda nuestra esperanza» (los plomeros).

En un período en que el comercio deshonesto era común, se manipulaban las balanzas por ejemplo, las Livery Companies o Compañías de Librea, o de Londres, se establecieron para promover prácticas comerciales de excelencia y honradez. La carta orgánica de la compañía de los plomeros establecía que su intención era «ser útiles, beneficiosos y de ayuda a los buenos y honrados, y la de dar terror y corrección al malo, engañoso y deshonesto». Los fundamentos de las Livery Companies se basaban en principios bíblicos, y todo aquel que quisiera formar parte de ellas debía aceptarlos y sostenerlos. Todavía hoy, los Hombres Libres de la Ciudad de Londres (un requisito para poder llevar la librea), reciben un libro titulado *Reglas para la conducta en la vida*, con treinta y seis principios bíblicos escritos por el alcalde de Londres en 1737. Los lemas atemporales de las Livery Companies podrían resumirse de este modo: energía y propósito a través de filosofías compartidas, integridad a través de valores compartidos, excelencia a través del ejemplo compartido.[24]

Las Livery Companies verificaban pesos y medidas y certificaban altos parámetros de excelencia y servicio en los sectores de comercio. Las personas honradas se beneficiaban por medio de ese sistema de responsabilidad y rendición de cuentas mutuas, pero los que violaban los parámetros éticos exigidos por la asociación de miembros, debían enfrentar severas multas o penas. De hecho, el término «la docena del panadero», se originó en la práctica de incluir un poco más de pan, como garantía de protección contra la disciplina que imponía la Compañía de Panaderos.

Quienes se acogían a esos principios bíblicos tenían como recompensa la confianza, lealtad y satisfacción de los clientes. Todo el que actuaba en el mercado buscaba pertenecer a una Livery Company. Con el tiempo, prácticamente todos los gremios desarrollaron su conjunto de estándares y las Livery Companies se convirtieron en parte central de la vida y del gobierno de Londres.

En el siglo quince, las asociaciones comerciales elegían a los alcaldes y jefes de policía de las ciudades entre los miembros de las compañías. Las

Livery Companies prosperaron y abrieron escuelas y obras de caridad. Hoy continúan existiendo y hay más de cien Livery Companies en actividad.

«La esencia del compromiso que toma una persona al entrar en una Livery Company», sostiene la Compañía de Constructores, «es que uno conducirá su vida personal y comercial según un parámetro determinado y ya que al hacerlo obtendrá cierta riqueza, compartirá esa riqueza con los menos afortunados, comenzando por los que pertenecen a su mismo gremio y luego ampliando el círculo para incluir a los que se encuentran en el entorno de su actividad comercial».[25] Todos estos principios bíblicos en los negocios llevaron a la transformación de la nación.

La cultura cristiana y el desarrollo económico

El entorno comercial que se caracteriza por la sincera moralidad bíblica, será mucho más exitoso que el caracterizado por la deshonestidad, la deslealtad, la desconfianza y el desorden. Debemos saber que sin los valores bíblicos, el capitalismo no puede alcanzar todo su potencial. De hecho, el nivel que alcance el desarrollo económico está directamente relacionado con el grado de adopción de esa cultura, compatible con el éxito del capitalismo. Esta es la razón por la que la sociedad es tan crítica en la búsqueda de una mejora económica. La humanidad marcada por el caos, la deshonestidad, la falta de ética o la desconfianza, necesitará reformas culturales que puedan pavimentar el camino hacia un comercio mejor. Como lo ilustra la situación de corrupción en Rusia y en otros lugares, promover el capitalismo independiente de los valores morales y culturales imprescindibles para su éxito equivale a construir una casa sobre la arena.

No es por casualidad que el capitalismo democrático floreció ante todo en países con fuerte perspectiva judeo-cristiana. Los principios de las Escrituras incluyen la igualdad de todas las personas ante la ley, la santidad de los derechos sobre la propiedad, la exigencia ética a ser empleados justos y compasivos, la instancia a desempeñarse con diligencia y honradez, la gracia para trabajar en nuevos emprendimientos con esperanza en el futuro. Es decir que las culturas que tienen éxito en lo económico son aquellas influidas por esos valores bíblicos.

Como observamos antes, Max Weber atribuyó el éxito económico de las naciones protestantes a una piedad personal y al sentido del llamado vocacional que en otros países no veía. En cuando a los EE.UU., De Tocqueville dijo hace más de ciento cincuenta años: «América es grande porque América es buena. Si América dejara de ser buena dejaría de ser grande».[26]

Incluso hoy, vemos la relación que observa Weber entre la fe y la ética del trabajo. Niall Ferguson, de la Universidad de Oxford, recalca que «la experiencia de Europa occidental en el último cuarto de siglo, ofrece una inesperada confirmación de [la tesis de Weber]. Dicho de manera simple, estamos siendo testigos de la declinación y caída de la ética de trabajo protestante en Europa».[27] Al mismo tiempo que Dios se volvió menos importante para los europeos, y en especial para aquellos que alguna vez fueron predominantemente protestantes, se dio una grave declinación en la cantidad de horas de trabajo. No se ha visto una declinación semejante en los Estados Unidos, donde un porcentaje considerablemente mayor de la población considera que Dios es muy importante. Ferguson observa hoy un correlato entre la escasez de trabajo en la población europea y la ausencia de Dios en ese continente.[28]

Casi todas las naciones económicamente desarrolladas tienen su historia arraigada en la cultura judeo-cristiana. Con excepción de Japón y Hong Kong (que permanecieron durante mucho tiempo bajo protectorado británico), todas las naciones que encabezan la lista de PBI per cápita tienen una larga tradición cristiana. Es interesante mencionar que la cultura japonesa sinto-budista comparte algunos de los valores claves del cristianismo que llevan al éxito en los negocios. La honradez, la confianza, el compromiso y el orden son características culturales japonesas, inherentes al capitalismo exitoso. En aspectos claves, el tejido moral-cultural de Japón incluye valores bíblicos y brinda confirmación de la conexión entre la cultura y el desarrollo económico. Casi asombra ver que prácticamente todas las naciones más desarrolladas derivan de una cultura con tradición judeo-cristiana. ¡Con razón Jiang Zemin dijo que quería hacer del cristianismo la religión oficial de China!

Conclusión

Las naciones en vías de desarrollo se vuelven hacia el capitalismo como respuesta a los problemas económicos. La pregunta aquí es si adoptarán un capitalismo secular que carezca de una sólida moralidad, o un capitalismo judeo-cristiano que esté inserto en los valores morales de las Escrituras. Exportar el capitalismo únicamente no será la mejor solución. Los principios bíblicos son los valores fundacionales del capitalismo exitoso y hay directa correlación entre la prosperidad económica y la presencia de principios bíblicos en una cultura. No todos los cristianos que participan en el desarrollo económico ven la conexión entre la promoción del comercio y la promoción de la moral bíblica. Sin embargo, para que una economía resulte verdaderamente bendecida, hace falta que las virtudes judeo-cristianas estén sólidamente integradas a la cultura de la sociedad.

Los principios bíblicos llevan al capitalismo exitoso. ¿Pero cómo sucede eso? ¿De qué modo puede una cultura con valores bíblicos lograr mayor éxito económico? ¿Cómo puede una nación en vías de desarrollo, que carece de una historia judeo-cristiana, construir la fortaleza cultural requerida para el capitalismo exitoso? Exploraremos estos temas a continuación, utilizando un concepto que llamamos *capital espiritual*, y que es la clave del crecimiento económico.

CAPÍTULO 5

EL CAPITAL ESPIRITUAL

Soy amigo de un pequeño empresario que distribuye tarjetas telefónicas a las tiendas de insumos básicos en los EE.UU. Es cristiano y se le conoce por su honradez, en un campo de acción donde la mayoría de las personas no poseen valores morales. Algunos de sus clientes no nacieron en el país y por ende, sus principios tampoco son cristianos. En conversaciones informales, esos clientes le contaron lo cómica que les resulta la cultura norteamericana, porque les permiten adquirir negocios y mentir en sus registros para evitar el pago de impuestos. Si alguien descubre la mentira, pueden excusarse diciendo que fue un error, y ¡sorpresa!, se aceptan sus explicaciones.

Los propietarios de esas tiendas pequeñas le mencionaron que ellos podían comprar las tarjetas telefónicas inmigrantes que provenían de su misma cultura. Entonces, mi amigo les preguntó por qué se las compraban a él: «Eres cristiano. Eres honrado. Sabemos que podemos confiar en ti», fue la respuesta inmediata. «Preferimos comprar un poco más caro, pero seguros de que no nos engañas, en lugar de comprar a alguien que viene de nuestro país, pero en quien no podemos confiar».

Aunque esos clientes valoraban la honradez de mi amigo y hasta reconocían que no querían hacer negocios con gente como ellos, seguían sin ver la razón para ser honrados en sus propios negocios.

¿Qué es el capital espiritual?

La honradez de mi amigo pesó más en la balanza que el precio bajo de la competencia. El análisis de la oferta y la demanda en la economía clásica, supone que los compradores siempre elegirán el precio más bajo, y no logra explicar esta situación. Mientras que la teoría del juego se ha revisado últimamente para incluir este tipo de circunstancias, los economistas clásicos no pueden medir qué factores contribuyen a la desviación de su teoría básica sobre el precio y la demanda. Y lo que no se puede medir no se puede estudiar.

Además de la combinación entre el producto, la calidad y el precio que miden los economistas, suelen haber aspectos intangibles o interpersonales de la transacción que generan mayor valor económico para el comprador. En el mundo de los negocios utilizamos el término «goodwill» [buen nombre], o «preferencia de marca», para describir ese valor mayor. Aunque esos aspectos aumentan al valor de la transacción, la honestidad y la confianza reducen la necesidad de la costosa supervisión y disminuyen los costos totales. Y en definitiva, eso también genera valor económico.

¿Por qué pagaría alguien más, pudiendo pagar menos? Se me ocurren varias razones. La relación personal con alguien puede provocar una preferencia a comerciar con esa persona. La confianza en la honradez de alguien puede resultar en la disposición a pagar un poco más. El servicio atento, desinteresado o el compromiso con la calidad consistente pueden lograr que los clientes prefieran un negocio o socio en particular, lo cual sirve para reducir los costos totales. La amistad, la confianza, la sinceridad, el amor, el servicio, el compromiso y la calidad: son todos principios bíblicos que constituyen un valor. Y cuando esos principios emanan de una convicción sincera, constituyen el *capital espiritual*.

El concepto de capital espiritual explica la relación que existe entre la prosperidad económica y la influencia de los valores bíblicos en la cultura. Pensemos en el capital espiritual como la fe, el compromiso y la confianza de que todos harán lo correcto, no solo ante los ojos propios o según el beneficio personal, sino lo correcto a los ojos de Dios. Mostrar integridad, ser honrado y responsable, ofrecer esperanza, ser leal y confiable, ser afectuoso y alentar a otros, exhibir dotes de buen administrador, ser justo, crear orden y servir a los demás, son todas cosas que en su mayoría no están cubiertas por la ley de los hombres. No hay obligación legal de amar al prójimo, de administrar prolijamente, de crear orden y servirse mutuamente. No hay obligación legal de alentar a otros a encarar nuevos emprendimientos en fe y esperanza, confiando en que Dios irá delante de nosotros.

Los que construyen capital espiritual hacen lo correcto, dando lo mejor de sí, porque hacen su trabajo «como para el Señor». Actúan según los parámetros de Dios y no según los de la sociedad. La calidad, el servicio y las garantías no se basan en una escala externa que podría favorecer a una persona u otra dependiendo de la comparación que se efectúe. En cambio, se basan en el trabajo que proviene del talento de cada uno y del deseo de dar lo mejor de sí, independientemente de la competencia o del nivel de expectativa de un cliente u otro.

¿Con qué frecuencia ha oído usted que el servicio personalizado ya no es lo que era antes? Seguro, la competencia produjo ciertas mejoras, como la entrega en veinticuatro horas, o los pedidos por Internet. Pero parece extraordinario, algo raro, que alguien se esfuerce por darnos lo mejor. Muchas veces parece que la gente no se preocupa por la calidad de su trabajo, sino que sencillamente busca cumplir con los requisitos mínimos, o quizá dándonos apenas un poquito más. Como resultado, las reglas se codifican y aplican con un rigor impersonal. Muchas veces los consumidores prefieren no comprar si no se les reemplaza un producto defectuoso dentro de los treinta días, independientemente de su circunstancia o situación. Las reglas reemplazan cada vez más a la moral personal que viene de la fe.

Cómo crece la cuenta de capital espiritual

Si el capital espiritual es la fe, la confianza y el compromiso de hacer y lograr que los demás hagan lo que es correcto, de ahí se deriva que el capital espiritual podrá aumentar o disminuir según resulten las experiencias personales.

Imaginemos que hay una cuenta de capital espiritual para una persona y para el país. Al igual que con la cuenta bancaria, podrá aumentar o disminuir el saldo según se deposite o retire en esa cuenta. La moneda que se deposita o retira de la cuenta de capital espiritual es el ejercicio (o falta) de los principios bíblicos de integridad, responsabilidad mutua, honradez, esperanza, amor, confianza, buena administración, justicia, orden, lealtad, servicio. Por ejemplo, si uno vende con medida y peso justo completará una transacción honrada, añadiendo capital espiritual a su cuenta y a la de su país. Sin embargo, si uno no cumple con el compromiso de reemplazar los productos defectuosos que haya vendido, se mostrará como poco confiable, retirando entonces eso de la cuenta de capital espiritual que le pertenece a la persona y a su país.

Bill Child es presidente de R. C. Willey Home Furnishings. Devoto mormón, Child creó R. C. Willey a partir de una tienda de cincuenta y cinco metros cuadrados, convirtiéndose en el revendedor de muebles más grande al oeste de Mississippi. Su atractiva y extensa oferta incluía electrodomésticos, artículos de electrónica y muebles, lo cual seguramente contribuyó a su crecimiento. Pero Child sostiene que el activo más importante de su empresa es su reputación. Dedicó años a construir el capital espiritual de R. C. Willey y sabe que esa es la razón de su éxito. Sus dos mil empleados reciben instrucciones de ser perfectamente honrados, aun cuando disfrazar la verdad pudiera influir en la decisión de un cliente para la compra. Respalda cada uno de sus productos y acepta devoluciones sin formular preguntas.

En una ocasión, R. C. Willey vendió miles de garantías de productos a una aseguradora que luego quebró. Reconociendo que su empresa tenía que honrar sus compromisos con los clientes, Child respaldó las garantías, aun cuando esto le costó más de $ 1.5 millón. Otros revendedores afectados por la quiebra de la aseguradora informaron a los clientes que las garantías ya no serían válidas. «Sentimos que era moralmente correcto», dijo Child.[1]

La larga historia de depósitos en la cuenta de capital espiritual de esa compañía dió como resultado un rotundo éxito comercial.

La reserva de capital espiritual de una nación

Cuando alguien opera en el mercado y hace lo correcto de manera consistente, el capital espiritual de la nación aumenta y hay una mejor reputación y mayor confianza en la honradez del sistema general. El resultado es un clima de negocios saludable en el que los productos y servicios se intercambian libremente con reducido riesgo o desconfianza. La nación que conserva una larga trayectoria de honradez, de seguir las reglas y lo marcado por la ley, de tratar a otros con justicia, acumulará gran reserva de capital espiritual. En los EE.UU., los fundadores y ciudadanos pusieron al país en un camino que generó un enorme capital espiritual para la nación. Como resultado, cuando salieron a la luz prácticas corruptas y deshonestas como en los casos de Enron y Global Crossings, prevaleció la confianza en el sistema general. Esas compañías hicieron extracciones de la cuenta de capital espiritual, pero no lograron dejarla en bancarrota.

En las Escrituras, Dios promete sanar la tierra si su pueblo se aparta del mal camino y en humildad lo busca (ver 2 Crónicas 7:14). La ley del capital espiritual se aplica a todas las personas, operen en la fe o no. Dios bendecirá al justo y al injusto por igual en beneficio de los rectos. Jesús dijo: «Su Padre que está en el cielo. Él hace que salga el sol sobre malos y buenos, y que llueva sobre justos e injustos» (Mateo 5:45, ver también Isaías 55:10,11).

Como vimos en la experiencia de mi amigo que distribuye tarjetas telefónicas, a veces el injusto vive de los depósitos de capital espiritual del justo. Puede ser deshonesto, pero igualmente utiliza el capital espiritual para ganar más dinero y disfrutar del entorno de confianza desarrollado a través de la cuenta de capital espiritual.

Aunque solamente puedo presentar evidencias anecdóticas para demostrarlo, parecería que una vez que el nivel de capital espiritual de una nación llega a vaciarse, el sistema económico de ese país fracasa. En algún punto se erosiona tanto la base del capital que el sistema económico se derrumba por su propio peso al no tener cimientos que lo sustenten. Los EE.UU. no están exentos de ese problema y puede decirse que occidente vive hoy del capital espiritual acumulado en el pasado. Si no se eliminan las prácticas corruptas y el comercio injusto, podrá erosionarse la reserva de capital espiritual de occidente.

El capital espiritual en los países en vías de desarrollo

En la mayoría de los países en vías de desarrollo, la situación es mucho más crítica. Muy pocos tienen reserva de capital espiritual, o no la tienen, y a menudo la falta de integridad en los negocios es práctica corriente. No tienen ni un caso de integridad consistente en el comercio ni en las prácticas financieras que hagan crecer su capital espiritual.

En algunos países, las características culturales marcan esta falta de capital espiritual. Harold Caballeros, pastor de la iglesia El Shaddai en la ciudad de Guatemala, dice que el idioma español no tiene palabras sencillas que describan algunos conceptos importantes. Por ejemplo, no hay traducción para la palabra «procrastination», (o la carencia de «procrastination»), que debe traducirse con frases equivalentes como «dejar las cosas para más tarde» o «postergar por holgazanería». Tampoco hay equivalente exacto para «accountability», que se traduce como «rendición de cuentas», o «responsabilidad mutua», ni para «compromise», que debe traducirse como «renunciar a algo bueno en favor de algo no tan bueno» o «transigir». ¡Esas son palabras importantes en cuanto al capital espiritual!

En ciertos países en vías de desarrollo, el bajo nivel de capital espiritual significa que la sencilla compraventa es una operación mayor. Comprar a crédito o comprar con pago por adelantado son cosas que no existen y la única forma en que dos partes pueden realizar una transacción es intercambiando dinero y productos al mismo tiempo. A veces el capital espiritual es tan bajo que ni siquiera se confía en la moneda corriente, y como resultado surge una economía de trueque.[2] Ese fue el caso en la República de Weimar (la Alemania de la década de 1920), donde la hiperinflación hizo que la moneda perdiera su valor. La situación económica era tan mala que la gente llevaba su dinero en carretillas, para ir a comprar pan. Los obreros insistían en que se les pagara dos veces al día y pedían que se les diera un recreo de una hora para poder ir a comprar mercadería antes de que volviera a subir su precio. Vemos economías de trueque en algunas naciones africanas también. La moneda en Congo ha perdido su valor, y la deuda del país es enorme debido a gobernantes corruptos que robaron los fondos prestados por organismos internacionales. El país ha tenido que recurrir a un sistema de trueques, lo cual limita mucho las transacciones comerciales.

La mayoría de las naciones en vías de desarrollo intentan construir sus economías con poco capital espiritual y carecen de las prácticas e instituciones comerciales necesarias para hacer crecer ese capital. En esos casos, la gente que efectúa retiros de la cuenta de capital espiritual del país, puede llevarlo a la quiebra. Después de la caída del comunismo, hubo corporaciones occidentales que corrieron hacia la ex Unión Soviética porque les atraía el bajo costo de la mano de obra, la calificación de los trabajadores y el tamaño del mercado. Sin embargo, muchos se vieron afectados por la corrupción y perdieron millones de dólares. Rusia no es un caso aislado. Hay compañías que se encontraron situaciones similares en China y en otras economías emergentes.

«Casi todos sienten desaliento ante el entorno financiero adverso que promueve la corrupción», observó Askold Krushelnycky, un periodista británico en Europa oriental. «Muchas firmas e inversores occidentales retiraron o redujeron sus actividades porque se hartaron de ser los blancos de autoridades corruptas que exigen sobornos, y se cansaron de ser engañados por comerciantes corruptos, quedando a merced de todo un sistema legal corrupto ... En resumen, la corrupción corroe a la sociedad. Cuando el nepotismo reemplaza al mérito, cuando la sagacidad y la mentira reemplazan a la confianza y la honradez, cuando la fuerza y el asesinato triunfan por sobre la ley y el sentido de la decencia, las hebras que forman el tejido de una sociedad se debilitan y eventualmente quedan destruidas».[3] La nación con escasa o nula reserva de capital espiritual corre el riesgo de que su cuenta quede en bancarrota, congelando la economía del país.

Y también, dentro de un país, un mercado o negocio en particular puede sufrir las consecuencias económicas de intentar usar más capital espiritual del que tiene. Hace años un amigo invirtió en una pequeña empresa cuyos administradores resultaron ser corruptos. Engañaron a los inversores, diciéndoles que poseían ciertos activos. Era la primera vez que mi amigo compraba acciones y la experiencia negativa lo amargó al punto de que ya nunca volvió a invertir. Hoy, seguramente hay muchas compañías pequeñas administradas por personas honradas, pero para mi amigo bastó con la experiencia de una sola empresa, para que la cuenta de capital espiritual de ese campo de negocios se viera vaciada. Una empresa corrupta estropeó el negocio para muchas otras, fueran honradas o no.

Institucionalizar el capital espiritual

Entonces, si la mayoría de las naciones en vías de desarrollo comienzan con muy poco capital espiritual ¿cómo logran construir la infraestructura necesaria para el desarrollo económico? En pocas palabras, la infraestructura se construye desde abajo y poco a poco, de a una persona a la vez. Digamos que hay cinco personas que quieren comerciar entre sí. Operan según un conjunto de principios compartidos que se derivan de su fe. Como participan con firmes creencias, trabajan bien mientras están juntos. Eventualmente necesitarán codificar las reglas de compromiso, de algún modo, para que otros puedan comerciar con ellos. Es decir, que institucionalizan su capital espiritual. Esas instituciones forman la base del comercio exitoso y del crecimiento económico. Las Livery Companies que mencionamos en el capítulo anterior son un maravilloso ejemplo de la institucionalización del capital espiritual. Cuando los mercaderes de Londres acordaron comerciar de manera honrada y ser mutuamente responsables, echaron los cimientos para lo que Douglass North llama «instituciones que codifican las creencias de los participantes».

Leges Sine Moribus Vanae

Hay un riesgo en buscar la transición de un país en vías de desarrollo hacia un sistema capitalista sin primero entender los motivos por los cuales ese sistema resultó en occidente. No fueron las leyes de los hombres, ni la estructura del capitalismo, ni sus reglas las que llevaron al éxito. El sistema funcionó porque las leyes de Dios estaban escritas en los corazones de los hombres y las mujeres. Los resultados fueron positivos porque los principios bíblicos estaban integrados al ADN de la sociedad. Funcionó porque se inició con un gran depósito inicial de capital espiritual y un firme conjunto de valores bíblicos que hicieron crecer la cuenta.

La Universidad de Pennsylvania, fundada por Benjamín Franklin en 1740, mantiene el siguiente lema: *Leges sine moribus vanae*: «Las leyes sin moral son inútiles».

Eso es lo que creían Franklin, Adams y los demás fundadores de los EE.UU. Creían que la única forma en que la nación podía sostener y alimentar la moral, era si esa moral se originaba en un poder más grande que el de la nación, es decir, en un Dios personal y trascendente. Sin moral escrita en el corazón de los seres humanos, las leyes escritas sobre papel no servían de nada.

En el caso de la Rusia actual, tenemos un impactante ejemplo de lo que implica un intento de exportar ideas capitalistas sin primero ocuparse de las deficiencias en los corazones de las personas. El analista ruso Ajay Goyal observó que luego de diez años de transición hacia el modelo comercial occidental, el ochenta por ciento de las empresas rusas están en manos privadas. Miles de corporaciones extranjeras han abierto oficinas solo en Moscú. Los consultores y auditores más importantes de occidente exportaron lo mejor de sus negocios a Rusia. Las firmas legales y de auditoría organizaron cursos de capacitación y seminarios que costaron millones de dólares para brindar orientación en la conducción de negocios de mercado libre. «¿Por qué entonces sigue siendo tan corrupta Rusia?» se pregunta Goyal. «Porque el capital de occidente no ha podido introducir un ingrediente clave en los negocios de Rusia: el honor que viene con la integridad»[4].

Los profesionales de los negocios del Reino están calificados para hablar de la integridad en los negocios y no queremos repetir el error de enfocarnos en transformar sistemas económicos sin prestar atención a la transformación moral y espiritual, que es requisito primordial para el progreso. También estamos equipados por el Espíritu Santo y el poder del evangelio para ayudar a una nación a desarrollar el capital espiritual que lleva a la verdadera bendición del país.

Lo inadecuado del capital moral

¿Pero qué pasa si una nación simplemente adopta prácticas morales sin una transformación espiritual? ¿No podríamos prescindir de la fe cristiana y abogar por la conducta correcta solamente? En esencia, eso es alentar el desarrollo de lo que se podría llamar capital moral, adoptando ciertas leyes morales de Dios sin lograr la transformación espiritual que da como resultado el capital espiritual. El capital moral produce resultados morales, pero en última instancia es un inadecuado subconjunto de lo que debería ser el capital espiritual. El capital espiritual va más allá del capital moral, porque incluye esperanza, amor, compromiso y fe. Viene solamente cuando el Espíritu de Dios transforma el espíritu del hombre.

El capital moral es una mera sombra del capital espiritual. Puede capturarse en leyes y reglas, pero el capital moral deriva del capital espiritual que históricamente muestra lo que está bien y lo que está mal. Por lo general parece que el cimiento espiritual, que construye el capital espiritual, lleva a tradiciones y prácticas culturales. Esos valores residuales en manos de personas sin basamento espiritual, forman el capital moral de la sociedad. Durará un tiempo, aun cuando quienes representen el cimiento espiritual ya no estén. Con capital moral la compulsión a actuar de determinada manera surge de consideraciones económicas y legales y no del compromiso hacia los preceptos de Dios. Por ejemplo, la motivación para ser honrados o a dar calidad y servicio suele ser el beneficio económico, y no la noción de hacer lo correcto bendiciendo a otros y honrando a Dios.

Y aunque el enfoque sobre el capital moral pueda producir resultados deseables, en última instancia deja a la nación sin la verdadera bendición de que podría disfrutar. Existen varias razones: primero porque el capital moral, por lo general, deriva del capital espiritual o la tradición y no es usual que encuentre terreno fértil en una nación sin tradición cristiana. ¿Sobre qué base podría una nación adoptar un nuevo conjunto de principios morales extraños a su cultura?

Porque, a menos que el ADN de la cultura esté predispuesto al capital moral que pueden desarrollar las instituciones judeo-cristianas, no hay cimiento sobre el cual pueda crecer el capital moral. (Creo que los países con tal predisposición ya han desarrollado esas instituciones. El resto de las naciones probablemente no tengan el ADN cultural necesario como para desarrollar el capital moral que lleva al éxito económico.) El intento de crear un conjunto de creencias que produzcan resultados morales sin una transformación espiritual tiene pocas probabilidades de resultar bien, y es más difícil que construir el capital espiritual.

En segundo lugar, los que se concentran en el capital moral a través de una conducta legalmente correcta, están abogando nada menos que por la amoralidad de la que hablamos en el capítulo anterior. En un sistema amoral el enfoque está en lo legal, y no en lo correcto. El gobierno de la ley reemplaza a la moralidad. Entonces en un sistema amoral, que se preocupa solamente por dictar y hacer cumplir leyes, los participantes no sienten una verdadera confianza mutua. El sistema amoral crea un entorno de negocios calculador y frío en el que el amor, la fidelidad y el respeto no tienen dónde echar raíces. De esto se desprende que las leyes escritas en los corazones de las personas son más eficaces que las leyes escritas en documentos oficiales.

La tercera razón, por la que no basta con enfocarse en el capital moral, es que al estar desconectado de la fuente, todo se erosiona. Como vestigio residual del capital espiritual, el capital moral deriva de valores y creencias que provienen de la tradición y no de la transformación sincera obrada por el Espíritu Santo. Por ello, es como si desconectáramos a una sociedad de su fuente de energía y la hiciéramos funcionar con baterías. El capital moral podrá mantener el orden en la sociedad durante un tiempo, pero se agotará en algún momento.

Hay quienes ponen el énfasis en los incentivos económicos en lugar de colocarlo en el capital espiritual como factor primario para el desarrollo económico. Estos, que se concentran solamente en brindar un entorno con incentivos económicos, se dejan ver en las recientes e importantes reformas en Chile, que dieron como resultado un gran crecimiento económico.[5] Sin embargo, aunque los incentivos son por cierto necesarios, el desarrollo y la transformación real parecen requerir de una cultura que construya capital espiritual. La evidencia parece señalar que Chile, como nación cristiana, ya estaba predispuesta al sistema de creencias cristianas.

Según Transparencia Internacional, en su índice de percepción de corrupción de 2003, Chile es la nación menos corrupta de América del Sur y Central. En el ranking mundial figura justo detrás de los EE.UU., e inmediatamente antes que Israel, Japón y Francia. Parece que las condiciones culturales en Chile contribuyeron a la respuesta exitosa de los incentivos económicos. Es que, utilizados adecuadamente, siempre son importantes, pero resultan más eficaces en una cultura que abraza los valores bíblicos y construye capital espiritual.

El verdadero modelo de cómo servir y relacionarse con el prójimo viene del cielo. En el mejor de los casos, se logrará una caricatura de los resultados de occidente, a menos que exista un claro entendimiento e interiorización de los principios que llevaron a su éxito. Debe existir un entendimiento e integración del significado que hay tras las palabras. Pido disculpas por la analogía, pero los papagayos pueden aprender cientos de palabras, y la tecnología moderna ha logrado enseñar a los robots un vocabulario bastante extenso, pero ni el papagayo ni el robot entienden de veras lo que quieren decir las palabras. La verdadera interiorización de los conceptos, a nivel central, es de suma importancia para construir una nación fuerte y bendecida a largo plazo.

Bendecir una nación: ¿Cómo funciona la fe?

Las Escrituras prometen bendiciones a la nación que es obediente:

> «Si realmente escuchas al Señor tu Dios, y cumples fielmente todos estos mandamientos que hoy te ordeno, el Señor tu Dios te pondrá por encima de todas las naciones de la tierra. Si obedeces al Señor tu Dios, todas estas bendiciones vendrán sobre ti y te acompañarán siempre: Bendito serás en la ciudad, y bendito en el campo. Benditos serán el fruto de tu vientre, tus cosechas, las crías de tu ganado, los terneritos de tus manadas y los corderitos de tus rebaños. Benditas serán tu canasta y tu mesa de amasar. Bendito serás en el hogar, y bendito en el camino».
>
> DEUTERONOMIO 28:1-6

Dios quiere que su pueblo siempre guarde todos sus mandamientos, «para que a ellos y a sus hijos siempre les vaya bien» (Deuteronomio 5:29), y para que todas las demás naciones reconozcan la sabiduría y el entendimiento de los mandamientos y la raíz de las bendiciones (ver Deuteronomio 4:5-8). Dios promete una multitud de bendiciones a la nación que sigue sus mandamientos. Pero hay también un corolario. Justamente después de la lista de bendiciones, figura una sección paralela que describe las maldiciones que sobrevienen a la nación que desobedece al Señor (ver Deuteronomio 28:15-19).

Aunque el texto en Deuteronomio es muy específico en cuanto a lo que Dios espera del pueblo de Israel, y de hecho de toda nación que busque ser bendecida, Dios también exhibe misericordia y gracia. Reconoce que hay pecado en el mundo y que ningún ser humano puede alcanzar la perfección en la tierra. En las idas y venidas de los israelitas en su relación con Dios podemos encontrar el paralelo en la vida espiritual de la nación con su bienestar físico. Cuando la nación se apartaba de Dios, las cosas no iban bien para el pueblo ni material ni políticamente. Quizás había individuos prósperos, pero la nación como unidad no tenía éxito cuando el pueblo no caminaba con su Dios.

¿Necesita una nación ser totalmente cristiana para experimentar bendiciones? La respuesta es no. Dios ha creado leyes y valores físicos también. La nación no necesita ser cristiana para recibir bendiciones económicas, pero sí necesita respetar esas leyes y valores. Un caso, por ejemplo, es Japón, una nación con menos de un dos por ciento de cristianos, pero que tiene en su espíritu y cultura ciertas leyes y valores económicos judeo-cristianos. Sin embargo, a causa de la falta de transformación espiritual, los japoneses no gozan de la plenitud de las bendiciones de Dios. Porque la transformación debe darse en todos los aspectos de la vida.

En Guatemala, el cuarenta y nueve por ciento de la población se dice evangélica.[6] Sin embargo, aunque muchos guatemaltecos han experimentado una transformación espiritual, lo que les falta es la transformación de su vida comercial. El país sigue siendo una nación en vías de desarrollo con progreso limitado, precisamente porque muchos de los valores bíblicos todavía no se han interiorizado en su cultura y economía. En su tesis de Maestría en Administración de Negocios, el pastor guatemalteco Harold Caballeros estudió la influencia de los cristianos coreanos que fueron a su país a instalar fábricas textiles. La cultura guatemalteca no puso énfasis en principios como el ahorro, la prolijidad, la puntualidad y la calidad, pero todo eso cambió cuando los gerentes coreanos exhibieron y enseñaron esas virtudes. Caballeros observó una marcada mejora económica en las comunidades en las que la cultura se veía influenciada por los creyentes coreanos.[7]

Aunque es, quizá, la nación más «cristianizada», Guatemala mantiene muchas actitudes culturales que son contrarias a los valores bíblicos. Por eso no llega a experimentar la plenitud de las bendiciones de Dios.

Como hay pecado en el mundo, es dudoso que cualquier nación, por muy cristiana que sea, pueda recibir la plenitud de las ricas bendiciones que Dios tiene para dar. Jesús dijo: «a los pobres siempre los tendrán con ustedes» (Juan 12:8). Hasta que él regrese, será esa la condición de nuestro mundo caído. Sería irracional decir que los EE.UU. son un ejemplo de virtud. Aun así, como los EE.UU. han mirado hacia Dios a lo largo de su historia, Dios bendijo a la nación. En contraste, a medida que el país se aparta del cristianismo en su corazón y se ve mayor ilegalidad y rebeldía hacia las leyes de Dios, aparecen cada vez más leyes humanas. Hoy la nueva legislación crece día a día (sin embargo, también crecen las formas de hacer trampa, ¡y a un ritmo más veloz aun!).

Como país podemos ver una relación entre las bendiciones materiales de Dios y la condición espiritual del pueblo. Esta relación no es políticamente correcta, pero sí fundamental para el bienestar económico a largo plazo del pueblo. Las bendiciones de Dios incluyen restauración de las ofensas y guía en el progreso. La gracia y la misericordia brindan una cubierta defensiva en tanto el amor ofrece fuerza ofensiva. En nuestros momentos de flaqueza, necesitamos el misericordioso perdón de Dios para un nuevo comienzo. Dios siempre levanta al creyente, le sacude el polvo y con gracia, lo vuelve a poner en el camino con un rumbo nuevo. El amor de Dios nos libera de las cadenas del pecado y nos permite avanzar, introduciendo transformación y proveyendo oportunidades para todos.

Las bendiciones de Dios: El capital moral solamente brinda defensa

La analogía de un equipo atlético puede ayudarnos a explicar las bendiciones de Dios en términos de capital moral y capital espiritual. Un equipo atlético necesita capacidad ofensiva y defensiva para poder ganar. El capital moral brinda la defensa, pero no la ofensiva. Sin ofensiva, aunque el equipo tenga la mejor defensa del mundo, no podrá ganar. El capital espiritual brinda tanto el mecanismo ofensivo como el de defensa.

El sistema que se apoya en reglas y leyes puede generar como resultado capital moral, pero solamente como sistema defensivo. Porque una gran parte del código moral tiende a enfocarse en lo que es ilegal, en lo que no se debe hacer. Establece el límite más bajo en materia de lo aceptable. Y aunque a veces incluya tradiciones que tengan aspectos positivos, estas no van tan lejos como el evangelio en la enseñanza de una actitud proactiva, una ofensiva que va más allá y traspasa lo que dicta el código moral. El código moral sirve nada más que para mantener a raya al pueblo con requerimientos mínimos, sin esperar más que eso.

Por ejemplo, se conoce a la gente del Medio Oriente como hospitalaria. Los invitados pueden estar seguros de que se los tratará y alimentará bien. Nada les faltará en tanto su anfitrión pueda costearlo. Pero esa increíble hospitalidad se basa en la tradición. Uno debe brindar esa hospitalidad para no perder el respeto de la comunidad. Veamos el aspecto negativo: el precio de no mostrar tal hospitalidad es la pérdida del respeto ajeno. Esa es esencialmente una postura defensiva. La motivación es el temor a las consecuencias negativas, en lugar del amor por el invitado. Jesús nos pone parámetros más elevados. La idea del evangelio del amor y la motivación hacia la hospitalidad va mucho más lejos.

La situación de los refugiados palestinos es otro caso en el que se ve la noción limitada de la hospitalidad. Durante la creación del estado de Israel había grandes disturbios en la zona. Algunos árabes de la región sintieron miedo de los israelíes y huyeron, en tanto que otros se fueron debido a las advertencias que recibieron de posible muerte durante la aniquilación de árabes que realizarían los israelíes. Sea cual fuere la razón, cuatrocientas cincuenta mil personas fueron desplazadas durante esa época. Décadas más tarde, muchos árabes, en su mayoría palestinos, todavía vivían en campos de refugiados. Y aunque las Naciones Unidas y otros organismos gastaron millones de dólares para ayudar a esos refugiados, según ellos, el progreso fue escaso. También llegó ayuda limitada de sus hermanos árabes, que dudan en darles la bienvenida. La cultura musulmana no tiene un conjunto de valores espirituales que les obligue a cuidar de sus hermanos refugiados. En contraste, durante el mismo período y con considerable costo, Israel ha dado la bienvenida a millones de refugiados judíos provenientes de Europa y Asia. El pueblo judío lo hace porque su cultura (que dio origen a la cultura cristiana) está basada en valores espirituales altamente motivadores: amar a Dios con todo el ser y amar al prójimo como a uno mismo. Allí donde falta ese tipo de amor, hay un vacío que deja un déficit de capital espiritual.

El capital moral brinda buena defensa, pero nos ata a una visión limitada: la ley y un sistema de valores que no sirven para la ofensiva. Está capturado en una cantidad de normas que protegen los derechos, establece reglas para las transacciones y se ocupa de las relaciones entre las personas. Pero el capital moral solamente constituye una fracción de la bendición.

Las bendiciones de Dios: El capital espiritual nos permite la ofensiva y provee defensa

El capital espiritual es mucho más amplio que el capital moral e incluye una cantidad de conceptos bíblicos que no están cubiertos por las leyes de un país: mostrar integridad, rendir cuentas, ser honrado y sincero, ofrecer esperanza, amar a los demás, exhibir dotes de buena administración, ser justos, crear orden, ser leales y servir a los demás. Como dije al principio de este capítulo, no hay obligación legal para el ejercicio de la mayoría de esas cualidades. El ejercicio de las virtudes es una acción de ofensiva que excede los límites establecidos por un código moral, conformado por leyes y reglas. Aquellos que son espiritualmente transformados por el evangelio de Cristo ejercen y buscan promover esas virtudes, no porque estén incluidas en las leyes humanas (casi nunca lo están), sino porque reflejan el carácter y los preceptos de Dios. Este es el caso del amor, en especial: «Nosotros amamos a Dios porque él nos amó primero» (1 Juan 4:19).

El amor es la fuerza de ofensiva del capital espiritual. No se limita a un conjunto de permisos y prohibiciones. Llega a los demás sin limitaciones y ofrece asistencia a quien sea, sin importar el costo. «El amor nos compele a servir a una causa más grande que la del interés propio», dijo el presidente de los EE.UU. George Bush.[8] El amor hace que demos cuando otros no ven valor en el acto de dar. Nos hace sacrificar por encima y más allá de lo que nos resulta cómodo o moral. El amor nos lleva a hacer lo extraordinario y a ir más allá de los límites impuestos por la cultura y la tradición.

Por ejemplo, en el 2000 hubo disturbios civiles en Fiji entre los indios y los nativos de la nación. Ambos grupos conforman la población del país en proporciones iguales. Muchos nativos cristianos visitaban las casas de los indios hindúes y les ofrecían protección de los perturbadores que saqueaban y destruían todo, y que consideraban a los indios como extranjeros e invasores. Esos cristianos estaban preparados para pagar el precio de proteger a personas con una fe muy diferente a la de ellos. Fue un acto de amor que sobrepasó lo que el capital moral dictaría a través de las leyes humanas. Era un amor motivado por la transformación espiritual que produce el evangelio.

Aunque el capital moral brinda una defensa contra la inmoralidad, el capital espiritual va más allá de los estándares mínimos de las leyes morales, y permite a la gente poner su fe en las instituciones por el bienestar de todos. El amor toma la idea del éxito y se pregunta por qué no pueden disfrutarlo todos. El capital espiritual llama a las personas a pasar a otros las bendiciones físicas y espirituales llevando paz, brindando satisfacción de las necesidades básicas y amando a las personas que no conocemos. Cuando la gente sobrepasa sus tradiciones y se acerca a los demás para ayudarlos, la nación comienza a experimentar bendición. Esa bendición incluye diversos beneficios para toda la sociedad: prosperidad, amor al prójimo, confianza mutua, provisión para todos y la iniciativa de ayudar a quienes son menos afortunados.

Sin Cristo, la nación se ve obligada a apoyarse únicamente en una estrategia defensiva: el capital moral. Y aunque es útil, este capital moral no lleva a una nación a las alturas de la bendición que Dios tiene reservada para su pueblo.

Los negocios del Reino y el capital espiritual

Mientras las economías primitivas están llenas de micro emprendimientos y pequeñas empresas, las economías avanzadas presentan organizaciones, estructuras y transacciones financieras más sofisticadas. Estas, por lo general, requieren que las personas se muestren confianza mutua, aunque no se conozcan lo suficiente, para poder trabajar sabiendo que cada una de las partes se conducirá con corrección. Es decir, que requieren de capital espiritual. Gracias a eso, las personas aun sin conocerse pueden mantener una relación comercial característica de una economía desarrollada.

En occidente, es posible que demos por sentado ese entorno comercial. Sin embargo, el capital espiritual necesario para que la economía avance, sencillamente no existe en muchas de las naciones en vías de desarrollo. El economista Timar Kuran observa que en los países musulmanes, las características propias específicas de la cultura han causado que económicamente esas naciones quedaran atrás.[9] Aunque no todos los países musulmanes siguen la ley del Islam (algunos son más seculares), las culturas están influidas por preceptos de la religión dominante. La ley del Islam indica claramente cómo tienen que estructurarse las sociedades y las herencias. Las sociedades solamente pueden estar conformadas por individuos y únicamente la persona tiene derechos legales, no la sociedad. No hay lugar para la corporación moderna como entidad, con derechos legales separados de los derechos de cada miembro. La ley del Islam también dicta qué proporción de los activos de cada persona corresponderá a cada heredero, y para ser equitativos las herencias tienen que pagarse en moneda corriente. Eso significa que cuando muere uno de los socios, la sociedad tiene que ser liquidada. Obviamente eso impacta en la duración de la sociedad, en su naturaleza y en el tamaño que pueda alcanzar. La sociedad con mayor cantidad de miembros será demasiado compleja y tendrá menos expectativas de vida.

Entonces, imaginemos lo difícil que es construir una compañía a largo plazo basada en activos de iliquidez, como las que hacen falta para desarrollar la infraestructura en una nación: compañías telefónicas, de electricidad, de construcción. De hecho, la mayor parte de la infraestructura es desarrollada por extranjeros o agencias estatales. Como resultado, la riqueza no queda en manos de la nación o en el caso de la actividad gubernamental, no añade demasiada riqueza al país o al menos no tanto como podría.

Guiándose por las leyes del Islam para las sociedades y las herencias, las empresas comerciales del Medio Oriente han permanecido históricamente pequeñas y con expectativas a corto plazo. «El resultado es que las empresas europeas crecen más que las del mundo islámico», resume Kuran. «Y además, mientras en Europa las empresas más grandes promueven mayor transformación en las organizaciones, las compañías cuya envergadura siempre permanece reducida inhiben la modernización económica del Medio Oriente».[10] Estos aspectos de la ley del Islam constituyen solamente una de las barreras culturales que en el mundo inhiben el desarrollo económico. Para poder tener éxito, las economías emergentes de todos esos países necesitan transformaciones culturales que den como resultado el crecimiento del capital espiritual.

Construir el capital espiritual:
el poder transformador del evangelio

El capital espiritual es el cimiento del comercio exitoso y los profesionales de los negocios del Reino deben equipar a las naciones con los medios transformadores de vida, para que su cuenta de capital espiritual crezca. No estamos dándole a la nación todo lo que hace falta si solamente introducimos leyes que faciliten el comercio y enseñen principios de contabilidad, sin equipar al país con los medios necesarios como para establecer una base de capital espiritual sobre la que construir su economía. Sin la integridad, la moral y el amor que vienen cuando el Espíritu de Dios transforma los corazones de las personas, las naciones no podrán experimentar la plenitud de las bendiciones de Dios.

No todos los grupos con base cristiana que trabajan en el campo del desarrollo económico ven la conexión entre su tarea y el desarrollo del capital espiritual. Algunos se ocupan del desarrollo económico (principalmente a través de micro emprendimientos) sin presentar el evangelio durante ese proceso. En algunos lugares, estas organizaciones ofrecen financiamiento a aspirantes de micro emprendimientos, pero no cuentan con cristianos en su personal, o con muy pocos en ciertos casos. Toda regla o código que impartan no logrará alterar la constitución interna de la persona. No son transformadores. Esa falta de cambio y transformación en el ADN espiritual del empresario suele dar como resultado las prácticas comerciales amorales que describimos en el capítulo anterior. A menos que estén escritas las reglas y leyes en el corazón, no bastan como herramientas de contención. Tampoco son suficientemente poderosas como para motivar a las personas a actuar en amor.

Si no se presenta el evangelio, se pierden beneficios para las personas y la nación entera. Se puede guiar a una nación por el camino equivocado, lo cual impedirá el crecimiento de la cuenta de capital espiritual. Si el desarrollo económico se intenta sin enseñar el evangelio y la importancia del capital espiritual, ya sea que la persona fracase o tenga éxito económicamente, su esfuerzo no servirá para mejorar o bendecir a la nación. Y no se desarrollará el capital espiritual a partir de la actividad comercial de esa persona.

Digamos que hay un aldeano que compra trigo a granel y lo vende fraccionado, engañando a sus clientes. Si no hay otro proveedor, el cliente tendrá que regresar y el aldeano se beneficiará económicamente. Sin embargo, el resultado también incluirá la pérdida de su buen nombre y del capital espiritual, por lo cual, la nación no llegará a aprender el valor que tiene la honradez en cuanto a pesos y medidas. Pero también, se produce una penalidad económica inmediata, porque los costos de la transacción son más elevados cuando hay poco capital espiritual. Por ejemplo, los demás aldeanos quizá tengan que comprar balanzas para poder medir con exactitud, y así compensar la deshonestidad del aldeano mentiroso. A la larga la falta de capital espiritual crea un entorno económico destructivo y dañino, y la nación se verá negativamente afectada, incluyendo al aldeano deshonesto. Hoy, sucede este tipo de situaciones en muchos estados africanos donde la falta de confianza impide el avance de la economía.

La parábola de Jesús sobre el constructor sabio y el constructor necio (ver Mateo 7:24-27) es particularmente instructiva al respecto. El hombre sabio construye su casa en la roca. El hombre necio la construye sobre la arena. Los principios comerciales, la capacitación técnica y el financiamiento inicial son solamente las paredes, las puertas y el techo de la empresa. El evangelio transformador de Jesús y la suprema autoridad de Dios son el cimiento de roca. El empresario o comerciante debe comprometerse a agradar a Jesús haciendo lo que es correcto, porque de otro modo su negocio estará construido sobre la arena. Si estos principios de roca no están en la base de su emprendimiento, no podrán soportar la estructura en momentos difíciles. Y cuando lleguen las tormentas económicas de la vida, el comerciante o empresario sin compromiso volverá a sus creencias fundacionales.

El evangelio es un componente importante en el desarrollo de la economía y la bendición de un país a través de los negocios del Reino. Solamente el Espíritu Santo tiene el poder de transformar los corazones de los hombres y mujeres. Solamente el evangelio puede obrar en el nivel más profundo y alterar el ADN colectivo de una sociedad. Solamente el evangelio puede imbuirnos de los valores bíblicos que llevan a la acumulación de capital espiritual y al éxito en los negocios. Solamente el evangelio puede producir una vida totalmente cambiada y la salvación eterna. Los negocios, la verdad y el evangelio son la base de los negocios del Reino en los países en vías de desarrollo. Las nuevas creencias fundamentales y la esperanza en Cristo permitirán que las personas de negocios permanezcan en el curso correcto durante los momentos de adversidad y esto llevará a la edificación del capital espiritual del país.

Conclusión

Las naciones en vías de desarrollo miran hacia occidente para aprender principios y destrezas en materia de éxito comercial. Los objetivos de los negocios del Reino incluyen el desarrollo de la economía de un país y la creación de empleo y recursos económicos. Pero ponemos a la nación en desventaja si solamente enseñamos los principios del capitalismo sin integrar los principios de la Biblia. Como descubrió mi amigo que vendía tarjetas telefónicas, sus competidores, por ser deshonestos, no lograban construir capital espiritual, por lo que sufrían económicamente. Más importante que enseñar principios comerciales es el equipamiento de las naciones con el poder transformador del evangelio, que hará crecer su capital espiritual. El capital espiritual es la base sobre la que deben construirse los negocios exitosos. No podemos exportar a las economías en desarrollo el sistema capitalista, sin darles los cimientos que hicieron florecer y prosperar a occidente: los valores bíblicos profundamente integrados a la cultura que hacen crecer el capital espiritual. Las leyes sin moral de nada sirven, como la casa construida sobre la arena.

Los corazones transformados llevan a la renovación de la mente, causando un cambio en creencias fundamentales, valores y actitudes. Eventualmente se transformará la cultura entera. ¿Pero tiene la cultura de una nación consecuencias económicas en verdad? Sí. De hecho, creo que la cultura predominante en un país marcará el modo en que se desarrolle económicamente la nación, como explicaré en el capítulo que sigue.

CAPÍTULO 6

EL GOBIERNO, LA CULTURA Y LOS NEGOCIOS DEL REINO

Hace algunos años invité a un evangelista, nacido en un país islámico, a desayunar conmigo en casa. Mi esposa no estaba en la ciudad y aunque no soy buen cocinero, estaba decidido a ser hospitalario. Así que, poniendo a prueba mi habilidad culinaria le ofrecí un sencillo desayuno norteamericano con tocino y huevos. Mi invitado miró su plato, mortificado, pero no por el motivo que sospeché inicialmente. Fue muy educado conmigo, pero ¡me di cuenta de su asombro al haberle ofrecido tocino! Después de explicarme que mi interpretación de Hechos 10 estaba equivocada y que no era aceptable comer cerdo, porque no es un animal limpio, cambié el menú inmediatamente. Luego me percaté de lo fuertes que eran los vínculos culturales de su país musulmán. Aunque muchos se acerquen a Cristo, es posible que jamás prueben la carne de cerdo. Las ideas, creencias, valores y actitudes que definen una cultura pueden tener raíces muy profundas.

La cultura es la clave

«Max Weber tenía razón», concluyó el profesor David Landes, de Harvard. «Si podemos subrayar algo de la historia del desarrollo económico es que la cultura marca mayormente la diferencia».[1] Por sobre todas las cosas, la evidencia sugiere que es la cultura la que impulsa el éxito económico y la bendición de una nación. La necesidad básica de las naciones en vías de desarrollo no es el ingreso de capitales, ni un mayor nivel de educación, o un gobierno democrático y ni siquiera una forma de capitalismo más sólido. La necesidad básica es un cambio cultural que implique una transformación en los valores esenciales, actitudes y prácticas. Las mejoras económicas, políticas y sociales ocurrirán como subproductos de esa transformación.

Para muchos el término «cultura» evoca los conceptos de comida, ropas, idioma y hasta la composición étnica de la sociedad. (De hecho, la experiencia que acabo de relatar se relaciona con un alimento en particular.) Estas son todas características importantes que ayudan a definir a un grupo y que hacen que este mundo creado sea más bello y diverso. Sin embargo, no son parte de lo que llamamos cultura en el contexto de este libro. Los aspectos culturales a los que David Landes se refiere con respecto al desarrollo no tienen nada que ver con el tocino, las hamburguesas, los pantalones tiroleses o el Swahili. En cambio, se relaciona con disposiciones mentales como las ideas, las creencias, los valores y las actitudes.

Richard Shweder, de la Universidad de Chicago, define la cultura como «*ideas* específicas de la comunidad sobre lo que es verdadero, bueno, bello y eficiente», y explica que «para considerar "culturales" a esas ideas (sobre la verdad, bondad, belleza y eficiencia) tienen que ser socialmente heredadas y cotidianas … Dicho de otro modo, la cultura se refiere a … "objetivos, valores e imágenes del mundo" que se ponen de manifiesto a través del discurso, las leyes y las prácticas de rutina, de algún grupo que ejerce monitoreo sobre sí mismo».[2] La cultura es el ADN colectivo de una sociedad. Es una colección de creencias, valores y actitudes. Los discurso, las leyes y las convenciones reflejan la cultura y se derivan de ella.

Es importante aclarar que las líneas que en un mapa delimitan el territorio de un país suelen comprender a diversos grupos poblacionales con sistemas culturales distintos. A lo largo de la historia, los límites políticos se han trazado de tal modo que, a veces, dividieron grupos poblacionales o combinaron pueblos que nada tenían que ver entre sí. Por ejemplo, los Pashtus ocupan una región que incluye a partes de Afganistán y Pakistán, la frontera entre ambos países no tiene significado alguno para ellos. Otros países como Yugoslavia, Checoslovaquia y la Unión Soviética (ya inexistentes) comprendían a grupos poblacionales diferentes que luego formaron naciones separadas. Es decir, no podemos suponer para cada país un único conjunto de valores culturales. Esos diferentes sistemas de creencias pueden llegar a chocar entre sí, y a veces con violencia. Como cristianos tenemos la oportunidad de apoyar la diversidad de la creación de Dios: «de todas las naciones, tribus, pueblos y lenguas» (Apocalipsis 7:9).

Un país puede mantener ciertos aspectos de su tradición y diversidad, pero son por lo general los valores y las creencias fundamentales los que impiden que alcance sus objetivos políticos y económicos. Por eso a menudo hace falta una transformación cultural basada en la Biblia para que la nación pueda construir su capital espiritual y su economía. La Biblia es la piedra angular del desarrollo del capital espiritual y el crecimiento económico. La transformación cultural también es la base a partir de la cual una sociedad podrá formar un sistema político más justo, libre y honrado, un sistema conforme a los valores bíblicos.

«Los principios y preceptos morales contenidos en las Escrituras deberían formar la base de todas nuestras leyes y constituciones civiles», afirmó Noah Webster, educador y legislador que promovió la ratificación de la Constitución de los EE.UU. en 1787.[3] Y aunque los principios bíblicos son un cimiento sólido para el sistema legal, la nación que sigue preceptos morales con convicción sincera se ve movida a respetar el gobierno de la ley a través de un llamado mayor. «La verdadera religión le da al gobierno su más seguro respaldo», dijo George Washington, primer Presidente de los Estados Unidos.[4] John Adams, que lo sucedió, creía firmemente que «la religión y la virtud son los únicos cimientos … de todo gobierno libre».[5] Es decir, que es la moral y la cultura de la fe (y no el gobierno) lo que forma el cimiento primario sobre el cual se construye el futuro de una nación.

El sistema político

Según observamos en los dos capítulos anteriores, una sociedad se gobierna a través de tres sistemas interrelacionados: el sistema económico, el sistema político y el sistema moral-cultural. El grado de éxito comercial de una nación depende de su cultura y de sus valores. El capitalismo exitoso se construye sobre el capital espiritual, lo cual deriva en capital moral y en amor por el prójimo, la confianza mutua, la fe en el sistema, el reconocimiento de la persona y la esperanza en el futuro. Todo esto se basa en principios bíblicos. Los valores, las creencias y las prácticas del sistema moral-cultural son un cimiento que sustenta los resultados comerciales en el sistema económico. Es decir, que el sistema económico es reflejo del sistema moral-cultural.

Al igual que el sistema económico, el sistema político surge de la cultura de una nación. Se cree comúnmente que las naciones en vías de desarrollo lograrán el éxito económico si tan solo adoptan un sistema político democrático. Y de hecho uno puede observar que hay correlación entre la riqueza y la democracia, pero eso no indica una relación causal entre las elecciones abiertas y el crecimiento. India es la democracia más antigua del Tercer Mundo, pero su sistema político democrático no ha resuelto los grandes problemas de ese país.[6] Solamente la adopción de un sistema político democrático no logrará la transformación económica. Los esfuerzos que se concentran únicamente en el sistema político de un país no llegan a resolver ni a tratar el tema cultural que subyace en sus raíces. La transformación económica y política debe construirse sobre la base de una transformación moral-cultural.

Aunque la creación de democracias no es el objetivo de los negocios del Reino, el sistema político de una nación tiene un efecto sobre los resultados económicos. «Si no se presta atención a los cimientos políticos, los mercados no pueden prosperar», concluyen Stephen Haber, Douglass C. North y Barry R. Weingast, miembros superiores de la Institución Hoover de la Universidad de Stanford.[7] Larry Diamond y Marc F. Plattner, en su libro *Economic Reform and Democracy* afirman que la democracia no es posible sin estabilidad económica y que la estabilidad económica no es posible sin estabilidad en el gobierno.[8] Es que tanto las prácticas políticas como las comerciales tienen que ser favorables al desarrollo. Y casualmente, ambas están apoyadas en la cultura.

Los gobiernos reflejan la cultura

Así como el sistema económico de una sociedad puede estar caracterizado por el abuso, la deshonestidad, los sobornos, la burocracia y la codicia, lo mismo puede pasar con el sistema político. Hay naciones gobernadas por dictadores codiciosos. Otras están gobernadas por un régimen comunista que limita las libertades. Y hay otras aun que sufren bajo el agobio de un gobierno corrupto y demasiado burocrático. En la mayoría de los casos, son los valores y actitudes de la cultura los que permiten esas situaciones políticas.

Un antiguo adagio dice que en una democracia los pueblos tienen los gobiernos que merecen. Si los líderes políticos democráticos son deshonestos, corruptos o codiciosos, se debe a que el pueblo acepta esas prácticas o carece de voluntad para obligar a un cambio. En mayor grado, esto parece ser verdad bajo otras estructuras políticas también. El gobierno refleja la fuerza moral y el carácter espiritual de la nación. Como sucede con el sistema económico, el sistema político es un reflejo del sistema moral-cultural.

«La evidencia sugiere que la cultura tiene un rol mucho más crucial en la democracia de lo que indicaría la literatura de las últimas dos décadas», concluye Ronald Inglehart de la Universidad de Michigan. «A la larga, la democracia no se consigue sencillamente efectuando cambios institucionales o a través de maniobras de una élite. Su supervivencia depende también de los valores y creencias de los ciudadanos comunes».[9] En su mayor parte, los gobiernos suelen reflejar las perspectivas y actitudes de los pueblos, y ese es el motivo por el cual vemos que algunos países reemplazan a un dictador brutal por otro, a un régimen corrupto por otro, a un gobierno burocrático por otro igual. (Esta condición no se da necesariamente porque el pueblo sea brutal, sino porque toleran la brutalidad.) Por ejemplo, una nación con cultura de tendencias fatalistas, permitirá que los dictadores asuman el control. En ciertos países, el fatalismo asociado con la voluntad de Alá hace que el pueblo no actúe y se resigne. Las culturas que no valoran la *regla de oro* (tratar al prójimo como nos gustaría ser tratados) terminan teniendo dictadores codiciosos que no parecen preocuparse por los ciudadanos. Los países donde no se valora la responsabilidad individual o donde no hay sentido de la esperanza, suelen terminar en manos de líderes caprichosos. Las sociedades donde no se respeta la santidad de la vida humana suelen tener líderes que sacrifican la vida de su gente en pos de lograr lo que ambicionan.

Las culturas que no valoran la noción de la moralidad absoluta y la rendición de cuentas ante un poder superior también exhiben desconsideración por el régimen de la ley. Y aunque la historia reciente respalda la teoría general de que el desarrollo económico sólido se ha logrado en naciones con instituciones judeo-cristianas, también es cierto que estas instituciones no pueden desarrollarse en plenitud si no hay una fuerte adhesión al régimen de la ley. Según Haber, North y Weingast, las naciones africanas son un ejemplo de esto:

Durante años, el continente ha sido sede de experimentos a gran escala que buscaban reformar las economías. Pero por ambiciosos que fueran esos proyectos, no lograron generar crecimiento económico sostenido. La mayoría de las naciones africanas hoy son más pobres de lo que lo eran en 1980, y a veces mucho más pobres ... Y lo más impactante es que dos tercios de los países africanos se han estancado o reducido en términos del ingreso real per cápita, desde que consiguieron su independencia a comienzos de la década de 1960.[10]

También atribuyen el fracaso en cuanto a reformar la economía a no haber considerado la necesidad de una reforma económica. Ni el gobierno ni el pueblo demuestran un verdadero compromiso hacia el cumplimiento y respeto de la ley.

En algunos países, el valor cultural que se le otorga a la vida humana es muy diferente del que existe en naciones de tradición judeo-cristianas. En los EE.UU., por ejemplo, se produjo un acalorado debate en cuanto a la porción de partículas de arsénico permitidas o aceptables en el agua potable. ¿Cuánto deberíamos gastar para lograr una reducción determinada? Los ciudadanos razonables presentaron perspectivas diferentes, pero en muchas de las naciones en vías de desarrollo, tal debate no existe siquiera. En occidente hay leyes y códigos edilicios que buscan brindar seguridad y protección a la vida. Como resultado se pierden menos vidas cuando hay un desastre natural. Es en parte legítimo el argumento que atribuye las diferencias de gobernabilidad entre los países en vías de desarrollo y los de occidente a los niveles de riqueza. Pero hay países que tienen medios económicos y demuestran que la falta de recursos no es la explicación. Por ejemplo, Irán tiene sus riquezas en petróleo, pero no presta atención a los códigos edilicios que pudieran impedir la pérdida de vidas, al menos en las ciudades y pueblos rurales. Un terremoto de 6.6 en la escala de Richter, producido en el 2003, dio como resultado más de treinta mil muertos. En comparación, un terremoto de 7.0 en la escala de Richter en 1989, ocurrido en el Área de la Bahía de San Francisco, dejó un saldo de solamente 63 víctimas fatales, y los edificios han sido reformados según nuevos códigos que buscan dar mayor seguridad en caso de nuevos temblores o terremotos. Aquí el punto principal es que el sistema legal y político, por cierto, refleja la cultura que prevalece en cada país, y que las diferencias en cuanto a valores culturales se hacen evidentes en las leyes y los gobiernos de las naciones.

La cultura del desarrollo

«Las actitudes, valores y creencias a las que a veces nos referimos colectivamente como "cultura" tienen un rol incuestionable en la conducta y el progreso humano. Esto se me hizo evidente al trabajar en países, estados, regiones, ciudades y compañías en distintos estadios de su desarrollo», concluye Michael E. Porter, de Harvard, autor del clásico *Estrategias competitivas*, y uno de los gurúes y estrategas económicos más buscados del mundo.[11] El entorno político y económico de una nación suele reflejar su cultura colectiva. Las culturas con los valores bíblicos integrados muestran crecimiento de su capital espiritual y establecen un ambiente propicio para que prospere el comercio. Las culturas que no reflejan principios bíblicos no logran acumular capital espiritual. Sí, quizá añadan algunos aspectos del capital moral, que luego se reflejan en un código de leyes y ética, pero que provienen de la tradición, la aceptación y la influencia. Singapur y Hong Kong son casos de estudio por la aceptación de la ley moral, de los derechos de propiedad y respeto por el individuo que los británicos enseñaron, pero no han adoptado la base de la fe de Gran Bretaña.

¿Cuáles son las características específicas de ciertas culturas que conforman obstáculos para el desarrollo? Mariano Grondona, profesor de leyes, autor y conductor de televisión en Argentina, detalla una cantidad de factores que son vistos de manera distinta en culturas que favorecen el desarrollo y en las que se resisten al mismo. «Estas diferencias están ligadas al rendimiento económico de las culturas que contrastan entre sí», concluye. Veamos algunas de estas creencias y valores que afectan al desarrollo de una nación.[12]

- *La religión.* Como observa Weber, las religiones que exaltan la pobreza promueven valores que se resisten al desarrollo, en tanto que las que ven la riqueza como una bendición promueven valores favorables al desarrollo.
- La *confianza en las personas.* Las sociedades que confían en las personas son favorables al desarrollo. La desconfianza, que se demuestra por el control y la supervisión, determina a la sociedad que se resiste al desarrollo.
- *La moral imperante.* Las culturas que se resisten al desarrollo demuestran una gran división entre las leyes oficiales y la práctica cotidiana. En culturas que promueven el desarrollo, la moral común está más alineada con las leyes del país.

- *El concepto de la riqueza.* En sociedades que se resisten al desarrollo, la riqueza se concibe en términos de lo que existe en la actualidad (tierras, recursos naturales). En sociedades favorables al desarrollo existe el concepto de la riqueza en términos de lo inexistente todavía (nuevas ideas, tecnología).
- *La opinión con respecto a la competencia.* Las sociedades favorables al desarrollo ven a la competencia como algo bueno y necesario para la creación de riqueza y excelencia. Es lo que impulsa al capitalismo y a la democracia. Las sociedades que se resisten al desarrollo tienen una opinión negativa de la competencia, a menudo basándose en el pretexto de promover la igualdad.
- *La noción de justicia.* Las culturas que ponen énfasis en la justicia de la generación actual olvidando las generaciones futuras, se concentran en el presente y se resisten al desarrollo. Las que toman en consideración los intereses de las generaciones futuras en el concepto de justicia, favorecen el desarrollo. Así, las primeras se concentran en el derecho al consumo actual en tanto las últimas valoran los beneficios de la inversión a largo plazo.
- *El valor del trabajo.* Las culturas que se resisten al progreso no valoran el trabajo. A menudo glorifican la vida contemplativa. Las culturas favorables al progreso ponen énfasis en una ética del esfuerzo.
- *El rol de la herejía.* Las sociedades gobernadas por una ortodoxia dogmática, que exige lealtad incuestionable, se resisten a la innovación y al desarrollo. Aquellas que son favorables a un foro abierto de ideas son propensas a la innovación y el desarrollo.
- *Las virtudes menores.* Las culturas favorables al desarrollo respetan las necesidades ajenas y valoran las virtudes menores de una tarea bien realizada: la puntualidad, la cortesía y la creación del orden. Las culturas que se resisten al desarrollo se concentran en el interés propio y dan menor valor a esas virtudes.
- *La autoridad.* En sociedades menos inclinadas al progreso, el poder está en manos de quienes tienen voluntades mutables y hasta caprichosas. En sociedades favorables al progreso, el poder está en la ley y los gobiernos están sujetos a ella.
- *Las visiones de la democracia.* Las culturas que se resisten al progreso no imponen controles institucionales o limitaciones legales

al poder del gobierno. Las culturas progresistas limitan el alcance del gobierno y distribuyen su poder a través de constituciones donde impera el gobierno de la ley.

- *El concepto de la vida y el futuro.* Las culturas que se resisten al desarrollo ven la vida como algo que le sucede a la persona. Hay un grado de fatalismo y resignación, y el futuro está más allá de nuestro control. Las culturas que favorecen el desarrollo ven la vida como un compromiso y tienen capacidad para influir en resultados futuros.

Es marcada la diferencia entre los modelos mentales que describimos aquí, y su influencia sobre la conducta no puede subestimarse. Recuerdo la historia que contó el rabino Daniel Lapin sobre dos mujeres norteamericanas que salieron en una barca a pescar en el mar de Arabia. El motor se descompuso. Los dos marineros árabes que iban a bordo se veían preocupados pero no hicieron más que quedarse acostados sobre la cubierta.

—¿Qué están haciendo? —preguntaron las mujeres.

—Estamos destinados a morir —respondieron resignándose a su suerte—. Obviamente, es la voluntad de Alá. De otro modo no nos habría dejado a la deriva.

Las mujeres quedaron impactadas. Sin ayuda de los operadores del bote, hicieron una vela y unos remos con las cosas que encontraron y luego remaron febrilmente para mover el barco. Con esfuerzo, lograron dirigirlo hacia un canal, donde fueron descubiertas y rescatadas.

Las actitudes culturales y los patrones de pensamiento arraigados en las personas pueden ser difíciles de vencer. En un famoso experimento, un perro fue encerrado en una jaula pequeña desde que nació. Años después lo sacaron de la jaula. El perro se paraba, daba vueltas y volvía a sentarse sin desplazarse del lugar. Es que las rejas ahora no eran de hierro, sino que estaban en su mente. Es necesario transformar las mentes. Hay que salvar una brecha cultural.

Las instituciones necesarias para el desarrollo requieren de cambios culturales

Las naciones en vías de desarrollo se ven acosadas por actitudes que limitan su crecimiento, y esos valores culturales se reflejan en sus instituciones. Es decir, las instituciones son las reglas formales e informales que surgen de sus valores. Las reglas formales comprenden a las constituciones, las leyes, los reglamentos y las oficinas de control, en tanto las reglas informales comprenden a las convenciones y las normas sociales. La libertad, la falta de corrupción, la justicia básica y la adhesión al régimen de la ley, provienen de las personas y no de un sistema impuesto. Todas esas instituciones derivan de la cultura de una sociedad. El estudioso africano Daniel Etounga-Manguelle utiliza una ilustración sencilla para representar la relación: la cultura es la madre y las instituciones, sus hijos.[13]

Como las instituciones son reflejo de la cultura subyacente, la creación de las instituciones necesarias para un desarrollo exitoso requerirá de un cambio cultural. Preocupado por curar las plagas de su continente, Etounga-Manguelle observa acertadamente que «la existencia de instituciones más eficientes y justas en África depende de las modificaciones que hagamos en nuestra cultura».[14] El cambio cultural es lo que hace falta para que las naciones en vías de desarrollo construyan sus instituciones y capital espiritual.

¿Pero cómo se logra el cambio? ¿Se reforma mejor la cultura desde arriba, a través de gobiernos que cambien y con leyes diferentes, o desde abajo por medio del cambio en las vidas de las personas? En los últimos años, el gran debate en los EE.UU. sobre cómo se construyen las naciones, puso el enfoque en la perspectiva de la transformación desde arriba hacia abajo. Fue un tema discutido durante la administración de Clinton, por la problemática de Haití. En la administración de Bush, la construcción de la nación es un tema central con respecto a Irak y Afganistán.

Sobre esta temática, muchos consideran que será difícil construir una nación comenzando por arriba y llegar luego hasta el pueblo, a menos que haya un único grupo en el poder controlando el país. Ese grupo que gobierne deberá representar a la nación transformada, con la implementación de cambios aportados por las personas. Aun así, en muchos países la noción del fatalismo es tan fuerte que el pueblo aceptará los cambios sin perder jamás su punto de vista, dejando al país abierto al eventual control por parte de diversas facciones del poder. A menos que se modifique la cultura subyacente, las naciones no verán transformación eficaz a través de un cambio de liderazgo o del sistema de gobierno.

Sin valores fundamentales y tradicionales, muy pocas naciones con intentos de mejorar podrán sobrellevar las graves crisis económicas que surjan eventualmente. Si una institución política democrática no está respaldada por los valores de la nación, la crisis económica podría llevar a lo que Diamond y Plattner llaman «el tobogán democrático». Como ejemplo señalan a Brasil y Perú donde la crisis económica prolongada dio como resultado gobiernos autoritarios que limitaron las libertades. Aunque no hubo cambios formales de régimen, las instituciones constitucionales de Brasil y Perú fueron «vaciadas de sus contenidos democráticos», como resultado de las dificultades económicas.[15]

Las culturas no verán una transformación eficaz por medio de nuevos sistemas políticos o una legislación diferente. Eso sería la reversión de la relación de causalidad. En general el gobierno, sus reglas y sus leyes son el reflejo de la cultura, y no al revés. Cuando los fundadores de los EE.UU. escribieron la Declaración de la Independencia y la Constitución, no buscaban imponer ideas desconocidas para la población, sino que se remitían a codificar creencias ya integradas en el ADN colectivo del país en formación. Aun así, la finalización de esos documentos fue una tarea importante para los fundadores, que llevó años de debate y desarrollo.

A veces los gobernantes utilizan su poder para imponer leyes que se oponen a las creencias y actitudes del país. En esos casos la legislación está a contrapelo de la cultura, pero no logra como resultado una verdadera transformación. La nueva legislación, el cambio político y los incentivos económicos pueden no brindar la transformación cultural que lleva a la bendición económica. La cultura es la madre y las instituciones son sus hijos.

Comienza en los corazones de las personas

Si la transformación cultural no puede comenzar con las instituciones políticas o económicas, ¿dónde entonces? En los corazones de los hombres y las mujeres. La transformación de la cultura en realidad comienza en cada persona. La cultura es el conjunto de creencias y valores de muchas personas y solamente podrá modificarse a partir de cada uno de sus miembros. El cambio cultural no es algo que pueda imponerse en un nivel global, de arriba hacia abajo. No hay atajos. Lo que deberán transformarse son las personas, una a una, sus corazones y sus mentes, para que la cultura de una nación comience a cambiar. Las personas, por lo general, no viven aisladas de los demás miembros de su sociedad y sus creencias, sus valores y sus actitudes se reflejan en las relaciones. Hace falta dos personas para intercambiar productos y servicios. Es lo que llamamos comercio. Hace falta dos personas para intercambiar ideas sobre cómo convivir. Es lo que llamamos política. Hace falta dos personas para compartir las creencias sobre Dios. Es lo que llamamos religión. La persona transformada llevará sus nuevas creencias, sus valores y sus actitudes al sistema económico y político, y comenzará a influir en la cultura colectiva. La transformación cultural se da de a una persona a la vez.

«Por lo tanto, si alguno está en Cristo, es una nueva creación» (2 Corintios 5:17). Cristo, a través del Espíritu Santo, es el único agente que puede lograr la transformación del corazón de una persona. Pablo dice: «fuimos sepultados con él en su muerte, a fin de que, así como Cristo resucitó por el poder del Padre, también nosotros llevemos una vida nueva» (Romanos 6:4). Las cosas viejas pasaron; y todas las cosas son hechas nuevas.

A medida que las personas son transformadas por el Espíritu Santo, el pueblo llega a un acuerdo sobre el nuevo conjunto de valores. Con el tiempo esos valores se institucionalizan y forman parte de un sistema. No sucede de la noche a la mañana. Actualmente, la población de Corea del Sur contiene a más de un tercio de cristianos evangélicos nacidos de nuevo. Muchos de los líderes políticos y económicos de antaño están en la cárcel o a punto de ser encarcelados. ¿Por qué? En parte, porque la sociedad ya no permite que continúen las prácticas del pasado y se ocupa por quitar la deshonestidad y la corrupción que quedan en el sistema. Se produjo un cambio importante en Corea del Sur desde la década de 1950, en lo espiritual, lo económico y lo político. Como corolario de este ejemplo, pensemos en Rusia, donde la fe era ilegal bajo el comunismo. Así fue durante setenta años. Con la caída del comunismo, hoy ya hay libertades económicas y religiosas, pero sin una cultura transformada, la corrupción sigue floreciendo. Antes de que una nación pueda adoptar los sólidos valores institucionalizados de una cultura transformada, hace falta que el Espíritu Santo transforme los corazones de las personas, una a una.

Tal como soy

Una mujer de Inglaterra, Charlotte Elliott, tenía treinta años cuando enfermó y quedó confinada a su cama durante el resto de sus días. A los treinta y tres años, un evangelista suizo visitó su ciudad, Brighton, y ella decidió seguir a Jesús. «Debes venir tal como eres», la alentó el evangelista.

Su enfermedad no era de importancia ante los ojos de Dios. Porque él acepta a las personas independientemente de cuál sea su situación en el momento. En 1834, aún inválida, Charlotte escribió una canción que ha sido el llamado de muchos. Con un coro cantando *Tal como soy*, Billy Graham durante décadas ha invitado a las personas a tomar la decisión de seguir a Jesús.

«Pero Dios demuestra su amor por nosotros en esto: en que cuando todavía éramos pecadores, Cristo murió por nosotros» (Romanos 5:8). Una de las señales y marcas más maravillosas de la amorosa gracia de Dios es que él no espera perfección en nosotros para llamarnos. (Esta claro que no existiría el Cuerpo de Cristo si así fuera.) Dios nos acepta tal como somos. Algunos, como Charlotte Elliott, llegan a Dios con severas limitaciones físicas. Todos llegamos a Dios en pecado. Hay valores, creencias y conductas que son contrarias a la voluntad de Dios. Pero Dios nos acepta tal como somos. Del mismo modo, nosotros tenemos que aceptar a las personas, los grupos étnicos y a las naciones tal y como son.

Transformados por la renovación de sus mentes

Dios se ocupa de salvar las vasijas imperfectas y de santificarlas. Pablo les dice a los creyentes de Filipo que tan bien conoce: «El que comenzó tan buena obra en ustedes la irá perfeccionando hasta el día de Cristo Jesús» (Filipenses 1:6). Pablo confiaba en que Dios continuaría su obra de santificación transformando valores, creencias y conductas.

El teólogo Louis Berkhoff define la santificación como «la operación de Dios en la que él, especialmente a través del Espíritu, obra en el hombre la subjetiva cualidad de la santidad».[16] Es el proceso de convertirnos en santos, de morir al pecado y nacer a la rectitud. Es el proceso de transformación para que «también nosotros llevemos una vida nueva» (Romanos 6:4).

Pablo describe la santificación como un cambio de paradigma, dejamos de seguir los valores, las creencias y las conductas del mundo para seguir los de Dios. «No se amolden al mundo actual, sino sean transformados mediante la renovación de su mente. Así podrán comprobar cuál es la voluntad de Dios, buena, agradable y perfecta» (Romanos 12:2). En pocas palabras, es el Espíritu Santo que obra una transformación cultural de los patrones de este mundo al patrón de Dios. El proceso se inicia con la transformación espiritual, a través de la relación personal con Dios. Luego se expande a otras partes de nuestras vidas donde hace falta su obra.

La vida totalmente transformada es compatible con el patrón de Dios en todas las facetas.

El Espíritu Santo utiliza acercamientos diferentes para obrar en cada persona y transformarla conforme al patrón de Dios. A veces Dios tiene que sacar a la gente del control de su entorno cultural y allí prepararlos para la bendición. Luego de su dramática conversión, Pablo pasó tres años en Arabia y Damasco. Dios lo transformó y le reveló el evangelio que debía predicar. Separado de la cultura de su crianza, la mente de Pablo fue renovada (ver Gálatas 1:11-24). También lo vemos en el relato de Abram:

> «El Señor le dijo a Abram: "Deja tu tierra, tus parientes y la casa de tu padre, y vete a la tierra que te mostraré. Haré de ti una nación grande, y te bendeciré; haré famoso tu nombre, y serás una bendición. Bendeciré a los que te bendigan y maldeciré a los que te maldigan; ¡por medio de ti serán bendecidas todas las familias de la tierra!"»
>
> GÉNESIS 12:1-3

Dios tuvo que sacar a Abram de su entorno, que incluía su cultura y su familia. La cultura y la familia son lazos tradicionales muy fuertes, vínculos que pueden impedir que uno piense de manera diferente. Es decir, que Abram tuvo que sacarse un par de anteojos para poder ver con otros diferentes. Dios tuvo que llevar a Abram allí donde pudiera hablar con él, donde no hubiera nadie que le enseñara cosas diferentes.

Aunque Abraham y Pablo fueron sacados de su entorno cultural, muchas veces Dios transforma a las personas en el lugar donde se encuentran. Es el modelo que más vemos en los negocios del Reino. Dios debe enviar a su pueblo hacia culturas distintas para transformar sus creencias, valores y actitudes. Se le debe enseñar a las personas un nuevo paradigma de vida, de palabra y con los hechos. Tenemos que tratar con la persona completa, con todos los aspectos de su vida. Aquel que puede ser modelo de carácter cristiano en distintas áreas, incluyendo los negocios, es de tremenda ayuda en ese proceso.

La iglesia se siente cómoda en cuanto a la renovación de la mente con respecto a Dios, pero muchas veces no llega a ocuparse del resto de las cosas de la vida. Por lo general no hablamos de una nueva mente en los negocios, la educación, la política, la salud, la crianza de los hijos o la pobreza. Como resultado, esas áreas que son las que consumen la mayor parte de nuestra energía quedan sin transformar.

La transformación cultural no sucede de la noche a la mañana. Sabemos que le llevó a Abram muchos años, mientras Dios obraba en él y en su entendimiento. Aunque había sido llamado a separarse de su familia, Abram retenía vestigios de su vieja vida. Muchas de las normas culturales se interponen en nuestro camino con Jesús. A veces no nos damos cuenta, pero tenemos opiniones y perspectivas que afectan nuestra relación con Dios. Hace poco un amigo mío cristiano visitó un país africano donde sus anfitriones eran creyentes locales. Cuando pidió una cerveza para beber sus anfitriones se escandalizaron y trataron de convencerlo de que no bebiera cerveza. No quiso ofenderlos, así que les hizo caso. Pero más tarde le preguntaron si quería algún entretenimiento y cuando asintió, para su sorpresa le ofrecieron que una mujer durmiera con él. Él rechazó la invitación con mucha cautela. Tanto él como sus anfitriones sentían asombro ante las tradiciones y la concepción de la verdad de cada una de las partes.

El evangelista del país musulmán a quien yo inocentemente le serví tocino para el desayuno, también se aferraba a aspectos de su tradición cultural. La comida, claro, no va a afectar el modo en que una cultura trate los asuntos de su gobierno. Sin embargo, esos ejemplos muestran el poder permanente de las tradiciones culturales y de lo que conocemos y percibimos como verdad, aun siendo creyentes. Hay otras normas culturales que son insidiosas y dañinas y que afectan la forma en que pensamos sobre cualquier tema, incluyendo el gobierno. Dios nos llama a seguirlo, tal cual somos, con todo nuestro bagaje cultural y personal. Cuando el Señor habla a nuestro espíritu y lo aceptamos como Salvador, comenzamos a ver que nuestra vida cambia. Las cosas que solíamos hacer, las actitudes que solíamos tener, las creencias que sosteníamos ya no nos parecen aceptables ante Dios. Es el Espíritu Santo el que obra esta transformación en nuestras vidas.

Los negocios del Reino: transformar las naciones, empezando donde están

Nosotros, como lo hace nuestro Señor, hemos de aceptar a las personas tal como son. Tenemos que reconocer que vamos a tratar con personas en condiciones diversas según el momento. Lo que esto implica para los negocios del Reino es que no podemos esperar que un país logre determinado nivel de «santificación». No podemos pretender que un país esté libre de corrupción como requisito previo para los negocios del Reino. Quizá no nos guste el gobierno o lo que representa y defiende, pero así como Cristo nos acepta tal como somos y comienza el proceso de cambio, también nosotros tenemos que aceptar al país tal como es. No importa cuál sea la situación o condición actual de la nación, debemos entrar para bendecirla esperando que Dios tome la semilla que sembramos y que de ella coseche grandes recompensas. Tenemos que esperar a que Dios comience a renovar mentes, y a medida que la gente sienta hambre y sed de justicia, Dios obre para lograr el cambio cultural requerido para la transformación de la nación.

Para poder ver ese cambio, los profesionales de los negocios del Reino deben predicar y enseñar el evangelio y su relevancia en el medio de los negocios, como parte integral de su esfuerzo en pos del desarrollo del comercio local. Solamente el evangelio de Cristo puede lograr una transformación profunda y radical que permita a las personas arraigarse en sus nuevas creencias centrales, independientemente de las circunstancias. «Por eso siempre recordaré estas cosas, por más que las sepan y *estén afianzados en la verdad que ahora tienen*» (2 Pedro 1:12, énfasis añadido). Confirmar significa establecer, en el sentido de afirmar o solidificarse como el cemento. Es importante que podamos solidificarnos y estar firmes como el cemento que hoy tenemos en Jesucristo. Los viejos valores, creencias y acciones que difieren con la verdad de Cristo deberán ser descartados. La persona debe establecerse en la nueva verdad de Cristo. Los profesionales de los negocios del Reino deben ser mentores de la persona en el comercio desde su nuevo punto de vista, para que esta persona aprenda a ver las cosas desde la perspectiva de Dios.

Si no presentamos el evangelio que produce esa transformación profunda, crearemos lo que Jesús describe como «asalariado». El asalariado es aquel que carece de fe y por eso corre y huye cuando las cosas se ponen difíciles. «Yo soy el buen pastor. El buen pastor da su vida por las ovejas. El asalariado no es el pastor, y a él no le pertenecen las ovejas. Cuando ve que el lobo se acerca, abandona las ovejas y huye; entonces el lobo ataca al rebaño y lo dispersa» (Juan 10:11-12). Cuando los negocios se ponen difíciles y los gobiernos empiezan a cambiar, los que se convierten en cristianos y construyen los negocios del Reino no reaccionan como el asalariado, sino que permanecen en su curso.

Los que no están afirmados por la fe serán «como las olas del mar, agitadas y llevadas de un lado a otro por el viento» (Santiago 1:6). Tendrán doble ánimo y conducirán los negocios según la enseñanza, pero correrán a cubrirse ante la primera señal de dificultad. Ese tipo de persona no es testigo de Cristo. Pero si en verdad se han entregado a Jesús, firmes como el cemento en su fe y seguros de la relación directa entre Dios y las buenas prácticas comerciales, se mantendrán firmes en el poder del Espíritu Santo.

Recuerdo una historia muy poderosa que relató hace poco el líder de una organización que trabaja con los negocios del Reino. Un cristiano ruso formaba parte de un gremio de comerciantes locales que habían sido reunidos por la mafia rusa. Les pedían dinero para su propia protección:

—Siéntese si están de acuerdo con nuestra oferta —les ordenaron a los comerciantes aterrados, que se sentaron rápidamente. Pero él permaneció de pie.

—Siéntese —le dijeron directamente.

—No lo haré —respondió—, tengo una autoridad superior que me protege.

El empresario cristiano se mantuvo firme.

—En ese caso, es libre de irse —le dijeron creyendo que se refería a un elemento criminal más poderoso que ellos. La organización jamás volvió a molestarlo.

Conclusión

La corrupción y las instituciones codiciosas son las barreras más importantes para el desarrollo, y muchas naciones del Tercer Mundo necesitan reformas en lo político tanto como en lo económico. Pero enfocarse en el gobierno y en las leyes pone el carro delante de los bueyes. Hay que comenzar por un cambio en los corazones de las personas. Aun en las naciones donde unos pocos gobiernan con mano dura, la transformación comienza por una persona a la vez y luego se expande. El sistema moral-cultural de una nación es el cimiento de su sistema político y económico; y el gobierno, en última instancia, será el reflejo de lo que los conductores espirituales, económicos y morales exijan que sea. Por eso, es importante que los países en vías de desarrollo modifiquen primero las creencias, valores y actitudes que les impiden progresar. Una cultura conforme al patrón de Dios verá reformas económicas y políticas duraderas.

Aunque el capitalismo tiene más éxito en un entorno de libertad política, debemos bendecir a las naciones a través de los negocios del Reino, en el estado en que se encuentren. La democracia no es un requisito previo para los negocios del Reino, ni es el establecimiento de la democracia el objetivo que busca. Lo que intenta alcanzar es llevar el evangelio de Cristo y ver vidas radicalmente transformadas por el poder del Espíritu Santo. Debemos llevar simultáneamente los negocios y la verdad de Cristo en el Espíritu de Dios. Solamente el poder del Espíritu Santo puede producir cambios reales en las vidas de las personas y lograr la transformación cultural que lleva a la bendición de una nación. Todo programa que no incluya la transformación espiritual real estará incompleto y será como construir sobre la arena. Los esfuerzos en pos del desarrollo se deben construir sobre la roca de Cristo (ver Mateo 7:24-27). Pero podemos esperar que a medida que los corazones cambien, aumente la influencia sobre las culturas, las ansias por la justicia política, la libertad y la integridad. De hecho, la transformación cultural que produce el evangelio echará los cimientos para el cambio político eficaz y el desarrollo económico.

Para mí, es evidente que los negocios del Reino tienen el potencial de bendecir a una nación a través de la transformación económica y espiritual. Esa es la visión que Dios me había dado para ET, el centro de atención telefónica en la India. ¿Pero era esta una nueva oportunidad, una nueva revelación de Dios? ¿O los santos misioneros que me precedieron tenían visiones similares en cuanto a los negocios como misión? Estaba decidido a descubrir cuál era la respuesta a esa pregunta y a aprender a partir de la experiencia de esas personas.

CAPÍTULO 7

LA PERSPECTIVA HISTÓRICA DE LOS NEGOCIOS EN LAS MISIONES

Dicen que la historia es la mejor maestra y yo quería aprender. Dios me había dado una visión para el avance de la iglesia en la India por medio de los negocios. Una visión de los negocios como misión. ¿Pero era una visión única? ¿Mía nada más? ¿Había llamado Dios a otras personas en el pasado a que usaran sus conocimientos en materia de negocios para llevar el evangelio a tierras distantes? La respuesta a ese interrogante demostró ser interesante, alentadora e instructiva.

Descubrí que desde la época de los primeros seguidores de Jesús, la historia de la iglesia está llena de ejemplos de esfuerzos misioneros que utilizaron el comercio y los negocios como vehículo para difundir el evangelio. Al repasar la historia aprendí varias lecciones. Vi que los negocios y las misiones pueden ir de la mano en su obra hacia la meta de hacer avanzar el reino de Dios. Descubrí que hay varias formas de crear oportunidades. Advertí que los esfuerzos de los negocios del Reino puede ser fructíferos en llevar éxito espiritual y económico. Pero también me percaté de que el éxito conlleva el peligro de perder de vista las prioridades que se tienen. Negocios del Reino tiene que ver con conducir los negocios como misión y la razón para hacer esto tiene que mantenerse siempre como prioridad en las mentes de quienes lo lleven a cabo.

Los negocios del Nuevo Testamento en las misiones

La utilización de los negocios en el esfuerzo misionero mundial de la iglesia es tan antigua como la iglesia misma. El apóstol Pablo es famoso por sus viajes misioneros que llevaron el evangelio a los gentiles del imperio romano. Pablo sabía hacer tiendas, o carpas, y llevaba consigo su oficio dondequiera que fuese. En Corinto, Pablo trabajó con Aquila y Priscila, judíos que también hacían tiendas y que habían sido obligados a dejar Roma (ver Hechos 18:1-3). Pablo también trabajó haciendo tiendas durante los tres años que pasó en Éfeso, donde con sus manos se ganó la vida (ver Hechos 20:33-55). En Tesalónica Pablo se aseguró de no ser una carga para nadie (ver 1 Tesalonicenses 2:9) y trabajaba día y noche por su sustento (ver 2 Tesalonicenses 3:8). También lo hacía para ser modelo de diligencia y para que los Tesalonicenses pudieran seguir su ejemplo (ver 2 Tesalonicenses 3:9).

Pablo recibía dinero de algunas de las iglesias a las que ministraba. Parte del dinero estaba destinado a los creyentes necesitados en Jerusalén (ver Romanos 15:26). Otra parte ayudaba a financiar sus estadías en Corinto (ver 2 Corinto 11:8) y Tesalónica (ver Filipenses 4:14-19). Sin embargo, parece que Pablo sentía alegría y orgullo por adaptarse a toda situación. Ante los judíos era judío, ante los griegos, griego y ante los romanos, romano. Ante los hombres de negocios, era un hombre de negocios.

Priscila y Aquila acompañaron a Pablo durante una parte de su viaje misionero y también llevaban su oficio consigo. «Aquila era un muy buen comerciante», observan Heinz Suter y Marco Gmür. «Trabajaba el cuero y hacía monturas, cinturones y tiendas [y por ello] un pueblo con soldados como los romanos, tan enamorados de los caballos, le brindaban suficiente actividad comercial. Elegía establecerse en lugares donde pudiera volver a encontrar parte de la cultura romana, con suficientes caballeros y soldados romanos para poder continuar trabajando en su oficio y así ganarse la vida».[1] El oficio de Priscila y Aquila les permitía viajar por la zona, de Roma a Corinto y a Éfeso. Una de las iglesias se reunía en la casa de estas exitosas personas de negocios (ver 1 Corintios 16:19), y discipularon al maestro Apolos en su eficaz ministerio de predicación (ver Hechos 18:24-28).

En Hechos conocemos a «Lidia, vendedora de púrpura, de la ciudad de Tiatira» (Hechos 16:14, RVR). Esta mujer respondió al evangelio en Filipo y su casa sirvió como lugar de reunión para Pablo y Silas y otros creyentes, cuando salieron de prisión. Parece que Lidia se había mudado a Macedonia para promover allí el comercio de géneros púrpura. Juan luego menciona su ciudad, Tiatira, en Apocalipsis 2:18-20 como una de las siete iglesias a las que se les dieron mensajes y es posible que ella llevara el evangelio en los viajes de negocios hasta su ciudad de origen.

Los negocios de la primera iglesia en las misiones

Las misiones mercantes

Los comerciantes cristianos fueron los primeros en llevar el evangelio a tierras distantes. Los mercaderes de Asia Menor vendían ropa y especias en Marsella, Lyón, Alejandría y Cartago. Las ciudades comerciales del sur de Francia eran destinos muy populares porque tenían minas, producción de vidrio, cerámica y una intensa actividad textil. Los comerciantes y colonos viajaban hasta allí y pronto aparecieron las iglesias de Marsella, Arles, Vienne y Lyón.[2] Los comerciantes cristianos itinerantes de Asia Menor seguían en contacto con las iglesias de sus lugares de origen, observa Norbert Brox.[3] De hecho el obispo de la iglesia de Lyón en el siglo segundo era Ireneo de Asia Menor. El comercio entre Asia Menor y los puertos del Mar Mediterráneo llevaba a los primeros cristianos a los lugares donde hacía falta escuchar el evangelio.

El cristianismo se esparció a muchas partes del mundo a través de los mercaderes. Los comerciantes europeos fueron los primeros en llevar el evangelio a Escandinavia. Arabia tuvo creyentes cristianos, pocos siglos después de Cristo. Ubicados en los bordes del imperio romano, estos creyentes árabes probablemente hayan recibido el evangelio a través de emprendimientos comerciales. La India también tuvo comunidades cristianas antes del final del siglo tercero. Como las rutas comerciales de la India eran frecuentadas por mercaderes griegos desde antes de los tiempos de Jesús, es posible que los comerciantes hayan tenido su rol en la introducción de la fe.[4]

Los nestorianos

«Hay evidencia sustancial que respalda el hecho de que los cristianos que llegaron a China lo hicieron en relación con las conexiones comerciales de los cristianos de Persia», dicen Suter y Gmür.[5] Los mercaderes cristianos seguían las rutas de la seda para llegar a China en los siglos sexto y séptimo. Fueron esos mercaderes misioneros quienes introdujeron el comercio de la seda en Europa.

Los nestorianos, miembros de una secta cristiana que surgió en Persia, eran particularmente activos en el comercio con Asia. Hay relatos históricos de iglesias y obispos de las ciudades que bordeaban la ruta comercial en Asia Central, que incluyen a Merv, Herat y Samarcanda. No todos los misioneros nestorianos eran comerciantes o mercaderes. Había carpinteros, herreros, tejedores y contadores. Los gobernantes árabes y mongoles empleaban a nestorianos como asistentes, secretarios, médicos y administradores.

La comunidad de los nestorianos fue la iglesia más enfocada en las misiones que hubo en la historia.[6] Junto con la iglesia de Antioquia cristianizaron a cinco tribus de Asia, los keraítas, los naimanit, los uighur, los ongüt y los merkiter. Unos doscientos mil keraitas abrazaron el cristianismo a comienzos del siglo once y los uighur de Turkistán oriental también experimentaron un gran avivamiento. Marco Polo informó que las capillas nestorianas flanqueaban la ruta comercial de Bagdad a Pekín. Durante siglos los profesionales y comerciantes nestorianos promovieron uno de los movimientos misioneros mundiales más importantes de la historia, y todo eso se hizo a través de un modelo operativo de comercio y financiamiento.[7]

Los negocios tras la reforma en las misiones

La compañía holandesa de las Indias Orientales

En 1595, la Compañía Holandesa de las Indias Orientales (Vereenigde Oost-Indische Compagnie) envió sus primeros barcos comerciales a Asia. Uno de los centros principales de la compañía estaba en las Molucas, conocidas anteriormente como Islas de las Especias, en el este de Indonesia. La compañía comerciaba especias, llevando clavos de olor y nuez moscada a Europa. De hecho, durante siglos las Islas de las Especias fueron las únicas encargadas de la producción mundial de esas dos especias tan valiosas. Los misioneros protestantes no tardaron en seguir a los mercaderes que se dirigían a las colonias establecidas por la Compañía.

Se produjo una relación simbiótica y de apoyo mutuo entre la Compañía Holandesa de las Indias Orientales y los misioneros que buscaban difundir el evangelio. Es cierto que había razones comerciales por las que se deseaba que los nativos se convirtieran a la fe cristiana, pero también había gerentes de la compañía con intenciones más nobles en su deseo por instalar una iglesia local. De hecho, uno de los directores de la Compañía fue el primero en traducir partes de la Biblia al idioma malayo. Su traducción de Mateo introdujo el evangelio a los nativos en su propia lengua.

Al comentar sobre la historia de los esfuerzos misioneros, William Carey, considerado el padre de las misiones modernas, escribió que la Compañía Holandesa de las Indias Orientales había extendido su comercio y construido la ciudad de Batavia (hoy Yakarta), donde se abrió una iglesia en 1621. La Compañía envió más ministros a Amboyna, donde tuvieron éxito. En la ciudad holandesa de Leiden se abrió un seminario para capacitar misioneros y asistentes. La Compañía Holandesa de las Indias Orientales acompañó a muchos graduados del seminario en sus viajes. Carey observó:

> Durante algunos años se enviaron muchísimos al oriente, a expensas de la Compañía, de manera tal que en poco tiempo muchos en Formosa (hoy Taiwán), Malabar, Ternate, Jaffanapatnam, la ciudad de Columba, Amboyna, Java, Banda, Macasar y Malabar se convirtieron a la religión de nuestro Señor Jesucristo. La obra ha decaído en ciertos lugares pero hoy hay iglesias en Ceilán, Sumatra, Java, Amboyna y otras en las Islas de las Especias y el Cabo de Buena Esperanza en África.[8]

Carey veía a la Compañía Holandesa de las Indias Orientales como gran propulsora del evangelio, dondequiera que fuese. Cuando los británicos se apoderaron de las Islas de las Especias a comienzos del siglo dieciocho, estaban allí establecidos unos doscientos treinta ministros protestantes holandeses.[9]

Las misiones moravas

Más de la mitad de todos los misioneros protestantes del siglo dieciocho fueron enviados por los moravos, declaró Paul Pierson.[10] No solamente fueron excelentes misioneros, sino que además utilizaron el comercio como vehículo principal de la misión.

¿Quiénes son los moravos? ¿Y qué era lo que impulsaba su celo misionero? Sus raíces espirituales datan de los tiempos de la iglesia de la Hermandad, fundada por el sacerdote de Bohemia Jan Hus; y de los valdenses, otra secta que rechazaba el ejercicio de poder y la riqueza de la iglesia oficial. En 1467, medio siglo antes de que Lutero clavara su tesis en la puerta de la iglesia de Wittenburg, estos dos grupos se unieron para convertirse en la Hermandad Unida. Su énfasis estaba en la práctica personal cotidiana del cristianismo. Desde Bohemia, la Hermandad se esparció hacia la vecina Moravia.

La Reforma y la Contra-Reforma virtualmente diezmaron a la hermandad Unida y los que quedaron emigraron a Sajonia. Allí el Conde Niklaus Ludwig von Zinzendorf, heredero de una familia real importante de Europa, abrió Herrnhut, una de sus propiedades, para los refugiados y estableció allí una comunidad cristiana en 1722. Esa sociedad de píos creyentes mantuvo una cadena de oración continua que duró más de cien años y Herrnhut fue el origen del movimiento misionero más grande del siglo.

De visita en Copenhague, Zinzendorf conoció a Antonio, un esclavo de las Indias Occidentales, y a dos esquimales de Groenlandia. Le rogaron que enviara misioneros a sus respectivos pueblos. Antonio fue llevado a Herrnhut donde describió las miserables condiciones físicas y espirituales de los esclavos de las Indias Occidentales. La comunidad respondió y resolvió enviar misioneros. En 1732 los misioneros David Nitschmann y Leonard Dober fueron enviados a St. Thomas en las Indias Occidentales. Otros misioneros fueron enviados a Groenlandia, St. Croix, Surinam, Sudáfrica, Norteamérica, Jamaica y Antigua. Entre 1732 y 1760 los moravos se establecieron en diez nuevos destinos del extranjero. ¡Durante veinte años el movimiento misionero moravo inició más misiones que todas las levantadas por los esfuerzos protestantes y anglicanos de los dos siglos anteriores![11]

El modelo moravo combinaba su alcance misionero con el establecimiento de emprendimientos comerciales. Cada uno de los miembros del grupo debía tener un oficio, y una vez instalados en tierras lejanas, debían trabajar junto con los habitantes del lugar, dando testimonio de palabra y con los hechos, en su actividad comercial cotidiana. La ética de trabajo del grupo era componente primordial en su tarea de ser ejemplo del evangelio de Cristo. «En 1759, en la colonia morava de Bethlehem, Pennsylvania, el treinta y seis por ciento de la fuerza activa laboral eran misioneros», observa Dwight P. Baker.[12] Los predicadores itinerantes (reisebrüder, en alemán) que viajaban por Europa también adoptaron el modelo paulino. Como artesanos o maestros podían financiar su obra dondequiera que fuesen. Los moravos veían su actividad económica como servicio virtuoso al prójimo.[13]

En 1740, un tercer grupo de misioneros moravos llegó a Paramaribo, Surinam. Entre los colonos había un carpintero y un zapatero. Pronto llegaron más misioneros comerciantes. En 1759, Christoph Kersten, aprendiz de su tío sastre en Alemania, «obtuvo la misión de trabajar como sastre y además llevar a cabo la tarea de misionero en Surinam».[14] En 1768, los misioneros moravos fundaron C. Kersten and Co., una compañía de sastres a la que se agregó también un negocio de tapiceros. En cuatro años, la compañía había ganado ya doscientos cuarenta y dos mil talers (antigua moneda de Alemania). En 1777, una panadería que cumplía con los estándares de calidad europeos se agregó al emprendimiento. C. Kersten and Co. era una empresa que demostraba la intersección entre el comercio y las misiones, y que servía como base de apoyo para los misioneros. Los esclavos de Surinam tuvieron empleo, capacitación y evangelio. Para 1926, el cuerpo de Paramaribo era la congregación morava más grande del mundo, con trece mil miembros en siete congregaciones e iglesias.[15]

Hoy el cuarenta y cinco por ciento de la población de Surinam se identifica como cristiana y tres de cada cuatro protestantes son moravos.[16] Este pequeño país de Sudamérica sigue siendo considerado una economía en vías de desarrollo. Casi doscientos cincuenta años después de su fundación C. Kersten and Co., N.V. da empleo a unas mil personas en diversos puestos y emprendimientos de producción, comercio y servicio. Los misioneros moravos ya no están a cargo de la administración de la compañía, porque pasaron el liderazgo de la misma a los habitantes locales de Surinam. Sin embargo, sigue siendo propiedad de la Fundación Misionera de la Hermandad Morava y mantiene su visión de los negocios como vehículo para el reino de Dios. Hoy la compañía afirma que intenta cumplir con su misión a través de las siguientes acciones:

- Mantener y expandir las actividades operacionales fundamentales de la compañía.
- Producir y entregar productos y servicios de alta calidad, y la política de servicio que se corresponde con ellos.
- Generar retornos razonables, que en todo caso sean más elevados que el costo, para toda inversión normal y lógica.
- Ofrecer oportunidades de igual desarrollo para todos los empleados.

- Adquirir y mantener una posición importante en la economía nacional de Surinam.
- Respaldar las actividades globales de la iglesia de Moravia.[17]

William Carey, Padre de las misiones modernas

William Carey era un zapatero que partió hacia la India en 1793. Antes de su partida escribió *An Enquiry into the Obligations of Christians* [Investigación sobre las obligaciones de los cristianos], con la intención de refutar los argumentos, comunes de su época, que se oponían a los esfuerzos misioneros de evangelizar a pueblos incivilizados y peligrosos en tierras lejanas. Carey apeló a los avances de las compañías de comercio, como preparación del camino para las misiones: «Los hombres hoy pueden navegar con gran certeza por el Gran Mar del Sur, como lo hacen por el Mediterráneo y otros mares pequeños. Sí, y la providencia parece de algún modo invitarnos al desafío por que sabemos que hay compañías mercantiles cuyo comercio las lleva a muchos de los lugares en los que viven estos bárbaros».[18]

Carey también reflexionó sobre un versículo de Isaías, como profecía de que los vehículos del comercio llevarían el evangelio a tierras distantes: «En mí esperarán las costas lejanas; a la cabeza vendrán los barcos de Tarsis trayendo de lejos a tus hijos y con ellos su oro y su plata, *para la honra del Señor tu Dios, el Santo de Israel, porque él te ha llenado de gloria*» (Isaías 60:9, énfasis añadido). El comercio sería un instrumento para difundir el evangelio, concluía a partir de ese versículo:

> Esto parecería implicar que en la época del glorioso crecimiento de la iglesia, en los últimos tiempos (de los cuales todo el capítulo es sin duda profético), el comercio servirá para esparcir el evangelio. Las naves de Tarsis eran barcos mercantes que viajaban a diversos lugares. Por eso, debe significar que la navegación, en especial con fines comerciales, será uno de los grandes medios a utilizar para que cumplamos con la obra de Dios y quizá implique que habrá también gran incremento de la riqueza en tal propósito.[19]

Carey justamente predecía que los emprendimientos comerciales tendrían un rol importante como vehículos de difusión del evangelio a todos los rincones del mundo.

David Livingstone, pionero en las misiones

«Hoy se abre ante nosotros la posibilidad de llegar al África para el comercio y el evangelio». Estas son palabras del Dr. David Livingstone en un discurso que dio en la Universidad de Cambridge en 1857, con referencia a sus viajes de exploración y misión.

> Al regresar a esa tierra, mi objetivo es abrir rutas de tráfico a lo largo de las orillas del Zambezi y también predicar el evangelio. Los nativos del África Central están muy deseosos de comerciar, pero en la actualidad su único comercio es el de esclavos, y ante ello los más pobres sienten un horror que no se puede mitigar: Por eso lo más deseable es alentar el principio que acabo de exponer y así abrir un camino para el consumo de lo producido, introduciendo al tiempo el cristianismo y el comercio. Al alentar la predisposición nativa por el comercio, las ventajas que podríamos obtener desde el punto de vista comercial son incalculables. Tampoco debemos perder de vista las incalculables bendiciones que podemos llevar a los africanos que hoy están en la oscuridad, dándoles la luz del cristianismo. Estos dos pioneros de la civilización, el cristianismo y el comercio, han de ser inseparables por siempre.[20]

No cabe duda de que Livingstone, quizá el misionero más famoso en materia de las misiones modernas, creía firmemente en el vínculo existente entre los negocios y las misiones. Su objetivo era el de bendecir a los africanos a través de una transformación espiritual y económica. Sería difícil presentar la idea de negocios para el Reino de una manera más clara que Livingstone, en su discurso en Cambridge.

Compañía African Lakes [Compañía de los Lagos Africanos]

En 1859, Livingstone regresó a África y exploró la tierra de Nyasaland (hoy Malawi). La Malawi precolonial era un caos porque los árabes y portugueses traficantes de esclavos, las tribus guerreras del sur y los mercaderes de marfil de la costa, amenazaban constantemente la región. Fue en medio de esas convulsiones que Livingstone buscó crear el entorno adecuado para la bendición de la actividad comercial virtuosa. Otros misioneros británicos lo siguieron, entre los cuales resultaron notables los enviados por las iglesias presbiterianas escocesas y por la Misión de la iglesia Libre de Escocia, a partir de 1875.

Esos misioneros concluyeron que hacía falta contar con las opciones del comercio legítimo para combatir y terminar con el flagelo del tráfico de esclavos. En 1877, los empresarios cristianos John y Frederick Moir, de Glasgow, fundaron la Livingstonia Central African Company, que luego cambió de nombre y se llamó African Lakes Company [Compañía de los Lagos Africanos]. Mandala era la sucursal de la compañía en Nyasaland, cerca de las orillas del lago Nyasa (Malawi). El Dr. James Steward lideró las operaciones de la African Lakes Company en Livingstonia, donde introdujo la capacitación en materia de industria y comercio. Con barcos que transportaban y entregaban productos en las costas de ríos y lagos, la African Lakes Company comenzó a transportar mercancías desde los puertos del Océano Índico hacia los puestos mercantes de Tanzania, Malawi, Zambia y Mozambique. Más tarde la compañía diversificó su actividad al comercio en general.

Esta empresa sirvió para promover el comercio virtuoso, para combatir el tráfico de esclavos, para abrir rutas de transporte y transferir conocimiento comercial y espiritual a los habitantes locales. Eran estos los objetivos que los fundadores evangélicos habían designado para la African Lakes Company. La empresa cumplió con éxito la visión de Livingstone, de llevar el comercio y el cristianismo a esa región.

Las misiones hawaianas

Existe un dicho en Hawai que declara: «Los misioneros vinieron para hacer el bien, y les fue muy bien». Por cierto, no todos los emprendimientos misioneros que incluyeron actividades comerciales tuvieron éxito. A veces, la parte comercial fracasaba. Otras veces, los objetivos espirituales se dejaban de lado. La historia de los primeros esfuerzos misioneros en Hawai es un ejemplo de esto último.

Los misioneros llegaron por primera vez a Hawai a bordo del *Thaddeus,* en 1820. Algunos de esos misioneros y sus hijos iniciaron enseguida la actividad comercial. Los extranjeros, recién llegados a las islas, presentaron a los gobernantes la idea de la propiedad, algo desconocido para los nativos. La Constitución Hawaiana de 1840 otorgaba todas las tierras al rey, pero ocho años más tarde el rey Kamehameha III emitió el Gran Mahele. Ese documento dividía las tierras del reino entre el rey (veinticuatro por ciento), los jefes (treinta y nueve por ciento), el gobierno (treinta y seis por ciento) y los ciudadanos comunes (uno por ciento). Esta división de la propiedad inmobiliaria en Hawai permitió que los extranjeros con intereses comerciales compraran y controlaran los terrenos. De hecho, los derechos de la propiedad privada tenían un rol esencial para salvaguardar la inversión de capital y la formación de grandes plantaciones. Hawai resultó ser un lugar excelente para la producción de caña de azúcar y los ambiciosos comerciantes construyeron elaborados sistemas de irrigación para regar sus campos. Diseñaron acueductos muy sofisticados que cruzaban los valles, crearon túneles que atravesaban las montañas y revolucionaron la industria azucarera. La mano de obra era barata y la mayoría de los obreros eran inmigrantes de Japón y China.

Un puñado de extranjeros controlaba tanto la política como la economía de las islas a través de las «Cinco Grandes».[21]

Esas cinco importantes compañías incluían a Castle and Cooke, creada en 1851 como almacén de ramos generales por Samuel Northrup Castle y Amos Starr Cooke, uno, maestro misionero, y otro, director de compras y finanzas para las compañías misioneras. Originalmente, comerciaban vendiendo herramientas de agricultura, máquinas de coser y medicinas, pero luego invirtieron en las plantaciones de azúcar y se dedicaron a la industria azucarera. Hoy Castle and Cooke, Inc. se ocupa del negocio inmobiliario, del desarrollo de propiedades y de otros sectores de la industria. La compañía es propietaria de los dos resorts más exclusivos del mundo y del noventa y ocho por ciento de la isla hawaiana de Lanai.

Alexander y Baldwin, otra de las Cinco Grandes, se inició con unas cinco hectáreas para cultivos de caña de azúcar, fundada por Samuel Alexander y Henry Baldwin en 1869. Al año siguiente, lograron incorporar varios cientos de hectáreas más. En 1876 su plantación de Haiku en Maui, con mil doscientas hectáreas, carecía de agua, así que construyeron un ambicioso sistema de irrigación de casi treinta kilómetros desde las laderas del volcán dormido Haleakala. Actualmente, la empresa es una corporación diversificada con $ 1.2 mil millones de intereses en desarrollos y administración inmobiliaria, transporte marítimo y producción de azúcar y café.

Desafortunadamente esos misioneros y sus descendientes hawaianos, que emprendieron compañías muy rentables, se vieron movidos más por el propio interés que por el deseo de servir a los habitantes del lugar.

Tampoco existe evidencia de que hayan utilizado los recursos y las ganancias de la compañía para emprender esfuerzos misioneros. Esos poderosos extranjeros favorecieron el anexo de las islas a los EE.UU. para proteger sus intereses económicos. El Tratado de Reciprocidad se firmó en 1876, y quitó las barreras comerciales entre el Reino de Hawai y los EE.UU., ligando eficazmente la economía de Hawai al continente y eliminando la posibilidad de que surgieran y se desarrollaran nuevos poderes económicos en las islas. Por diez años, más del noventa por ciento del comercio de Hawai se realizaba únicamente con los EE.UU.; y no por motivos políticos, sino económicos, se convirtió en territorio de esa nación. A los misioneros y sus descendientes «les fue muy bien» económicamente, pero tristemente perdieron su visión de «hacer el bien» en lo espiritual.

La misión de Basilea

Más o menos en la época en que el Thaddeus transportaba los primeros misioneros a Hawai, Europa sufría una guerra. El General francés Barbanege amenazó con destruir la ciudad de Basilea en 1815. Los clérigos y laicos de la iglesia Reformada de Basilea y la iglesia Luterana de Wurtenberg oraron por la seguridad de su ciudad y prometieron crear una escuela para misioneros en Basilea si la ciudad sobrevivía. Meses después, los franceses fueron derrotados y seis hombres cristianos fundaron la Sociedad Evangélica Misionera de Basilea. En agosto de 1816, la escuela comenzó con siete estudiantes y con el reverendo C. C. Blumhardt como director. La primera escuela de misiones de Suiza tenía como objetivo inicial proveer misioneros a la Sociedad Misionera británica y a la holandesa, pero en pocos años la Sociedad Misionera de Basilea fundó sus propios centros de misiones en el oeste de Rusia y en la Costa de Oro (hoy Ghana). Una revisión de la carta orgánica de la Compañía Británica de las Indias Orientales, en 1833, abrió también la nación de la India a los misioneros no británicos que se capacitaban en Basilea.

Desde sus inicios, la Misión de Basilea creyó que los misioneros tenían que capacitarse en teología y comercio a la vez. «El modelo de Blumhardt era el "artesano teólogo", integrado a la vida humana en todos sus aspectos», dicen Suter y Gmür.[22] Como forastero, la vida del misionero es su forma más poderosa de dar testimonio, ya que tiene mayor peso e influencia que sus palabras. «Los misioneros de Basilea … consideraban la actividad cotidiana y comercial como una obra misionera en sí misma», observó

Dwight P. Baker. «Sus acciones eran el medio a través del que los misioneros industriales y comerciales podían dar demostración viviente de carácter, diligencia, austeridad, honestidad, fe y compasión cristiana».[23]

Los enviados por la Misión de Basilea eran mayormente comerciantes y hombres de negocios. En la India, los primeros misioneros llegaron a Mangalore en 1834 y pronto comenzaron a actuar en el sector económico. En 1840, se le dio a la Misión un terreno cercano a Mangalore y los misioneros intentaron infructuosamente cultivar café y caña de azúcar. Otro emprendimiento de agricultura que también fracasó parcialmente. Después de abandonar esos esfuerzos en el área de la agricultura, los misioneros de Basilea decidieron que la actividad industrial tenía más posibilidades para satisfacer la imperante necesidad de crear puestos de trabajo.[24]

Joseph Josenhans, de la Misión de Basilea, visitó Mangalore y concluyó que hacía falta más desarrollo económico para brindar a los conversos cristianos oportunidades de progreso material. Él y los senadores Sarasin y Christ, que eran dos importantes ciudadanos de Basilea con fuertes conexiones comerciales, iniciaron una comisión industrial en 1852, con el objetivo de ayudar a los nuevos creyentes y dar ejemplo de las virtudes cristianas en el mercado. En 1853, la Misión de Basilea envió al misionero comerciante Gottlob Pfleiderer a la India. En Mangalore, Pfleiderer abrió una pequeña empresa comercial que importaba productos para los misioneros y otras personas de la región. Al año siguiente, Ludwig Rottmann, un misionero comerciante alemán, fue enviado a la Costa de Oro. Rottman abrió una pequeña tienda en Christiansborg, importando alimentos, productos de papel, aparatos, medicinas y herramientas para los misioneros de la Costa de Oro, que habían fundado una plantación de café en Akropong.[25]

La Basel Mission Trading Company se formó en 1859 como compañía de capital conjunto, con cien acciones y doscientos mil francos suizos de capital. «La actividad comercial», decía el material de oferta, «es eficaz y de gran ayuda para prepararle el camino al cristianismo. La útil actividad del trabajo será una importante influencia que preparará el camino para la conversión de las personas a la verdad del evangelio, en especial porque los predispondrá a los nuevos estándares de ética que este presenta».[26] Los accionistas eran miembros destacados del ámbito de la industria y del comercio, favorables a los objetivos de la Misión de Basilea.

En 1862, otro puesto comercial (no ubicado en una base misionera) se abrió en Ado Fa, Costa de Oro. Sería «una luz en medio de la oscuridad». Los misioneros de Basilea en la Costa de Oro trajeron diversos tipos de semillas a la región, que incluían oleaginosas, algodón, café y cacao. Un esclavo, cuya libertad fue comprada por la Misión de Basilea, trajo a la costa africana granos de cacao desde los territorios de Fernando Po y San Thome, en 1879. Una década más tarde, un misionero importó chauchas de cacao de Camerún. Nació así la industria del cacao en la Costa de Oro. El primer cargamento de cacao proveniente de la Costa de Oro llegó a Europa en 1891 y veinte años más tarde, el país era el mayor exportador mundial de cacao. Para ese entonces, en 1911, treinta y cuatro misioneros europeos y quinientos sesenta y seis trabajadores africanos se ocupaban de las fábricas de la misión en la Costa de Oro.[27]

En la India, los misioneros de Basilea inauguraron en 1844 una tejeduría, con el objeto de crear puestos de trabajo. Cuando descubrieron que los telares locales no podían competir con las fábricas de occidente, pidieron ayuda. En 1851, el tejedor John Haller fue comisionado a la India donde levantó una fábrica con veintiún telares europeos y un taller de teñido.[28] La industria del tejido de la Misión de Basilea en Mangalore fue un éxito, y daba empleo a centenares de personas. Se le acredita a Haller también la invención del color caqui, que se fabricó por primera vez en Mangalore.[29]

Los trabajadores indios cristianos de la fábrica eran «tan diestros en su oficio que los productos que fabricaban, conocidos como "género misionero", se convirtieron en sinónimo de calidad».[30] El material caqui estaba diseñado para soportar los efectos del intenso sol y los repetidos lavados. El jefe de la policía de Mangalore inmediatamente equipó a sus hombres con ropa hecha de género misionero, y pronto lo imitó Lord Roberts, cuyos soldados británicos también vestían ese resistente material.

Un taller mecánico fundado en 1874 capacitaba a los aprendices indios en el oficio de la carpintería, la herrería y la relojería. La Basel Mission Trading Company también abrió una fábrica de tejas de cerámica en 1865, donde se producía material para techos resistente a las fuertes lluvias de los monzones de la India. El emprendimiento tuvo éxito y en 1877 y 1880 se construyeron dos fábricas más. Para 1913, unos dos mil empleados, hombres y mujeres, trabajaban en esas fábricas de cerámica produciendo unas sesenta mil tejas al día.[31]

La operación entera de la Basel Mission Trading Company, en la India, empleaba en ese momento a tres mil seiscientos treinta y seis personas. La compañía permaneció fiel a su objetivo de difundir el evangelio y cambiar las vidas de la gente. Las fábricas y los puestos de comercio mantuvieron su distinción como obras de misión y centros de educación cristiana. Entre 1859, momento de su fundación, y 1913 se invirtieron casi diez millones de francos suizos (ganancias de la compañía) para proyectos misioneros en la India, China y la Costa de Oro.[32] A la tasa de cambio actual, eso representa unos $ 8 millones, suma considerable para las misiones cristianas de la época.

La Primera Guerra Mundial causó el divorcio entre la Misión y la Compañía. Gran Bretaña y Alemania estaban en bandos opuestos. Tanto la India como la Costa de Oro eran colonias británicas y la Basel Mission Trading Company perdió popularidad por su personal mayormente alemán. Todos los empleados europeos fueron enviados de regreso a sus países y la Misión de Basilea vendió en 1917, el cuarenta por ciento de las acciones de la Compañía. Después de la guerra, muchos de los misioneros deportados de la Costa de Oro volvieron para reactivar la Unión Trading Company, asumiendo la operación de los negocios de la Basel Mission Trading Company y el apoyo financiero para la obra misionera local.[33]

En la India, los intereses industriales de la Basel Mission Trading Company fueron confiscados por el gobierno británico, ya que era considerada una organización alemana. En búsqueda de empleo, los herreros y carpinteros de nacionalidad india que se habían capacitado en las fábricas de la Misión de Basilea emigraron hacia Bombay. Una vez allí, formaron la iglesia Canaresa de la Misión de Basilea.

Con todo, la misión de Basilea logró los objetivos de los negocios del Reino. Logró un desarrollo económico en regiones subdesarrolladas. Brindó empleo y capacitación a cristianos y no cristianos. Formó empresas rentables que servían a sus comunidades con productos útiles. Apoyó el trabajo de las misiones por medio de las ganancias de sus emprendimientos comerciales. Y llevó el evangelio de palabra y con los hechos a personas que necesitaban oír el mensaje transformador de Jesús, lo que les cambiaría la vida.

Las lecciones aprendidas

Los negocios como misión tuvieron éxito en el pasado y lo mismo puede suceder hoy. A la luz de lo que aprendimos de la cultura, el gobierno y el capital espiritual, ¿cómo deberíamos evaluar esos esfuerzos comerciales en pos del avance del Reino? ¿Cuáles son las lecciones que podemos aprender de la revisión de los negocios como vehículo misionero a lo largo de la historia? Podemos destacar algunas:

- Existen muchas formas de crear oportunidades que combinen el emprendimiento comercial y el esfuerzo misionero. Se emplearon y pueden volver a emplearse diversos modelos y estructuras.
- Los esfuerzos misioneros que utilizan el comercio pueden ser fructíferos y llevan al crecimiento de la iglesia. Hay pueblos en todo el mundo que han llegado a Cristo por medio de emprendimientos comerciales del Reino.
- La actividad comercial que se realiza con un objetivo misionero o de edificación del Reino puede ser rentable y eficaz. Las empresas fundadas por misioneros comerciantes brindaron a las misiones los medios necesarios para su sustento y a veces crecieron mucho más, creando recursos económicos importantes.
- El éxito trae aparejado el peligro de perder de vista las prioridades que se establecieron cuando se fundó el negocio. Eso llevó a ciertas compañías y comerciantes a abandonar la motivación por la que fueron enviados o ubicados en el campo de la misión. Problema que debemos reconocer, y que requiere que nos esforcemos por evitarlo.
- Son necesarios los conocimientos técnicos y comerciales, además de los recursos económicos. La Basel Mission Trading Company nos muestra que los esfuerzos exitosos de los negocios del Reino requieren talento personal e inversión de dinero para lograr un impacto. De las dos cosas, las inversiones son las que menos importancia tienen.
- Los derechos sobre la propiedad privada son esenciales para desarrollar negocios individuales y fomentar la responsabilidad personal. Como lo ilustra la historia de Hawai, el comercio puede

florecer solamente cuando se establecen leyes que así lo indiquen, y se hagan cumplir.

- El éxito a largo plazo dependerá de la responsabilidad, propiedad y soporte que obtenga el emprendimiento de parte de una iglesia que le brinde sólidas bases espirituales y ante la cual deban rendir cuentas los comercios y sus propietarios. Lo más útil para una nación es que se impartan conocimientos comerciales y valores bíblicos a los empresarios y administradores locales.
- Las compañías comerciales del Reino, que se conviertan en líderes en sus respectivos mercados, pueden actuar como megáfonos para la nación, al proclamar el evangelio y reformar las prácticas comerciales.
- Para lograr una transformación más perdurable, los desarrollos comerciales deberán enfocarse en construir capital espiritual y en quitar toda barrera cultural negativa.
- Los esfuerzos misioneros comerciales del pasado, quizá, pasaron por alto el vínculo fundamental entre el desarrollo de principios bíblicos y la promoción del comercio próspero. Muchos de esos negocios con carácter misionero no tuvieron como objetivo la construcción del capital espiritual de la nación. La renovación de las mentes, según el patrón de Dios, tiene que ser un objetivo deliberado e importante en los comercios como vehículos de misión para el Reino. Ese es el cimiento cultural que se requiere si se desea un negocio exitoso.

No hemos mencionado específicamente a las Compañías de Librea de Londres (Livery Companies) en este capítulo (ver el capítulo 4), porque no se relacionan con los viajes misioneros al extranjero. Sin embargo, de su historia podemos aprender algo importante para incorporar a los negocios del Reino. Las Compañías de Librea se iniciaron con un grupo de comerciantes que deseaban seguir a Dios. Lo mismo puede suceder con los negocios del Reino, que podrán cambiar a una nación entera a partir de una pequeña banda de Gedeones comprometidos y dedicados.

A pesar de los casos exitosos que mostramos en esta revisión histórica, desafortunadamente la transformación sustentable fue un objetivo secundario en muchos esfuerzos del pasado. Quizá, el fracaso se deba en parte a que esos negocios del Reino tenían un alcance limitado, o falta de entendimiento de la importancia del cambio cultural, por lo que no lograron una transformación sostenida en ciertos países. Los que se comprometen con los negocios del Reino deberán considerarse agentes de transformación y no agentes de salvación individual o de desarrollo comercial. Quizá la diferencia parezca sutil, pero creo que es importante. Como agentes de transformación económica y espiritual debemos buscar el desarrollo del capital espiritual de la nación.

Conclusión

A lo largo de la historia, Dios ha utilizado a mercaderes, comerciantes y empresarios para llevar su palabra a los confines de la tierra, y algunos de los más grandes movimientos misioneros se fundaron sobre la idea del misionero laico que utilizaba su oficio en el mercado. Se abrieron industrias, se crearon puestos de trabajo y se financiaron esfuerzos misioneros, predicándose el evangelio de palabra y con los hechos.

Negocios del Reino no es una estrategia misionera del pasado, sino un concepto que la iglesia debe redescubrir en nuestros días. Afortunadamente, una cantidad de empresarios y personas de negocios enfocados en el Reino están haciendo justamente eso. Buscan lograr una sostenida transformación espiritual y económica. Los negocios del Reino pueden hallarse en cualquier parte del mundo y varían en cuanto a su envergadura: van desde los emprendimientos unipersonales hasta las compañías con cientos de empleados. ¿Pero cuáles son los objetivos que llevan a una transformación sostenida? ¿Hay alguna forma de categorizar las distintas modalidades y perspectivas? Armados con lo que aprendimos sobre los esfuerzos comerciales misioneros del pasado, ¿en qué debemos concentrarnos para llevar los negocios del Reino al campo de la misión?

CAPÍTULO 8

LOS OBJETIVOS Y LAS PERSPECTIVAS DE LOS NEGOCIOS DEL REINO

Vili y sus hermanos son propietarios y gerentes de Trim Line Bakery, una exitosa panadería de los negocios del Reino en Rumania occidental, que da empleo a unas ciento cincuenta personas.[1] Se especializa en productos de confitería como galletas, tortas y pasteles. Vili tiene una perspectiva renovadora de la integración de su fe y su negocio. Cuando se le pregunta sobre la motivación del trabajo en su compañía dice: «Ante todo, ayudar a mi familia. Luego ayudar a mis amigos. En tercer lugar, ayudar a mi iglesia y después, ayudar a mi comunidad». El enfoque de Vili es ayudar a otros. Ese es un componente primordial en los objetivos de los negocios del Reino. Sin negar la rentabilidad personal y el valor económico accionario, quienes se dedican a los negocios del Reino tienen objetivos que trascienden el beneficio económico personal. Tienen más que una meta al buscar que el negocio sea un vehículo para lograr una transformación perdurable dentro de su comunidad.

Si la transformación espiritual y económica perdurable es el objetivo supremo, ¿en qué objetivos específicos deberíamos concentrarnos? Este capítulo ahondará mucho más en los tres objetivos de los negocios del Reino. También describirá las tres perspectivas de los negocios del Reino y presentará un marco para categorizar, evaluar y dar un orden de prioridades a los diversos esfuerzos de este movimiento emergente de la iglesia.

Los objetivos de los negocios del Reino: un fundamento triple

Una de las tendencias crecientes en la filantropía secular y en el desarrollo económico es el surgimiento de fondos con valor social, invertidos por las compañías comprometidas a un «doble fundamento». No solamente la empresa consigue retornos financieros sólidos, sino además, retornos sociales o ambientales de importancia. Por ejemplo, el fondo de EcoEnterprise tiene $ 10 millones de capital comprometido para emprendimientos que afecten la conservación del ambiente en América Latina y el Caribe. El fondo Solstice Capital II invierte $ 60 millones en compañías que ofrezcan soluciones a importantes desafíos sociales y ambientales. Y los $ 130 millones del fondo de ICV Partners están orientados hacia los negocios que mejoren las zonas de minorías étnicas y los barrios más pobres de los EE.UU. Ya existe un reconocimiento a los que siguen más de una meta de rentabilidad, y a los que toman un objetivo adicional con cierto «valor social».

Muchas compañías son conocidas por su compromiso con diversos objetivos. Robert Wood Johnson, durante muchos años ejecutivo principal (CEO) de Johnson and Johnson, resumió los objetivos de su organización en un documento que llamó «Nuestro Credo», donde presenta las responsabilidades de Johnson and Johnson y los cuatro grupos importantes a los que sirve: clientes, empleados, comunidades y accionistas. «El orden de estos grupos es deliberado. Primero los clientes, y por último los accionistas, como proclamación de una filosofía de negocios muy definida. Si cumplimos con nuestras tres primeras responsabilidades, la cuarta vendrá por añadidura».[2] Del mismo modo, los fundadores de Hewlett-Packard definieron la cultura y el compromiso de su corporación ante sus diversos constituyentes en *The HP Way*. Los fabricantes de helados Ben Cohen y Jerry Greenfield formaron su compañía sobre una filosofía comercial «guiada por valores». Durante muchos años Ben y Jerry's donaron el siete coma cinco por ciento de sus ganancias en bruto a causas nobles y de caridad.

Negocios del Reino se apoya en un reconocimiento similar, los objetivos deben ir más allá de los retornos económicos. Pero para el cristiano hay un interés superior que los ejemplos mencionados: el de la transformación espiritual. Una transformación eficaz implica ocuparse de las condiciones espirituales, sociales y económicas. Ese es el ministerio integral del que Jesús fue modelo y con el que se comprometen los negocios del Reino. Y para lograr un impacto perdurable, el vehículo de esa transformación debe ser sostenible.

Dicho en pocas palabras, el objetivo global de los negocios del Reino es una *transformación sostenible espiritual y económicamente.* La sustentabilidad implica que el emprendimiento o programa de desarrollo económico sea rentable y también que ofrezca productos o servicios útiles y de calidad. La transformación espiritual significa mostrar a Jesús ante las personas, formándolas en su fe, enseñando valores bíblicos, apoyando a la iglesia local con dinero y también haciendo crecer a la congregación en cantidad de miembros. Transformación económica significa impartir una cultura que desarrolle capital espiritual, que enseñe principios bíblicos, que cree empleos y riqueza local.

Entonces la sustentabilidad, la transformación económica y la transformación espiritual producen un triple objetivo para los negocios del Reino, una «perspectiva triple», que podríamos definir de este modo: (1) rentabilidad y sustentabilidad, (2) creación de empleos y riqueza local y (3) crecimiento de la iglesia local y edificación de capital espiritual.

Cada uno de los objetivos es importante y los tres deberán complementarse simultáneamente. No hay que resignar ni renunciar a ninguno de los tres, porque si uno deja de buscar la rentabilidad, hará falta un flujo continuo de donaciones y las organizaciones no serán sostenibles. Si se deja de lado la creación de empleos y riquezas, los resultados no serán diferentes de los esfuerzos misioneros tradicionales del Primer Mundo, y no se logrará un desarrollo económico. Si no se busca el crecimiento de la iglesia local y el

Figura 2

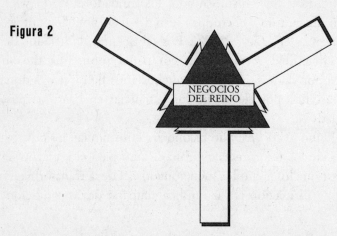

NEGOCIOS DEL REINO

desarrollo del capital espiritual, los resultados no podrán distinguirse de los logrados por los emprendimientos de valor social que mencionamos anteriormente: faltará el componente de transformación espiritual.

Es de suma importancia medir los resultados a la luz de esa triple perspectiva cuando se trabaja en los negocios del Reino. Cada uno de los tres objetivos tendrá una medida previamente designada, para futuras evaluaciones del grado alcanzado y para incentivar el esfuerzo por lograr esa meta mientras se trabaja. Esas medidas deberán ajustarse a la situación, pero tienen que estar definidas de antemano. Las secciones que siguen detallan la importancia de los tres objetivos, advierten sobre los peligros de su mala aplicación y sugieren ciertas medidas para el éxito de cada uno.

1. La rentabilidad y la sustentabilidad

Vili estableció como objetivo la ayuda a los demás. Pero eso no significa que le reste importancia a la rentabilidad. Por el contrario, ayudar a otros, sean familiares, miembros de la iglesia o de la comunidad, requiere de la rentabilidad de Trim Line Bakery, de la calidad de sus productos y de la honestidad en la conducción de sus negocios. Esos dos últimos aspectos contribuyeron a que la empresa tuviera buen nombre en la región. La compañía es rentable y crece. Hoy distribuye productos de panadería y confitería en todo el país desde sus instalaciones ubicadas en el oeste de Rumania, y piensan abrir más sucursales.

Tres de los hermanos Vili son socios de capital de Trim Line Bakery. Los dividendos de las ganancias les permiten trabajar principalmente en ministerios sin fines comerciales. Además de trabajar en la panadería, uno de los hermanos es pastor de jóvenes, el otro conduce campamentos para alcanzar a personas de habla inglesa y el tercero ha plantado una iglesia. La rentabilidad es la fuente de las continuas operaciones de Trim Line Bakery y de su capacidad para ayudar a los demás.

Importante. Las ganancias son la sangre de una compañía, y sin ella el emprendimiento muere. La sustentabilidad a largo plazo depende de la rentabilidad. Si un negocio del Reino ayuda a otras personas brindando productos o servicios útiles y no logra hacerlo de manera sustentable, no servirá a largo plazo. Del mismo modo, el nivel de empleo depende de la rentabilidad. Una compañía saludable puede crecer y brindar oportunidad a más personas para que usen los dones y talentos dados por Dios. Una compañía que no es rentable reducirá su tamaño y hasta podrá dejar de existir, eliminando así la posibilidad de empleo para los que lo necesitan. Los objetivos de rentabilidad brindan también una disciplina importante a quienes lideran y administran el negocio.

Las ganancias reflejan el valor del producto o servicio. Son señal de que la compañía sirve a otros con efectividad. Cuanto más valore un cliente los productos o servicios, más grandes serán las ganancias. Las compañías demuestran que la mala administración de los recursos provoca costos más elevados. Si no ofrecen algo de utilidad a los demás, o que les resulte deseable, comenzarán a tener bajo nivel de ventas. En cualquiera de los dos casos, no se generará valor ni se logrará nada, con lo cual las ganancias comenzarán a desaparecer. Las ganancias son una señal de que se está sirviendo a los demás con costos eficientes.

Desde el punto de vista de la operación de los negocios, la rentabilidad sirve a una cantidad de funciones críticas. Las ganancias son el aceite que permite funcionar a la compañía. Brindan fondos adicionales para la expansión del negocio. Permiten que crezca el inventario y también construyen un colchón que protege a la empresa contra las fluctuaciones del mercado que afectan el flujo de efectivo. Con los altibajos periódicos de las ventas, las ganancias son una protección contra la bancarrota en momentos de poca venta.

Las ganancias también tienen implicancias importantes para la creación de la riqueza. Los empleados y los inversores o propietarios de un negocio se benefician económicamente a partir de la rentabilidad. Los empleados reciben aumentos, ascensos y participan en los planes de participación en las ganancias. Los inversores o propietarios reciben un retorno de sus inversiones. La ganancia da como resultado una mayor valoración de la empresa, permitiendo a los inversores acumular capital y recibir al mismo tiempo un retorno. Entonces, esos fondos pueden utilizarse para otros emprendimientos comerciales del Reino. Tanto unos como otros podrán aumentar su capacidad de respaldar económicamente los esfuerzos de la iglesia local.

No se trata de...: Aunque las ganancias de la compañía, a veces, se usan para financiar emprendimientos de la iglesia, existen algunos casos en los que eso no pasa. Cuando hay propietarios o empleados no comprometidos explícitamente con los objetivos del Reino, las ganancias de las operaciones deberán tratarse usando una mayor sensibilidad hacia el total del conjunto. Los cristianos que se dedican a los negocios quizá quieran usar las ganancias de la corporación para respaldar los esfuerzos misioneros de su preferencia. Lo llamarán «diezmo» de la compañía o le darán algún otro nombre. Sin embargo, y por nobles que sean sus intenciones, esa práctica unilateral es en realidad injusta hacia los copropietarios que no se adscriben a la misma creencia. Si la empresa incluye accionistas que no son creyentes, es incorrecto apropiarse del dinero para destinarlo a causas que no concuerden con sus intereses.

En Inmac, tenía socios y empleados no cristianos que no deseaban ver que su empresa respaldará algunos de los esfuerzos que a mí sí me interesaban. Como ejecutivo principal (CEO), yo no podía simplemente tomar del pozo común para financiar causas que a otros les parecían objetables. (La única causa directamente respaldada por Inmac era una obra de caridad que beneficiaba a la comunidad en la que se encontraba la empresa). Decidí dejar que cada accionista hiciera con su porción de las ganancias lo que más le gustara. Las ganancias se compartían con los empleados y se repartían los dividendos entre los accionistas. Cada uno tenía libertad de usar las ganancias según su preferencia. Algunos tenían intención de dar, pero otros no estaban de acuerdo con la idea.

Formas posibles de medir el éxito: La primera forma de medir el éxito resulta bastante obvia: la obtención de ganancias netas en la actividad comercial. Sin embargo, hay otras mediciones que pueden indicar si el negocio del Reino logra sus objetivos de rentabilidad y sustentabilidad:

- Ganancias netas del emprendimiento
- Incremento a largo plazo de la rentabilidad
- Crecimiento total de las ganancias
- Aumento del valor de la compañía
- Acciones exitosas de liquidez (la venta parcial o total de la compañía)
- Buen ajuste entre el retorno y el riesgo para los inversores
- Crecimiento del capital para futuros emprendimientos de los negocios del Reino

Las ganancias son algo esencial para la sustentabilidad de los esfuerzos de los negocios del Reino. No podemos caer en la trampa de justificar a una empresa no rentable, llamándola «ministerio». No es una excusa válida. Cuando se sacrifica el objetivo de la rentabilidad, no se cumple con los criterios de los negocios del Reino. Las ganancias son el oxígeno que permite crecer a la empresa cumpliendo con los demás objetivos: brindar empleo, mejorar el estándar de vida y hacer avanzar la misión de la iglesia.

2. La creación de empleos y de riqueza local

Trim Line Bakery genera empleo para muchos rumanos. Pero también va más allá al hacer un esfuerzo específico por contratar a personas con dificultades para conseguir trabajo. El Centro de Vida, un orfanato en la zona de Vili, se dedica a capacitar huérfanos en materia de comercio y vida social a través de un programa integral. Vili brinda empleo a los que se gradúan de ese programa.

Las ganancias del negocio del Reino de Vili también le permitieron invertir en una cafetería y una pequeña panadería en un pueblo que está cerca de Serbia, en el que se les da trabajo a las mujeres «no contratables» de la aldea. Se crean puestos de trabajo, se usan talentos, se genera riqueza y se mejora el estándar de vida.

Importante: Los negocios del Reino que crecen rápido y con rentabilidad deben derivar en la creación de empleos y riqueza local. Crecer significa crear empleo. Un ingreso decente al alcance de los empleados también les da un lugar donde utilizar sus talentos. Y el progreso es una posibilidad. Las personas que viven en los países en vías de desarrollo, entonces, pueden elevarse por encima del estándar del salario básico.

Es importante que tengamos siempre en mente y persigamos el objetivo de los negocios del Reino. Porque si no creamos empleos y riqueza en la localidad, no lograremos producir una transformación económica. Cuando los norteamericanos y británicos retiraron su propuesta de asistencia para la construcción de la Represa de Aswan en Egipto, los egipcios buscaron apoyo en la Unión Soviética. La enorme represa, ubicada en la unión del Río Nilo y el Lago Nasser, brindaría energía hidroeléctrica a gran parte del país. Pero muy pocos egipcios participaron de los diseños y la construcción. Los ingenieros, desarrolladores y operadores rusos fueron quienes obtuvieron los contratos y empleos, y todas las ganancias fueron a parar a la economía rusa. La represa se terminó de construir en la década de 1960, con un costo tan elevado que los egipcios se vieron forzados a pedir dinero prestado a Rusia. Egipto seguirá pagando esos préstamos durante mucho tiempo, y no parece que el proyecto haya contribuido al desarrollo del país. Del mismo modo, los negocios del Reino que no crean empleos ni riqueza local no bendicen al país en el que están ubicados.

Es a través de la creación de empleo que se ayuda con mayor eficacia a los países en vías de desarrollo. Los programas que simplemente hacen beneficencia o prestan un asistencialismo quizá satisfagan necesidades a corto plazo, pero no logran brindar soluciones perdurables. Recordemos la máxima: «Dale pescado a un hombre y lo alimentarás durante un día. Enséñale a pescar y podrá comer durante toda la vida». Brindar a un hombre el capital y el conocimiento para construir un exitoso emprendimiento pesquero, le proporcionará la posibilidad de lograr riqueza personal, dar empleo a muchas personas y alimentar a generaciones enteras.

La creación de riqueza local puede originarse en dos fuentes: las ganancias actuales del negocio del Reino y las potenciales ganancias futuras. Esto último es la base del valor económico de la compañía. La perspectiva de ganancias futuras llevará a que el valor de una empresa exceda sus activos. De hecho, para un emprendimiento continuamente rentable, la promesa de ganancias futuras es más valiosa que sus ganancias actuales. Por ejemplo, la bolsa de los EE.UU. históricamente valúa a las empresas multiplicando quince veces su rentabilidad actual. La proporción permite que si una empresa gana $ 100.000 por año, libre de impuestos, el propietario podría venderla por $ 1.5 millones. En esencia, pueden captarse muchos años de ganancias futuras en la venta de una empresa. Y allí está el potencial para la creación de significativa riqueza. Por supuesto, el propietario de un empresa de los negocios del Reino puede utilizar las ganancias de la venta para iniciar otro emprendimiento. Si tiene éxito, el resultado será mayor cantidad de empleos y un aumento de riqueza local. Un buen empresario puede repetir ese ciclo infinitamente. Cada una de las compañías que crea mejorará la situación de todos los participantes del emprendimiento.

La riqueza es la acumulación de activos para mejorar la viabilidad económica de quienes nos rodean. La riqueza puede sostener a los que están en necesidad. Los que tienen medios pueden brindar fondos de inversión a otros y tienen el poder de lograr cambios a través de su influencia.

Una breve anécdota de Eclesiastés ilustra como la falta de recursos financieros suele significar una limitada influencia para el cambio: «En esa ciudad había un hombre, pobre pero sabio, que con su sabiduría podría haber salvado a la ciudad, ¡pero nadie se acordó de aquel hombre pobre!

Yo digo que "más vale maña que fuerza", aun cuando se menosprecie la sabiduría del pobre y no se preste atención a sus palabras» (Eclesiastés 9:15-16). Aunque sabio, ese hombre no tuvo influencia perdurable porque era pobre. La riqueza brinda a los cristianos una plataforma para difundir el evangelio y lograr el cambio. Y quizá lo más importante es que la creación de la riqueza cambia la dinámica de una nación, sacándola del ciclo de pobreza y desesperanza, para entrar en el ciclo del éxito y la esperanza.

No se trata de...: El objetivo de la creación de empleo y riqueza local no es hacer excesivamente rica a una comunidad. En lugar de la vida lujosa, el objetivo de los negocios del Reino es lograr una mejora en la situación laboral y un aumento integral en el estándar de vida. Aunque algunas personas de los países en vías de desarrollo puedan acumular grandes activos durante el proceso, el enfoque está en la reducción de la pobreza y el bienestar económico para la región o país. Los negocios del Reino proveen una oportunidad para bendecir a la nación en el nombre del Señor Jesucristo, porque las conducen hacia los estándares de vida de las naciones del Primer Mundo como objetivo.

Formas posibles de medir el éxito: El empleo y los recursos económicos representan una desesperada necesidad de muchos lugares del mundo en vías de desarrollo. Para obtener mejores resultados en la satisfacción de esas necesidades, quien financie los esfuerzos de los negocios del Reino deberá establecer medidas para definir el éxito. Pueden utilizarse varios criterios en relación con el desarrollo económico para evaluar la eficacia en la satisfacción de esas necesidades:

- Cantidad de puestos de trabajo creados o mantenidos directamente
- Cantidad de empleos secundarios que se derivan
- Cambio en la tasa local de desempleo
- Nivel del salario promedio de empleos creados en contraposición con el salario local promedio o PBI
- Crecimiento del valor de la compañía
- Valor de emprendimientos vendidos
- Impacto económico sobre la comunidad según información de los medios locales
- Nuevas instituciones creadas o sobre las que se ejerce influencia

A medida que los cristianos del Tercer Mundo ganan ingresos y administran negocios exitosos, aumenta su capacidad para respaldar los esfuerzos de las iglesias locales. En lugar de depender de los fondos provistos por las naciones que envían misioneros, los creyentes locales pueden hacerse cargo de los ministerios en sus comunidades.

3. Aumentar la iglesia local y construir capital espiritual

Como observamos anteriormente, Trim Line Bakery brinda los medios para que los hermanos Vili sirvan en ministerios locales de la iglesia. Vili y sus hermanos también demuestran el amor de Cristo a los empleados y clientes con su actividad cotidiana en la panadería. Al tratar a los demás con dignidad y respeto, al brindar productos de calidad y ser honrados en su trabajo, actúan como un evangelio viviente para los demás. Servir a otros y compartir a Cristo a través de Trim Line Bakery es el ministerio de Vili.

El nuevo emprendimiento de Vili, en las cercanías de Serbia, también tiene como objetivo explícito el avance de la iglesia local. La cafetería brinda un modelo cristiano y uno de los hermanos de Vili ya plantó una iglesia en la aldea. Las prácticas comerciales de la compañía, por cierto, hicieron que los habitantes tuvieran respeto por la iglesia cristiana local. Las autoridades locales, impactadas por el deseo de emplear a las mujeres «no contratables» y servir a la comunidad, ofrecen para la panadería y cafetería un espacio con renta reducida.

Importante: Negocios del Reino puede fomentar el avance de la iglesia de varias maneras. Una empresa con enfoque en el Reino es como un megáfono para el evangelio, sin generar intermediarios ni obstáculos. Quienes se ocupan de los negocios del reino, son modelos de un evangelio integral y pueden presentar a los empleados, socios y proveedores el mensaje transformador de Jesús en cada hecho cotidiano de su actividad comercial. A medida que se transforma la mente de las personas por medio de la palabra y de la acción, puede entonces desarrollarse una suma en el capital espiritual. Un clima comercial de honradez y amor hacia los demás dará como resultado una mejora económica que bendice a toda la nación. Además, a medida que los negocios del Reino suman éxitos, la gerencia o los dueños pueden utilizar a su gusto la plataforma que acompaña esos logros. El evangelio y la iglesia ganan el respeto de los líderes de la comunidad local y se proclama el evangelio en el lugar.

De ese modo, la iglesia consigue una mayor influencia y un aumento de los fondos económicos. La creación de nuevos empleos puede beneficiar principalmente a los creyentes. En ET comenzamos a reclutar empleados para el centro de atención telefónica buscando graduados de las universidades cristianas de la India. Al ver que eran excelentes trabajadores, continuamos con esa fuente. En una sociedad en la que los cristianos enfrentan dificultades económicas debido a su posición social, las oportunidades que se brindaban a esos graduados resultaban significativas. Con el tiempo, los grupos cristianos se entusiasmaron y acordaron preseleccionar a los candidatos por nosotros. Hoy, casi el sesenta por ciento de los mil empleados de ET son cristianos.

La iglesia local también se beneficia cuando sus miembros pueden contribuir a través del diezmo. A medida que los propietarios y empleados cristianos acumulan más riquezas, pueden emplearla en los fines del ministerio local. El desarrollo económico da como resultado un importante cambio en la fuente de financiamiento del ministerio. Ya no hace falta depender de intereses extranjeros porque la iglesia local puede asumir más carga económica y también el liderazgo de los ministerios del lugar. El propietario de un exitoso emprendimiento de los negocios del Reino tomó muy en serio el asunto de la administración, y ayudó a pagar los trabajos de remodelación de su iglesia en Croacia: «Y lo hicimos sin usar dinero occidental», anunció con orgullo.

«Los habitantes de todo el mundo merecen la bendición que produce el poder dar a sus iglesias», declara Glenn Schwartz, Director Ejecutivo de World Mission Associates. «Es así de simple, porque de otro modo alguien que está lejos les quita su bendición y el respeto por sí mismos».[3] También relata la historia de un líder de la iglesia de Sudáfrica, que solía visitar los EE.UU. con el objetivo de recaudar dinero para su pobre iglesia. En uno de los viajes, ese pastor percibió que Dios le daba instrucciones de regresar a su hogar y recaudar los fondos en su propio pueblo, ¡una idea un tanto improbable porque su iglesia consistía mayoritariamente en mujeres desempleadas y niños! Dios volvió a hablarle y le dijo que les enseñaría cuatro cosas a las mujeres de la iglesia: a cuidar a sus familias, llevar sus esposos al Señor, hacer algo con sus manos para vender y apreciar la importancia de ofrendar parte de sus ganancias a Dios. Las mujeres de la iglesia empezaron a participar del comercio local y acumularon recursos económicos. También comenzaron a reunirse anualmente para una conferencia de fin de semana en Thaba Nchu, Sudáfrica. El 1994, el diezmo dado por esas mujeres en la conferencia fue de casi un millón de dólares. Y así, una iglesia sudafricana muy necesitada rompió su dependencia de occidente a través del éxito en el comercio local.[4]

No se trata de...: Hacer avanzar la iglesia no significa dar empleo únicamente a los cristianos en los negocios del Reino. La compañía misma es un campo de misión. Es allí donde los cristianos pueden presentar el evangelio de palabra y con los hechos. El gerente de un negocio del Reino, en Eslovaquia, se asoció con un centro gubernamental para la rehabilitación de drogadictos y contrató a los adictos que estaban en recuperación para predicarles a los otros acerca del amor de Jesús y ayudarlos a iniciar una vida nueva. Un negocio del Reino en Bulgaria contrató a varios huérfanos con el mismo objetivo. Como resultado, en negocios del Reino del mundo entero todo los días hay personas que se convierten en seguidores de Jesús. Dentro de la compañía misma puede lograrse un avance de la misión de la iglesia.

Formas posibles de medir el éxito: La iglesia local podrá avanzar al aumentar su cantidad de miembros, mejorar su posición en la comunidad y aumentar sus recursos económicos. A continuación veremos qué parámetros sirven para a medir nuestra ayuda a la iglesia local:

- Cantidad de cristianos empleados
- Cantidad de empleados expuestos al evangelio, o que llegan a Cristo
- Porción de la gerencia que discipula, realiza tareas de mentor o establece relaciones de rendición de cuentas de los unos a los otros
- Participación de la gerencia en actividades evangelizadoras locales
- Crecimiento del número de iglesias locales
- Crecimiento de la ofrenda de la comunidad a las iglesias locales
- Aumento del respeto local y nacional por la compañía y sus administradores (reconocimiento público, posición ante la prensa, premios regionales y nacionales)

Algunos pensamientos finales sobre los objetivos de los negocios del Reino

Hay mucha verdad en el dicho «¡Vale su peso en oro!» Debemos reconocer que nuestra responsabilidad con respecto a los objetivos propuestos por los negocios del Reino tiene peso e importancia. Porque si no monitoreamos y evaluamos el progreso de los tres objetivos, estaremos virtualmente garantizando el fracaso de alguno de ellos, o de todos. Quizá no logremos rentabilidad y tendremos que llevar adelante un emprendimiento que no logra ser sostenible. O es probable que al no crear empleo y riqueza local, nuestros esfuerzos no consigan el desarrollo económico pretendido ni reduzcan la pobreza. Además, si la iglesia local no avanza, tendremos programas que no producen capital espiritual ni beneficios para las misiones mundiales.

Un empresario experimentado, creador de varios negocios del Reino en Asia, promueve la responsabilidad hacia los tres objetivos de manera innovadora. Todos los profesionales de sus empresas le informan a un gerente corporativo sobre el progreso de los negocios *y también* acerca de los objetivos de la Gran Comisión ante una agencia misionera. Tienen la responsabilidad de los resultados económicos y espirituales, y tanto el gerente como el supervisor de las misiones pueden despedirlos si no cumplen bien con su tarea.

Los tres objetivos y la perspectiva triple de los negocios del Reino son esenciales. Ni la rentabilidad y sustentabilidad, ni la creación de empleos y riqueza local, ni el avance de la iglesia pueden dejarse de lado en función de los otros dos objetivos. Es esta perspectiva triple lo que aparta a los negocios del Reino del trabajo social secular, de las misiones tradicionales o de los negocios convencionales.

Las perspectivas de los negocios del Reino: los tres segmentos

Los esfuerzos del Primer Mundo por solucionar los problemas de los países en vías de desarrollo se enfocan cada vez más en el desarrollo económico. En un extremo de este objetivo, el Banco Mundial y otras organizaciones multinacionales prestan millones de dólares a esas naciones para respaldar sus economías. Esos fondos luego se destinan a mejoras en infraestructura, como por ejemplo la construcción de caminos. Del otro lado, organizaciones, como el Banco Grameen de Bangladesh, otorgan préstamos de $ 200 como promedio a personas que desean iniciar pequeñísimos emprendimientos comerciales.

Dentro de este amplio espectro de asistencias, los cristianos de los negocios del Reino dividen sus esfuerzos en tres segmentos en pro de un desarrollo económico: desarrollo de micro emprendimientos (DME), pequeñas y medianas empresas (PyMEs), y capitales privados extranjeros (CPE). (Al subconjunto DME, conducido por organizaciones cristianas, a menudo se lo llama DMEC, micro emprendimientos cristianos en desarrollo. Pero no hay una sigla para denominar los esfuerzos cristianos por asistir a las PyMEs o a los emprendimientos con capitales privados extranjeros.) Estos tres segmentos pueden ser categorizados sobre la base del monto de inversión que suele respaldar cada negocio:

Figura 3

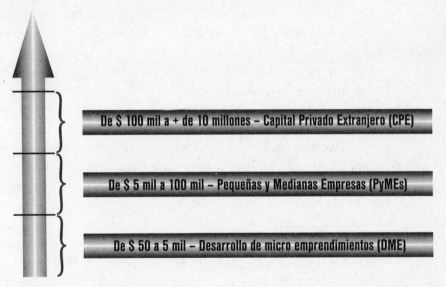

De $ 100 mil a + de 10 millones – Capital Privado Extranjero (CPE)

De $ 5 mil a 100 mil – Pequeñas y Medianas Empresas (PyMEs)

De $ 50 a 5 mil – Desarrollo de micro emprendimientos (DME)

Una advertencia importante ante estas posibilidades de inversión: Existirán distintas situaciones económicas que afectarán las cantidad real de dólares destinados a los diferentes segmentos. Por ejemplo, una organización cristiana de DME presta un promedio de $ 120 por micro emprendimiento en el Asia Oriental. En cambio, sus préstamos para micro emprendimientos en Europa Oriental ascienden a un promedio de $ 1.300. El motivo de este aumento (un monto diez veces mayor) se debe a que en Europa Oriental el sistema económico es más fuerte y el PBI por habitante también es mucho mayor. Un método más riguroso para la asignación de inversiones económicas tomará en cuenta las diferencias en los PBI locales por persona, que varían en cada situación.

Los capítulos que siguen explicarán y analizarán en mayor profundidad cada uno de los segmentos de negocios del Reino. Sin embargo, puede ser útil en este momento hacer un breve resumen.

1. Desarrollo de micro emprendimientos (DME)

Con préstamos muy pequeños, de hasta $ 50, las organizaciones cristianas de desarrollo de micro emprendimientos marcan una diferencia en las vidas de las personas que usan ese dinero para iniciar, expandir o mejorar sus micro emprendimientos. Por ejemplo, Lola Tasuna vive con otras cinco personas como ocupante ilegal de un terreno en Manila, Filipinas. Su hogar no es más que un refugio construido con material de descarte. A los setenta y dos años, la jubilación no es una opción para ella, y para comer debe trabajar todos los días.

Lola ocupa su tiempo haciendo lámparas de kerosén. Antes de ser cliente de una organización cristiana de DME, conocida como Opportunity International, tenía que revolver en los basurales para encontrar jarros y luego convertirlos en faroles, debía limpiarlos con las uñas en un balde con agua fría. Sin embargo, con los fondos que recibió de un micro préstamo de Opportunity International, Lola ahora cuenta con dinero para comprar jarros limpios a cinco centavos cada uno. Ya no tiene que pasar las mañanas buscando jarros en la basura y su producción no se ve limitada por la cantidad que consiga. Su familia la ayuda a pintar las tapas, poner el pabilo y las manijas de metal, y así Lola puede fabricar unos trescientos faroles por día, con una ganancia diaria y neta de $ 30.[5]

Aunque los micro préstamos personales afectan al empleo de pocas personas a la vez, la baja inversión económica de cada préstamo implica que las organizaciones de DME pueden impactar a cientos de personas con montos de modesta envergadura. A medida que se paga cada préstamo, los fondos pueden reciclarse para mejorar la vida de otra familia. Es decir, que las DME cristianas son negocios del Reino que tienen el poder de transformar la cultura a nivel personal y familiar.

2. Las pequeñas y medianas empresas (PyMEs)

Con compromisos económicos que van de los $ 5.000 a los $ 100.000, algunas organizaciones cristianas de desarrollo buscan asistir a empresas de pequeña y mediana envergadura. María es diseñadora de indumentaria deportiva en Bulgaria. Cuando conoció en 1999 a los representantes de la organización cristiana de préstamos para PyMEs, Integra Ventures, el negocio de María se desarrollaba en una habitación donde trabajaban seis personas con cuatro máquinas de coser. Para poder exhibir la ropa que producía, María también atendía una tienda en su barrio. Le iba bien pero le faltaban la confianza y los fondos para poder expandirse.

Integra le brindó el plan estratégico y los recursos económicos que necesitaba. La alentaron a aumentar su producción mudándose a un lugar más grande y a expandir también su esfuerzo comercial. El mercado estaba preparado para recibir mayor cantidad de los productos deportivos que fabricaba María, y lo único que tenía que hacer era llegar a los consumidores. Con un préstamo de $ 10.000, más capacitación y apoyo de Integra Ventures, María agrandó su taller de producción, compró máquinas y materia prima. En pocos meses, ese negocio del Reino había aumentado su producción en un cincuenta por ciento. Ahora María tiene más de doce empleados, incluyendo personas que tenían pocas oportunidades de encontrar empleo. María dona ropa con defectos menores a orfanatos locales y otorga importantes descuentos a los cristianos que compran ropa para los chicos de los orfanatos. Y también está preparada para hacer crecer su negocio.[6]

Aun en el mundo desarrollado, se reconoce que los negocios y empresas pequeñas tienen mayor capacidad para aumentar las oportunidades de empleo. Los préstamos de recursos económicos y capacitación a las PyMEs, en este segmento de los negocios del Reino, permiten que las compañías crezcan y su influencia aumente. A medida que se devuelve el dinero prestado se puede asistir también a otras PyMEs, impactando en nuevas comunidades. El desarrollo de PyMEs cristianas conforma una sección de los negocios del Reino, con el poder de transformar culturas a partir de sus comunidades y organizaciones.

3. El capital privado extranjero (CPE)

Algunos negocios del Reino representan un crecimiento, potencial o real, tan importante como para garantizar inversiones mayores a $ 100.000, bajo la forma de transacciones con aporte de capitales privados. Y no siempre, pero con frecuencia, esas compañías son administradas por cristianos de países desarrollados.

Un empresario norteamericano del Reino, Ken Crowell, posee pasión por bendecir a la nación de Israel. Ken es ingeniero y aceptó en 1968 una oferta que le hizo Motorola, para realizar trabajos de investigación y desarrollo en Israel. Durante esos tres años, Dios le dio a Ken una visión de los negocios del Reino. Al volver a los EE.UU. y con el acuerdo de su empleador Motorola, procedió al lanzamiento de Galtronics, una compañía que producía antenas de UHF-VHF. Sus primeros empleados eran cristianos y compartían el mismo deseo de bendecir a Israel.

Después de renunciar a Motorola, Ken mudó Galtronics a Tiberíades, Israel. La ciudad necesitaba industrias y el gobierno se mostró dispuesto a ayudar, a pesar de que Ken manifestó abiertamente sus motivaciones cristianas. «No me preocupa tanto que sea cristiano. Me preocupa más nuestra necesidad de fortalecer la economía y de abrir nuevas empresas en Israel», le dijo uno de los directores del consulado. «Le daremos la bienvenida a Israel y lo ayudaremos». Allí, Galtronics se inició en 1978 con el propósito claro de dar testimonio y apoyar la construcción de una iglesia, proveyendo trabajo a los creyentes, bendiciendo a la nación de Israel y fortaleciendo la economía local. «Entendimos muy bien desde el principio que la empresa tenía que ser autosustentable y rentable».

Galtronics creció hasta llegar a ser la principal fuente de empleo en su ciudad. Exportaba antenas «hechas en Israel» a un tercio de los fabricantes de teléfonos celulares del mundo, incluyendo a Motorola y Nokia. La compañía recibió el más alto galardón industrial de Israel, el Praz Kaplan. Con los años, se agregaron negocios adicionales y hoy los emprendimientos de Ken van desde la música mesiánica a radios con sintonía fija. La preocupación por la poca estabilidad de Israel llevó a construir más fábricas en Escocia y China, donde se les dio empleo a más de setecientas personas en diferentes lugares del mundo. Para 1998, Galtronics ya valía $ 70 millones.

Junto con la compañía surgió una iglesia local llamada Comunidad Peniel. Inicialmente comprendía a siete personas, pero hoy la comunidad Peniel cuenta con más de doscientos cincuenta creyentes. La compañía también auspicia un programa de verano para voluntarios, que selecciona estudiantes de ingeniería y comercio de diferentes universidades cristianas de Norteamérica para la práctica de los negocios del Reino. Después de brindar sus talentos y su fe durante un verano en Galtronics, algunos de esos estudiantes regresaron para establecerse definitivamente en Israel y bendecir a la nación.[7]

Aunque los emprendimientos de CPE requieren de una inversión de capital mayor, también la influencia que se ejerce sobre la nación es mayor. Los CPE cristianos buscan crear corporaciones de envergadura que impacten a cientos o miles de personas en términos económicos y espirituales. Un emprendimiento exitoso debería generar mayor capital de base, para poder financiar otras compañías enfocadas en el Reino. Los CPE cristianos son un segmento de los negocios del Reino con poder para transformar culturas a nivel industrial y nacional.

Conclusión

Los negocios del Reino deben comprometerse con el cumplimiento de una perspectiva triple que persiga la transformación sustentable y perdurable en términos económicos y espirituales. Específicamente, los tres objetivos de los negocios del Reino son: rentabilidad y sustentabilidad, creación de empleo y riqueza local y el avance de la iglesia. Las tres perspectivas de los negocios del Reino son: desarrollo de micro emprendimientos (DME), pequeñas y medianas empresas (PyMEs) y capitales privados extranjeros (CPE).

¿En qué lugares y momentos será propicio desarrollar cada uno de esas perspectivas? ¿Qué éxito ha logrado cada uno en cuanto al cumplimiento de los tres objetivos?

Esas son preguntas importantes para todo aquel que quiera trabajar con Dios en los negocios del Reino. Me he ocupado de investigar para descubrir las respuestas.

CAPÍTULO 9

EL ROL DE CADA PERSPECTIVA DE LOS NEGOCIOS DEL REINO

Una mujer filipina transforma jarros en sencillos faroles de kerosén. Un pequeño negocio textil en Bulgaria diseña y fabrica indumentaria. Una compañía israelí produce antenas para teléfonos celulares y es hoy el mayor empleador de su ciudad. Como hemos visto, son todos resultados de emprendimientos de los negocios del Reino que lograron una sostenida transformación económica y espiritual.

Aunque la tecnología moderna, como la televisión e Internet, parecen achicar el mundo, existe una verdad muy bien ilustrada por los ejemplos anteriormente señalados en estas distintas naciones: no vivimos en un mundo homogéneo. Hay diferencias culturales que se expresan en actitudes, creencias, vestimenta y relaciones diversas. Hay diferencias económicas que dan como resultado un enorme espectro de estándares de vida e infraestructuras comerciales. Hay diferencias políticas que afectan las reglas, las libertades y los niveles de cumplimiento de la ley. Hay diferencias educativas que derivan en diversos grados de alfabetización y conocimiento técnico.

¿Cómo entonces podemos implementar los negocios del Reino en un mundo con tantas disparidades? Como mencioné brevemente, los profesionales de negocios del Reino van tras objetivos económicos y espirituales utilizando tres perspectivas: desarrollo de micro emprendimientos (DME), pequeñas y medianas empresas (PyMEs) y capitales privados extranjeros (CPE). ¿Pero hay alguno que pueda considerarse mejor que otro, y al que la iglesia debería destinar sus recursos? ¿Hay perspectivas cuyo resultado es mejor en determinados lugares? ¿Cuál es el rol de cada perspectiva de los negocios del Reino?

El marco de los negocios del Reino

Esas son las preguntas que motivaron el desarrollo de un marco básico para los negocios del Reino. Tenemos que reconocer que las condiciones varían de lugar a lugar y que no existe una perspectiva única, óptima para todas las situaciones. Por ejemplo, un centro de atención telefónica como ET, en la India, no tendría posibilidades de crecer en ciertas partes de África (o serían muy limitadas), sencillamente porque no se cumplen allí los requisitos básicos de infraestructura necesaria. Del mismo modo, tendría poco sentido ayudar a algunas personas a establecer pequeños puestos de verduras junto a los caminos de los EE.UU., porque los micro emprendimientos no tienen un rendimiento económico suficiente según los estándares occidentales. Cada región o nación está en una etapa diferente de su camino hacia el capitalismo exitoso y la forma específica de asistir a un país depende de las condiciones existentes en ese momento. A medida que un país aumenta su capacidad de conducirse con más éxito dentro del capitalismo, las opciones se expanden y permiten enfoques más sofisticados al emprender negocios del Reino.

Los criterios a considerar

La evaluación de las condiciones propicias para cada perspectiva de negocios del Reino, en un lugar determinado, requiere de una mirada profunda a las condiciones locales. ¿Cuál es el clima económico actual? ¿Hay fuerza laboral con capacitación y educación adecuada? ¿Está abierta la burocracia legal a los emprendimientos comerciales? Todos estos son criterios que deberán tomarse en cuenta al evaluar las opciones para los negocios del Reino:

- *Nivel de pobreza*: En situaciones de pobreza generalizada, solamente podrán emprenderse actividades muy básicas. La pobreza crea desesperanza, falta de confianza y una mentalidad estrecha o cerrada a la oportunidad. Los emprendimientos comerciales más sofisticados podrán intentarse en países con más riqueza. El ciclo del éxito suele dar como resultado mayor confianza.
- *Grado de industrialización*: Un país más industrializado podrá participar en formas de comercio más avanzadas. El país menos

desarrollado probablemente esté limitado a actividades industriales pequeñas.

- *Tamaño de la economía doméstica*: Cuanto más evolucionada sea la economía local, tanto mayores serán los recursos y mercados locales para los productos, y en el mismo porcentaje estará el potencial para emprendimientos más grandes.

- *Nivel de capital espiritual*: Las culturas que abrazan ciertas cualidades que hacen a los negocios exitosos, como la integridad, la excelencia y el esfuerzo, podrán recibir emprendimientos más complejos, en comparación con las culturas que no promueven estas cualidades. Allí donde no hay capital espiritual, la confianza está erosionada y los sueños son limitados. Tan solo unos pocos se enriquecen mucho, pero la nación en general no prospera. Los negocios y las empresas siempre se mantienen en un nivel elemental y de dimensiones pequeñas.

- *Nivel de educación de la fuerza laboral*: Algunas naciones en vías de desarrollo tienen un nivel educativo muy alto, en tanto que otras no han vencido todavía el problema del alfabetización (Bulgaria, por ejemplo, tiene una tasa de alfabetización superior a la de EE.UU., mientras que solo uno de cada cinco nepaleses sabe leer). Eso afecta el tipo de industria que se puede crear y mantener.

- *Infraestructura económica*: Las empresas más sofisticadas requieren de una infraestructura económica que potencialmente les brinde proveedores establecidos, socios y clientes. El comercio avanzado requiere también de un entorno que permita el libre flujo de productos, servicios y dinero de manera ágil y segura, y la posibilidad de operar sin excesivas cargas gubernamentales.

- *Infraestructura física*: Los emprendimientos comerciales importantes solamente pueden prosperar en zonas con la infraestructura física necesaria para operar, comunicarse, transportar y comerciar. Por eso, es importante que las rutas sean adecuadas, los servicios confiables (electricidad, comunicaciones), y los bancos estables.

- *Infraestructura legal*: Las naciones son mucho más atractivas para los emprendimientos grandes si se protegen los derechos de propiedad, si el régimen de la ley es sólido y si se controla y limita la corrupción. Los inversores escapan de los países que no ofrecen una protección de infraestructura legal que garantice seguridad jurídica.

- *Fortaleza de la moneda corriente*: Los inversores también prestan mucha atención a la fortaleza de la moneda corriente local. Si el riesgo de un colapso económico nacional es inminente, eso dificulta las inversiones de importancia. Si la inflación es excesiva, las oportunidades económicas y el desarrollo se ven limitados.

- *Extensión de la libertad*: Los negocios del Reino son particularmente atractivos en lugares que ofrecen determinadas libertades básicas, en especial, una libertad religiosa que permita a los cristianos congregarse y hablar de su fe en público. Los esfuerzos de los negocios del Reino prosperan más en las naciones con pocas restricciones para que los extranjeros adquieran activos, tales como cuentas bancarias, acciones, empresas o tierras.

- *Estabilidad política*: La incertidumbre sobre la estabilidad del clima político también tiene un impacto en cuanto al atractivo de la región para emprendimientos más grandes. Si hay amenaza de un derrocamiento del gobierno o un empeoramiento comercial, las compañías buscarán otro lugar donde establecerse. Lo que es predecible se convierte en un aspecto clave. Un ambiente político estable, con determinadas libertades, es preferible a un ambiente libre pero inestable.

Las condiciones varían mucho en el Tercer Mundo. La infraestructura local y el ambiente general afectan de algún modo la elección al pensar en una perspectiva de negocios que resulte conveniente. Con esos criterios en mente podemos segmentar al mundo en vías de desarrollo en tres amplias categorías: las regiones más pobres (por ejemplo, Botswana o Haití), las regiones en vías de desarrollo (Bulgaria o Guatemala), y las regiones en proceso de industrialización (como la India o China.) (En el Apéndice C incluimos una lista de naciones, separadas en las tres categorías.) Aunque esta segmentación es de conocimiento público, es difícil generalizar porque hay muchas excepciones a la regla. Es importante estudiar cada país en particular y adquirir una percepción de qué tipo de negocios podría ser sustentable allí, antes de embarcarse en un programa de desarrollo económico.

Las categoría de los países en vías de desarrollo

Las regiones más pobres: Algunas de las zonas más pobres del mundo tienen una mínima infraestructura legal y socioeconómica, entornos macroeconómicos negativos o inestables, y barreras culturales importantes que se deben vencer. No solo tienen poco capital espiritual, sino que los valores culturales no se prestan a permitir el incremento de aquel. Las leyes no se respetan, las autoridades suelen ser corruptas y la infraestructura legal es inadecuada. Esas regiones por lo general imponen firmes restricciones al cambio de moneda extranjera y a la compra de acciones.

Las regiones más pobres tienen un mercado doméstico muy reducido y muy pocos acuerdos de comercio con otros países. Carecen de la infraestructura básica necesaria, como por ejemplo servicios confiables de provisión de electricidad, rutas o bancos estables. Por lo general, la tasa de analfabetismo es alta y eso excluye a gran parte de la población del comercio de mayor nivel. Como resultado, la mayoría de los emprendimientos comerciales son de tipo casero y básico. Bangladesh y Ghana, por ejemplo, son países que entran dentro de esta categoría.

Las regiones pobres se beneficiarán más a través de la perspectiva DME, que promueve la creación de micro emprendimientos y que suelen operar, por lo general, dentro de un sector informal, sin ser afectados por leyes impositivas, regulaciones gubernamentales, tasas de cambio o el estado de la economía. De hecho, en ciertos lugares, las condiciones solamente permiten la opción DME, porque la infraestructura y la economía local sencillamente no podrían respaldar compañías más grandes y avanzadas. Los CPE, por lo general, están descartados debido a las restricciones a los extranjeros con respecto a la propiedad y a la emisión de acciones.

Eso no significa que las otras perspectivas no puedan llevarse a cabo en las regiones más pobres. Podría funcionar el modelo desarrollado por las primeras compañías comerciales con motivación cristiana, pero por lo general, incluirá industrias caseras formadas por los extranjeros para crear un contacto con los mercados en el exterior. Por ejemplo, un profesional de los negocios del Reino formó una compañía de indumentaria con setecientas personas en Asia Central, y otro formó una empresa que fabrica marcos para cuadros en Haití, donde trabajan cuatrocientas cincuenta personas. Es importante observar que los emprendimientos más grandes, como estos, son operados y administrados por empresarios cristianos de occidente. Las empresas siguen dependiendo del trabajo industrial en talleres o casas (costura y tallado), que brindan la estructura y los parámetros de diseño, la calidad y la distribución de los productos. Pero en general, en las regiones pobres serán más eficaces los DME, porque crean una estructura comercial básica e inician a las personas en una forma nueva de pensamiento.

Las regiones en vías de desarrollo: Algunas de estas regiones tienen infraestructuras legales y socioeconómicas limitadas, entornos macroeconómicos un tanto inestables y obstáculos culturales importantes. Aunque cuentan con cierto capital espiritual, muchos de los valores culturales no están en línea con el comercio exitoso y el crecimiento del capital espiritual. Dirigen el sistema político y económico con corrupción, lo cual daña al comercio. Estas regiones suelen imponer controles a la moneda y aunque estén disponibles, las bolsas de comercio son subdesarrolladas.

Las regiones en vías de desarrollo suelen tener mercados domésticos reducidos y acuerdos limitados de comercio, para facilitar la exportación. La inestabilidad de la moneda y la inflación representan riesgos reales en esas regiones, y la falta de la infraestructura física para los negocios es otro factor. Pueden tener una fuerza laboral educada y capacitada, pero las economías suelen ser pequeñas y con grandes barreras para el capitalismo exitoso, como los trabajadores sin experiencia, la corrupción o el riesgo político. Pueden mantenerse empresas un poco más sofisticadas, pero la pobre infraestructura suele impedir el establecimiento y desarrollo de emprendimientos más grandes. Macedonia y Colombia caben en esta categoría.

Lo que más se ajusta en estas regiones, dadas las condiciones locales, son las pequeñas y medianas empresas. El desarrollo de este tipo de emprendimientos da lugar a PyMEs que crean empleo y promueven la capacitación de la fuerza laboral. Sin embargo, como suelen tener algunos aspectos que las hacen ver como regiones pobres o en proceso de industrialización, la asistencia a las PyMEs no debe ser la única perspectiva. También el lugar es apto para los DME entre los más pobres. Aunque algunas regiones requerirán el establecimiento de actividades industriales caseras o en talleres, préstamos y capacitación, para el inicio del comercio, las PyMEs parecen ser la perspectiva más adecuada ya que permite la creación de puestos de trabajo, aumentan los recursos económicos y el capital espiritual crece.

Las regiones en proceso de industrialización: Estas regiones se caracterizan por tener infraestructuras legales, sociales y económicas básicas, con entornos macroeconómicos estables, proclives a la exportación y pocas barreras culturales para el capitalismo exitoso. Tienen cierta historia de crecimiento económico y posiblemente ya funcione una actividad comercial considerable. Aunque en estas regiones haya más cantidad de capital espiritual acumulado que en otros países del Tercer Mundo, sigue la necesidad de un cambio cultural para poder realmente incrementar la cuenta. Las prácticas de corrupción o inmoralidad pueden ser un problema.

Estas regiones pueden formar parte de una economía doméstica más grande. Aunque todavía no pertenecen al Primer Mundo, tienen una economía bien establecida, con una cantidad de compañías exportadoras estables. El efectivo puede entrar y salir libremente del país y una gran porción de la población está capacitada y alfabetizada. Se pueden encontrar regiones en proceso de industrialización en la India, China y el norte de Méjico.

Las regiones en proceso de industrialización pueden sostener empresas más grandes, construidas por inversiones de CPE, pero al igual que en todas las naciones en vías de desarrollo, en algunos grupos poblacionales resultará más beneficiosa la perspectiva de las PyMEs o DME. Es decir que las tres perspectivas pueden aplicarse en las regiones en proceso de industrialización. Sin embargo, el potencial de los CPE para crear empleo y riquezas, impactar a través de Cristo y de la industria, y lograr sustentabilidad en los negocios, hace que esta sea la perspectiva más atractiva.

Diagrama del marco de los negocios del Reino

La perspectiva más adecuada de los negocios del Reino depende de las condiciones locales ante la posibilidad del capitalismo exitoso. Como observamos, esas condiciones incluyen la infraestructura socioeconómica, legal y cultural. Allí donde el nivel de infraestructura es mínimo, lo que mejor resultado dará son los DME. Donde la infraestructura es limitada, lo que más ayudará es el desarrollo de PyMEs, y donde la infraestructura forma ya una base, los CPE pueden tener éxito.

El diagrama siguiente indica el *potencial* de cada una de las perspectivas de negocios del Reino, según las condiciones e infraestructura de una nación. En los EE.UU., una nación con alto nivel de infraestructura socioeconómica, legal y cultural, se realizan grandes inversiones a pequeñas empresas y emprendimientos de mayor tamaño, aunque muy poco dinero se invierte en micro emprendimientos. En contraste, un país como

Bután, con un bajo nivel de infraestructura legal, socioeconómica y cultural, brinda un entorno menos conductivo para las medianas y grandes empresas. En ese país, tiene mucho más sentido promover el establecimiento de micro empresas en desarrollo.

Figura 4

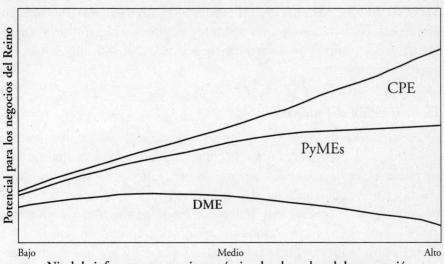

Nivel de infraestructura socioeconómica, legal y cultural de una nación

Algunas observaciones sobre el marco

Si afirmáramos que cada país cabe en un segmento determinado o que una única perspectiva de negocios del Reino es adecuada para cada país, estaríamos generalizando. En una nación con tanta diversidad económica y de una extensión semejante a la de China, hay regiones donde pueden prosperar los emprendimientos de CPE, en los alrededor de Hong Kong por ejemplo. En tanto, en las regiones más pobres cercanas a Kirjistán y Kazajstán, lo más conveniente será hacer uso de los DME y las PyMEs. De la misma manera, la economía del norte de Méjico está mucho más desarrollada que la del sur. Por lo tanto, dentro del mismo país hacen falta perspectivas diferentes.

Hasta las naciones en vías de desarrollo con menos variables regionales dentro de sus fronteras pueden necesitar perspectivas diferentes. La India es un caso que lo ejemplifica. Su infraestructura, economía y estratificación poblacional son tales como para dar valor a las tres perspectivas. En las Filipinas, algunos segmentos de la sociedad permitirán los DME básicos, en cambio otros podrán recibir asistencia de la categoría de PyMEs.

Como lo ilustra el diagrama «Potencial para los negocios del Reino», puede haber lugar (a veces limitado) para las tres perspectivas en cada región. Toda nación en vías de desarrollo tiene gente pobre a quienes más beneficiarán los DME. En todo el mundo se pueden encontrar PyMEs en crecimiento. Y hasta en algunos de los lugares menos desarrollados, como Haití y Asia Central, se desarrollan negocios del Reino que emplean a cientos de personas.

La utilización del marco

El marco de los negocios del Reino presentado aquí puede utilizarse de dos maneras. La primera es tomarlo como una fotografía instantánea, una herramienta de análisis. En determinado momento las condiciones imperantes de una región pueden afectar la conveniencia de una u otra perspectiva de los negocios del Reino. La instantánea muestra distintas regiones que están en condiciones de recibir diferentes perspectivas.

En segundo lugar, el marco de los negocios del Reino puede utilizarse como mapa del desarrollo. Esto implica mirar una región en particular y ver sus condiciones a lo largo del tiempo. La región que está subdesarrollada y que carece de infraestructura básica puede ser actualmente una buena candidata para los programas de DME, pero en un futuro sus condiciones pueden mejorar y hacerla adecuada para perspectivas más avanzadas de los negocios del Reino. A medida que mejoran las infraestructuras y condiciones del país, permitiendo el éxito del capitalismo, podrán destinarse más recursos del tipo PyMEs y hasta CPE.

El desarrollo del capital espiritual

Los negocios del Reino que difunden el evangelio, pueden hacer crecer el capital espiritual de un país en cada etapa de su desarrollo. Ese proceso puede compararse con el de la construcción de una casa: hay países que están en plena fabricación de ladrillos (DME), en tanto otros están construyendo muros (PyMEs) y algunos las casas enteras (CPE). Sea cual fuere la etapa de desarrollo presente del país, el evangelio es esencial para lograr el crecimiento del capital espiritual, cimiento sobre el cual todas las casas deben construirse.

Muchas economías emergentes están en el inicio del proceso. A medida que dan sus primeros pasos con los DME, también se promueve la unidad básica de capital espiritual. Los valores adquiridos por los micro emprendedores, luego son compartidos con las familias. Pero para poder colocar los ladrillos del capital espiritual debemos añadir fe a la capacitación en DME. Este es un primer paso necesario para que las naciones puedan empezar a desarrollarse. El evangelio es importante en los esfuerzos de DME, porque el capital espiritual que se desarrolla con los DME es de suma importancia para que la nación avance a etapas posteriores, que favorezcan el surgimiento de pequeñas y medianas empresas preparadas para el éxito.

Una vez acumulado cierto capital espiritual, podrán crearse organizaciones más complejas. Así se forma la base del desarrollo de las PyMEs exitosas. En las PyMEs, esos ladrillos espirituales funcionan juntos para crear la cultura de la compañía. Las PyMEs unen los ladrillos individuales de capital espiritual para crear pequeñas unidades de estructura. Se comparten los valores dentro de la empresa, pero también con los proveedores y los asociados. El capital espiritual creado por las PyMEs da como resultado las primeras hileras de ladrillos que forman el muro.

Luego, como si fuera una sección entera del muro, los emprendimientos de CPE representan estructuras todavía más grandes que comunican valores y desarrollan capital espiritual. Con el advenimiento de las compañías de CPE, el grupo que produce capital espiritual crece para incluir a sectores de la industria, asociaciones y proveedores relacionados. A su vez, establecen las diversas instituciones necesarias para el éxito regional y nacional del capital espiritual, y la subsiguiente bendición para la nación. Esta es la infraestructura de la economía, la casa entera. Los valores culturales y el capital espiritual, desarrollados y puestos en el nivel más amplio de la economía, ponen al país en el camino hacia el éxito y la bendición. Sin la reserva fundamental de capital espiritual y los valores culturales, la nación se parecerá más al fallido capitalismo de Rusia, donde pocos se enriquecen mucho, pero el país no es bendecido.

Los profesionales de los negocios del Reino están equipados para llevar el evangelio transformador que produce capital espiritual. Franklin Graham comentó acerca de su obra de caridad, Samaritan's Purse [La Cartera del samaritano], lo siguiente: «Nuestro enfoque es el evangelio. Somos una organización evangelizadora que, además, proporciona ayuda y alivio económico».[1] Del mismo modo, las organizaciones de los negocios del

Reino tienen que ser evangelizadoras en primer lugar, y en segundo, ocuparse del desarrollo de DMEs, PyMEs y CPEs, y no al revés. El desarrollo del capital espiritual, a través del poder transformador del evangelio, será el legado que producirá un país exitoso. Y eso verdaderamente trae bendición a la nación.

Los gobiernos y los negocios del Reino

En las naciones en vías de desarrollo, los gobiernos pueden ser causa de gran preocupación para los profesionales de los negocios del Reino. Algunos empresarios creen que no deberían intentarse negocios del Reino en países que se caracterizan por el soborno y la corrupción, o donde no existen gobiernos estables; señala que esos problemas impiden al negocio o empresa desarrollarse con integridad. Por cierto, los negocios del Reino no deben involucrarse en sobornos ni apoyar la corrupción de un país. Además, ¿qué sucede en un país inestable donde no se respetan los derechos de propiedad como en las naciones judeo-cristianas y donde las inversiones pueden ser confiscadas por el gobierno sin aviso? En países con gobiernos desfavorables, algunos evitan todo esfuerzo por desarrollar el comercio y la economía.

Son preocupaciones válidas. Entonces, ¿dónde quedan los negocios del Reino ante la existencia de estos problemas? Los profesionales de los negocios del Reino deberán empezar a trabajar en cada país «tal como es». Los negocios del Reino pueden lograr transformaciones económicas y espirituales hasta en las situaciones políticas más difíciles.

En aquellos países donde existe corrupción, donde los derechos de propiedad no se respetan y donde los gobiernos son inestables, la opción más adecuada para los negocios del Reino será la perspectiva cristiana del desarrollo de micro emprendimientos (DMEC). Las semillas de la fe y la buena práctica comercial podrán ser sembradas a través de DMECs, lo cual puede echar el cimiento requerido para el desarrollo de un capital espiritual que bendecirá a la nación. La mayoría de las inversiones en DMEC son pequeñas y representan activos de valor menor. Por su tamaño, no entran en el radar de las autoridades corruptas y son demasiado pequeñas como para merecer intentos de soborno. Igualmente, existen mafias de protección concentradas en los más pobres de algunos países, pero como el retorno suele ser demasiado bajo, los casos son aislados. Sin embargo, los fondos de la DMEC pueden convertirse en el blanco de la corrupción y si es posible tendrán que estar ubicados fuera del alcance de los gobiernos corruptos.

El desarrollo de DMECs en estos países genera valores importantes. Lleva el evangelio, y con él la oportunidad para que las personas experimenten la renovación de sus mentes, permitiéndoles adoptar el patrón de Dios y no el de su entorno. Si obtienen entendimiento de los valores de Dios, uno a uno, gradualmente, podrán cambiar la cultura de sus familias, comunidades y la perspectiva de la nación entera. Las DMEC pueden ser cabecera de playa espiritual en una nación.

En un entorno nacional que se caracteriza por los sobornos, la corrupción y la falta de respeto por la propiedad privada, la perspectiva de las PyMEs quizá atraiga la atención de las autoridades corruptas y el crimen organizado. Es posible que la actividad de las PyMEs no sea la más adecuada en situaciones de corrupción gubernamental severa. La participación en emprendimientos mayores a través de la inversión de CPE está totalmente fuera de cuestión. Las inversiones mayores atraen a la corrupción como la miel a las moscas y los inversores de CPE deben mantenerse alejados. La nación puede no estar lista para estos dos tipos de inversión. Aun así, existe la oportunidad de ablandar el corazón de los líderes del país a través del conocimiento secular de lo que bendice a las naciones.

Una evaluación de riesgo con sentido común

Aun (o quizá especialmente) en los negocios del Reino, el riesgo representa un factor importante. Es como la gravedad. Si uno salta desde un edificio alto, el riesgo es la muerte o lesiones graves. Estudiamos una cantidad de criterios que producen un riesgo comercial importante, como el nivel de capital espiritual, el nivel de pobreza y la infraestructura legal. Si nos zambullimos en un entorno que no es el adecuado para la perspectiva de los negocios, estaremos desafiando las leyes de la economía. Por ejemplo, intentar una actividad de CPE en las regiones más pobres será causa de un serio análisis de riesgo. Sencillamente, no alcanza la infraestructura cultural, legal y económica para tener éxito.

Mientras acudimos a Dios pidiendo su guía, también debemos emplear nuestro sentido común. No podemos suponer que los esfuerzos de los negocios del Reino sencillamente prosperen porque los hacemos para Dios. Lo más probable es que fracasen si desafían las leyes básicas. Jesús se negó a poner a su Padre a prueba desafiando la ley de gravedad (ver Mateo 4:5-7). Debemos hacer lo mismo y cuidarnos de no desafiar las leyes de la economía. Para asegurarnos que determinada perspectiva de los negocios del Reino sea la más adecuada, tenemos que evaluar con cuidado las condiciones locales a la luz de los criterios que describimos en este capítulo.

Conclusión

Figura 5

Perspectiva	Tamaño de la inversión	Objetivo	Tipos de empleo que crea	Entorno adecuado	Ejemplos de países
Micro emprendimientos (DME)	$ 100 a $ 5 mil	Subsistencia básica	Nivel más bajo, salarios muy bajos	Regiones más pobres; limitada infraestructura legal y económica	Botswana, Bangladesh, Haití, Sudán
Pequeñas y Medianas Empresas (PyMEs)	$ 5 mil a $ 100 mil	Crecimiento comercial reducido	Con cierta capacitación, salarios bajos	Regiones en vías de desarrollo; infraestructura legal y económica mínima	Macedonia, Colombia, Bielorrusia, Guatemala
Capital Privado Extranjero (CPE)	$ 100 mil	Importante expansión económica y creación de riqueza	Mayor capacitación, salarios más altos	Regiones en proceso de industrialización; infraestructura legal y económica de base	India, Polonia, Brasil, China

Este cuadro resume de manera sinóptica el marco de los negocios del Reino, con las tres perspectivas y el entorno más adecuado para cada una. Con algunas cosas a favor y otras en contra para cada perspectiva: DME, PyMEs y CPE y ninguna de las tres podrá considerarse «la mejor» para todas las situaciones por igual. Cada una tendrá su lugar, y cada una tendrá un papel en el sendero del desarrollo económico de cada región. Las DME proveen los ladrillos para construir la actividad de infraestructura de la economía. Las PyMEs reúnen esos ladrillos para construir compañías pequeñas y las CPE extienden el concepto bajo la forma de compañías más sofisticadas que transforman la industria.

Una de las tres perspectivas de los negocios del Reino se ha aplicado hasta en los entornos más difíciles. Busca bendecir a las personas con preciosos y escasos recursos, e intenta dar poder a esas personas para que se desempeñen como empresarios exitosos. Con apenas treinta dólares, se puede ayudan a personas como Marawa Rosina a mantenerse económicamente. ¿Cómo es posible? Lo descubriremos en el próximo capítulo.

CAPÍTULO 10

EL DESARROLLO DE MICRO EMPRENDIMIENTOS (DME)

¿Qué poder tienen doscientos dólares en el mundo de los negocios?

Bueno, en algunas partes del mundo es mucho dinero. Es el monto promedio que presta la organización cristiana más grande de micro emprendimientos. Como promedio, cada préstamo crea un puesto y medio de trabajo. ¡Un empleo y medio creado directamente con un préstamo de doscientos dólares! Y es más, como los fondos son devueltos y vuelven a prestarse, un capital de doscientos dólares puede crear seis puestos de trabajo en un año.[1] «Las micro finanzas demostraron ser útiles para ayudar a la gente a ayudarse a sí misma», dijo el vicepresidente de Citigroup, Stanley Fischer.[2]

Marawa Rosina pasa muchas horas al día diseñando y fabricando ropa tradicional africana, en Harare, Zimbabwe. Debido al calamitoso estado de la economía local, viaja durante dos días a la ciudad vecina, Botswana, para vender sus productos. Las ventas de una considerable cantidad de prendas hacen que valga la pena el pesado viaje en ómnibus. Pero no siempre produce la cantidad suficiente como para justificar sus expediciones a Botswana. Para los micro emprendedores como Marawa era casi imposible obtener el crédito necesario para expandir su inventario. Afortunadamente, MicroKing, una filial en Zimbabwe de la gran organización secular de DME llamada ACCION, le ofreció un préstamo de treinta dólares. No era una cantidad grande a los ojos de un occidental, pero con ese dinero pudo aumentar su producción lo suficiente como para volver a vender en Botswana. Hoy, con un cuarto préstamo de ciento treinta dólares, pudo ahorrar lo suficiente en un solo año como para cubrir los gastos de educación y los uniformes de la escuela de sus nietos.[3]

Los profesionales cristianos de negocios del Reino del tipo DMEC se ocupan de brindar asistencia financiera y comercial a micro emprendedores como Marawa, pero van más allá al ocuparse del estado eterno de las personas con el evangelio y con el desarrollo de valores bíblicos que vienen de la fe personal. Los profesionales de los negocios del Reino llevan a cabo programas de préstamos para DME, enseñan verdades espirituales y conceptos comerciales a los micro emprendedores, identificando a aquellos que tienen el potencial para llegar a ser líderes de futuras PyMEs o CPEs.

Las organizaciones de DME

La visión que comparten las organizaciones de DME, tanto seculares como cristianas, es la de asistir económicamente a los desafortunados del mundo, brindándoles dos servicios importantes: financiamiento y educación o capacitación. Aunque se ha concentrado la atención en las DME desde la década de 1990, los micro emprendimientos en realidad existen desde hace mucho tiempo. Por ejemplo, el Fondo de Préstamos de la iglesia Ecuménica de Ginebra, Suiza, ha trabajado con el sistema de DME durante cuarenta años ya. Con una rica historia de experiencia y estudio, hasta los que trabajan en los DME más grandes y exitosos siguen aprendiendo lecciones.

¿Quiénes son los «económicamente desafortunados»?

Las organizaciones de DME suelen servir a las personas más pobres que no pueden acudir a un banco para solicitar un préstamo. Por cierto, a esas personas les faltan recursos materiales para presentar como garantía, y lo que es peor, por lo general pertenecen a clases sociales que están fuera del sector considerado por los bancos locales como consumidores para sus servicio. No tienen las conexiones que les permitirían acceder al capital de fuentes tradicionales. Los receptores de la asistencia tipo DME son, en su mayoría, mujeres o miembros de una casta inferior (el informe de la organización Opportunity International dice que el ochenta y seis por ciento de los receptores son mujeres).[4]

Los programas para DME han descubierto que las mujeres suelen ser más diligentes que los hombres para devolver el dinero prestado y que prefieren gastar las ganancias de su micro emprendimiento en pro del bienestar de sus familias. «La tasa de incumplimiento entre las mujeres es del tres por ciento, comparada con el diez por ciento de los hombres, en programas idénticos», observa un informe de las Naciones Unidas.[5]

«Los programas a DME suelen declarar que trabajan con los "pobres" o "los más pobres entre los pobres". Pero esto casi nunca es verdad», observan los expertos en DMEC, Bussau y Mask.[6] Es que «los más pobres entre los pobres» suelen no tener casa, sufrir problemas mentales, desnutrición o enfermedades, y todo eso por lo general les impide participar en la economía. Los DME usualmente colaboran con la clase económica que está por encima de esa categoría. Es cierto que los clientes de las DME se consideran pobres según los estándares occidentales. Suelen ser propietarios de algún negocio muy sencillo, como la venta de frutas en las calles, o mujeres que cosen ropa en sus casas. En esos casos, los fondos de los préstamos se usan para comprar una provisión inicial de fruta o para comprar una máquina de coser. Se calcula que hay unos quinientos millones de micro emprendedores que son clientes potenciales para el micro financiamiento. En el 2003, cincuenta y siete millones de los que tomaron préstamos en todo el mundo ganaban menos de un dólar al día. Se estima que para fines del 2005, la cantidad aumentará a cien millones, según la Cumbre del Micro crédito.[7]

¿Qué es el «micro financiamiento»?

Aunque se los suele utilizar casi como sinónimos, los términos «micro financiamiento» y «desarrollo micro económico» hacen referencia a funciones diferentes. El desarrollo micro económico tiene que ver con actividades como el financiamiento, la capacitación y la enseñanza, para promover el desarrollo del comercio entre los económicamente desafortunados. El micro financiamiento es un subconjunto del desarrollo micro económico y consta de tres funciones de servicios financieros: el micro crédito, el micro ahorro, y el micro seguro. Hoy existen unos siete mil programas de micro financiamiento en todo el mundo.

El *micro crédito* fue el primer paso en las operaciones de DME, porque el acceso al capital es un componente esencial del desarrollo económico exitoso. De hecho, dio como resultado millones de beneficiarios de préstamos de DME en todo el mundo, con saldos que llegan a sumar miles de millones de dólares. Aunque la cantidad promedio de los préstamos es de unos $ 400, estos varían según las regiones geográficas, y van desde los $ 45 en Tailandia a los $ 5.000 en Europa Central. Para poder explicar las diferencias económicas, los académicos suelen definir al micro préstamo en términos del nivel del producto bruto interno de la nación (PBI).[8] Pero a los fines de este libro, prefiero definir los préstamos de DME como menores a $ 5.000.

Las organizaciones de DME ven los préstamos como su función principal, pero cada vez hay mayor conciencia en cuanto a la importancia de otros servicios financieros que logran que este segmento de la población alcance algún éxito. En particular, el *micro ahorro* es un servicio muy necesario en muchas naciones en vías de desarrollo. Como los bancos tradicionales no prestan servicios a los más pobres, los programas DME han comenzado a llenar esa brecha. Los pobres ahorrarán siempre que sea posible y ya muchos lo hacen. El nivel de inflación de muchos países en vías de desarrollo es tan alto, que quienes guardan su dinero bajo el colchón sufren un gran deterioro económico. Además, el dinero guardado en la casa puede ser causa de robos o amenazas. Encontramos ejemplos de micro ahorro principalmente en Asia y al este de África.

El tercer componente, y el menos desarrollado en materia de micro finanzas, es el *micro seguro*. Los micro empresarios necesitan un seguro, como sucede con cualquier propietario de un negocio, y sin embargo les resulta casi imposible conseguir ese servicio. Los micro seguros son una reconocida necesidad que todavía está en sus primeras fases de desarrollo.

Los préstamos a DME

Las tasas de interés

Según los parámetros de occidente, los préstamos DME no son baratos. Hay variación en las tasas de interés, pero por lo general el beneficiario de un micro préstamo pagará el treinta y seis por ciento como tasa uniforme de interés anual. (Puede ser mayor en países donde la inflación sea un problema serio. «Tasa uniforme» significa que el interés se calcula sobre el monto inicial del préstamo y que no baja a medida que disminuye el capital.) Sin embargo, antes de considerar usura a estas tasas de interés, que son desfavorables comparadas con las tasas de crédito más altas en occidente, debemos tener en cuenta varios puntos del contexto.

Primero, los clientes de DME están felices de aceptar esas condiciones y no faltan candidatos. Los bancos se niegan a prestarles dinero bajo cualquier tasa. Y en las calles, los prestamistas les impondrían términos mucho más desfavorables. La tasa de los prestamistas independientes puede llegar hasta un diez por ciento diario, y son menos atractivos los métodos de cobranza en caso de no cumplir con el pago. Por lo general las organizaciones de DME son la única fuente viable de financiamiento para el pobre, como lo evidencia su permanente popularidad. En segundo lugar, el costo del servicio para un micro préstamo es muy alto en comparación con el tamaño promedio de otros préstamos. Hasta las operaciones de DME más eficientes tienen costos anuales de un doce a un veinte cinco por ciento en sus carteras de préstamos. Algunas organizaciones gastan más dinero en los costos que en los préstamos.

La estructura de los préstamos

Para ser exitosa la organización de DME deberá definir el tipo de pago para el préstamo. ¿Cómo convencer al que pide el préstamo para que pague y cumpla con sus obligaciones? El esquema de riesgo es, quizá, el paso más importante cuando se crea un programa de préstamos DME.

No hay una única solución que pueda aplicarse universalmente a todas las situaciones o lugares, y actualmente, los prestamistas utilizan diferentes herramientas. ¿Tiene el cliente un activo que se pueda usar como garantía? ¿Puede cobrarse esa garantía? ¿El buen nombre o posición de la persona dentro de su comunidad es un factor motivador? ¿Podrá la presión de los pares actuar como motivación para pagar el préstamo? ¿Tiene la comunidad grupos naturales o establecidos? ¿Podrán esos grupos tomar decisiones individuales, o brindar alguna garantía a través del ahorro grupal? ¿Son la ética y la responsabilidad personal, valores aprendidos a través del evangelio, lo suficientemente importantes como para estimular la responsabilidad con respecto al pago? Y también, pero no menos importante, ¿qué métodos permitirán una enseñanza más eficaz de los principios comerciales y espirituales? Teniendo todo esto en cuenta, las organizaciones de DME han desarrollado y empleado tres estructuras básicas para sus préstamos.

1. *Préstamos personales*: Esta estructura es similar a la del mundo occidental. El préstamo se da a una persona o negocio en particular. Los clientes no son de pobreza absoluta. La garantía del préstamo es algún activo o la responsabilidad de pago asumida por los cofirmantes. Se hace un cuidadoso análisis antes de tomar la decisión de otorgar un préstamo personal. Por lo general

el préstamo estará hecho a medida de la necesidad del cliente. Luego, mientras dura el plazo de pago, se forja una relación cercana entre el funcionario que maneja la cuenta y el beneficiario del préstamo. Pero, por lo general, el funcionario encargado del préstamo llamará a profesionales de otras organizaciones cuando sus clientes necesiten servicios de capacitación comercial. Los costos de educación suelen ser pagados por el receptor del préstamo.

2. *Préstamos solidarios grupales*: Este método se hizo famoso a través del Grameen Bank en Asia del Sur, pero también es popular en otros lugares del mundo. Es el más adecuado para personas que no tienen posibilidad de dar garantías para un préstamo con activos personales. Se forma un grupo autoseleccionado y reducido de unas seis personas, las que solicitan un préstamo personal para cada miembro, lo cual permite mayor libertad a los oficiales de crédito. El Grameen Bank ha podido aumentar la cantidad de préstamos delegando muchas de las responsabilidades en el grupo.

La clave de los préstamos grupales solidarios es que el grupo mismo actúa como garantía de cada préstamo individual. Si uno de los miembros no cumple con los pagos, obliga al resto del grupo a cubrir su deuda y corre el riesgo de que se molesten con él. Una versión muy popular del método de préstamos grupales solidarios añade la presión de los pares al ofrecer un acceso rotativo a los fondos. Cada uno de los miembros tiene su turno para pedir un préstamo, pero la condición es que cada miembro pague puntualmente sus cuotas. A menudo se requiere la asistencia a reuniones regulares. En lugar de brindar capacitación comercial y enseñanza del evangelio en las reuniones, se da información sobre el programa de micro financiamiento y se refuerza la obligación de pagar los préstamos.

3. *Bancos de aldea*: Esta estructura delega todavía más autoridad en la comunidad local. Las organizaciones de DME prestan dinero a grupos más grandes, varias docenas de personas, que ejercen un control bastante independiente sobre la utilización de los fondos. Se utilizan medios democráticos para establecer las políticas y reglas. El grupo toma decisiones individuales y lleva

a cabo todas las transacciones. Los préstamos individuales no tienen garantía, pero la presión de los pares en el grupo sirve como medio para proteger a la organización contra el incumplimiento de los pagos. Muchas veces, los ahorros del grupo se utilizan como forma de garantía. Los oficiales de préstamos DME tratan al grupo como unidad y no como receptores de préstamos personales, por eso la relación individual con cada miembro del grupo es más distante.

La educación y capacitación sobre los DME

El nivel de educación y capacitación que brindan los micro prestamistas varía mucho y está impulsado por distintas filosofías en cuanto al valor de esos servicios. Todas las organizaciones DME afirman poner énfasis en los servicios de capacitación comercial y su promoción, pero la realidad revela que existen prácticas diferentes. El valor económico de esa capacitación, elegido por la organización DME, definirá la extensión de los servicios que ofrece.

Por un lado están los programas DME que intentan mantener los costos bajos, y brindan solamente lo indispensable para el otorgamiento del préstamo. Se enseña a los receptores lo básico acerca de la estructura del préstamo, el programa de cuotas y se hace hincapié en la importancia de cumplir con los pagos. El escaso contacto, entre el que toma el préstamo y el oficial que lo otorga, se mantiene para vigilar los costos del servicio y los gastos.

Del otro lado están las organizaciones DME que ven la capacitación y la enseñanza como componentes vitales de sus programas. De hecho, esas organizaciones consideran que son una inversión importante para incentivar la devolución del préstamo por parte de sus clientes. La capacitación puede desarrollarse en aulas, allí se tratan temas referentes a las finanzas personales y los oficiales del préstamo resuelven consultas individuales sobre los negocios.

Se le preguntó al líder del programa Christian Reformed World Relief Committee (CRWRC), en Tanzania, cuáles eran los tres puntos más importantes para el éxito de los DME: «La capacitación, la capacitación, la capacitación», respondió. CRWRC tiene un programa llamado MICRO-MBA Business Training, consiste en un intenso curso de una semana que ofrece capacitación básica. Los temas incluyen: investigación del mercado, cómo usar una calculadora, compras, costos y precios, ventas, el plan de negocios, administración semanal del dinero y control del inventario o abasto. En lugar de brindar la capacitación ellos mismos, CRWRC prepara a los entrenadores, que cobran honorarios por cada graduado exitoso. Los entrenadores deben reclutar a los clientes para el curso, y cada uno paga honorarios por asistir a clase. Todos los años se gradúan unos setecientos empresarios del programa MICRO-MBA.[9]

Además de brindar capacitación comercial, las organizaciones cristianas de DME deben tomar en cuenta un aspecto adicional: la transformación espiritual y la adaptación a los principios bíblicos. Este es un importante componente en el objetivo triple de los negocios del Reino, y también absolutamente esencial para el desarrollo del capital espiritual, que es clave para la bendición de una nación. El objetivo de la transformación espiritual, a veces, es un enorme desafío para las organizaciones de DMEC, debido a las mismas fuerzas económicas que perturban otros aspectos de capacitación, y también, porque existen otras fuerzas que obstaculizan la evangelización. (Exploraremos estos desafíos, más adelante en este capítulo, con mayor detalle.)

El evangelio y los principios bíblicos tienen que ser el punto central de los programas de DMEC para bendecir a la nación y establecer un cimiento sólido para el capitalismo exitoso. La organización de DMEC Christian Enterprise Trust of Zambia (CETZAM) explícitamente incluyó este componente en su declaración de visión y misión, al fundarse en 1995:

El Christian Enterprise Trust of Zambia funciona como fideicomiso voluntario de cristianos que se dedican a los negocios. Están comprometidos con el progreso de comerciantes y empresarios de negocios pequeños y medianos, ya sean potenciales o existentes, a través de la provisión de:
- préstamos de capital reducido para iniciar o expandir su negocio,
- capacitación en materia comercial,
- consejo comercial sólido para la planificación y operación del negocio.

Y a través de la *promoción de principios comerciales cristianos*, mediante:
- discipulado para personas de negocios en la fe cristiana,
- trabajo de redes con las comunidades cristianas y comerciales para formar relaciones,
- defensa de un estándar bíblico de recta moral y conducta ética en los negocios.

Para:
- satisfacer necesidades personales en lo espiritual, económico y social,
- ayudar a que la justicia, la rectitud, la paz y la estabilidad prevalezcan en la comunidad.
- *establecer el reino de Dios, extenderlo y exaltarlo en la nación de Zambia.*[10]

Evaluación del desarrollo de la micro empresa cristiana

La rentabilidad y la sustentabilidad de las DMECs

Al día de hoy, el objetivo de la rentabilidad y sustentabilidad sigue siendo uno de los más grandes desafíos para las organizaciones DMEC. La sustentabilidad no es una preocupación exclusiva de las organizaciones cristianas. También las organizaciones seculares han tenido dificultades en ese aspecto. Los analistas de DME han señalado una cantidad de niveles de sustentabilidad, pero los escalones más discutidos son los que están en ambos extremos del espectro: la sustentabilidad operativa y la sustentabilidad financiera.

La sustentabilidad operativa mide si el programa de DME podrá cubrir los costos actuales con sus ingresos. En otras palabras, el programa de DME recibe más en forma de intereses y honorarios de lo que gasta para cubrir la operación. En términos contables, esencialmente, consiste en la medición del flujo de efectivo. La medida de sustentabilidad operativa es una tasa y se expresa como porcentaje. La sustentabilidad operativa inferior al cien por ciento demuestra que los ingresos no cubren los costos, en tanto la tasa mayor al cien por ciento indica autosustentabilidad operativa, o que los ingresos superan los costos.

> Sustentabilidad operativa = (Ingreso operativo informado ÷
> Gasto operativo informado) x 100%

La sustentabilidad financiera es la medición que indica si el programa DME será rentable, considerando todos los costos combinados. Es decir, que el programa muestre ganancias considerando los diversos beneficios económicos. Por ejemplo, la mayoría de las organizaciones DME reciben subsidios y donaciones en especies. Además, no tienen la responsabilidad del pago de impuestos por los fondos donados, un costo que sí tendrían si obtuvieran la financiación de parte del mercado financiero en vez de donaciones. También se debe tomar en cuenta el costo de la inflación y la reserva en caso de pérdidas. Muchas organizaciones multinacionales no incluyen los gastos de su oficina central en los cálculos de sustentabilidad que realizan para los programas establecidos en otros países.

Si se iguala la sustentabilidad operativa con alguna medición contable que represente el flujo del efectivo, puede igualarse la sustentabilidad financiera con una medición financiera de la verdadera rentabilidad sin subsidios. La sustentabilidad financiera también es una tasa que se expresa como porcentaje. El valor menor al cien por ciento significa que la operación, en ese momento, no es sustentable sin subsidios, pero un valor superior al cien por ciento, indica que el programa es «financieramente sustentable» y que podría sobrevivir por sí mismo sin donaciones ni subsidios.

> Sustentabilidad financiera = (Ingreso operativo real ÷
> Gasto operativo real) x 100%.

Es de gran importancia analizar los intrincados detalles técnicos de las mediciones de sustentabilidad, ya que permiten entender la rentabilidad y la sustentabilidad de los programas DME. Los programas que sean operativamente autosustentables podrán seguir operando bajo las condiciones de ese momento, sin la contribución de donaciones y subsidios. La medición principal en cuanto a la rentabilidad del DME es la sustentabilidad financiera, y todos los programas DME tienen como objetivo ser financieramente autosustentables.

Algunas observaciones sobre la sustentabilidad de los DME

The MicroBanking Bulletin recoge periódicamente los datos financieros reportados por ciento treinta y cinco programas de micro financiamiento. Representan una sección transversal de las organizaciones DME, en su mayoría seculares, y casi todos los programas del grupo se enfocan en el rendimiento financiero. En el cuadro que aparece a continuación se ven los resultados del año 2002.

Figura 6

Tamaño de la cartera	Préstamo promedio	Cantidad promedio de receptores	Tamaño promedio del préstamo	Promedio préstamo/PBI per cápita	Préstamos por oficial	Tasa del préstamo	Gastos administrativos totales
DMEs pequeños	0,6	3.886	$ 303	35%	314	47%	53%
DMEs medianos	3,6	13.069	$ 685	61%	310	39%	29%
DMEs grandes	67,2	322.501	$ 993	96%	333	18%	31%

El universo de los programas DME puede dividirse en tres subconjuntos de acuerdo con el tamaño de su cartera de préstamos. Aunque las definiciones exactas en términos de dólares varían de continente a continente, debido las diferencias económicas, los programas de DME pequeños suelen tener carteras por debajo de $ 1 millón. Las carteras de los programas de DME medianos suelen estar en un rango de entre $ 1 y $ 10 millones, y los más grandes suelen exceder los $ 10 millones. Esta nos permite efectuar varias observaciones importantes con respecto a la sustentabilidad de los DME.

Pocos DMEs son financieramente autosustentables: Los participantes autoseleccionados del Boletín de MicroBanking se cuentan entre las organizaciones DME que más se enfocan en las finanzas. Sin embargo, solamente un tercio de las organizaciones incluidas en esos resultados lograron un nivel de rentabilidad, y suelen ser los programas de una mayor dimensión. Los programas de DME, financieramente autosustentables, tienen en promedio un tamaño mayor.

Sustentabilidad en escala: Enseguida se hace evidente que existe una fuerte correlación positiva entre el tamaño del programa DME y su medida de sustentabilidad. En general, cuanto más grande sea el programa de préstamos tanto más sustentable será. Y esto se aplica tanto a la sustentabilidad operativa como a la financiera. Los DMEs pequeños tienen sustentabilidad operativa promedio y valores de sustentabilidad financiera de un noventa y un setenta y nueve por ciento respectivamente, en tanto que los DMEs más grandes tienen valores promedio de sustentabilidad operativa y financiera de ciento catorce por ciento y ciento cinco por ciento respectivamente.

Los DMEs más grandes gastan un porcentaje menor en costos de administración que los DMEs pequeños: ¿Por qué es tan importante la escala para la sustentabilidad? Ante todo, debemos observar que la rentabilidad del DME, como la de todo negocio, se determina por la diferencia entre los ingresos y los gastos. En los préstamos, los ingresos provienen de los intereses y honorarios que paga el receptor, en tanto los gastos suelen ser costos de obtención de fondos y costos administrativos resultantes de la emisión y servicio del préstamo. Esos gastos incluyen el costo de la capacitación y otros servicios prestados al cliente.

- En general, el funcionario tiene una carga promedio de poco más de trescientos préstamos. Si tomamos en cuenta que el préstamo promedio dura unos tres meses solamente, ¡el oficial promedio maneja mil doscientos préstamos por año! Es una cantidad enorme de clientes, pero vimos que muchos programas de DME tienen estructuras que delegan a la comunidad receptora las decisiones de los préstamos personales. Lo que varía según el tamaño del programa es el tamaño promedio de los préstamos otorgados. Los DMEs más grandes prestan tres veces más a cada cliente de lo que otorga un DME pequeño, por eso, el funcionario a cargo de los créditos en los servicios DME de mayor envergadura tiene una cartera de clientes tres veces mayor en términos dólar.
- En relación con el tamaño de la cartera, los costos son mucho más altos para los DMEs pequeños. En términos absolutos, se esperaría que un DME pequeño tuviera gastos menores, pero como su cartera es más pequeña, los costos administrativos por

dólar prestado son más altos. Para los DMEs pequeños los costos administrativos son de cincuenta y tres centavos por dólar otorgado, en tanto para los programas más grandes el costo es de dieciocho centavos. La diferencia es enorme.

- Para compensar la diferencia, los DMEs pequeños suelen cobrar tasas de interés más altas. Mientras el DME más grande presta a treinta y un por ciento como promedio, los préstamos otorgados por los DMEs más pequeños cobran un promedio de cuarenta y siete por ciento de interés.

- Aun así, para los DMEs pequeños es difícil cubrir la enorme carga de los costos administrativos. Es decir, que los DMEs más grandes pueden amortizar los gastos fijos sobre una cartera de préstamos mucho mayor.

La escala también es importante para la sustentabilidad de los programas DME cristianos: Como lo demuestra el gráfico siguiente, un análisis de cuarenta programas cristianos de DME revela que los programas más grandes tienen mayores posibilidades de alcanzar la sustentabilidad.[11]

Figura 7

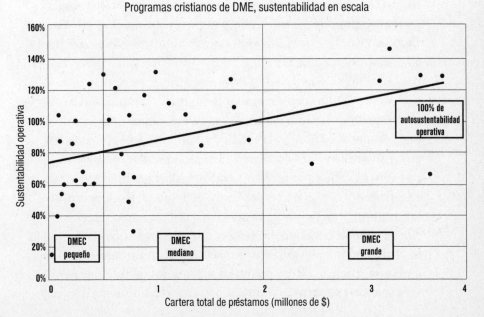

Programas cristianos de DME, sustentabilidad en escala

Solamente el veintisiete por ciento de los programas cristianos de DME, con carteras de préstamos inferiores a los $ 0,5 millones (DMECs pequeños), alcanzan la autosustentabilidad operativa. El cincuenta por ciento de los programas cristianos de DME, con carteras de préstamos por un total de $ 0,5 – 2 millones (DMECs medianos), son operativamente autosustentables; en tanto, el setenta y uno por ciento de los DMECs, con carteras totales por encima de $ 2 millones (DMECs grandes), son operativamente autosustentables. Es decir que hay tres veces más posibilidades de que un DMEC grande logre ser autosustentable, en comparación con los DMECs pequeños. Como resultado, muchas organizaciones cristianas de programas DME se esfuerzan por expandirse. Es que el tamaño parece ser la clave de la rentabilidad y sustentabilidad del programa.

Desafortunadamente la mayoría de las organizaciones cristianas de DME no logran su objetivo de sustentabilidad: Mientras la mayoría no llega a ser operativamente autosustentable, muy pocas (casi ninguna) opera actualmente con autosustentabilidad financiera. Debemos ser justos y decir cuáles son los factores que contribuyen a esto:

- Los programas cristianos de DME suelen servir a los sectores más pobres de la población y buscan llegar a un mayor número de personas. Por eso, el tamaño promedio de sus préstamos es menor. Mientras la contraparte secular tiene programas similares con préstamos promedio de $ 400, la organización cristiana Opportunity International otorga préstamos de solo $ 200 por cliente, como promedio.

- Los programas cristianos de DME otorgan también, más tiempo por cliente a cada funcionario de préstamos. Como observamos, el promedio en la industria secular es de trescientos préstamos por funcionario. Pero aun en la DME cristiana más grande, cada oficial maneja menos de doscientos clientes o préstamos.

- Los DMEs cristianos no han logrado todavía el nivel de escala que tienen los programas seculares más grandes. Opportunity International es una organización gigante, comparada con las demás organizaciones cristianas, y sin embargo, dos tercios de sus programas son DMEs pequeños en tanto un tercio son de tamaño mediano. Otros programas cristianos de DMEs operan a escala aún menor.

La sustentabilidad es un objetivo importante para el progreso de los pro-gramas cristianos de DME: Si puede lograrse la sustentabilidad financiera, se abrirán las puertas al crecimiento. La rentabilidad provoca que los pro-gramas de préstamos y capacitación aumenten a través de las ganancias. Las organizaciones cristianas de DME entonces también podrán otorgar préstamos más grandes. Hoy, los esfuerzos de los DMECs dependen mayormente de las donaciones, pero la rentabilidad ofrece posibilidades de mayores inversiones, impulsando hacia el crecimiento de los progra-mas. Es importante el objetivo de la sustentabilidad para los programas cristianos de DME, porque impone en los oficiales de préstamos y en los directores del programa las mismas presiones que tienen los clientes. Quienes reciben el préstamo se enfrentan con una igual disciplina de ren-tabilidad operativa, por lo cual las organizaciones cristianas de DME aconsejan y capacitan sobre eso.

El impacto de las organizaciones cristianas de DMEs en la creación de empleos y riqueza local

La fuerza más grande de los programas de DME está en el efecto que pue-de tener un pequeño capital en las vidas de las personas. Como dijimos antes, la organización cristiana de DME más grande ha calculado que con cada préstamo se crean 1,5 puestos de trabajo (uno directamente, y la otra mitad indirectamente). Esta organización cristiana de DME opera en paí-ses muy pobres, con préstamos promedio de $ 200. Así que, aproximada-mente cada puesto de trabajo indirecto representa $ 133, y cada puesto creado directamente corresponde a los $ 400 prestados. Otro programa cristiano de DME operado por Integra Ventures, en Europa Oriental, informa que por cada $ 400 prestados se crea directa o indirectamente un puesto de trabajo.

Otras organizaciones de DME realizaron análisis similares, con resul-tados parecidos, un puesto de trabajo por cada dos préstamos. Por ejem-plo, un estudio de la operación de DMEs en Perú, donde el préstamo promedio apenas supera los $ 200, concluyó que se crea un nuevo pues-to de trabajo por cada $ 1.348 prestados. Y el estudio realizado por la DME Fundusz, en Polonia, indica que por cada $ 3.571 prestados se crea un puesto de trabajo.

Aunque las cifras son alentadoras, parecería que los préstamos DME pequeños sirven más para mantener el trabajo que para crearlo. Y es cierto especialmente cuando se trata de préstamos más pequeños. David Bussau, conocido como el padre de las organizaciones cristianas de DME, observó que los préstamos de $ 50 no crean nuevos puestos de trabajo sino que se utilizan para asegurar la supervivencia económica y física de quien los recibe.[12] Los préstamos DME más grandes sí ayudan a los micro empresarios a expandir su negocio, a contratar a familiares o amigos, o asociarse con ellos. Los esfuerzos DME dan como resultado nuevos puestos de trabajo, claro está, aunque a menudo son más eficaces en su asistencia al mantenimiento de puestos ya creados. Y allí donde el trabajo es sostenido por los programas de DME, generalmente el empleo mejora y se hace más eficaz.

Anita Bebe y sus siete hijos viven en la nación de Vanuatu, en el Pacífico sur. Vanuatu comprende más de ochenta islas pequeñas y es un país pobre, con un PBI anual por persona de solamente $ 2.900. Para Anita y su familia, la vida era difícil. Ella trabajaba como empleada doméstica en la capital de Port Vila y su marido solamente pudo conseguir empleo en otra isla. Sus hijos no podían asistir a la escuela con regularidad. Gracias a un préstamo DME de $ 150, Anita refaccionó su casa y allí construyó una pequeña tienda. Demostró tener dotes de líder y pronto llegó a coordinar un grupo de receptores de préstamos DME, supervisando a treinta personas. Con un segundo préstamo de $ 300, Anita pudo ampliar su negocio. Hoy, su tienda le da ingresos de $ 60 por día, con una ganancia diaria de $ 10 (luego de pagar salarios y gastos), lo cual permite que su esposo trabaje con ella en el negocio sin tener que dejar su hogar.

Sus hijos asisten a la escuela y Anita hasta puede ahorrar para enviar a su hijo mayor a la universidad. Agradece al programa de DME por haber generado un empleo mejor y más rendidor para ella y su esposo.[13]

Los programas de DME también son un vehículo para la creación de riqueza. Los emprendimientos financiados a través ellos son pequeños y comprenden por lo general a pocas personas, vinculadas directamente con el micro emprendedor. Pero aun con un préstamo de $ 500 y un negocio pequeño de tipo doméstico o de taller casero, el programa de DME puede crear una riqueza superior al monto de lo prestado. Por ejemplo, la tienda de Anita Bebe en Vanuatu le da $ 10 diarios de ganancia. En un año, esto suma más de $ 2.500. Si nos basamos en los ingresos, su tienda puede valer $ 10.000 o más, lo cual significa la creación de $ 10.000 de riqueza para Anita y su país.

Por lo general, la riqueza está contenida en las ganancias del negocio, pero puede aumentar a través de los esfuerzos de DME. Un análisis realizado por el programa polaco de DME, llamado Fundusz, reveló que los receptores de préstamos lograron aumentar su ingreso total promedio en un veinte por ciento a lo largo del período de nueve meses que duró el estudio, y eso incluía el costo de las cuotas del préstamo.[14] Por supuesto, no todos usan los fondos de manera rentable. Una persona que trabajó durante mucho tiempo en programas cristianos de DME observó que el nivel de innovación y emprendimiento no es alto entre quienes toman este tipo de préstamos. Muchas veces, a la persona le va peor después de recibir el préstamo porque no sabe cómo utilizar bien el dinero. Es cierto que algunos programas de DME delegan a la comunidad la decisión de otorgar préstamos personales y que por eso no pueden verificar la utilización de los fondos. Pero los programas de DME que ofrecen una sólida capacitación a través de mentores y una relación cercana entre los funcionarios que manejan el préstamo y sus clientes deberían poder mitigar ese riesgo en gran medida.

El impacto de los programas cristianos de DME sobre el avance de la iglesia local

Los programas cristianos de DME atraen a una multitud de clientes de la población general y por eso están diseñados para ser vehículos de evangelización. Los receptores de préstamos, que solicitan recibir capacitación y dinero, podrán conocer al evangelio en las reuniones grupales o en otro tipo de interacción con los funcionarios de cuenta cristianos. Al extender una mano de ayuda, el personal de las organizaciones cristianas de DME puede predicar del amor de Cristo a sus clientes y llevarles el evangelio transformador de vidas. Debido a su amplio alcance, los programas cristianos de DME constituyen un vehículo de evangelización a través del cual mucha gente puede llegar a Cristo.

Si la relación entre la escala y la sustentabilidad es algo notable, esto se ve reflejado en una relación análoga entre la escala y el avance de la iglesia local. Sin embargo aquí la relación es a la inversa. Porque los programas cristianos de DME parecen concentrarse más en los resultados espirituales, a diferencia de sus contrapartes más grandes, cuyo enfoque a menudo está en los resultados financieros. Para explorar las razones por las que diversos programas cristianos de DME podrían enfocarse en objetivos distintos, deberíamos considerar más detenidamente las estructuras de las organizaciones.

Hay dos modelos básicos para las organizaciones cristianas de DME: el modelo multinacional y el modelo independiente (ver Figura 8). Los representantes más grandes de las organizaciones cristianas de DME son las del tipo multinacional, ubicadas en el mundo desarrollado. Son instituciones que se vinculan con donantes potenciales, recaudan fondos y llevan hacia adelante la causa de las DME cristianas. Los fondos luego se asignan a una cartera de programas en países específicos. Por ejemplo, Opportunity International ha dado más de $ 85 millones en préstamos a cuatrocientos mil micro emprendedores a través de unas cuarenta organizaciones asociadas en países como Zambia, Ghana y Filipinas. Otras grandes organizaciones cristianas de DME, como World Vision, World Relief, Mennonite Economic Development Associates (MEDA), Food for the Hungry y Christian Reformed World Relief Committee (CRWRC), siguen un modelo multinacional similar.

Figura 8

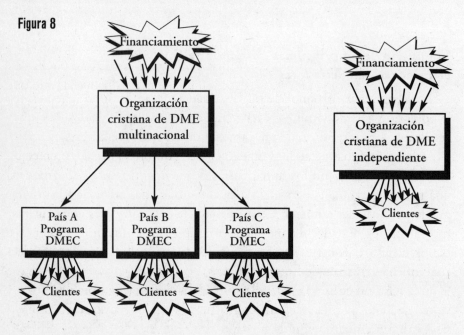

Las organizaciones, en cada uno de los países en vías de desarrollo son consideradas filiales o miembros de una red de DMEC multinacional. Los nombres de estas organizaciones, a veces, no tienen que ver con la multinacional principal. Por ejemplo, Cambodia Community Building es la filial de World Relief en Camboya. El grado de independencia de esas organizaciones varía, pero siempre rinden cuenta ante su organización principal y su rendimiento se monitorea de cerca.

Además de otorgar los fondos necesarios para iniciar y mantener los programas DME locales, las organizaciones multinacionales también brindan la infraestructura que esas organizaciones regionales necesitan. Eso incluye la contabilidad financiera, el software para el análisis de carteras de préstamos, la capacitación para los que manejan las cuentas, la producción del material educativo para los receptores de préstamos y la medición del rendimiento.

El segundo modelo en el mundo de las DMECs son las organizaciones independientes. Como lo indica su nombre, son organizaciones que se ocupan tanto de recaudar el capital como de administrar los préstamos. Los programas independientes de DMEC son casi siempre resultado de esfuerzos misioneros, organizaciones o iglesias que trabajan en pro de un desarrollo económico. Por ejemplo, en 1996 un misionero de Juventud con una Misión inició el proyecto LIFE (Love in Family Environment: Amor en un entorno de familia), un esfuerzo DMEC independiente en Tailandia.

Sin embargo, la diferencia entre las organizaciones DMEC multinacionales y las independientes no radica solamente en su estructura. No es de extrañar que esas organizaciones independientes sean más pequeñas que las asociadas a las multinacionales. El proyecto LIFE trabaja con unos $ 15.000 en préstamos para cien clientes, en tanto la cartera de Cambodia Community Building, afiliada a World Relief, tiene unos $ 600.000 en préstamos otorgados a unos trece mil clientes. El nivel de sofisticación financiera y disciplina también es inferior en los programas independientes.

Figura 9

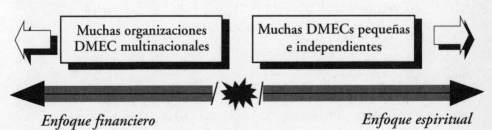

| Muchas organizaciones DMEC multinacionales | Muchas DMECs pequeñas e independientes |

Enfoque financiero   *Enfoque espiritual*

Muchas organizaciones cristianas de DME con estructura multinacional suelen tener un enfoque financiero. Por eso ponen énfasis en la sustentabilidad, la rentabilidad, una mayor escala y parámetros financieros del éxito (por ejemplo, la cantidad de préstamos por funcionario, la tasa de cumplimiento de los receptores). La medida espiritual del éxito a veces queda marginada. Por ejemplo, una organización DMEC multinacional evalúa sus programas afilados según seis parámetros principales. Cuatro se vinculan con el rendimiento de la cartera de préstamos, uno con la administración y el último con el enfoque de transformación. Solamente uno de los cuatro criterios que determinan el nivel de esa transformación tiene que ver con lo espiritual.

La participación que las organizaciones cristianas de DME les dan a las fuentes seculares para recaudar fondos (sea gobierno, compañías multinacionales, u otras) influye en su capacidad para predicar su fe. Las organizaciones cristianas de DME encuentran en los fondos otorgados por el gobierno un mecanismo importante para alcanzar su escala, pero desafortunadamente ese dinero conlleva ciertas concesiones. A causa de esas limitaciones, hay organizaciones cristianas de DME que han decidido no recurrir más a fuentes seculares.

Muchos de los programas cristianos independientes están vinculados a iglesias, misiones u organizaciones cristianas. Por eso, caracterizados por su mentalidad misionera y dependendecia de las donaciones, consiguen una escala menor pero buenas mediciones de éxito espiritual (vidas transformadas y crecimiento de la iglesia local). Exhiben un enfoque más espiritual.

Figura 10

Enfoque financiero	Enfoque espiritual
Sustentabilidad	Mentalidad misionera
Rentabilidad	Donaciones
Escala mayor	Escala menor
Parámetros financieros	Parámetros espirituales
Préstamos por funcionario	Vidas cambiadas
Tasa de cumplimiento	Crecimiento de la iglesia

Aun dentro de la organización de una DMEC internacional, el grado de influencia espiritual puede variar mucho dentro de cada país. Hay programas DMEC con un enfoque definidamente evangélico y otros donde los empleados cristianos son minoría. CETZAM, el esfuerzo DMEC de Zambia cuya declaración de misión vimos anteriormente, es una organización que pone énfasis en los principios cristianos y en los objetivos espirituales. CETZAM explícitamente incluye enseñanza de la Biblia, células de oración, mentores y una red cristiana en su programa, que complementa la capacitación y los servicios de consejería en materia de negocios. El programa tiene casi dieciocho mil clientes en actividad y $ 1 millón de dólares en dinero otorgado como préstamos. Desafortunadamente, CETZAM es otra de las organizaciones que no logran los objetivos de autosustentabilidad.

Algunos programas cristianos de DME son menos eficaces en los resultados de avance para la iglesia local. De hecho varios esfuerzos de micro financiamiento, bajo el paraguas de un programa cristiano multinacional, tienen una minoría de empleados cristianos, y algunos ni siquiera cuentan con algún empleado cristiano.

El único personal cristiano que llegan a conocer los receptores de préstamos es el oficial de cuentas. Obviamente, si el funcionario con el que uno trata es musulmán, las barreras para el evangelio de Jesús serán considerables.

¿Qué lleva a algunas organizaciones DMEC cristianas a permitir que en sus filiales y programas haya tantos empleados no cristianos? Hay dos líneas de razonamiento que nos llevan a ese resultado. Algunos argumentan que toda asistencia al pobre es un esfuerzo loable, sea brindado por cristianos o no. Y por eso, aunque presentar el evangelio es un buen objetivo, no es esencial. Como conclusión apoyan los esfuerzos DME con gente no cristiana, aunque no sea de preferencia. El segundo argumento defiende la necesidad de promover programas de DME no cristianos en zonas donde no existe una presencia cristiana suficiente hasta el momento. El objetivo posterior sería pasar luego el programa al liderazgo cristiano, pero la fase inicial requiere de una minoría cristiana al menos.

Parece que los esfuerzos cristianos en materia de DMEs se hallan atascados en una tensión que se percibe entre la escala o sustentabilidad y el avance de la iglesia.

Sin embargo, esa es una percepción miope porque se enfoca demasiado en las transacciones financieras individuales y no en la infraestructura y entorno necesario para el comercio exitoso. Muchos de esos grupos no llegan a comprender la importancia del desarrollo del capital espiritual, que bendice a una nación entera en lugar de a unos pocos. Es el desarrollo del capital espiritual lo que generará el desarrollo económico real de un país.

Un caso que lo demuestra es la experiencia del Grameen Bank en Bangladesh, un pionero secular en materia de programas de DME. Desde 1976, el Grameen Bank lleva a cabo el programa DME más famoso del mundo, prestando $ 3,7 mil millones a un grupo de dos millones cuatrocientas mil personas en Bangladesh. El esfuerzo total del DME en el país alcanzó a unos diez millones de personas. Bangladesh era una de las naciones más pobres del mundo cuando se comenzó a trabajar en ese tipo de programas, pero aunque ya se invirtieron miles de millones de dólares, sigue estando en los últimos puestos de la lista del PBI per cápita. Todavía sufre de mucha pobreza y la economía no se ha desarrollado mucho. También se debe tener en cuenta que Bangladesh posee el índice de corrupción más alto del mundo.[15] No cabe duda de que la falta de capital espiritual inhibió el desarrollo económico y es un problema que ni el Grameen Bank ni los otros programas de DME se ocupan de resolver. Dar préstamos sin desarrollar capital espiritual, en última instancia, es una acción que no bendice a la nación.

Los ganancias y las oportunidades del DME cristiano

La tensión inherente

Las organizaciones DME cristianas están esforzándose por lograr objetivos financieros y espirituales de manera simultánea, pero parece existir una tensión básica y continua entre la rentabilidad y sustentabilidad y el avance de la iglesia local. No todas las organizaciones cristianas de DME operan con esa tensión, pero es algo que suele surgir ante la inclinación por uno de los dos objetivos en desmedro del otro. Creo que la tensión podrá resolverse a medida que los esfuerzos de las DMEC crezcan y maduren.

Dave Larson, de HOPE International, observa que las organizaciones cristianas de DME adoptan cuatro aspectos diferentes, dependiendo del énfasis que hagan en el desarrollo económico o en los objetivos espirituales:

1. Algunas organizaciones de DME pueden tener orígenes cristianos, pero actualmente ser de *naturaleza secular*. Así como la Young Men's Christian Association (YMCA) [Organización Cristiana de Jóvenes] de los EE.UU., que se alejó de sus raíces cristianas para convertirse en una institución secular. Esas organizaciones de DME ya no tienen conexiones cristianas. Son de naturaleza secular.

2. Los programas cristianos de DME pueden tener motivaciones cristianas, pero ser *seculares en la práctica*. Las organizaciones cristianas de DME que tienen poco personal cristiano caen en esta categoría. Creen en el valor de las DME, pero no presentan un compromiso fundamental con el cambio cultural. La fe es la motivación para ayudar al pobre, pero los objetivos espirituales son desplazados por los objetivos de desarrollo o sustentabilidad cuando aumenta la presión. Sin embargo, y como vimos en capítulos anteriores, el capitalismo exitoso se arraiga en convicciones sólidamente afirmadas, y esos pensadores no entienden la importante conexión que existe entre ambas cosas.

3. Algunos esfuerzos cristianos de DME son usados como *medios para un fin*. Si en los primeros dos casos advertimos que la perspectiva pone demasiado énfasis en los objetivos de desarrollo económico, este caso aparece en el extremo opuesto del espectro y pone demasiado énfasis en los objetivos espirituales. El programa DME es nada más que un medio para obtener acceso a una región, y actúa como cubierta para la evangelización. En este caso, no hay diferencias con las tácticas de los misioneros que manejan pseudo-negocios o entran a otros países con visas de estudiantes. Por ejemplo, una operación de DMEC asignó solamente $ 10.000 de su capital de $ 700.000 al desarrollo económico. El resto se destinó a la evangelización.

4. Una cuarta perspectiva sería lo que podríamos llamar una *DME cristiana verdaderamente holística*. Las organizaciones totalmente comprometidas con el desarrollo sustentable de la economía

y la iglesia local por igual, caben en esta categoría. Esta perspectiva pone en práctica un ministerio integral que reconoce la necesidad de satisfacer carencias económicas, sociales y espirituales. Como no hace concesiones ni renuncia a ninguno de los aspectos, es la perspectiva con mayor tensión entre los objetivos de desarrollo económico, social y espiritual.[16]

No hay razón para que los objetivos de desarrollo económico sustentable y del avance de la iglesia sean mutuamente excluyentes. Muchas organizaciones ven que sus esfuerzos en pos del desarrollo espiritual rinden beneficios económicos a medida que aumenta la tasa de cumplimiento en el pago de los receptores. Varios programas cristianos de DME son, en la actualidad, operativamente autosustentables, y tocan las vidas de las personas una a una. Como dice Larson, las organizaciones cristianas de DME necesitan el corazón de un pastor y el cerebro de un banquero.[17]

¿Donación o inversión?

La diferencia entre una donación y una inversión está en que la primera no requiere de devolución económica en tanto la segunda implica la expectativa de un retorno positivo. Hasta el día de hoy, los esfuerzos cristianos de DME casi siempre se han financiado con dólares donados. Personas, iglesias y fundaciones brindan contribuciones (libres de impuestos) a los programas y se ayuda así a mucha gente en todo el mundo. Ese dinero no se distribuye sencillamente como asistencia y genera bastante endeudamiento, pero también hay recuperación de los préstamos. Como hemos visto, el préstamo pagado puede reciclarse una y otra vez. Sin embargo, cuando la empresa opera con pérdidas, hay un drenaje neto de capital y se necesitan donaciones adicionales para sostenerlo. Hasta tanto sean capaces esos programas de generar el efectivo suficiente, no solo para ampliar sus esfuerzos sino para establecer fondos en lugares nuevos, el capital inicial tendrá que provenir de donaciones.

Aunque las organizaciones cristianas de DME han tenido dificultades para lograr la autosustentabilidad, no son inherentemente carentes de rentabilidad. Algunos programas han logrado la autosustentabilidad operativa y pueden hoy recaudar fondos adicionales a través de vehículos de inversión. De hecho, Opportunity International ofrece un retorno del cero al tres por ciento de sus inversiones con los Bonos de Inversión Calvert Foundation's Community. Otras organizaciones cristianas de DME ya están avanzando hacia la rentabilidad, y eso evidencia un progreso de madurez en la perspectiva de los negocios del Reino. Hemos visto que la escala (tamaño de la cartera) es un factor importante en la creación de programas DME sustentables. Los dólares invertidos pueden brindar un medio para el crecimiento de las DMECs, y a la vez, eso ayuda a mejorar la rentabilidad.

Este cambio, de depender de las donaciones a sostenerse con inversiones, puede lograrse en las organizaciones cristianas de DME, solamente si buscan la rentabilidad económica. Es posible. El Banco Rakyat de Indonesia (BRI) ganó $ 140 millones durante la primera mitad del 2003. Ese mismo año, en su primera cotización en bolsa, su valor ascendió a $ 1.2 mil millones. La mayor parte del BRI es propiedad del gobierno de Indonesia, pero se posiciona como el cuarto prestamista más grande del país por el tamaño de su activos. Los micro préstamos forman el treinta por ciento de la actividad crediticia del BRI y el sesenta y ocho por ciento de sus ingresos netos por intereses. Solamente el dos coma cinco por ciento de la cartera de micro préstamos se encuentra por debajo del nivel de operación, o con más de noventa días de mora. Esto es menos de la mitad de lo operado en total por el banco. El BRI tiene tres mil novecientas treinta y un sucursales en toda Indonesia, y cada una es un centro rentable con la responsabilidad de su propio balance financiero y de recaudar sus propios fondos a través de los depósitos. En 1998, cuando la crisis asiática estaba en su peor momento, la unidad de micro préstamos del BRI registró ganancias brutas de $ 89 millones, en tanto sus divisiones bancarias corporativas o de reventa perdieron $ 3,4 mil millones.[18] Si un programa DME puede ser rentable en momentos tan difíciles para Indonesia, podemos ser optimistas con respecto a que los programas cristianos de DME logren la rentabilidad financiera.

La idea de la sustentabilidad financiera es un requisito previo para el financiamiento por medio de inversiones. El objetivo de la gran organización de DME llamada ACCION es el de crear instituciones de micro financiamiento que sean plenamente sustentables. Sus programas afiliados en todo el mundo brindan aproximadamente $ 600 millones al año a más de un millón de receptores de préstamos. ACCION ofrece garantías que permiten a las instituciones afiliadas obtener fuentes comerciales de crédito.

Algunas de las filiales más exitosas de América Latina y del Caribe reciben inversiones de capital a través de ProFund Internacional. Con base en San José, Costa Rica, ProFund se autodenomina «el primer fondo de capitales privados del mundo dedicado únicamente a la inversión en micro créditos». Se han invertido en total más de $ 20 millones, otorgando préstamos a trece instituciones con fines de lucro y reglamentadas. El fondo se dedica a ganar una alta tasa de retorno para los accionistas, lo cual indica que las instituciones DME pueden ser operaciones positivas de inversión.

Para las organizaciones cristianas de DME, el pasaje de depender de donaciones a inversiones es un desafío. Pocas pueden lograrlo, pero es imperativo que se esfuercen. Porque para que sea autosustentable el negocio del Reino de las DME cristianas, se deberá lograr una rentabilidad amplia. Entonces, los inversionistas potenciales lo notarán. La idea de un programa de DMEs cristianas que crezcan a partir del financiamiento provisto por inversores promueve la autosustentabilidad financiera. Allí se abren, entonces, las amplias puertas de la oportunidad.

El primer paso en el desarrollo económico

Millones de personas se beneficiaron a partir de los esfuerzos de DME y pudieron establecer sus micro emprendimientos gracias a los préstamos. Muchas de esas personas demuestran ser buenos comerciantes y están dispuestos a dar el siguiente paso para que sus negocios dejen de ser micro emprendimientos. Sin embargo, algunas veces se corta el camino que lleva al financiamiento posterior.

Los programas cristianos de DME se establecen con el loable objetivo de satisfacer las necesidades de los pobres y buscan tocar a tantos como sea posible. Por eso el nivel de financiamiento que brindan no es grande. Pero pocas veces se reservan fondos para quienes se gradúan del nivel de los micro emprendimientos. De hecho, las PyMEs enfrentan dificultades muy distintas, y por lo tanto precisan un tipo de personal diferente para asistir a los empresarios que quieren seguir avanzando hacia el siguiente nivel. Si una organización cristiana de DME decide servir únicamente a los micro emprendedores, puede asociarse, y eventualmente lo hará, con un grupo de financiamiento a PyMEs, para ayudar al empresario exitoso a que descubra una oportunidad para seguir creciendo.

Conclusión

Al presentar el marco de los negocios del Reino debemos observar que las naciones en vías de desarrollo podrán crecer progresivamente en sus perspectivas a medida que su infraestructura y economía mejore. Las organizaciones cristianas de DME son el primer paso en este proceso de desarrollo económico, y no una estructura aislada. Es un escalón muy importante, porque construye una base para los negocios e inicia a las personas en un nuevo tipo de pensamiento, con un conjunto de valores espirituales que van interiorizando. Las DMEC construyen capital espiritual en una nación, tanto en las personas como en las familias. Los pobres pueden iniciarse en el comercio productivo, y se crean nuevos puestos de trabajo. La gente aprende lo básico en materia de negocios y principios bíblicos que llevan al comercio exitoso. Se hacen cargo de su trabajo y como clientes, son tratados y servidos con dignidad, como criaturas a imagen de Dios. Se presentan las buenas nuevas y muchos deciden seguir a Jesús.

Sin la base espiritual, las naciones no serán bendecidas. Las organizaciones cristianas de DME son negocios del Reino que sirven a los pobres abriendo nuevas oportunidades económicas y espirituales. Son ladrillos con los cuales se pueden construir negocios más complejos e importantes. Echan el cimiento para otras perspectivas de negocios del Reino que veremos a continuación.

CAPÍTULO 11

LAS PEQUEÑAS Y MEDIANAS EMPRESAS (PyMEs)

En los EE.UU., las pequeñas y medianas empresas (PyMEs) sumaron más del setenta y cinco por ciento de los nuevos empleos a la economía nacional entre 1990 y 1997.[1] Cada vez se reconoce más la importancia de las PyMEs en el crecimiento de la economía. En las naciones en vías de desarrollo pueden ser todavía más importantes para el progreso económico. Crean empleo y riquezas locales y su éxito y crecimiento tiene efecto posterior sobre la actividad de proveedores, socios, distribuidores y clientes. En las pequeñas y medianas empresas, se forman los aspectos más complejos del capital espiritual, como aspectos que afectan a las organizaciones y comunidades. Al igual que los negocios del Reino, las PyMEs llevan a un avance de la misión de la iglesia local al generar recursos económicos y servir como vehículo a través del cual se predica el evangelio de palabra y con los hechos.

Horvat Limited

Ivica Horvat, hijo de un pastor bautista, sentía que el mercado era el lugar donde podía servir a Dios. En 1993 fundó Horvat Limited, Inc., una compañía que fabrica ropa de trabajo y uniformes en su ciudad de residencia, en Croacia. Dos años más tarde Ivica conoció a Bob Fulton, fundador y ex ejecutivo principal (CEO) de una compañía norteamericana multimillonaria, que también fabricaba indumentaria. Bob había ayudado a crear Integra Ventures, una organización cristiana para el desarrollo de PyMEs, y vio los desafíos que enfrentaba Ivica. Uno de los obstáculos para el crecimiento y el éxito era que en Croacia las compañías pequeñas como Horvat Limited no podían obtener préstamos bancarios. Integra no solo brindó dos préstamos útiles, sino que ofreció la capacitación y el consejo de administración financiera que a Ivica necesitaba para lograr el éxito.

El éxito tuvo sus bemoles, por supuesto. Porque a mediados de los noventa, la Guerra de los Balcanes afectó al economía croata. Cuando el dueño de uno de los edificios que alquilaba Ivica quebró, la policía ocupó el lugar. Mientras tanto, Ivica perdió todo el inventario que tenía almacenado allí. Otras dificultades económicas amenazaron con llevarlo a la quiebra. Pero siempre Ivica se mantuvo comprometido con ser «luz y sal» para sus empleados, proveedores y clientes, a través de valores cristianos que motivaban sus acciones en el mercado y en su lugar de trabajo, una luz que brillaba con integridad en un clima donde la corrupción era la norma. En lugar de pagar sobornos, Ivica puso énfasis en la calidad de las relaciones y los productos, y en la importancia de cumplir con sus obligaciones, promoviendo así el capital espiritual. Muchos colegas le preguntaron cuál era la razón de su integridad.

A pesar de las condiciones difíciles en lo político y económico, desde sus inicios Horvat Limited siguió creciendo. Hoy el emprendimiento original en el que se fabricaba indumentaria tiene como complemento la distribución mayorista de equipos de seguridad y ropa de trabajo especial. Actualmente, es la fuente de sustento de cuarenta empleados, sus familias y de los trabajadores de las empresas subcontratadas por Horvat.

Además de dar trabajo y sustento a los empleados, el negocio de Ivica da ropa y ayuda humanitaria a los pobres de su comunidad. También auspicia actividades deportivas locales. Ivica organizó un grupo para comerciantes cristianos y lidera un estudio bíblico para personas de negocios, con un enfoque en la vida comercial fiel a los principios cristianos. Y hasta tiene tiempo para servir en su iglesia local. Como diácono predica, enseña y ministra a los jóvenes. Gracias a la rentabilidad de Horvat Limited, Ivica pudo ofrecer financiamiento para la renovación del edificio de la iglesia. «Y todo lo hicimos sin dinero occidental», anunció con orgullo.[2]

La naturaleza de las PyMEs

Aunque algunos piensan que las PyMEs son micro emprendimientos en crecimiento, debemos observar las diferencias fundamentales entre esos dos segmentos. Mientras los micro emprendimientos suelen operar en el sector informal, las PyMEs cruzaron la línea y entraron en el sector de la economía formal. Son entidades legales, lo cual requiere mayor conocimiento y entendimiento del sistema legal. Tienen una estructura organizativa y requisitos de administración. Las PyMEs también interactúan con las autoridades gubernamentales en materia de permisos, impuestos y rentas.

Los que se ocupan de trabajar por el desarrollo económico aprecian cada vez más el hecho de que no todo el mundo es empresario. Porque no todos tienen la motivación que lleva a ser propietario de un negocio, ni el ingenio o iniciativa que les permite beneficiarse a partir de los esfuerzos DME. «Quizá solamente un diez por ciento de la gente sea del tipo empresario», observa John Warton, de la Business Professional Network. «Las PyMEs brindan puestos de empleo para el resto».[3] Como líder de una organización cristiana, activa tanto en el desarrollo de DME como de PyMEs, observa que casi la mitad de las personas que solicitan un crédito DME cumplen con todo el proceso. Muchos descubren, al tener que definir un plan de acción, que no tienen las dotes de empresarios, y que posiblemente fracasen.

Los problemas que deben resolver los propietarios u operadores de PyMEs son más complejos que los enfrentados por un micro emprendedor. Las operaciones interpersonales son más arduas. De hecho, quienes trabajan con PyMEs identifican los temas de estructura y administración como las claves más importantes para el éxito.

Mientras la capacitación para DMEs, quizá, tenga que ver con el manejo de una calculadora o con la identificación de problemas en el flujo de efectivo, los líderes de las PyMEs tendrán que ocuparse de contratos, despidos, estrategia comercial, exportación y de una dimensión más amplia del capital espiritual junto con la cultura que se desprende de la compañía. Cuando la compañía refleja las actitudes bíblicas de respeto por la autoridad, responsabilidad hacia los demás, obediencia y contribución a la comunidad, edifica la cultura de la nación y el capital espiritual.

Si las DME son los ladrillos para el desarrollo del capital espiritual de una nación, las PyMEs representan entonces los bloques de construcción para la cultura de la compañía, que reflejan valores bíblicos. La cultura de la compañía se define según las acciones y actitudes comerciales de sus líderes. Toda organización tiene su cultura. ¡Incluso la mafia! Del mismo modo, las PyMEs desarrollan una cultura. Aunque la cultura de la compañía debería reflejar la fe de los creyentes que administran el negocio, muchas veces será la cultura local del lugar la que dirija sus acciones. En Guatemala, por ejemplo, casi la mitad de la población afirma haber nacido de nuevo y sin embargo no ha habido un impacto significativo en la cultura y el capital espiritual de la nación. Los profesionales de los negocios del Reino pueden tener un papel importante al establecer relaciones como mentores de propietarios u operadores de PyMEs, ya que a través de ellos se definirá la cultura de cada compañía. Cuando el líder de una PyMEs adopta los valores bíblicos que promueven los profesionales de los negocios del Reino, sus emprendimientos comerciales se convierten en suelo fértil para el crecimiento del capital espiritual de la compañía, de la red comercial local y de la nación toda.

Las organizaciones de préstamos a PyMEs

Las organizaciones dedicadas a las PyMEs

Algunas organizaciones cristianas, se establecieron con el propósito específico de asistir a las PyMEs y a sus propietarios. El modelo de esas organizaciones, por lo general, incluye un nivel más profundo de capacitación con mentores y la mayoría de los clientes ya son seguidores de Jesús. Los propietarios de PyMEs cristianas prometedoras pueden identificarse, por lo general, a través de las redes cristianas y de las iglesias de cada región. Se forman relaciones de mentores, discipulado y capacitación. De hecho, la capacitación es el primer paso importante para los potenciales clientes. Muchos gerentes de PyMEs, luego son discipulados y encuentran su mentor. El paso final es la inversión financiera en su negocio.

Integra Ventures, la organización que ayudó a Ivica, es una de las tantas organizaciones cristianas pequeñas que se fundaron con el propósito explícito de asistir a PyMEs en los países en vías de desarrollo. Más de sesenta PyMEs en Europa Oriental recibieron el apoyo comercial de parte de Integra, bajo la forma de inversiones, capacitación y discipulado. En 1993, el ministerio suizo Christian East Misión, inauguró ROMCOM, un programa de ayuda a PyMEs en Rumania. Ya otorgó préstamos y capacitación a más de trescientos treinta negocios, que generaron más de tres mil puestos de trabajo. En Kirjistan, el Business Professional Network (BPN) reproduce el modelo de Rumania. Cada año se seleccionan de quince a veinticinco empresas que merezcan financiamiento y capacitación. En el 2002, las PyMEs de Kirjistán participantes del programa del BPN crearon unos trescientos puestos de trabajo. Eso es una verdadera bendición para un país donde la tasa de desempleo es del sesenta y cinco por ciento.

Los programas que surgieron de DMEs

Las organizaciones que mencionamos en el párrafo anterior se fundaron con el objetivo específico de ayudar a las PyMEs, pero existen otros programas enfocados en el Reino que surgieron como resultado del crecimiento de DMEs en misiones cristianas. La perspectiva de estos programas hacia las PyMEs es similar a la que se utiliza con los micro empresarios. Por lo general, los candidatos provienen de un canal más amplio y los oficiales de crédito manejan carteras más grandes. Son menos los clientes cristianos y el programa se ve como una oportunidad para predicar el amor de Jesús a un conjunto más grande de personas, que poseen negocios cuya envergadura no es la de un micro emprendimiento.

Las organizaciones cristianas de DME de mayores dimensiones, como Opportunity International y World Vision están llegando más allá de los micro emprendimientos y comienzan a otorgar créditos más grandes a las PyMEs. Los socios de Christian Development [Desarrollo Cristiano] han añadido financiamiento y educación para PyMEs a sus operaciones de DME en Kenia. «El barco avanza en esa dirección», observó el ex ejecutivo principal (CEO) de Opportunity International, Charles Dokmo, «pero los grupos de DMEs cristianos todavía no se han puesto a tono con la tendencia».[4]

La incursión de las organizaciones cristianas de DME en el terreno de los créditos a PyMEs fue motivada por diferentes factores. Primero, algunas instituciones DME ven a las PyMEs como solución potencial a su búsqueda de sustentabilidad financiera. Como los préstamos a empresas pequeñas y medianas son mayores a los que se otorgan a los micro emprendimientos, es más atractiva la economía resultante. El funcionario a cargo de los créditos puede servir a una cartera de préstamos mayor pero con menos receptores. En segundo lugar, al expandir el tamaño de la cartera total de préstamos, por medio de un programa adicional para PyMEs, los costos fijos se distribuyen sobre una base más amplia de capital. Y tercero, muchos programas de DME descubren a exitosos graduados de los programas, cuyos negocios han superado la etapa del micro emprendimiento y no tienen a quién recurrir por financiamiento. Un profesional cristiano que trabaja en ese segmento de los negocios del Reino calculó que entre el diez y el quince por ciento de los micro emprendimientos llegan a ser PyMEs. Por eso algunas organizaciones vincularon su actividad a las PyMEs también, complementando sus programas de DME en un claro camino hacia el progreso. En Kenia, el programa de DME Partners for Christian Development, Agencia Embajadora del Desarrollo, añadió dos programas de PyMEs, para abarcar a las filiales exitosas: Christian Entrepreneurial Society y Kenya Investment Trust.

El financiamiento de las PyMEs

Las organizaciones cristianas de desarrollo de PyMEs ven su misión como contribución para satisfacer dos necesidades: el financiamiento y la capacitación. Aunque los sistemas de crédito de occidente ya están desarrollados en gran medida, al punto que casi todas las personas tienen varias tarjetas de crédito, no es el caso de los países en vías de desarrollo. Las empresas y negocios suelen enfrentar obstáculos insalvables para encontrar capital. «Los bancos no son bancos en esos países», observó el experto en mercados emergentes Roger Leeds de la Johns Hopkins University. Todo préstamo es a corto plazo, requiere de garantías importantes y solamente se otorga a compañías grandes. «La mayor parte del sector privado queda fuera de toda posibilidad de financiamiento», concluye.[5]

Las organizaciones cristianas de desarrollo de PyMEs, entonces, llenan ese vacío para mostrar la confianza que le falta a los bancos.

La cantidad específica que se presta a las empresas puede variar según su ubicación y tamaño. En Europa Oriental Integra Ventures suele prestar entre $ 5.000 y $ 100.000 por empresa. El Kenya Investment Trust da préstamos de un promedio de $ 6.000 a las PyMEs. El programa de créditos del Business Professional Network de Kirjistán otorga como promedio $ 12.000 por empresa, aunque algunos han conseguido préstamos de $ 20.000. Hay ejemplos que constituyen excepciones a la regla, pero para los propósitos de este libro definiremos los préstamos a PyMEs dentro del rango de los $ 5.000 a los $ 100.000.

Comparados con los DMEs, estos préstamos otorgados a las PyMEs tienen tasas de interés mucho más bajas. Hemos observado que una gran cantidad de préstamos de micro financiamiento cobran treinta y seis por ciento de interés anual o más. En contraste, los préstamos a PyMEs suelen cobrar entre cinco y quince por ciento, en parte porque el costo del servicio es menor. Oiko Credit, una organización ecuménica de PyMEs con base en los Países Bajos, ofrece créditos al nueve por ciento. Kenya Investment Trust presta a una tasa de interés del doce por ciento y el costo de financiamiento a través del BPN en Kirjistán, seguramente, subirá del cinco al diez por ciento. Los clientes están muy agradecidos ya que operan en un entorno donde el financiamiento de parte de otras fuentes está disponible a tasas de interés de entre veinticuatro y veintisiete por ciento, en caso de conseguirlos.

Mientras los préstamos a DME suelen ser a plazos cortos de seis meses o menos, el crédito otorgado a las PyMEs tiene plazos de varios años. La mayoría de los préstamos a PyMEs se otorgan a plazos de entre dos y cinco años. Hay organizaciones que ofrecen un período de gracia inicial. Los participantes del programa del BPN en Kirjistán, por ejemplo, no pagan durante el primer año.

Muy a menudo el crédito es en efectivo, pero a veces las condiciones o regulaciones locales requerirán de otras alternativas. Debido a las condiciones específicas de Kirjistán, el programa del BPN en ese país no ofrece financiamiento en efectivo al receptor de préstamos para PyMEs. (Tampoco permite que los créditos se apliquen al costo de un edificio. El BPN espera que los empresarios tengan algún interés como activo, invertido en las instalaciones.) En lugar de prestar dinero, el BPN compra el equipo que la empresa necesita, y le permite a las PyMEs «tomarlo prestado» mientras pagan el costo a lo largo de cuatro o cinco años. Eso no solo asegura el buen uso del dinero, sino que la titularidad legal sobre el equipo protege también al BPN en caso de incumplimiento del pago de las cuotas. Al término del plazo y al haberse pagado el capital más los intereses, la PyME pasa a ser dueña del equipo en cuestión.

La educación y capacitación de PyMEs

Además de financiamiento, los programas que asisten a las PyMEs ofrecen mentores y capacitación. Se enfocan en la educación comercial y espiritual, y muchas organizaciones de desarrollo de PyMEs creen que con eso ya satisfacen la necesidad de un comercio activo en las naciones en vías de desarrollo. Allí donde la falta de capital espiritual impide el crecimiento económico, la capacitación y mentoría cristiana de los gerentes de las

PyMEs brinda los valores necesarios para alcanzar el éxito. A medida que los líderes establecen la cultura de la compañía, esos principios bíblicos pasan a formar parte del accionar comercial en conjunto.

En países donde pocos empresarios han aprendido lo básico en materia de negocios, sea por falta de educación formal o por reciente transición a partir del socialismo, los gerentes de PyMEs piden casi a gritos ese tipo de capacitación. La instrucción que requieren es más compleja que la ofrecida a los programas de DME. Hay temáticas sobre estrategia comercial, estructura corporativa, negociación de contratos y liderazgo, que son de importancia para quienes están al frente de PyMEs. Los creyentes también aprenden a integrar la fe con los negocios. La educación de las PyMEs, por lo general, adopta dos formas: capacitación formal por un lado y mentoría o discipulado informal por el otro.

La capacitación formal

El entorno de un aula con un grupo de personas es un ámbito ideal para la capacitación formal, para la que se utiliza una currícula desarrollada específicamente para los desafíos que enfrentan las PyMEs en su lugar de emplazamiento. Como parte del «Centro de Administración» que está formando, Integra desarrolla un programa que trata los puntos esenciales del desarrollo comercial. Es que Integra ha observado que algunos clientes buscaban el tipo de enseñanza que ofrecen los programas de MBA (Maestría en Administración de Negocios), por eso intentan brindarles esos conocimientos siempre y cuando sean de aplicación práctica. La perspectiva que usa Integra es la de relacionar los principios bíblicos a toda cuestión de negocios (por ejemplo, en cuanto al mercadeo: «¿Cómo afecta su posición como cristiano en el modo de publicitar o comercializar sus productos?»). Por eso, aunque Integra no ofrece cursos bíblicos por separado, la Biblia es aplicada a la capacitación comercial y al liderazgo que se desarrolla en ese programa.

ROMCOM y el BPM ofrecen seminarios de capacitación a través de SERVUS, una organización de desarrollo comercial liderada por cristianos. En Rumania, ROMCOM presenta cursos de cuatro años de duración a líderes de negocios en su programa de PyMEs. De hecho, sus seminarios de administración de negocios son considerados parte vital del proyecto ROMCOM. Cuatro bloques de seminarios presentan los conocimientos básicos de la administración: cómo crear un plan de negocios sencillo, cómo crear un concepto de mercado sencillo, lo básico en cuanto a cálculos de costos, contabilidad y administración de recursos humanos y algunas técnicas de negociación. Al mismo tiempo, los participantes del programa reciben asistencia y servicios de consultoría individual. ROM-COM también deja en claro el valor que asigna al desarrollo del capital espiritual. Los candidatos potenciales saben que además de aprender sobre economía recibirán instrucción en cuanto a la ética comercial cristiana.

La mentoría y el discipulado informal

La relación que Bob Fulton formó con Ivica, en Croacia, va mucho más allá del aspecto comercial. Se convirtió en vehículo para la mentoría y discipulado informal. «El personal de las PyMEs está conformado por líderes maduros», observó Terry Williams, de Integra. «Conocen a las familias de los gerentes y están en contacto con ellos. En ese contexto, las conversaciones girarán en torno al crecimiento espiritual y la iglesia».[6] En ese ambiente informal, los gerentes de las PyMEs aprenden cómo pueden integrar la fe y el trabajo en su actividad comercial. Integra busca formar relaciones de mentoría cercanas, por lo que no asigna más de doce PyMEs a cada uno de sus consejeros comerciales, que son norteamericanos cristianos con experiencia en materia de negocios, y un número cada vez mayor de personas del propio país donde se desarrolla la PyME, ya instruidos por parte de Integra. Su objetivo es impartir prácticas comerciales exitosas y principios comerciales bíblicos a los gerentes y administradores de países en vías de desarrollo para transformar los sectores disfuncionales y corruptos de la economía local, y al mismo tiempo generar capital espiritual.

Daniel es un hombre cristiano de negocios que opera una empresa de servicios gráficos en Rumania. También participa de un ministerio cristiano fuera de la compañía. Recibió préstamos de Integra Ventures y de otras organizaciones que le permitieron ampliar su negocio. Su primera tienda operaba en un espacio reducido de dos habitaciones. Hoy cuenta con catorce empleados en su taller de nueve habitaciones. En los últimos dos años, sus ingresos y ganancias se triplicaron y más aun. Cada seis u ocho semanas, Daniel se reúne con un profesional de los negocios del Reino de Integra para su mentoría y discipulado comercial. Los que conocen la situación dicen que ese tipo de capacitación, consultoría y relación informal (aunque brindada regularmente) con el «consejero de clientes», constituye un aspecto clave del programa para PyMEs.[7]

La evaluación de préstamos a las PyMEs

La rentabilidad y la sustentabilidad de los préstamos a las PyMEs

Aunque siempre hay lugar para el optimismo, la rentabilidad de los préstamos a las PyMEs es bastante escurridiza. A decir verdad, la asistencia a las empresas pequeñas es un componente relativamente nuevo en el desarrollo económico, y en especial con respecto a los esfuerzos cristianos, por eso, se espera que la economía de los programas de créditos a PyMEs mejore con el tiempo.

Varios grupos avanzan hacia la sustentabilidad. El esfuerzo por el desarrollo económico de World Relief, en Kosovo, otorga créditos de hasta $ 15.000, aunque el promedio es más modesto, $ 1.500. Con más de mil clientes, el programa alcanzó la sustentabilidad operativa y hoy busca la sustentabilidad financiera. Integra Ventures tiene menos clientes, pero de mayor tamaño. Actualmente, depende del apoyo brindado por las donaciones y recibe fondos adicionales del Citigroup y USAID. Los exiliados norteamericanos, que trabajan como consejeros comerciales para los clientes PyMEs de Integra, reciben apoyo económico de sus países de origen de manera similar a los misioneros tradicionales.

Los programas de créditos a PyMEs de origen secular, que han alcanzado una escala de importancia, comienzan ahora a lograr ser autosustentables en lo financiero. El *MicroBanking Bulletin* a través de la recopilación de los resultados financieros proporcionados por instituciones, predominantemente seculares y ubicadas en países en vías de desarrollo, define a los programas PyMEs como aquellos que promedian sus balances de crédito con una cifra mayor al PBI anual por persona multiplicado por dos. (Los que están por debajo de ese umbral son considerados programas de DME.) Los programas de créditos a PyMEs con enfoque financiero, que participaron en esta encuesta, operan con una sustentabilidad operativa del ciento once por ciento y una financiera del ciento dos por ciento. La Figura 11, del MicroBanking Bulletin resume los resultados de la encuesta.[8]

Debemos tener en cuenta algunas observaciones en cuanto a esos resultados. Primero, el tamaño promedio de cartera del grupo que informa al *MicroBanking Bulletin* es mayor a los $ 10 millones, mucho mayor al promedio de los programas cristianos de PyMEs. En segundo lugar, el promedio de la tasa del veintisiete por ciento de interés es bastante más alto

Figura 11

Objetivo de mercado	Préstamo promedio (Millones de $)	Cantidad promedio de receptores	Tamaño promedio de préstamos	Promedio préstamo /PBI per cápita	Préstamos por oficial	Tasa	Gastos administrativos totales	Sustentabilidad operativa	financiera
PyMEs	10,5	3,669	$2.792	353%	93	27%	14%		
DME	12,2	42,414	$523	47%	351	41%	36%	104%	91%

que el cinco a quince por ciento cobrado por la mayoría de los programas cristianos de asistencia a PyMEs. Y tercero, el grupo encuestado asigna más cantidad de préstamos a cada oficial de cuentas. Si extendemos el modelo del éxito económico en las micro finanzas, quizá esos programas alcancen un promedio de casi cien préstamos por funcionario. En muchos aspectos esas organizaciones podrían verse como prestadores «micro-plus».

Los resultados generados por este grupo de prestadores seculares presentan buenos auspicios para los programas cristianos, aunque sigue existiendo el desafío de la rentabilidad. Las organizaciones cristianas de asistencia a PyMEs deberán encontrar cómo mejorar el modelo. El talento local suele costar apenas una fracción del salario común occidental. Con más apoyo nativo local y con intensivos programas de «capacitación al capacitador», se puede mejorar la economía integral de los programas de asistencia a PyMEs.

El impacto de los préstamos a las PyMEs sobre la creación de empleo y riqueza local

Rose es propietaria de una PyME en Kenia, donde fabrica y vende detergentes. Su pequeño negocio tenía cuatro empleados cuando obtuvo $ 4.375 como préstamos del fideicomiso de inversión keniano de Partners for Christian Development. Entre otros beneficios, esos fondos le permitieron a Rose tomar más ventas a crédito. Un año más tarde, su negocio de detergentes tenía nueve empleados y sus ventas y ganancias habían aumentado muchísimo.

La creación de empleos es una de las fortalezas del apoyo a las pequeñas empresas. Como vimos antes, las empresas pequeñas en los EE.UU. son las que generan la mayor parte del crecimiento en el empleo.[9]

En tanto los préstamos para DMEs suelen mantener el puesto de trabajo, más que crearlo, los préstamos a PyMEs dan lugar a la ampliación del negocio y a la creación de empleo. Diversos estudios realizados por organizaciones de crédito a PyMEs buscaron cuantificar la eficacia de esta perspectiva de los negocios del Reino en cuanto a la creación de empleo. El Banco Mundial calcula que su programa PyMEs en Bosnia y Herzegovina crea un nuevo puesto de trabajo por cada $ 3.430 prestados. En Europa Oriental, Integra Ventures calcula que crea o mantiene un empleo en PyMEs por cada $ 2.762 prestados. Un programa del BPN en América Central, en sociedad con Latin American Mission revela que $ 500 dan como resultado un nuevo puesto de trabajo. Todas esas cifras solucionan un grave problema de varios países en vías de desarrollo.

Aunque el financiamiento necesario para crear un empleo en PyMEs es mayor al de los programas de DME, debemos reconocer las importantes diferencias. Los hallazgos que mencionamos en el párrafo anterior, con respecto a la creación de nuevos empleos en PyMEs, suelen corresponderse con el PBI anual per cápita de cada país, o con los valores totales de bienes y servicios en el mercado producidos por trabajador y por año. En otras palabras, aunque se precise de más capital, cada puesto nuevo de trabajo en PyMEs también representa mayor productividad de bienes y servicios.

El empleo en una PyME suele además conllevar una capacitación y la adquisición de habilidades en relación con un oficio o profesión. Los empleados de PyMEs tienen también más posibilidades de ascender o progresar, están expuestos a mayor nivel de tecnología y reciben una buena capacitación. Por eso los empleos que se crean están mejor pagos, son sostenibles y crean más probabilidades de transferencia de conocimiento. Los empleos en PyMEs también tienen un efecto dominó positivo en la creación de más puestos de trabajo, porque operan dentro de la economía formal, e influyen así a otros sectores como los proveedores, los distribuidores y los que adquieren lo ofrecido por la compañía.

Las PyMEs pueden crear riqueza de distintas maneras. Principalmente entre los empleados, claro está. La mayor parte de la población podrá encontrar empleo, ya que pocos tienen espíritu empresario. Para esa vasta mayoría, las PyMEs representan una fuente de ingresos. Suelen ser empleos que consiguen un medio de subsistencia, pero a diferencia de los que pasa con los micro emprendimientos, al ser mejor pagos generan más que eso. Muchos empleados pueden luego comenzar una carrera en lugar de trabajar en relación de dependencia, y a la larga surgen más puestos de empleo y se crea un mayor flujo de dinero.

En segundo lugar, los propietarios de PyMEs descubren que las ganancias les permiten seguir ampliando su negocio, dentro y fuera de su actividad habitual. Y también invierten ese dinero en pro del avance de la misión de la iglesia local. Por ejemplo, Ivica utilizó parte de las ganancias de Horvat Limited para financiar la renovación de su iglesia.

En tercer lugar, la compañía misma tendrá valor (ver la discusión en el Apéndice A sobre los negocios, donde se describe cómo la actividad comercial crea riqueza agregada). A diferencia de los micro emprendimientos que son propiedad de una sola persona y quedan en ese estado, las PyMEs pueden venderse. Y aunque pueda parecer algo obvio, no olvidemos que pueden venderse de forma total o parcial.

En cuarto lugar, la PyME creará riqueza al promover la infraestructura del país. Las PyMEs en crecimiento tienen un papel importante en la creación de un entorno comercial exitoso que beneficia a la economía nacional, porque financian los medios que permiten al país competir en el mercado. Las PyMEs forman parte de una red de socios, proveedores y clientes, y todo eso requiere de instituciones e infraestructuras que fomenten la relación comercial entre las partes. A medida que crece la infraestructura física y comercial del país, el PBI per cápita también aumenta, lo que significa que el nivel de riqueza de la nación también crece. Todo eso plantea un escenario para la inversión internacional y el comercio entre países, ambas condiciones para el crecimiento económico.

El impacto del crédito a las PyMEs sobre el avance de la iglesia local

Si los programas DMEC están bien diseñados como para promover el avance de los esfuerzos de evangelización, los programas cristianos de crédito a PyMEs también lo están para promover el discipulado y el respaldo a la iglesia local. Los programas cristianos de PyMEs suelen identificar a los candidatos atractivos a través de las iglesias locales y redes cristianas, asistiendo a los negocios del Reino cuyos propietarios se comprometen a devolverle a Dios las bendiciones que él otorga. En mayor medida que las DMEs, las PyMEs proveen posibilidades a los propietarios y empleados con mayores recursos económicos para apoyar a la iglesia local.

La relación entre los gerentes de las PyMEs y los consejeros comerciales suele tener como componentes esenciales la capacitación, la mentoría y el discipulado. Los gerentes creyentes aprenden cómo integrar la fe con la actividad cotidiana y el mercado, y ese es el escenario para la proclamación del evangelio de palabra y con los hechos. Los empleados, clientes y proveedores son testigos de la santificación de Dios en el trabajo. Además, la plataforma para el éxito brinda, a los líderes de los negocios del Reino, un vehículo para la influencia sobre la comunidad en general. Los propietarios cristianos de PyMEs, capacitados y discipulados en los principios comerciales bíblicos, influirán sobre quienes los rodean con sus prácticas comerciales virtuosas. De ese modo, se trasforma la cultura de la nación y se crea capital espiritual. Las naciones se beneficiarán a partir de una clase de empresarios cristianos que operan comercialmente bajo principios bíblicos y promueven los valores cristianos en su cultura.

No todos los clientes PyMEs serán cristianos, y allí se encuentra la oportunidad para la evangelización. El esfuerzo del BPN en Kirjistán intencionalmente establece un límite en su programa del ochenta y cinco por ciento para los cristianos. La organización, entonces, puede promover sus objetivos de evangelización al predicar el evangelio, enseñar principios de práctica comercial bíblica y extender la bendición a los que no son cristianos. Los propietarios de PyMEs que todavía no son cristianos, también pueden aportar al capital espiritual de la nación si operan sus negocios con integridad.

Como lo demuestra Ivica con su compañía Horvat Limited en Croacia, un propietario de PyME que esté concentrado en los negocios del Reino podrá tener un gran impacto en su iglesia local, su comunidad comercial y su compañía. En la iglesia de Ivica, el éxito comercial significó un gran respaldo económico. En su comunidad comercial, pertenece a un grupo de empresarios cristianos croatas que buscan transformar la economía local removiendo la corrupción, la desconfianza y la deshonestidad para reemplazarlas por principios bíblicos. Ivica, en su compañía, es un brillante ejemplo del amor de Cristo para con sus empleados y asociados en la labor cotidiana. Su actitud hacia otros es tan amorosa que una empleada, madre soltera no cristiana, dijo: «Ivica es mi pastor».

Las ganancias y las oportunidades de los préstamos a las PyMEs

El desafío de la sustentabilidad

Como sucede con las organizaciones de préstamos a DMEs, el sector de los negocios del Reino que apoya a las PyMEs sigue esforzándose por lograr la sustentabilidad. Aunque los beneficios para las compañías en los países en vías de desarrollo, como el empleo, la creación de riqueza, la promoción de la iglesia local y el avance de su misión son resultados evidentes, si se logra la sustentabilidad el impacto será mucho mayor. Al igual que los demás segmentos de los negocios del Reino, la rentabilidad y la sustentabilidad de los programas de crédito a las PyMEs es requisito previo para lograr la transición del sustento a través de donaciones hacia el ingreso de inversiones, lo cual brinda recursos para la expansión del desarrollo de PyMEs en las economías emergentes. Hay motivos para ser optimistas, ya que las organizaciones cristianas de crédito a PyMEs están creciendo y algunos programas seculares ya lograron la sustentabilidad.

La escala y la mentoría

Observamos que cuando un oficial de cuentas maneja una cantidad mayor de préstamos, se consigue más fácilmente la sustentabilidad. Eso lo apreciamos también en los programas seculares. Y como sucede con los programas para DMEs, la escala también aquí es la clave del éxito. Algunas organizaciones cristianas de crédito para PyMEs, en especial las que solían dedicarse a DMEs y luego ampliaron su rango de actividad, buscan sustentabilidad siguiendo este modelo también. En muchos casos reproducen lo que sucede con los programas de DME. Pero desafortunadamente, cuando el oficial de cuentas maneja mayor cantidad de préstamos, deja de prestar la misma atención a la mentoría individual, y así disminuye el ritmo del desarrollo del capital espiritual.

Algunos programas cristianos de crédito a PyMEs, en el intento de poner más énfasis en la mentoría y capacitación, se resisten a ampliar su actividad de ese modo. Eso dificulta su desafío de lograr la sustentabilidad. La tensión seguirá existiendo a lo largo del tiempo y a medida que se observen los resultados, la presión por mejorar los costos aumentando la cantidad de préstamos será mayor.

Esta situación sugiere que se debe encontrar un modelo nuevo y más económico para la capacitación y mentoría en los programas de crédito a PyMEs. Quizá la solución implique el empleo de más personas locales en lugar de trasladar a occidentales hasta cada destino (lo cual es costoso). A medida que los programas de crédito a PyMEs van madurando, los consejeros e instructores locales podrán asumir las obligaciones de administración y mentoría, que hoy cubren los profesionales occidentales. Por ejemplo, el BPN lleva a cabo gran parte de la mentoría con reuniones para los receptores de préstamos, alentándolos a intercambiar conocimiento y principios. Eso crea una red en la que se incentiva la rendición de cuentas y la camaradería, sin tener que aumentar la cantidad de empleados. Con esos desafíos, los programas cristianos de apoyo a PyMEs pueden continuar comprometidos con sus objetivos comerciales para la sustentabilidad y con los espirituales de transformación.

La reducción del riesgo

La rendición de cuentas y la mentoría son componentes esenciales en los esfuerzos de crédito a PyMEs, porque además de brindar a los empresarios el consejo comercial y espiritual, ayudan a reducir el riesgo de incumplimiento de pagos. En 1992, la Cámara Cristiana de Comercio Internacional (CCCI) estableció la Fundación Shalom Israel, a través de ella cuatro empresas de Israel recibieron préstamos. Aunque los préstamos fueron tomados por cristianos, ninguno de esos empresarios pudo pagarlos. Uno de los miembros de CCCI, que conocía el experimento, sostiene que el programa fracasó porque faltaba la rendición de cuentas, porque no hubo mentoría o relación personal. Entonces vemos que la rendición de cuentas en lo personal también sirve para reducir el riesgo de inversión en las PyMEs.

El fracaso de la empresa es un riesgo importante, porque las empresas pequeñas son particularmente vulnerables a las tormentas en lo económico y al estancamiento. Uno de los factores que mitigan ese riesgo es la tendencia a competir con menos ferocidad en las primeras etapas de desarrollo de la compañía. La menor presión significa un mayor espacio para las ganancias, y así las compañías pequeñas pueden afianzarse. Pero de todos modos, el fracaso sigue siendo uno de los mayores riesgos para los créditos a PyMEs. Por eso los consejeros comerciales pueden ayudar abriendo puertas en el Primer Mundo como método valioso de asistencia. A medida que los negocios y empresas en los países en vías de desarrollo accedan a mercados y a socios internacionales, su potencial para el éxito y el crecimiento también aumentarán notablemente. El riesgo de fracaso y subsiguiente incumplimiento del pago disminuirán en la misma proporción.

Los programas para graduados

Bajo el liderazgo de empresarios, particularmente aptos, algunas micro empresas crecerán y lograrán convertirse en PyMEs. Por eso la conexión intencional entre los programas de DMEs y PyMEs es una propuesta alentadora. Aunque el modelo es relativamente nuevo, presenta una promesa para los países que están en el proceso de desarrollo de su economía.

La sociedad entre los programas DME y PyMEs es prometedora, sí, pero también contiene un riesgo: el de la implementación equivocada. Como observamos antes, las PyMEs son organizaciones mucho más complejas y los desafíos que encuentra el propietario o gerente son diferentes de los que encuentra el micro emprendedor. Por eso, los mentores de líderes de PyMEs necesitan otro tipo de capacitación y conocimiento. Las PyMEs desarrollan temáticas estructurales, sobre la cultura de la compañía, los desafíos y las dificultades de administración, las obligaciones a cobrar, los contratos, las licencias, los permisos, las habilitaciones y la estrategia comercial. En contraste, la capacitación para DMEs se enfoca en los conocimientos básicos para ayudar a clientes, que muchas veces ignoran como rendir cuentas de sus finanzas y continuar con el programa para el pago de las cuotas del préstamo. El peligro reside en aquellos que se acostumbraron a trabajar con micro préstamos y quieren entrenar o capacitar a propietarios de PyMEs. Lo más probable es que no tengan la capacitación adecuada para asistirlos como corresponde.

Conclusión

Los negocios pequeños y medianos, como el de Rose y el de Ivica, son un paso importante en el progreso de la economía de un país. Los gerentes de los negocios del Reino, del tipo PyMEs, influyen en sus comunidades al presentar a Cristo a través de las prácticas comerciales del lugar, con lo que se acumula capital espiritual tanto en el ámbito económico como en la comunidad entera. Los negocios del Reino del tipo PyMEs brindan empleo y avanzan la misión de la iglesia local. Así como hay micro emprendimientos que crecen hasta llegar a ser PyMEs, también algunas PyMEs crecen hasta convertirse en potenciales emprendimientos con Capital Privado Extranjero (CPE). Constituyen el suelo fértil en donde podrán germinar y crecer compañías más grandes, con líderes más capacitados.

Algunos profesionales de los negocios del Reino tendrán una increíble plataforma para promover el evangelio a través de la perspectiva del tipo CPE. Como por ejemplo, el fundador de una compañía multimillonaria en el ámbito de los negocios del Reino, en un país oficialmente cerrado a los misioneros. Veamos su asombrosa historia en el siguiente capítulo.

CAPÍTULO 12

EL CAPITAL PRIVADO EXTRANJERO (CPE)

Desde que Dios abrió mis ojos a la oportunidad de evangelizar a través de los negocios, me alentaron las historias de otras personas que hicieron lo mismo y que crearon compañías con capital privado extranjero (CPE). Una de esas personas es Richard Chang, quien junto con unos colegas también cristianos, se comprometió a utilizar su negocio para promover el avance de la iglesia en China. Su compañía fabrica semiconductores, y tiene tres mil cien empleados. Es una de las empresas más avanzadas del país. Y el gobierno les dio aprobación oficial para abrir una iglesia «no oficial», a la que puedan concurrir sus empleados.

Richard Chang nació en Nanjing, China. Pero sus padres, preocupados por el avance comunista de su país, se mudaron a Taiwán cuando Richard era pequeño. Al graduarse en la prestigiosa universidad de Taiwán, Richard fue a los EE.UU. para obtener su maestría en ingeniería. Allí inició su carrera en Texas Instruments, donde trabajó por dos décadas. Durante ese período, la compañía se amplió y Richard ayudó en la apertura de seis fábricas de chips semiconductores en Asia y Europa. Se retiró temprano de Texas Instruments, en 1997, y regresó a Taiwán para fundar una fabrica de chips a medida. Cuando la empresa se vendió a otra compañía taiwanesa de chips en el 2000, por $ 515 millones, sus inversores y clientes lo alentaron para que abriera otra empresa. Logró reunir la asombrosa cantidad de $ 1,6 mil millones, y así nació Semiconductor Manufacturing International Corp. (SMIC) en Shangai, China.

Aunque la ubicación en Shangai era atractiva por diversos motivos, la razón principal que Richard tenía en mente era la oportunidad espiritual que presentaba: «China es un buen lugar en diversos aspectos», dijo, «pero francamente yo pensaba más en cómo compartir el amor de Dios con el pueblo chino, que en cómo ayudar a la economía». Richard atrajo a un excelente equipo de administración con vasta experiencia técnica. Al hablar en las iglesias chinas de Norteamérica, pudo transmitirles los objetivos del Reino que tenía para la empresa.

Como resultado, muchos empleados hoy comparten con Richard el compromiso de llevar el evangelio a China. Entre ellos está Shou Gouping, que había dejado Beijing para ir a los EE.UU. después de la revuelta de 1989 en la Plaza Tienanmen, pensando que nunca volvería a su país. Se graduó como ingeniero en electricidad y trabajó para varias empresas tecnológicas de Silicon Valley. Luego de conocer a Richard Chang, según expresó Gouping: «Sentí que tenía que vivir en China, sirviendo a la gente y a Dios». Junto con su esposa regresó a su patria, donde asumió el puesto de gerente técnico en el departamento de diseño de SMIC.

Los empleados de SMIC cobran sueldos muy buenos. Pero el salario de los ejecutivos, en comparación con el de sus pares norteamericanos, representa solamente un veinticinco a un treinta por ciento. Aun así, más del veinte por ciento de los empleados provienen del extranjero, en particular de Taiwán. Richard logró atraer a profesionales expertos de otros países, con la oportunidad de un impacto espiritual y desarrollo económico. Algunos creen que China será el mayor productor de chips semiconductores, y reemplazará a otras fuentes que significan costos mayores, como Taiwán. SMIC fabrica chips de alta calidad, diseñados por importantes compañías tecnológicas de Japón, Europa y los EE.UU. En marzo del 2004, SMIC comenzó a cotizar en la bolsa de Hong Kong y Nueva York. Fue valuada en $ 6,4 mil millones, lo cual representa cuatro veces su capital inicial. Hoy es el quinto fabricante de chips por contrato en el mundo. «Cada vez que logramos hacer algo con éxito, digo abiertamente que lo hicimos con la bendición del Señor», dijo Richard. «Al principio algunos se mostraban incómodos con esto. Pero a medida que ven nuestras creencias en acción, nos aceptan».[1]

A causa de la excelencia técnica y del desarrollo económico que su empresa brinda a China, se le otorgó a Richard el permiso de construir una iglesia para sus tres mil cien empleados. «Vinimos como ingenieros para contribuir a esta industria en China y el gobierno chino nos apoyó para que podamos realizar el servicio del domingo y predicar así el amor de Dios a través de nuestro trabajo», explicó Richard.[2] De hecho, como congregación abierta no afiliada a la iglesia oficial sancionada por el gobierno, la congregación de cientos de creyentes chinos y extranjeros de SMIC es algo muy inusual.

Las características generales

Los emprendimientos de CPE traen aparejados el desarrollo y la promoción de empresas como SMIC, que pueden crecer y afirmarse (o representar un potencial crecimiento). Las compañías de CPE son diferentes a los DME y las PyMEs en muchos aspectos. Ante todo, su naturaleza las hace mucho más atractivas para los inversores. Los préstamos son un medio adecuado para el desarrollo de micro emprendimientos y las PyMEs, porque las compañías y negocios de tamaño reducido no atraen a los inversores, ya que su potencial de crecimiento es limitado. Además, la inversión no siempre es posible en muchos países. Sin embargo, el tamaño, la estabilidad y el potencial de crecimiento de las compañías CPE, en algunos lugares incentivan a la participación en el emprendimiento. Las compañías de CPE implican una mayor ingerencia en los negocios del Reino (casi siempre más de $ 100.000), por eso la participación adopta la forma de inversiones de capital.

Otra de las características de la perspectiva CPE es que los profesionales de los negocios del Reino que vienen de occidente tienen la posibilidad de ocupar un puesto en el directorio de la compañía. En las perspectivas DME y PyMEs, los profesionales de los negocios del Reino actúan como mentores, dadores de préstamos o instructores de las compañías a las que sirven, pero rara vez son empleados. En cambio, la perspectiva CPE implica emprendimientos más grandes, más complejos y basados en la tecnología, donde los profesionales occidentales participan directamente como fundadores, gerentes o directores. Los mentores, inversores e instructores del Reino también son necesarios.

Este capítulo trata sobre los aspectos de las compañías CPE en los que participan los profesionales de los negocios del Reino: como inversores (fuera de la compañía) y como gerentes (dentro de la compañía). Primero nos concentraremos en la perspectiva del inversor explorando la experiencia actual de las inversiones de CPE (tanto seculares como cristianas) y luego pasaremos a los negocios del Reino en particular, desde el punto de vista de los fundadores, directores y gerentes que lideran esos emprendimientos.

Invertir en los negocios del Reino de CPE

Cuando en 1999, mi amigo indio vino a hablarme de un plan de negocios (que luego resultó ser ET) y me pidió consejo e inversión en su incipiente emprendimiento, yo no tenía idea de que Dios me presentaba un camino apasionante para contribuir al avance de su Reino. A diferencia de Richard Chang, yo no participo día a día funcionando en la empresa como gerente. Pero descubrí que los inversores y miembros del directorio, desde afuera, también tienen un gran impacto a través de los emprendimientos de CPE. Los inversores son de gran importancia en el desarrollo de las compañías de CPE, como si fueran el agua que riega una semilla, porque brindan el capital necesario para que el negocio germine y crezca.

¿Y por qué invertir en lugar de dar un préstamo? Sencillamente, porque para proyectos tan grandes el riesgo también es mayor, y no hay préstamos de ese tipo. Aun en occidente los bancos rara vez otorgan sumas tan grandes para un negocio en pañales. Mientras el pago de un préstamo se limita a una tasa de interés predeterminada, la inversión de capital puede rendir retornos mucho mayores, que se correlacionan con el crecimiento y el aumento del valor de la compañía. La idea de un retorno de ese tipo es lo que atrae la inversión de capitales en emprendimientos de alto riesgo.

¿Qué condiciones convierten a la inversión de capital en algo particularmente atractivo? Los inversores profesionales, que pueden asumir un rol activo en la guía, estrategia y crecimiento de una empresa, buscan dos tipos de situaciones: la oportunidad para hacer surgir un nuevo negocio, y la de expandir y dar un giro a una empresa ya existente. Cuando hablamos de emprendimientos de CPE nos referimos a esas dos oportunidades para crear valor.

En el primero de los casos, los capitalistas de riesgo ya se dedican a invertir en emprendimientos nacientes basados en ideas geniales, con un plan de negocios promisorio y por sobre todo, con un buen equipo que dirija la operación. La compañía debe estar en un mercado en crecimiento y mostrar alto potencial de ganancias y desarrollo. Los capitalistas de riesgo trabajan justamente para reducir ese riesgo y establecer una sólida presencia comercial. Ayudan a las empresas a dejar la riesgosa fase inicial para ubicarse en una posición de estabilidad y solidez. Trabajan para reducir el riesgo antes de invertir sumas grandes. Y aun así, el peligro continúa.

Porque de treinta compañías en las que invierten, diez podrían fracasar, diez podrían ser pasables y otras diez podrían ser exitosas. Es de esperar que solo tres de esas últimas diez sean verdaderos éxitos. Muchos emprendimientos incipientes fracasan, pero los que logran avanzar y alcanzar el éxito pueden dar muy altos retornos sobre la inversión.

En cuanto a la segunda oportunidad, los inversores de capital privado se ocupan de invertir en compañías ya formadas que puedan aumentar su valor significativamente mediante un giro o expansión del mercado. Esos inversores suelen traer un nuevo equipo de administración, establecen una estrategia corporativa y presentan nuevas oportunidades de ventas para mejorar los resultados de la compañía. El fracaso comercial es menos frecuente en comparación con los emprendimientos nuevos financiados por capitalistas de riesgo, pero el retorno potencial también es menor.

Tanto los capitalistas de riesgo, como los inversores de capital privado, invierten una cantidad suficiente como para poder asumir parte del control de la empresa. Los inversores profesionales mantienen ese interés por el control hasta el momento de la liquidez, que es una forma en que el inversor vuelve a convertir su capital en efectivo. Mientras los préstamos tienen mecanismos predeterminados para la devolución del efectivo a quien otorgó el dinero, los inversores de capital necesitan la oportunidad de vender sus acciones. En los EE.UU. los capitalistas de riesgo y los inversores de capital privado estudian el mercado de valores para encontrar la estrategia de salida. La compañía exitosa que es económicamente sólida, comienza a cotizar en la bolsa a través de una oferta inicial pública (denominada IPO en inglés), entonces las acciones del inversor pueden venderse a otros inversores. Los capitalistas de riesgo y los inversores de capital privado dejan la compañía en ese punto, cuando los retornos potenciales son menores debido a que el riesgo ya fue mitigado.

En el Tercer Mundo las bolsas de valores son menos desarrolladas y por eso, no siempre está disponible esa opción. En ocasiones, como en el caso de SMIC, una empresa extranjera ligada a los EE.UU. o Europa puede buscar la oportunidad de comerciar en alguna de las bolsas de valores de occidente. Pero a menudo, los inversores quedan con una única estrategia de salida, que es la venta de la empresa. Ese suceso brinda a los inversores otro medio de convertir sus acciones en efectivo, y esa parece ser la opción más promisoria de los países en vías de desarrollo.

El factor de riesgo

Todo negocio implica cierto nivel de riesgo, a veces mayor y otras veces menor. General Electric tiene grandes posibilidades de seguir siendo una corporación rentable y floreciente dentro de dos años, a diferencia de un nuevo negocio que ofrece camisetas por Internet. Esto no quiere decir que las compañías grandes y establecidas sean inmunes al fracaso, o que los negocios nuevos no puedan crecer y florecer. Enron, una de las compañías de mayor valor en los EE.UU. tuvo un enorme colapso, mientras que eBay pasó de ser un retoño a convertirse en un gigante en menos de diez años. Sin embargo, a las empresas nuevas que carecen de un producto probado, un mercado fuerte y un modelo comercial establecido, les corresponderá la propuesta de riesgo incrementado.

Si los emprendimientos nuevos o las empresas candidatas a cambios son un riesgo en el Primer Mundo, en el Tercer Mundo esa situación es aun más marcada. En el Primer Mundo esas empresas enfrentan la incertidumbre de los mercados, los productos, la competencia, la financiación, la capacidad de entrega y el servicio. El mundo en vías de desarrollo presenta más riesgos, como la inexperiencia del mercado local, las concepciones culturales erróneas, la economía subdesarrollada, la falta de infraestructura y las tasas de cambio volátiles; todo esto sin mencionar además la inexperiencia del equipo gerencial. En ese entorno, se multiplican los desafíos y complejidades de llevar adelante una empresa. Sin embargo, también algunos factores mitigan esas problemáticas ya que el mercado del mundo subdesarrollado suele estar más protegido, con menor competencia y un mayor potencial para capturar un segmento de consumidores.

Los negocios siempre manejarán una cuota de riesgos, al reducirse estos el valor de la empresa aumentará. Las compañías podrán reducir el riesgo de fracasar si contratan líderes experimentados, demuestran que hay demanda para sus productos, atraen inversores respetados y consiguen contratos grandes que incrementen su valor. A medida que aumenta la probabilidad de éxito, también crece el valor de la compañía. Y aunque en las naciones en vías de desarrollo los riesgos pueden ser importantes, también lo son las potenciales recompensas.

Los fondos de capital privado

Una de las formas en que los inversores mitigan el riesgo general es por medio de la diversificación y la extensión de sus inversiones en varias compañías. Del mismo modo en que los fondos de inversión mutua invierten en acciones diferentes para no apostar todo a una sola compañía, los fondos de capital privado y capital de riesgo invierten en varias compañías para reducir los riesgos. Muchos de los emprendimientos exitosos de Silicon Valley, como Yahoo, eBay y Apple Computer, recibieron en sus inicios capital de parte de esos fondos de inversión, y luego compartieron los beneficios económicos derivados del crecimiento y éxito de las empresas.

Aunque están sujetos a ciclos con años de abundancia y años de sequía, los fondos de capitales de riesgo y capitales privados que invierten en compañías nacionales tuvieron, en general, buenos retornos. En los veinte años anteriores al 2002, los fondos de capital de riesgo norteamericanos tuvieron retornos promedio de dieciséis coma seis por ciento al año, en tanto los fondos de capital privado rindieron retornos de doce coma tres por ciento anual. En contraste, la bolsa de valores de los EE.UU., NASDAQ, dio como retorno anual una tasa de solamente 7,1 por ciento durante el mismo período.[3]

Los fondos de CPE: Corporación Internacional de Finanzas. El éxito de los fondos de capitales privados en los EE.UU. dió lugar a la búsqueda de resultados similares en otros países. La Corporación Internacional de Finanzas (IFC por sus siglas en inglés), una división del Banco Mundial, se mostró entusiasmada con respecto al potencial de asistir a las naciones en vías de desarrollo por medio de inversiones de capital privado. A diez años de empezar con sus esfuerzos de capital privado en mercados emergentes, la IFC tiene más de mil millones de dólares de capital invertido en ciento cuarenta y dos fondos y compañías diferentes. Más de la mitad de los fondos tienen una antigüedad menor a cinco años.

Los nuevos inversores no siempre tienen el mismo rendimiento que los ya expertos. Por lo general, los primeros fondos no disfrutan del mismo éxito. Por eso, no es de sorprender que la primera ronda de inversiones de capital privado en mercados emergentes no sea tan rentable como la experiencia de los EE.UU. Igualmente la IFC calcula que un quince por ciento de sus fondos «resultaron bien», un cuarenta por ciento tuvo «retornos levemente positivos» y que un cuarenta y cinco por ciento tuvo «retornos negativos».[4] En total, la cartera de inversiones reporta un retorno real agregado de casi un seis por ciento, aunque algunos de los participantes quedaron igual que antes. Los resultados poco exitosos, en parte se deben a dificultades en los mercados emergentes o también a errores cometidos a lo largo del camino.

El reconocido experto en capitales privados para mercados emergentes Roger Leeds, de la Universidad Johns Hopkins, analiza la situación:

La lección más devastadora que aprendimos de esta experiencia, que tanto nos desilusionó, es que el modelo de capital de riesgo que resultó tan bien primero en los EE.UU. y luego en Europa, en menor medida, no se aplica con tanto éxito en los mercados emergentes. Casi todos los que participamos en los primeros años pensábamos que lo único que hacía falta eran retoques menores para reproducir el éxito logrado por los inversores de capital privado en algunas naciones industrializadas. Las instituciones financieras, como sólidas promotoras del desarrollo del sector privado, alentaron a los inversores a seguir con estructuras y perspectivas idénticas a pesar de que los marcos regulatorios y legales no brindaban protección adecuada a los inversores. Los administradores de los fondos adoptaron procesos similares para identificar, analizar y valuar las compañías; con una estructura de operaciones también idéntica, a pesar de las grandes diferencias en materia de procesos contables, prácticas de gobernabilidad corporativa y posibilidades de salida, los inversores se tiraron de cabeza sin pensarlo dos veces. Sin embargo, como los primeros resultados fueron desalentadores, hoy todos deben volver a pensar la estrategia. Aunque la lógica para la inversión de capitales privados sigue siendo tan atractiva como antes, se deberán realizar grandes cambios en el modelo original.[5]

La IFC, igualmente, sigue con optimismo en cuanto a la perspectiva futura del capital privado en los países en vías de desarrollo. Como pionera y quizá mayor contribuyente de los fondos de capitales privados en mercados emergentes, la IFC obtuvo gran experiencia en ese campo y aprendió lecciones valiosas. Esa experiencia incluye la correcta administración de los fondos (lo que requiere del conocimiento de la cultura, del mercado local y del acceso adecuado a las oportunidades de inversión), la selección del país, la presencia de un mercado favorable a las adquisiciones o fusiones, y el conocimiento de un mercado de acciones que goce de buena salud para que los inversores tengan opciones de salida.

Los fondos CPE con valor social: Fondos de asistencia a las pequeñas empresas. Algunos fondos de CPE seculares tienen como objetivo secundario el valor social. Por ejemplo, el Fondo EcoEnterprises invierte capital de riesgo y ofrece asistencia técnica a empresas con conciencia ambiental en América Latina y el Caribe. EcoEnterprises busca la protección del medio ambiente y promueve su iniciativa a través de inversiones importantes.

Un fondo de CPE de particular interés es el Small Enterprise Assistance Fund (SEAF), que busca promover el desarrollo económico por medio del apoyo a empresas que están en etapa de crecimiento. Con un nivel de inversión promedio de $ 380.000 por compañía, SEAF compromete cantidades importantes de capital a cada emprendimiento, lo suficiente como para pertenecer a la definición de CPE que hacemos en este libro. Las inversiones se realizan a través de una docena de fondos regionales en países en vías de desarrollo, incluyendo a Rumania, Bolivia, Uzbekistán y China. Solamente entre el cinco y el diez por ciento de los fondos de SEAF son para empresas nuevas. El resto se dirige a empresas ya formadas.

SEAF utiliza su propuesta de valor social para justificar una estructura de honorarios más altos que los de la industria de capitales privados. Como trabajan en lugares subdesarrollados y están limitados por la naturaleza de las compañías-objetivo, el fondo cobra desde 3,5 a 6 por ciento de honorarios por año. Aun así, para SEAF la rentabilidad es un desafío. Recibe subsidios, mayormente de organizaciones gubernamentales, por un total aproximado del diez por ciento de su cartera. Estos fondos donados son importantes para la continuidad de su operación.

SEAF tiene una docena de carteras, cada una con un promedio de $ 10 millones en activos. Calcula que la rentabilidad requeriría de una cantidad promedio de $ 15 a $ 20 millones. Al día de hoy pocos fondos tienen más de tres años de antigüedad. SEAF piensa que, con el tiempo y mayor experiencia, obtendrán dividendos en términos de rentabilidad. La próxima ronda de inversiones se ve más prometedora, porque los administradores de fondos avanzan en la curva de aprendizaje e interiorizan su experiencia.

Los fondos de CPE en los negocios del Reino

Aunque existen algunos intentos de crear fondos de CPE con objetivos del Reino, todavía no son muchos y están en una fase tentativa. Act

Investments, de Londres, intentó establecer dos fondos de $ 25 a $ 50 millones en el 2001 y 2002, con fuertes lazos con la CCCI (Cámara Cristiana de Comercio International). Act Investments estaba dirigida por profesionales banqueros y se esperaba que las oportunidades de inversión llegaran a través de las compañías que son miembros de la CCCI. Las ganancias del fondo irían a un «almacén», para financiar cuatro proyectos del Reino en materia de desarrollo: DMEs, educación comercial, ayuda (viudas y huérfanos) y servicios de mentoría. Aunque fue una idea loable desde su concepción, el fondo finalmente no llegó a concretarse.

El Fondo Strategic Frontiers Enterprise se fundó en el 2000 en EE.UU., con la intención de financiar esfuerzos de negocios del Reino en todo el mundo. Buscó recaudar $ 5 millones e invertir no menos del setenta y cinco por ciento en negocios que cumplieran con los objetivos del Reino. El grupo ya tenía identificadas algunas compañías prometedoras que pensaba financiar por medio de la inversión. Pero finalmente se deshizo, quizá a causa del mal manejo de los tiempos, del difícil clima comercial o de la idea demasiado avanzada para su época.

El círculo virtuoso: Aunque nadie ha logrado abrir un fondo de CPE para los negocios del Reino todavía, esta idea se concretará en su momento. Algunas inversiones individuales en los negocios del Reino rindieron buenos resultados, y la creación de un fondo parecería ser la consecuencia lógica de eso. Un fondo de CPE para los negocios del Reino podría pro-

Figura 12   **El círculo virtuoso**

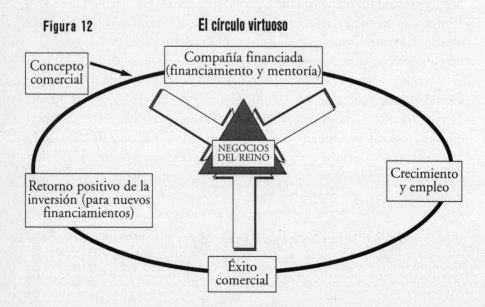

mover una cantidad de grandes compañías del Reino, por medio de la inversión financiera y de asesoría. Si esto resultara exitoso, podría crearse otro fondo más. Existiría la oportunidad de crear un «círculo virtuoso», donde una cosa buena llevara a la otra.

El gráfico muestra cómo funciona el círculo virtuoso. Los empresarios con conceptos comerciales brillantes necesitan capital financiero para poner en práctica sus ideas. Un fondo de CPE para los negocios del Reino evalúa a la gente y al plan comercial. Los administradores del fondo deben utilizar criterios de análisis para determinar lo atractiva que puede resultar la potencial inversión. Es importante que se resistan a la tentación de bajar el nivel de los estándares solamente por el hecho de ser una compañía con objetivos del Reino. (Al evaluar las oportunidades de los negocios del Reino debemos dejar de dudar buscando deficiencias y defectos. La historia de IPIC, en el capítulo 3, debería servir como advertencia para no menospreciar el sentido del comercio que Dios nos dió.)

Si en términos de objetivos comerciales y de avance del Reino, el emprendimiento se considera prometedor, entonces los administradores del fondo brindarán el financiamiento y la mentoría que se requiere. Así, el negocio del Reino crecerá en cantidad de empleados y en nivel de ventas. Se crearán empleos para cristianos y no cristianos. La compañía desarrollará una cultura que irá de la mano con los valores bíblicos, y eso construirá capital espiritual tanto en la empresa como en el mercado. El negocio conseguirá el éxito comercial y los administradores tendrán una plataforma para el avance del evangelio. La rentabilidad permitirá que la compañía siga creciendo. Los empleados y propietarios cosecharán los beneficios económicos de la rentabilidad, y de ese modo podrán respaldar la misión de la iglesia local. Eventualmente, la venta de la compañía permitirá a los inversores ganar retornos sobre su inversión. Los recursos financieros del fondo de CPE, para los negocios del Reino, irán en aumento y con ello se podrán financiar otros negocios. Así continúa el ciclo.

Este círculo virtuoso creado por los negocios del Reino autosustentables y rentables da como resultado importantes beneficios. Crecen los negocios exitosos, se crean los puestos de empleo tan necesarios, se ofrecen bienes y servicios útiles, se predica el evangelio de palabra y con los hechos, se generan ganancias y se obtienen retornos positivos sobre la inversión. En lugar de consumir fondos, este concepto de las misiones crea los fondos para posteriores inversiones. Los recursos para la iglesia y el esfuerzo de las misiones en el mundo crecen en lugar de disminuir.

Las personas, fundaciones e iglesias que desean promover la actividad misionera en el mundo, actualmente apoyan todo esto con contribuciones y donaciones. Sin embargo, a veces, los cristianos y las fundaciones tienen fondos importantes, mayores a sus donaciones, invertidos en compañías que nada tienen que ver con los objetivos del Reino. Con un retorno positivo sobre la inversión, los fondos de capital para los negocios del Reino podrían ser una opción atractiva, y las carteras de inversión de las personas y fundaciones cristianas podrían utilizarse, y al mismo tiempo promover el avance de la iglesia. Los negocios del Reino brindan una avenida para que el pueblo de Dios ponga a trabajar sus activos en pos del avance del Reino.

La administración de los negocios del Reino de CPE

Dios está llamando a empresarios como Richard Chang de China para que formen, administren y trabajen en los negocios del Reino. En un capítulo anterior conocimos a Ken Crowell, Dios le dio la visión de bendecir a Israel a través de los negocios. Galtronics se convirtió en el empleador más grande de la ciudad de Tiberíades, reconocida con el premio de mayor importancia en Israel, y fundó una iglesia local que crece.

Muchas otras historias de empresarios y administradores occidentales tienen la visión de hacer avanzar el reino de Dios y bendecir a las naciones en vías de desarrollo a través de los negocios. Por ejemplo, un empresario occidental logró contratos para indumentarias que dieron empleo a más de setecientas personas, en una ciudad extremadamente pobre de Asia Central. La gran mayoría de los fabricantes de ropa que trabajan para él son mujeres musulmanas, muchas de ellas viudas y con dificultades para mantener a sus familias. Otras tienen hijos y no pueden salir de la casa para ir a trabajar. Gracias al empresario occidental enfocado en el Reino, esas mujeres pueden trabajar desde sus casas, haciendo ropa con sus máquinas de coser. Otras trabajan en el edificio de la compañía. El empresario ahora busca contratos adicionales con las marcas occidentales de indumentaria, para dar empleo a más personas. En una nación que presenta desafíos importantes para el evangelio, esta empresa representa una cálida expresión del amor cristiano. Abrió la puerta a cientos de mujeres al amor y el sacrificio de Jesús por cada persona. La empresa bendice diariamente a muchas mujeres que tenían dificultades, y al mismo tiempo, les da la oportunidad de conocer el evangelio.

El ejemplo de CPE: AMI. Clem Schultz es un norteamericano con una maestría en administración de negocios que se desempeñó en China como gerente de división para una gran empresa multinacional, y que hoy utiliza su gran talento empresarial para formar negocios del Reino. La compañía de Clem está ubicada en China y desarrolló una fuerte comprensión de la cultura y las prácticas comerciales locales, dando lugar a fábricas de productos tecnológicos de envergadura que oscilan entre los $ 850.000 y los $ 10 millones.[6]

A los once años de edad, Clem sintió que Dios lo llamaba a ser misionero. En la universidad trabajó con cristianos chinos y el llamado se hizo más claro. Después de estudiar y adquirir experiencia en su carrera en el ámbito de los negocios, lo que incluyó un período en China trabajando con una compañía multinacional, Clem volvió su enfoque de los negocios del Reino. «Quería ocuparme de los negocios a nivel internacional y, al mismo tiempo, facilitar el establecimiento de iglesias en la Ventana 10/40», observó. Su experiencia comercial en China resultó invalorable.

En 1989, Clem adquirió un paquete mayoritario de acciones de una pequeña empresa de fabricación y consultoría llamada AMI. Esta compañía se especializaba en el sector de la tecnología y era consultora de otra compañía del Reino más grande que ella, con dos sucursales en Asia Oriental. Eso le permitió crecer a AMI, pero el paso más grande lo dió al año siguiente cuando firmó un contrato por $ 3 millones, para la fabricación de equipos de iluminación. AMI plantó las fábricas de equipos de iluminación en China, lo cual llevó luego a la apertura de varias sucursales en Asia Oriental y Central. Los tres años siguientes, AMI promedió ventas de más de $ 10 millones al año en su fabrica de artefactos de iluminación y otros tipos de tecnología.

Pronto, AMI comenzó a participar del capital de las plantas chinas que administraba. Su cartera hoy incluye interés de capital en unas diez operaciones, que producen instrumentos para las telecomunicaciones, dispositivos médicos, lámparas de ahorro de energía y muchos otros productos. AMI también brinda servicios de administración para empresas norteamericanas importantes que no tienen experiencia o deseos de operar una fábrica en China. Por ejemplo, un emprendimiento norteamericano de telecomunicaciones contrató a AMI para que administrara su planta de producción, lo cual dio una ganancia de $ 10 millones en su primer año. En otro caso, Clem dirigió la construcción y la contratación de personal para una subsidiaria de producción de una corporación multinacional, con base en los EE.UU. Como gerente general que se iniciaba sin empleados ni órdenes de contratos, Clem comenzó desde cero en ese emprendimiento. Un año más tarde, la fábrica tenía quinientos empleados, con ventas de $ 6 millones y un premio Arthur Andersen como «mejor emprendimiento nuevo de fabricación en China». Además, ahora, todos los meses, unos diez empleados se convierten en nuevos creyentes. Se plantaron cuatro nuevas iglesias durante un período de cinco meses. Clem considera que todos son resultados excepcionales ya que su experiencia en los negocios del Reino terminó siendo muy alentadora. AMI ayudó con la apertura de veinte fábricas (no todas administradas por profesionales de los negocios del Reino) que generaron más de dos mil puestos de trabajo y $ 200 millones en ventas anuales. La compañía tiene seis sucursales en Asia Oriental, Medio Oriente y Norte de África.[7]

Clem Schultz y su personal conservan la experiencia y el conocimiento del mercado chino, y lo brindan a las nuevas plantas de fabricación, que cuestan por lo general entre $ 1 y 10 millones. Por lo general, el proyecto consiste en una sociedad conjunta con alguna compañía de tecnología, y el interés cobrado por AMI es del quince al cien ciento. Esto le permite a Clem y a otros profesionales de los negocios del Reino, tanto en AMI como en la administración de las plantas, una gran oportunidad para promover el evangelio. «Nuestras inversiones, tan grandes en dólares como en tecnología, nos abren una puerta para llegar a los gobiernos», explica Clem. «Los gobiernos de Asia Oriental suelen dar la bienvenida a los fabricantes extranjeros, en especial a los que llegan con capitales importantes. Mientras una compañía gane dinero y dé empleo a la gente, el gobierno no interferirá, a menos que se viole la ley».

Haciendo uso de su favor político en las regiones donde tiene presencia, AMI estableció alianzas estratégicas con más de quince organizaciones sin fines de lucro. AMI no recibe beneficio económico directo de esas agencias, que buscan bendecir a las comunidades locales de chinos y musulmanes con una mejor educación, el desarrollo y plantado de iglesias. El trabajo de Clem permitió a muchos cristianos con visión del Reino crecer en AMI, en las fábricas bajo su administración y en las organizaciones sin fines de lucro. (Algunas de las lecciones que deja la experiencia de Clem aparecen en la lista de las mejores prácticas para los negocios del Reino del tipo CPE, presentada más adelante en este capítulo.) Su visión de facilitar el plantado de iglesias, a través de los negocios de importancia internacional, está rindiendo frutos.[8]

La evaluación del CPE

La rentabilidad y la sustentabilidad de las compañías con CPE

La perspectiva CPE en los negocios del Reino todavía no está probada, y aunque se cuenta con evidencia de casos individuales exitosos, no se dispone de observaciones sobre la sustentabilidad y la rentabilidad.

Los fondos seculares de CPE tienen resultados muy diversos. El IFC ha informado de retornos reales con cifras de seis dígitos. Pero el mercado de acciones en las economías emergentes no actuó de manera positiva en los últimos años, y muchos de los fondos son todavía demasiado jóvenes o no completaron un ciclo completo (aproximadamente lleva de siete a diez años). Por eso, es difícil hacer una evaluación. Las inversiones de capital de riesgo y capital privado en el mundo industrializado tradicionalmente dieron buenos retornos y eso da esperanzas para los CPE en el mundo en vías de desarrollo. Ya se aprendió mucho y hay quienes ven la próxima ronda de inversiones de CPE con optimismo. Los CPE son claramente la frontera del futuro. Será de gran importancia si el dinero disponible pueda desarrollarse para los negocios del Reino.

El impacto del CPE en la creación de empleo y riqueza local

Los micro emprendimientos exitosos pueden crear uno o dos puestos de trabajo. Las PyMEs exitosas quizá lleguen a tener una docena de empleados. Los emprendimientos de CPE prometedores y listos para crecer tienen el potencial de crear cientos o miles de puestos de trabajo. Por lo general, los empleos de este tipo conseguirán un mayor nivel de capacitación y de salarios. También, es más probable que hagan uso de la tecnología y eso significa mayor potencial de progreso. Los empleados indios de ET son personas instruidas, capacitadas, bien pagas y con posibilidades de progreso, al punto que los competidores los ven con buenos ojos para sus propias empresas. (¡Es interesante que la calidad de los empleados de ET hizo que algunos cristianos pasaran a otras compañías, dentro del sector de la industria!) La cantidad de capital que se requiere para un negocio del Reino con CPE es mucho mayor, pero también lo es el impacto potencial sobre la creación de empleos, la economía local, la cultura comercial y la sociedad.

Aunque quizá, sean más riesgosos por naturaleza los negocios del Reino con CPE, también tienen mayor potencial de crear riqueza, tanto para los financistas como para los propietarios e inversores. Los profesionales de los negocios del Reino, con emprendimientos CPE que prosperan, pueden utilizar las ganancias para financiar emprendimientos posteriores. El éxito de Ken Crowell, con las antenas de celular en Galtronics, produjo una ampliación de la actividad hacia otras áreas. Y a medida que los comerciantes, empresarios y empleados locales cosechan los beneficios del comercio rentable, también pueden invertir en la economía local, impactar en el estándar de vida y financiar iglesias o ministerios locales.

El impacto del CPE en el avance de la iglesia local

Un negocio del Reino con CPE, que opere sobre principios bíblicos, podrá transformar el clima y la cultura comercial de una industria o ciudad, y así construir capital espiritual. A menudo, los negocios del Reino operarán en entornos donde prevalece la corrupción y los sobornos, pero su accionar actúa como una luz de integridad que ilumina el clima comercial local. La plataforma de éxito permite a los líderes de los negocios del Reino con CPE una llegada a otros para hablar de Dios, de su fe y de los principios comerciales bíblicos. Pueden predicar de aquel que bendice a su país.

Los esfuerzos de CPE también impactan en la condición espiritual de los empleados, socios y clientes. Se abre una tremenda oportunidad de llevar el evangelio a las personas con quienes se interactúa día a día. Además, puede ofrecerse educación cristiana específica y capacitación con base bíblica. Como algunos profesionales de los negocios del Reino forman parte de algún ministerio o equipo que planta iglesias, son concientes y participan de los objetivos espirituales que tiene su región. Por ejemplo, los empleados enfocados en el Reino, que trabajan en la empresa de Clem Schultz, rinden cuentas ante organizaciones misioneras sobre objetivos específicos. Los empleados de SMIC en China y los de Galtronics en Israel fundaron iglesias conectadas a sus compañías del Reino.

A medida que los empleados y propietarios cristianos locales se enriquecen con la actividad comercial rentable, pueden financiar la misión de la iglesia local. Las iglesias de las naciones en vías de desarrollo suelen depender del financiamiento occidental. Los negocios del Reino con CPE representan una gran oportunidad para la creación de riqueza local, y por ende, del respaldo a la iglesia de la región.

Las ganancias y las oportunidades de CPE

La inversión de CPE: Las lecciones aprendidas

Los fondos seculares de capital privado solamente se aventuraron hacia los mercados emergentes en los últimos diez años, con mayor actividad en los últimos cinco años. Alentados por los retornos de fondos similares en los EE.UU. y Europa, hubo inicialmente un espectacular éxito para atraer inversiones hacia los fondos de CPE. Sin embargo, las condiciones que generaron ganancias al capital de riesgo y al capital privado invertido en el mundo industrializado no estaban completamente establecidas en las naciones en vías de desarrollo. Los primeros resultados fueron desalentadores. Aun así, se aprendieron lecciones valiosas y se identificaron los errores que los profesionales del Reino de CPE podrán evitar de ahora en más. A continuación, hay una lista de las fallas posibles en la experiencia de CPE, recogidas por el IFC:

Los errores en la administración de los fondos:
- Correr riesgos minoritarios en empresas familiares. A menudo hay problemas de gobernabilidad corporativa.
- Esperar que los mercados locales de capital brinden oportunidades aceptables de salida.

- Poner demasiada fe en los conocimientos de ingeniería financiera de los administradores del fondo, en lugar de ponerla en su nivel de experiencia operativa.
- Participar demasiado de las privatizaciones. El valor de los activos crece a partir de las subastas competitivas y los inversores estratégicos.
- No protegerse del riesgo generado por la tasa de cambio de la moneda.

Los errores de los inversores:
- No insistir en tener administradores de fondo con experiencia y de alta calidad.
- No atender a la existencia de objetivos claros y realistas, y de estrategias operativas del fondo.
- Ignorar que la estructura del fondo no es buena.
- No insistir en una administración más rigurosa del efectivo por parte del fondo.
- No alinear estrictamente las estructuras de los honorarios con el rendimiento.
- No supervisar con diligencia el fondo.
- Analizar con un optimismo irreal el entorno para los capitales privados de muchos mercados emergentes.[9]

Este último punto merece una atención especial. Creo que el «entorno favorable» que el IFC no encontró en muchos de los países en vías de desarrollo fue la falta de un nivel alto de capital espiritual. Al subestimar la importancia del capital espiritual se llega al «optimismo irrealista» que sintió el IFC. Por eso, una de las lecciones que debemos aprender de la primera ronda de inversores de CPE es la necesidad de formar capital espiritual en los mercados emergentes y en los esfuerzos en pos del desarrollo económico, que ayude y contribuya a la transformación.

Al reconocer los errores del pasado, los inversores de CPE buscan administradores de fondos cada vez más experimentados, que tomen muy en cuenta la posición de control en las compañías que financian para lograr una mayor eficacia en el financiamiento de su capital. También buscan garantías de una deuda bien estructurada, para que las compañías de su cartera rindan cuentas estrictamente sobre el logro de objetivos y den más atención a las probables estrategias de salida.

Los negocios del Reino de CPE: Las lecciones aprendidas

También es importante interiorizar las lecciones que han aprendido los profesionales de los negocios del Reino que iniciaron y administraron compañías de CPE. Clem Schultz tiene años de experiencia en una cantidad de compañías del Reino, y determinó cuáles fueron sus mejores prácticas. A continuación presentamos una lista que incluye parte de su experiencia y conocimiento. Quizá no se aplique a todas las situaciones por igual, pero puede servir como guía útil para los negocios del Reino de CPE.

- El negocio del Reino tiene un coordinador de estrategias en su directorio (lo más adecuado) o en su junta de consejeros (segunda mejor opción), que ayuda a diseñar los planes de la Gran Comisión anualmente, para que sean ambiciosos y al mismo tiempo culturalmente posibles de cumplir. Al igual que el plan comercial, el plan de la Gran Comisión define los objetivos de evangelización y discipulado.
- Los profesionales de los negocios del Reino son parte de un ministerio o de un equipo que planta iglesias, con enfoque en una ciudad o grupo poblacional. El líder de ese equipo deberá enfocarse principalmente en los objetivos espirituales y no ser el gerente general de la compañía.
- Los profesionales occidentales de los negocios del Reino que están en la compañía tienen la responsabilidad espiritual ante una iglesia o agencia misionera de su país de origen. Lo ideal es que firmen un contrato escrito entre la compañía del Reino y el grupo con responsabilidad espiritual relacionado.
- Se realiza un proceso minucioso de selección para el equipo de liderazgo de la compañía del Reino, antes de crear o ampliar la empresa.
- El equipo gerencial de la empresa del Reino es multinacional o multiétnico, y lo ideal es que represente a tres o más países. No todos los gerentes tienen que ser cristianos, pero sí es necesario que la mayoría sean profesionales de los negocios del Reino y

que ninguno de los gerentes principales sea antagónico a los objetivos del Reino. En otras palabras, cada uno de los gerentes entiende que los objetivos del Reino están alineados y apoyan los objetivos de excelencia comercial de la compañía.

- La compensación se basa principalmente en el rendimiento y no en las donaciones ni en una base establecida previamente.
- La compañía del Reino tiene la capacidad de servir a un importante mercado de exportaciones. El ingreso de moneda extranjera brinda protección y sirve como barrera contra la corrupción.
- La compañía del Reino tiene un programa formal de capacitación para los empleados que enseña ética comercial. Los empleados deben interiorizar los principios comerciales basados en los valores bíblicos.[10]

Podemos agregar los siguientes ingredientes, que contribuyen a que las compañías del Reino de mayor envergadura no pierdan de vista su enfoque en momentos de dificultad:

- La compañía tiene una excelente junta de directores con clara visión de la fe para la empresa.
- Hay unanimidad de propósito entre el equipo fundador y los gerentes principales.
- Una declaración de misión, confeccionada por los fundadores, guía los objetivos espirituales y comerciales del emprendimiento y respalda la creación de la cultura de la compañía basada en el capital espiritual. El plan de la Gran Comisión deberá basarse en esa declaración de misión, y aunque sea diferente, puede referirse más estrictamente a los objetivos comerciales y culturales.
- Los profesionales de los negocios del Reino en la compañía realizan auditorias anuales de «impacto espiritual», que evalúan el cumplimiento de los objetivos espirituales.
- La compañía se asocia con otros negocios del Reino para aumentar el impacto total y rendir cuentas mutuamente.

Las oportunidades y relaciones comerciales adoptan muchas formas y Dios puede abrir puertas para avanzar el Reino, aun en compañías que no tengan gran presencia cristiana en la gerencia principal. El modelo usado en ET es un caso que lo demuestra. Aunque el fundador indio no estaba explícitamente comprometido con el avance de la iglesia a través de su compañía, se mostró abierto a mi sugerencia de reclutar trabajadores cristianos calificados. Como resultado, hoy hay cientos de cristianos trabajando en la compañía, que construye capital espiritual a partir de los principios bíblicos. Hay varias lecciones para aprender de este modelo también:

- Debe haber una o más personas con los objetivos del Reino en posiciones de influencia.
- El liderazgo comercial no necesita comprometerse con objetivos de misión, pero sí tendrá que estar abierto a cumplir los objetivos comerciales y los del Reino al mismo tiempo.
- Se debe formar capital espiritual. Eso se logra mejor a través de la enseñanza y capacitación de los principios bíblicos, dictada por una organización de los negocios del Reino que no pertenezca a la compañía.
- La iniciativa de avance del Reino deberá desarrollarse en conjunto con la iglesia local. Los pastores y cristianos de la región deben ser partícipes del esfuerzo de evangelización, discipulado y comunión.

Conclusión

En muchos lugares hay cristianos que tienen experiencia y talento para los negocios, y se dedican a formar y administrar los esfuerzos comerciales de CPE. De hecho, un centro de atención telefónica similar a ET en la India, es administrado por un grupo de cristianos enfocados en el Reino. «El propósito de la compañía es ministrar a las necesidades prácticas y espirituales al mismo tiempo», dicen los profesionales de los negocios del Reino que fundaron la empresa. «Uno de los principios fundacionales de esta empresa sostiene que "la tierra es del Señor, y todo lo que hay en ella" y que la vida entera debe estar bajo la gloriosa libertad del gobierno del reino de Dios». Esa es la visión de los negocios del Reino de CPE, crear un modelo sustentable que bendiga a las naciones y satisfaga las necesidades espirituales y prácticas, al tiempo de avanzar el reino de Dios. En ese proceso, los negocios del Reino con CPE tienen el potencial de formar capital espiritual en las naciones e influir en las industrias y regiones.

Creo que los emprendimientos comerciales del Reino, como lo es la compañía multimillonaria de Richard Chang en China, solamente representan el principio de lo que Dios hará. ¿Ya ha comprendido usted la visión? ¿Qué podría hacer Dios a través de los negocios del Reino? Una cosa es cierta: Dios se ocupa de hacer lo insólito. Permítame contarle una experiencia singular en mi vida, que provocó algo inequívocamente claro para mí.

CAPÍTULO 13

LAS TENDENCIAS DE HOY Y LAS VISIONES DESCABELLADAS

Había pasado más de una década desde la fundación de la compañía, y tras meses de preparación, llegó la hora. Inmac iba a cotizar en la bolsa de valores. Habíamos pasado por todos los pasos requeridos para la oferta inicial. La mañana de la venta pública, el mercado abriría como siempre a las nueve y esperábamos que la oferta saliera justo en ese momento.

Un momento antes de las nueve, recibí un llamado de nuestro abogado. Me dijo que la Comisión de Valores (SEC, por sus siglas en inglés) no estaba satisfecha con uno de los puntos relacionados con nuestra oferta inicial. La emisión y venta de acciones nuevas al público representarían para Inmac $ 10 millones en efectivo, pero los abogados de la SEC al ver nuestro saludable balance, no podían determinar por qué necesitábamos esos fondos. Debíamos redactar una carta de una carilla, y explicar qué planes teníamos para ese dinero. Eran las seis de la mañana en California y los abogados de la SEC querían la respuesta en una hoja con membrete original de nuestros consultores legales. Sin embargo, aceptaron que la enviáramos por fax. Para cuando enviamos la carta a la SEC ya eran las nueve menos cuarto en California, y las doce menos cuarto en Washington, D.C.

Estábamos en otoño, la fecha exacta era viernes 20 de octubre de 1986. Ese año, el gobierno federal de los EE.UU. pasaba por problemas económicos y para ahorrar dinero había decidido cerrar las actividades justamente ese viernes al mediodía. Encontramos al abogado de la SEC por teléfono y le explicamos que habíamos enviado un fax a su oficina. Su respuesta fue firme: «No puedo aprobar esta oferta hoy porque la oficina cierra al mediodía. No hay tiempo para buscar el fax, leerlo y responder a su carta».

La noticia nos desalentó mucho. El mercado de valores era débil. Nos lo habían descrito como «inestable» y el sentimiento de nuestros banqueros de inversión era que si no salían nuestras acciones a la venta ese día, en las siguientes semanas el ambiente no sería propicio para nosotros. Tendríamos que volver a presentar la solicitud y empezar todo de nuevo. Con eso, se postergaría nuestra fecha de cotización en la bolsa de valores, aumentarían nuestros gastos y potencialmente la compañía sería menos atractiva para los inversores. Eran malas noticias, de veras.

Algo tenía que cambiar. Solamente Dios podría resolver ese problema. Mi esposa, Roberta, y yo comenzamos a orar por un milagro. A las once y cincuenta, diez minutos antes de que cerraran las oficinas del gobierno, Dios nos dió la visión para que oráramos por algo insólito y descabellado. Aunque parecía imposible, oramos para que él hiciera que la empresa cotizara en la bolsa de valores ese mismo día. ¿Pero cómo lo haría? Ni siquiera me animaba a adivinar las posibilidades.

De repente, oímos por el altoparlante del piso Solomon Brothers que las oficinas del gobierno permanecerían abiertas una hora más. Cerrarían a la una del mediodía. Para nosotros, que el gobierno trabajara una hora más ese día, fue como si Dios volviera a detener el sol para que Josué tuviera un día más largo.

Llamamos de nuevo al abogado de la SEC, que pronto emitió una respuesta favorable, y la oferta inicial de Inmac fue a las doce y tres minutos. Solamente podíamos dar gloria por todo esto a nuestro Dios, tan insólito y descabellado.

Un Dios insólito y descabellado en acción

En mis años de trabajo en el campo de los negocios pasé por otras situaciones en las que fue evidente la mano de Dios obrando. Tan insólitos eran los resultados, que no cabía duda acerca de quién debía llevarse el crédito en cada ocasión.

Por supuesto, las Escrituras están llenas de ejemplos de cosas insólitas hechas por Dios. Elías competía contra los cuatrocientos cincuenta profetas de Baal para ver cuál sería el dios que mandara fuego. Elías además hizo empapar tres veces con agua la madera y la ofrenda de su altar. Luego clamó a Dios para que encendiera la ofrenda. No solo el Señor mandó su fuego sobre el sacrificio empapado, sino que además quemó el mismo el altar (ver 1 Reyes 18:16-38). Pensemos también en el insólito cumplimiento de su promesa a Abraham, un hombre sin descendencia que sería el padre de muchas naciones. Abraham tenía ya cien años y su esposa Sara tenía noventa, cuando Dios les dio a Isaac (ver génesis 17:17-21). Lo más insólito de todo es que Jesús, el mismo Dios, murió por los pecados del mundo. Sí, es evidente que Dios se ocupa de hacer las cosas más insólitas y descabelladas.

¿Qué cosas insólitas hará Dios a través de los negocios del Reino? Jesús nos dijo que si teníamos fe del tamaño de una semilla de mostaza, podríamos mover montañas. Debemos tener fe en que Dios es *capaz de hacer lo insólito y descabellado*. Jesús también utilizó la semilla de mostaza para compararla con el reino de Dios. Aunque es la más pequeña de las semillas, crece hasta ser un árbol tan grande que los pájaros pueden habitar en él y otras plantas cobijarse debajo. El reino de Dios crecerá más allá de todas nuestras expectativas. *Dios obra lo insólito* (ver Mateo 13:31-32; Marcos 4:30). Nosotros podemos lograr cosas comunes, pero solamente Dios puede hacer lo extraordinario, lo que está fuera de lo común. Ni siquiera el cielo es el límite. Pero primero tenemos que identificar las tendencias actuales para reconocer dónde están germinando las semillas y concebir visiones insólitas, para imaginar los árboles enormes que crecerán a partir de esos brotes.

Las tendencias actuales

Creo que Dios se prepara para hacer lo insólito a través de los negocios del Reino. Es que al considerar el poder de los negocios, veo un enorme mar de cambios para el movimiento de las misiones en todo el mundo. Los cambios resultan de las tendencias que cierran puertas a los métodos existentes para hacer algo. Pero al mismo tiempo esas tendencias crean aperturas para nuevas perspectivas, que pueden tener todavía más potencial. Para poder aprovechar cualquier cambio, primero tenemos que reconocerlo.

Las tendencias que dan forma a nuestro futuro

El mundo se encoge: Las comunicaciones y el transporte en todo el mundo han crecido y mejorado. Llegó la era de la globalización. Cada vez más personas tienen acceso a teléfonos celulares y a Internet, incluso en los países en vías de desarrollo. La tecnología es cada vez más barata y hay mayor disponibilidad. Un nuevo sistema de telefonía celular, creado en Japón, se está instalando en China y la India. Ese sistema basado en aldeas, tiene un costo total por teléfono de $ 1.250 y en cinco años más, hasta la aldea más pequeña de la India tendrá conexión a Internet. En todo el mundo, inclusive los barrios más pobres tienen antenas de televisión. Los viajes internacionales son más accesibles a medida que los tiempos y costos se reducen. El mundo está al alcance de más y más personas, y las conexiones son rápidas y fáciles.

El socialismo se acabó: Se agotó el socialismo. Los países en vías de desarrollo lo rechazan y aceptan al capitalismo como sistema económico más prometedor para resolver el problema de la pobreza generalizada. Se busca en occidente asistencia para desarrollar el capitalismo exitoso. Pero muchos de esos países corren el riesgo de implementar el capitalismo sin valores espirituales. Allí, donde este sistema económico se instituye sin principios bíblicos y sin desarrollo de capital espiritual, surgirá como resultado una economía disfuncional como la del modelo ruso.

Algunas naciones empiezan a ver la importancia de la fe cristiana para el capitalismo exitoso: Como mencionamos antes, el ex presidente de China, Jiang Zemin, entendió la importancia de esta relación y hasta dijo que podría hacer de China un país cristiano. Conocí a líderes nacionales de Fiji que también reconocen el rol esencial de la fe en el desarrollo de la economía de su país. Los EE.UU. ayudan a África a luchar contra el SIDA, y los gobiernos africanos miran hacia delante, hacia el crecimiento económico que vendrá cuando la expectativa de vida de los habitantes sea mayor. También buscan formas de instituir principios comerciales (bíblicos) que dieron resultado en las economías de occidente.

Algunos países restringen el acceso a misioneros tradicionales: China, Pakistán y Vietnam son algunos de los sesenta y nueve países cerrados (o con acceso restringido) a los misioneros cristianos. Eso incluye doscientos sesenta y cinco mega ciudades.[1] Esos países están cerrados a los misioneros cristianos evangélicos, pero también hay otros donde existen restricciones para otorgar visas a los obreros religiosos. Como resultado, los misioneros buscan medios ilegales o encubiertos para obtener acceso a esas naciones. Los misioneros que operan en esos países deben enfrentar muchas barreras para poder interactuar naturalmente con los habitantes locales. Y aun cuando logran hacerlo, como trabajan bajo una máscara que no es la verdadera, son objeto de sospecha. En tanto no contribuyan a un valor evidente para el país (o parezca que causan perjuicio), seguirán existiendo las restricciones para los misioneros tradicionales.

Muchos países se abrieron al comercio: Aunque se cierran a los misioneros, los gobiernos de los países en vías de desarrollo comienzan a reconocer que la experiencia en comercio exterior y las inversiones del extranjero son importantes para el crecimiento económico. Durante siglos se les dio la bienvenida a los creyentes por los conocimientos o experiencia con que pudieran contribuir. Los cristianos que se dedican a los negocios trabajan actualmente en casi todos los países, incluso en aquellos cerrados al evangelio. Desde Afganistán a Corea del Norte, los creyentes enfocados en el Reino bendicen a las naciones a través del comercio y los negocios. Se abren las puertas a aquellos profesionales occidentales que traigan capital y experiencia.

Aumenta el costo de las misiones en el extranjero: El costo económico que implican los salarios de los misioneros occidentales hace que la iglesia tenga que destinar miles de millones de dólares cada año para mantener esos esfuerzos en actividad. En la situación actual, llegamos a un punto donde es casi imposible continuar, porque no se observa que los retornos aumenten. Aunque se han ampliado los programas y se han alcanzado más regiones, la fe cristiana no da resultados positivos en aumento. Un tercio de la población del mundo se considera cristiana, y esa cifra no ha cambiado en el último siglo. En un entorno donde los costos de la producción descienden (prácticamente) en todas las industrias, se debe desarrollar alguna alternativa diferente del modelo utilizado desde hace doscientos años, es decir, occidente costeando el mantenimiento de los misioneros a tiempo completo en el extranjero.

Las misiones en el extranjero no recibieron más fondos en la última década: Sea cual fuere la razón, se han estancado los niveles de donaciones y ofrendas para los misioneros en el extranjero (en dólares constantes). Según el Barna Research Group, la proporción de adultos convertidos al cristianismo en los EE.UU. (el diez por ciento de la iglesia total) disminuyó del doce por ciento en el 2000 al seis por ciento en el 2002.[2] Además, las iglesias destinan más recursos a sus programas internos. Sencillamente, el aporte para sostener las misiones en el extranjero no ha aumentado.

La inversión privada hacia los países en vías de desarrollo se cuadruplicó en los últimos diez años: El capital sigue a las oportunidades de negocios que aparecen en el Tercer Mundo y la inversión es considerada la mejor forma de ayudar a las economías emergentes. Todavía hay problemas para entrar y sacar capital de las naciones en vías de desarrollo. Los países se preocupan, cada vez más, por estabilizar su moneda corriente. Las diferencias en los salarios entre occidente y el Tercer Mundo obligan a más compañías a reubicarse, para establecerse en países donde el costo laboral sea menor. Los inversores privados siguen esa oportunidad, e invierten más dólares en esos países.

Aumenta el comercio internacional: Cada vez se observa con mayor frecuencia y se reconoce que el comercio internacional es un paso clave en el camino hacia el desarrollo económico. El progreso económico más próspero es resultado de la producción de bienes y servicios en áreas con ventaja comparativa. Por ejemplo, esa ventaja puede ser un menor costo de la producción o una mayor experiencia técnica. Una vez producidos esos bienes y servicios, deben comercializarse entre la gente y los países. Más fábricas se mudan a regiones con costos menores, y más países reconocen que el comercio libre y abierto beneficia a todos los participantes. Por eso, se caen las barreras que impedían el aumento del comercio internacional. EE.UU. hoy sufre una situación de déficit comercial anual de $ 500 mil millones, pero lo que muchos perciben como un problema potencial, presenta una oportunidad para formar relaciones comerciales internacionales y llevar el evangelio a otras naciones.

Los esfuerzos en pro del desarrollo económico han demostrado ser financieramente autosustentables: Hoy, hasta los programas que sirven a los más pobres a través de micro préstamos pueden ser rentables y económicamente viables. Como vimos antes, el Bank Rakyat Indonesia, el mayor emisor mundial de micro préstamos, tuvo ganancias considerables con su actividad de micro financiamiento. La rentabilidad también significa que los inversores pueden obtener retornos, a partir de los fondos de desarrollo económico. Esos fondos se invierten en instituciones rentables que apoyan a empresas pequeñas, medianas y grandes del mundo en vías de desarrollo. Un programa de crecimiento económico rentable podrá sustentarse sin depender de donaciones. Y muchos ya han logrado ese objetivo.

Los economistas y autores seculares reconocen el rol de la fe judeo-cristiana en el desarrollo del capitalismo exitoso: Al menos a nivel superficial, se ha identificado la conexión entre las instituciones económicas resultantes de los valores judeo-cristianos y el comercio próspero. El economista Douglass

North demostró que tanto las reglas formales del sistema legal como las informales del sistema moral-espiritual tienen un papel importante en los resultados económicos. Organizado por la John Templeton Foundation, un grupo de estudiosos seculares se reunió hace poco, para hablar del lanzamiento de un nuevo campo en la ciencias sociales que explora las contribuciones de la religión al desarrollo social y económico. «Este parece ser un momento ideal para comprender y evaluar los efectos públicos de la acción espiritual y religiosa», dijeron los organizadores, «porque parece haber más apertura en las ciencias sociales hacia los factores no materiales. Ya no resulta inusual pensar que la confianza, las normas de conducta y la religión afectan profundamente el desarrollo económico, social y político».[3]

El movimiento que intenta una integración entre la fe y el trabajo se extiende en la iglesia: Un artículo de la revista *Fortune,* de julio del 2001, informaba que «la gran masa de creyentes, una contracultura que borbotea en la Norteamérica corporativa, quiere cubrir la brecha tradicional entre la espiritualidad y el trabajo».[4] Mike McLoughlin, fundador y director de la obra de mercado de Juventud con Una Misión, observa que «hace diez años solamente había entre veinticinco y treinta ministerios nacionales o internacionales en los lugares de trabajo. Hoy la cifra es de varios centenares».[5] El *International Faith and Work Directory* [Guía Internacional de la Fe y el Trabajo] produjo una lista con más de mil doscientas organizaciones y ministerios que se enfocan en la integración de la fe y el trabajo. Muchos cristianos pueden ver que el domingo se relaciona con el lunes. «No hay de veras división entre lo sagrado y lo secular, con excepción de lo que nosotros mismos imponemos como barrera», concluye Dallas Willard.[6]

Se reconoce al mercado como escenario emergente para el ministerio de los creyentes: En el 2001, George Barna predijo que «el ministerio en el lugar de trabajo será una de las mayores innovaciones futuras dentro del ministerio de la iglesia».[7] Actualmente, muchos otros perciben ese movimiento del Espíritu también. «Dios inició un movimiento de evangelización en el lugar de trabajo que tiene el potencial de transformar nuestra sociedad, tal como la vemos hoy», dijo Franklin Graham.[8]

Peter Wagner, un ex profesor del Seminario Teológico Fuller y reconocido experto en el crecimiento de la iglesia, concuerda: «Creo que el movimiento en el lugar de trabajo tiene el potencial de impactar sobre la sociedad como lo hizo la Reforma».[9]

Ahora más que nunca, la gente de negocios es llamada por Dios a llevar el evangelio al mundo a través de su actividad comercial: Los creyentes que se dedican a la caridad, las misiones, la evangelización y los negocios provienen de distintos ángulos, pero todos llegan a la misma conclusión: Dios los llama a usar los negocios como medio para hacer avanzar la iglesia en el mundo en vías de desarrollo. El Espíritu Santo les habla a las personas de todos los rincones del mundo, les indica que los negocios son un vehículo para misionar. Una gran cantidad de personas me mencionó esto últimamente. Sin que se los pidiera, manifestaron una visión del comercio y del desarrollo económico dentro del esfuerzo misionero mundial. Cientos de personas de los negocios del Reino, de diversos lugares (como Virginia Beach y Atlanta en los EE.UU. o Kuala Lumpur en Malasia) se reúnen en conferencias. Solamente en los EE.UU. ya se han publicado ocho libros sobre esta temática en los últimos dos o tres años.

Los cristianos ayudan a una gran cantidad de empresas en los países en vías desarrollo: Como el campo de los negocios del Reino es relativamente nuevo, no hay registros definitivos sobre el crecimiento alcanzado. Sin embargo, podemos ver que el movimiento en sí ha crecido. Hace diez años había un limitado esfuerzo cristiano por asistir a los micro emprendimientos y casi nadie asistía a los emprendimientos más grandes. Hoy la cantidad de programas cristianos de micro financiación ha crecido en número y tamaño. Muchas organizaciones enfocadas en los objetivos del Reino colaboran con pequeñas y medianas empresas. Y muchos esfuerzos de visión misionera buscan formar compañías más grandes, crear puestos de trabajo e impactar en sectores de la industria y en la cultura de esos países.

¿Qué implican esas tendencias?

Esas tendencias implican que los negocios y el mercado están convirtiéndose en medios primarios para el ministerio, al brindar desarrollo espiritual y bendición económica directamente desde cada lugar en particular. El cambio se produce no solamente en la forma de llevar el evangelio al prójimo, sino en cómo lo llevamos al mundo también. Y aunque la idea del cambio posiblemente produzca cierta ansiedad en algunos, es importante reconocer que a veces se trata de la opción menos riesgosa y que a menudo representa la oportunidad más viable de salvar almas. La única forma de manejar eficazmente el cambio es aceptándolo y abrazándolo, pidiendo a Dios que nos muestre qué quiere decirnos a través de cada suceso. Este proceso nos resultará más fácil si podemos concebir los insólitos y descabellados resultados que Dios tiene reservados para el mundo.

Las visiones descabelladas e insólitas

Hay una razón por la que los programas para adelgazar muestran esas fotos del antes y el después. Es para mostrar el contraste entre dos formas de existencia muy distintas. En una, la persona es obesa e infeliz, y en la otra se ve normal, feliz y contenta. Claro que la persona no notó diferencia importante en el día a día, o semana a semana mientras perdía medio kilo, o aumentaba un poco de peso. Solo notará la transformación después de un tiempo.

El objetivo de la declaración de visión es dar la imagen del «después». La declaración de visión no se enfoca en el presente, sino que ve un estado futuro. Está en línea con los esfuerzos de todos los que participan y trabajan hacia el objetivo común, de aquello que la organización aspira ser.

Las instituciones promedio incluyen adjetivos superlativos en sus declaraciones de visión. El objetivo que se proclama es llegar a ser la organización más grande, la mejor, la más respetada y la más eficiente de todas. Muchas de esas aspiraciones no pasan la «prueba del escéptico» (¿Cómo podrá *esa compañía* llegar a ser líder en su campo?). La declaración de visión tiene como propósito alinear los esfuerzos de la organización, hacia un objetivo que durante un tiempo no estará a su alcance. Es que si no miramos hacia el final del camino, no sabremos hacia dónde dar el primer paso.

Aquí el propósito es el de proponer algunas visiones para los negocios del Reino, como si propusiéramos imágenes del «después», para el emprendimiento comercial cristiano. Como dije antes, los negocios del Reino pueden ser la clave para las misiones mundiales en este siglo. Las personas de negocios, en especial los empresarios, son gente de acción. No cabe duda de que, al principio, algunos se mostrarán impacientes por saber qué cosas pueden hacer para lograr un avance del Reino a través de su experiencia y conocimiento de los negocios.

Sin embargo, no se trata de ilustraciones de lo que *nosotros* podríamos lograr, sino de visiones de lo que *Dios* puede lograr. Tenemos que pensar, entonces, en términos de lo insólito y lo descabellado. Solamente Dios puede lograr lo insólito, lo impensable. Los humanos siempre queremos atribuirnos el crédito de todo logro, pero ante lo insólito, nos vemos obligados a dar gloria a Dios.

¿Qué cosa insólita realizará Dios a través de los negocios del Reino en la próxima década? ¿Qué podría ser tan importante para que la gloria vaya directamente al Espíritu Santo, aun cuando la tendencia humana busca parte del crédito para sí? Dios puede aumentar de manera significativa el tamaño de su iglesia y puede transformar la ética comercial imperante, también puede reducir considerablemente el nivel de pobreza en el mundo. Soñemos a lo grande.

Las imágenes del «después» que se proponen aquí están divididas en cuatro categorías de resultados potenciales: (1) alcanzar una escala enorme, (2) transformar las sociedades, (3) fortalecer la iglesia, (4) tener impacto sobre las instituciones occidentales.

1. Alcanzar una escala enorme

Dios mostró que se ocupa de hacer las cosas «a lo grande» a través del poder del Espíritu Santo. Una obra para el Reino de enorme magnitud e insólita escala es su marca registrada. Lo que comenzó luego de la crucifixión, con un grupo reducido de seguidores judíos asustados y dispersos, hoy ha llegado a ser el cuerpo que tiene la mayor cantidad de afiliados sobre el planeta. Hay más de dos mil millones de personas que se confiesan cristianos hoy. La obra del Espíritu Santo fue documentada desde los inicios de este asombroso proceso de crecimiento, y continúa siéndolo hoy también. ¿Cómo será el resultado «a lo grande» de la obra de los negocios del Reino?

La totalidad de los seis mil quinientos grupos poblacionales no alcanzados tienen profesionales de los negocios del Reino trabajando en su mismo terreno: No hay grupo poblacional que no quiera mejorar su perspectiva de supervivencia económica y estándar de vida. Dios puede plantar un equipo de los negocios del Reino en cada uno de esos lugares, por cerradas que estén las naciones o sociedades al evangelio. Como vimos antes, los negocios del Reino ya trabajan en algunas de las regiones menos alcanzadas.

Toda nación en vías de desarrollo tiene un proyecto misionero relacionado con los negocios del Reino en funcionamiento, al menos a corto plazo: Muchos creyentes con conocimientos en materia de negocios serán llamados a servir en puestos de tiempo completo en los países desarrollados; pero también una gran cantidad de personas experimentadas serán usadas por Dios para bendecir a las naciones, a través de esfuerzos a corto plazo, en cada uno de esos países. Los viajes de negocios del Reino ya son una realidad en las economías emergentes como China y Sudáfrica.

Más de diez mil negocios y compañías del Reino, de todos las dimensiones, operan en el sudeste de Asia: Desde los micro emprendimientos más pequeños a las grandes organizaciones que fabrican productos, más de un millón de empleados se ven expuestos a los principios bíblicos y a la Palabra de Dios en su vida laboral día a día. Muchos otros son socios, proveedores o clientes de esos negocios del Reino. Una persona que inicia un negocio del Reino en China, puede calcular que ya hay más de doscientas compañías con objetivos del Reino en esa nación solamente.

Diez negocios del Reino llegaron a ser las compañías más grandes en sus respectivos países: Las grandes corporaciones tienen una plataforma importante que Dios puede usar para transformar una nación. ¿Qué pasaría si compañías tan grandes como Microsoft, Daimler-Chrysler o British Petroleum trabajaran activamente para construir iglesias locales, promover los principios comerciales bíblicos, crear empleos determinantes y transformar a las naciones? Varias compañías de importancia son producto de los esfuerzos realizados por los negocios del Reino. Aunque Galtronics no es la de mayor tamaño en su país, como compañía del Reino creció hasta llegar a ser el empleador más grande de la ciudad de Tiberíades, Israel. SMIC lidera el camino en el sector de la industria de los chips semiconductores en China. Fundada por varios cristianos comprometidos en 1980, E-Land Group es hoy una de las compañías de indumentaria más grande de Corea del Sur, con aproximadamente dos mil empleados y ventas anuales que alcanzan los mil millones de dólares. La compañía también está comprometida con los negocios del Reino y envía profesionales enfocados en el Reino a trabajar y operar las fábricas de Vietnam, Sri Lanka y China. «Los llamamos "empresarios-misioneros", porque son personas de negocios con visión misionera», dice el capellán de E-Land, Sun Ki Bang.[10]

2. Transformar las sociedades

Desde el pacto inicial con Abraham, Dios derrama bendiciones especiales sobre las naciones, en tanto su Espíritu se mueve para transformar las sociedades. La obra del Espíritu Santo al llevar avivamiento a un pueblo, por lo general, acompaña la disminución de los males sociales del hambre, la opresión, la pobreza, la corrupción, las enfermedades, el desempleo y la violencia.

Un ejemplo de nuestra época es Corea del Sur, donde un dinámico cuerpo cristiano abarca a más de un tercio de la población total. Después de la devastación de la Guerra de Corea, la nación tenía el PBI más bajo del mundo, y sin embargo, alcanzó a posicionarse dentro del Primer Mundo solo unas décadas más tarde. Antes, Corea del Sur estaba sufriendo bajo el flagelo de la pobreza y el subdesarrollo, pero hoy hace alarde de un impresionante mercado de exportaciones de alta tecnología. En lugar de ser una nación a la que llegan misioneros, Corea del Sur ha enviado más de diez mil misioneros para ser luz del mundo.

Como mencionó el Dr. David Yonggi Cho en el Prólogo, en 1958 inició su iglesia en la zona más pobre de Seúl (Corea), bajo una tienda de campaña que le habían dado después de la guerra. Ese era el edificio de su iglesia. Su congregación tenía solo cinco miembros, pero cuando predicaba, lo hacía como si hubiera varios miles escuchándolo. Pronto la iglesia llegó a tener tres mil miembros. Dios siguió expandiendo su visión y hoy, la iglesia Yoido Full Gospel es la más grande del mundo, y las cifras oficiales arrojan un total de setecientos mil miembros. El Dr. Cho tiene ahora la visión de plantar mil iglesias en Corea y el cuerpo de creyentes de su iglesia envía casi mil misioneros al resto del mundo. ¿Cómo se verá la transformación que Dios obrará en la sociedad a través de los negocios del Reino?

Cinco naciones que antes eran del Tercer Mundo atribuyen su salida de ese estado a la influencia cristiana: La verdadera transformación tiene que ver con las necesidades espirituales, económicas y sociales; solamente una perspectiva integral logrará sacar a los países del ciclo de la desesperanza que causa la pobreza. La historia de cómo Corea del Sur salió del Tercer Mundo para figurar entre los países del Primer Mundo es un ejemplo de eso.

Los esfuerzos de los negocios del Reino lograron reducir la tasa de desempleo en más de un diez por ciento en varios países: Los esfuerzos de financiación de DMEs, PyMEs y compañías de CPE dan como resultado la creación de puestos de trabajo. En un mundo en el que varios países tienen tasas de desempleo superiores al cincuenta por ciento, Dios puede usar los negocios del Reino para proveer trabajo, y proporcionar un lugar para que las personas desarrollen sus talentos. A través de su actividad como organización cristiana de DMEs, Opportunity International crea casi doscientos cincuenta mil puestos de trabajo al año.

Las naciones del Bloque del Este eliminaron la corrupción generalizada y lo atribuyen a la influencia cristiana: Con el testimonio y ejemplo de su pueblo, Dios puede resolver lo que hoy es un gran problema para el desarrollo de la economía en Europa oriental. Los principios bíblicos integrados al mercado, la demostración de las prácticas comerciales honradas y el poder del Espíritu Santo para santificar vidas tienen el potencial para transformar ese clima comercial de manera radical. Las compañías con mentoría de Integra Ventures, en Europa oriental, ya lograron un impacto en las prácticas comerciales de su región al oponerse a la corrupción.

Los países en vías de desarrollo apuntan a la influencia cristiana, como fuente de un sistema comercial leal y con salarios honestos: El poder del Espíritu Santo puede transformar las prácticas comerciales deshonestas y la cultura carente de normas éticas. El evangelio puede dar a una nación la capacidad de aumentar su capital espiritual. Cuando las personas graban en su interior el concepto de amar al prójimo como a ellos mismos, la justicia y la honestidad se convierten en la marca de su actividad comercial. No solamente logran aumentar su propio capital espiritual, sino que la satisfacción y el éxito resultantes del trato con los demás se vuelve contagioso. Así como la influencia cristiana transformó las prácticas deshonestas a través de las Livery Companies en Londres, las prácticas comerciales cristianas también impactan en muchas regiones del mundo en nuestros días.

3. Fortalecer la iglesia

Comenzando por Pablo, los misioneros han llevado la buena nuevas de Jesús a todos los rincones del planeta. El Espíritu Santo fue tocando las vidas de las personas en todas partes del mundo y hoy esas personas forman un cuerpo global de creyentes. Sin embargo, los seguidores de Jesús no están distribuidos en forma pareja, y hay regiones en las que la representación del cuerpo de Cristo es escasa. Algunos países están virtualmente cerrados al evangelio. Algunas regiones, aunque generan un crecimiento de capital espiritual, siguen dependiendo del financiamiento y de las donaciones de occidente para sostener sus iglesias. Pero hoy, cuerpos de creyentes conformados por habitantes locales, cortan sus lazos económicos con occidente porque existen muchas otras oportunidades para que Dios obre un cambio en la iglesia. ¿Cómo podría Dios fortalecer a la iglesia a través de los negocios del Reino?

Los países musulmanes y otros, que también están cerrados al evangelio, dan la bienvenida a los negocios del Reino: Los gobiernos se muestran fascinados ante la idea del desarrollo económico, la creación de puestos de trabajo y el aumento de la riqueza local. Si una compañía brinda empleo con sentido, buenos salarios, productos y servicios útiles, entonces será bienvenida. Dios puede abrir las puertas para los negocios del Reino, aun en los países musulmanes y en otros cerrados al evangelio. El Espíritu Santo es quien deberá transformar los corazones, pero somos los cristianos los que podemos llevar la oportunidad del crecimiento económico y espiritual. Entonces, los negocios del Reino pueden difundir el evangelio aun en las regiones más hostiles del mundo. Y esto ya sucede en países marcadamente musulmanes como Afganistán. El gobierno de Corea del Norte, aunque completamente cerrado a los misioneros tradicionales, acaba de asociarse con una organización cristiana de DME e iniciará un programa de desarrollo económico para su gente.

Se adjudica a los negocios del Reino la iniciación de diez mil nuevas iglesias en todo el mundo: Cuando las personas llegan a Jesús, surgen las iglesias. A medida que el Espíritu Santo se mueve, el cuerpo de Cristo aumenta en cantidad de miembros, en fuerza y en influencia. Ya surgieron varios esfuerzos por plantar iglesias a partir de emprendimientos comerciales en lugares como la India, China e Israel.

Los esfuerzos en pro del desarrollo comercial crean riqueza local en una cantidad suficiente como para que las iglesias locales ya no necesiten financiación proveniente de occidente: Al dar empleo y permitir que los cristianos locales mejoren su condición económica, los negocios del Reino pueden ayudar a romper la dependencia de la asistencia proveniente del extranjero. Los cristianos de los países en vías desarrollo pueden descubrir la bendición que trae el dar. En algunas naciones, esa lección es una de las más necesarias. En lugar de depender del financiamiento de occidente, las iglesias locales pueden llegar a ser autosuficientes y sustentables económicamente a partir de sus miembros. Las iglesias de los países en vías de desarrollo se beneficiarán con los recursos económicos de personas como Ivan, el croata que financió la edificación de una nueva iglesia con las ganancias de su negocio.

Los negocios del Reino crean recursos económicos suficientes como para financiar misiones: Hemos visto que todavía hacen falta plantadores de iglesias, evangelizadores y traductores, es decir, misioneros tradicionales sin fuente de ingresos inherente a su actividad evangélica. Más allá de mantener a la iglesia local, los cristianos de los países en vías de desarrollo pueden donar dinero a esos esfuerzos misioneros. De hecho, hay propietarios de negocios del Reino que deciden financiar a los misioneros tradicionales con las ganancias de sus negocios. Evangelistic Commerce inició varios negocios del Reino en la India y China, que hoy son lo suficientemente rentables como para financiar otras actividades misioneras.

Los negocios del Reino rompen las barreras que separan a las denominaciones y a las culturas dentro de la iglesia y promueven la cooperación y asociación entre los creyentes: Los negocios tienen que ver con crear relaciones y sociedades necesarias para lograr el objetivo económico. Crean situaciones para beneficiar a todas las partes. Los negocios, como la política, a veces juntan a personas disímiles, gente que nada tiene que ver entre sí. Los negocios del Reino pueden unir a la iglesia en pos de un objetivo común, el de ver transformación económica y espiritual sostenible en un pueblo o nación. Varias conferencias lograron reunir a personas de casi todas las denominaciones y tradiciones que desean ver la obra del reino de Dios promovida a través de los negocios.

4. El impacto sobre las instituciones de occidente

Aquellos que regresan de un corto viaje de misión suelen informar que la experiencia tuvo mayor impacto en ellos que en las personas a las que ministraron. Es seguro que los negocios del Reino tocan a las naciones en vías de desarrollo con un evangelio integral, pero no cabe duda acerca de la transformación que Dios obra en las instituciones que envían a esas personas. De hecho, como veremos en el siguiente capítulo, muchos de los cambios en las naciones subdesarrolladas son esenciales para generar el movimiento de los negocios del Reino a mayor escala. El poder del Espíritu Santo puede producir cambios importantes en muchas instituciones: comunidades comerciales, iglesias, universidades, mercados financieros y gobiernos. ¿Cómo puede Dios impactar a las grandes instituciones occidentales a través de los negocios del Reino?

La prensa secular reconoce la importante contribución hecha por los negocios del Reino, en pro de reducir los niveles de pobreza: Movido por una profunda convicción cristiana, William Wilberforce dedicó su carrera parlamentaria a la abolición de la esclavitud. Tres días antes de su muerte, en 1833, se promulgó un edicto en el Imperio Británico dando fin a la esclavitud. Así como se honra a Wilberforce por su heroica lucha contra un flagelo social de su época, nuestra prensa secular podrá notar y dar crédito a los negocios del Reino por su eficacia y esfuerzo en pro de reducir los niveles de pobreza (flagelo de la sociedad en nuestros días). Así como los periódicos nacionales publicaron titulares anunciando que Galtronics era galardonada con el máximo premio industrial por «bendecir a la nación de Israel», Dios puede abrir los ojos de quienes están en los medios seculares para reconocer el impacto de los negocios del Reino.

Un objetivo triple que mide los estándares de los negocios del Reino: «Consigues lo que mides», dicen algunos. Los negocios del Reino pueden reflejar el compromiso con la rentabilidad, el mejoramiento de la economía y la transformación espiritual cuando se registra el progreso de esos objetivos. Ya existe una iniciativa por cuantificar y evaluar a los negocios del Reino, según sus resultados espirituales. Dios puede utilizar esas mediciones para hacer brillar su luz sobre una cultura comercial, que suele enfocarse en un único objetivo: la rentabilidad.

El Índice de los negocios del Reino (KBI por sus siglas en inglés) sale publicado en los medios seculares y un importante fondo de inversión mutual invierte en ellos: Los mercados financieros han creado una cantidad de índices especializados, como el Índice Social de Calvert, que miden la responsabilidad de las compañías norteamericanas en su comunidad. Un índice similar para las compañías del Reino, combinado con un vehículo de inversión, podría incentivar la participación en esos esfuerzos enfocados a la misión, y elevar así el perfil de los negocios del Reino más allá de la comunidad cristiana.

Varios fondos exitosos financian el establecimiento de nuevos negocios del Reino y los esfuerzos en pro de su crecimiento: Los fondos de inversión de capital de riesgo o capital privado pueden brindar recursos de inversores para financiar los negocios promisorios de todo el mundo. El fondo opera a medida que las inversiones rentables proveen más capital para financiar otros atractivos emprendimientos. Los inversores independientes se ven impedidos de financiar compañías en otros países por la debilidad de la moneda y las limitaciones para la transferencia de dinero. Pero los fondos, que invierten en emprendimientos comerciales del Reino, facilitan el movimiento de dinero alrededor del mundo. Los fondos seculares dedicados a las organizaciones de DME rentables, como ProFund International (Costa Rica) o BlueOrchard Finance (Suiza), ya dan retornos a sus inversores, y posiblemente los fondos de inversión del Reino harán lo mismo. La Business Professional Network de los EE.UU. inició, hace poco, un pequeño fondo que invierte en promisorios negocios del Reino.

Todas las grandes agencias cristianas para el desarrollo y la ayuda social se unen a las agencias misioneras en pro de los esfuerzos del Reino: La AERDO, Association of Evangelical Relief and Development Organizations [Asociación de organizaciones cristianas de ayuda y desarrollo], tiene más de cuarenta miembros y la EFMA, Evangelical Fellowship of Mission Agencies [Comunidad evangélica de agencias misioneras], tiene más de cien. AERDO ya lanzó una iniciativa para elevar el perfil de los negocios del Reino entre sus miembros. El panorama de las misiones occidentales podría cambiar para siempre, si todas las organizaciones pertenecientes a esas asociaciones estuvieran unidas para trabajar junto a los negocios del Reino, y buscar la transformación de las naciones.

Todos los programas comerciales de las universidades cristianas ofrecen carreras sobre los negocios del Reino y esa temática concentra a la mayor cantidad de estudiantes de educación cristiana: La clave para lograr la formación de exitosos participantes en el movimiento de los negocios del Reino está en educar a los que adquieren conocimiento comercial, y brindarles también mayor conocimiento de la fe. Los líderes de mañana son los estudiantes de hoy. Necesitan un programa de educación que les ofrezca las herramientas necesarias para navegar en las difíciles aguas de los países subdesarrollados, donde se combinan los objetivos comerciales y los espirituales. El EC Institute, iniciativa de Evangelistic Commerce, actualmente desarrolla un programa de este tipo. Varias universidades cristianas, como la Universidad Biola y la de Spring Arbor, ofrecen cursos sobre negocios del Reino.

Cinco negocios del Reino son materia de estudio en Stanford y Harvard, analizados en cursos seculares de comercio: El éxito de los negocios del Reino, en términos económicos y de transformación, no puede ser pasado por alto y los estudiantes seculares de comercio lo notan. Estos casos de estudio, que documentan el éxito de las empresas, pueden dar testimonio positivo de los principios bíblicos y la virtud de seguir parámetros más altos. Un caso de estudio en la Universidad de Harvard ya documentó el impacto positivo que tuvo el liderazgo cristiano en la compañía norteamericana ServiceMaster, con respecto al trato con sus empleados. Algunos negocios del Reino están específicamente presentados en libros como *Gre-*

at Commission Companies [Compañías de la Gran Comisión], de Steve Rundle y Tom Steffen; y además, Dios hace que se reconozca su impacto positivo en las universidades seculares.

Diez gobiernos de naciones en vías de desarrollo reconocen la transformación lograda a través de negocios del Reino y deciden financiar esos esfuerzos, sin condiciones. Los gobiernos occidentales destinan fondos a las naciones en vías de desarrollo para resolver problemas, pero el nivel de cambio permanente no llega a ser alto. Los esfuerzos iniciados por el Espíritu Santo pueden lograr una transformación verdadera y el reconocimiento de parte de las autoridades locales. El gobierno de Suiza reconoció públicamente el impacto de una compañía del Reino, y brindó fondos para cubrir la mayor parte de los costos administrativos y la capacitación de PyMEs que requiere el programa.

Ver y asombrarse

Este capítulo destacó una cantidad de tendencias actuales, a través de una galería de «imágenes del después». Está claro, es imposible saber exactamente qué tiene Dios en mente, y sería imprudente concentrarnos en una sola de estas imágenes o visiones para definir el éxito posterior de todo el esfuerzo en su conjunto. Aquí nuestro propósito es ilustrar lo que produce el poder del Espíritu Santo a través de la iglesia. Sea cual fuere el resultado, si trabajamos con Dios ¡será algo verdaderamente insólito!

Cada organización podrá hacer el intento de cumplir alguna de esas visiones. Una quizá tenga la visión de miles de negocios del Reino en Asia oriental, y entonces buscará facilitar su establecimiento y promover su éxito. Otra organización, quizá, tenga una visión para las universidades y buscará promover los negocios del Reino en lo referente a la educación cristiana. Y otra, tal vez, tenga la visión de presentar los negocios del Reino ante las comunidades seculares y cristianas, brindando la investigación analítica que se requiere para evaluar esas empresas.

Lo que exponemos aquí son los pasos para poner en práctica esa «imagen del después». Porque la visión sin acción no sirve, y son las prácticas específicas con instituciones diversas lo que debemos poner en marcha. ¿Cómo vamos a lograr esa visión? En otras palabras, ¿cómo podemos trabajar con Dios y ayudar a que la rueda gire, sabiendo que de él proviene la visión?

En el siguiente capítulo analizaremos algunas ideas.

CAPÍTULO 14

CONOCER LA VISIÓN DE DIOS REFERENTE A LOS NEGOCIOS DEL REINO

Para que Dios obre lo insólito a través de nosotros necesitamos estar de acuerdo con él y tener una clara visión de hacia donde vamos. Necesitamos identificar cómo opera Dios para el avance de su Reino y así empujar en la misma dirección. No siempre logramos percibir la visión.

Abraham, en algunas situaciones, no tuvo una clara visión del lugar hacia dónde se dirigía. En medio de la noche, cuando todo estaba en silencio, el Señor lo llamó a salir de su tienda y ver una visión. «Luego el Señor lo llevó afuera y le dijo: "Mira hacia el cielo y cuenta las estrellas, a ver si puedes. ¡Así de numerosa será tu descendencia!" Abram creyó al Señor, y el Señor lo reconoció a él como justo» (Génesis 15:5-6). Abraham articuló su visión con la de Dios.

Obtener la visión de Dios puede significar que tengamos que cambiar nuestros puntos de vista y ciertos paradigmas. Para muchos es más fácil decirlo que hacerlo. Porque nos aferramos a creencias y formas establecidas de hacer las cosas. En los negocios, como en todo lo demás, el cambio suele venir desde afuera. Normalmente el cambio no se origina en la institución que lo necesita. Quienes están dentro, acarrean demasiado equipaje como para pensar en algo nuevo. Quedan atrincherados en las formas predeterminadas y están demasiado ocupados con las preocupaciones que implican cumplir con lo que ya tienen delante. No pueden escuchar en el silencio de la noche.

Es interesante observar que la mayor parte de los nuevos esfuerzos de misión y evangelización, en los últimos cincuenta años, provinieron de afuera de la iglesia local. Grandes ministerios como Young Life, Campus Crusade for Christ, Prison Fellowship Ministries, Promise Keepers y Juventud con una Misión, surgieron de una necesidad no cubierta por la iglesia, o un grupo no alcanzado, que llamó la atención de alguien externo a la iglesia local. Esos esfuerzos paralelos se iniciaron a partir de personas cristianas, pero en general, las iglesias locales tardaron en acompañarlos. Dios estaba obrando, pero en lugar de ser adoptados como centro de la obra de la iglesia, esos ministerios permanecieron en la periferia.

Unidos en la visión

Jesús oró: « ... para que sean uno, así como nosotros somos uno ... que alcancen la perfección en la unidad, y así el mundo reconozca que tú me enviaste y que los has amado a ellos tal como me has amado a mí». (Juan 17:22-23). La unidad es algo poderoso. Puede usarse para bien o para mal.

La iglesia debe unificarse en la idea de que los negocios del Reino presentan una gran oportunidad para el evangelio, pero que no pueden reemplazar a los demás esfuerzos de misión. Aunque los misioneros tradicionales enfrentan cada vez más obstáculos, siguen teniendo un papel importante en la estrategia misionera integral. Los negocios del Reino deben ocupar una parte de esa estrategia. De la historia, aprendimos que la separación de las misiones y el comercio produce en ambas partes una pérdida del sentido de orientación. Separados del comercio, los esfuerzos misioneros tradicionales pierden relevancia y no logran satisfacer las importantes necesidades económicas y físicas de la gente. Sin una visión del Reino, los negocios se convierten en la búsqueda de dinero que no llega a satisfacer las necesidades espirituales de la gente, ni producen el cambio cultural. Solamente, cuando los negocios del Reino y los demás esfuerzos de misión trabajen en conjunto, y como unidad, podremos lograr el máximo impacto para el evangelio. Como Jesús dijo en su oración, formemos una unidad completa para que el mundo conozca a Dios.

Una poderosa estrategia de misiones

En la historia, cada uno de los movimientos misioneros requirió de una nueva visión y un nuevo entendimiento sobre cómo la iglesia llegaría al mundo a partir de las realidades políticas, sociales y económicas. Hoy la nueva visión incluye a los negocios del Reino, un movimiento misionero poderoso y creciente para el siglo veintiuno.

Para que los negocios del Reino tengan éxito, las actitudes tienen que cambiar. La iglesia suele tener una visión escéptica del rol de la fe en los negocios, y muchos en la iglesia pueden establecer una conexión entre ambas cosas. Todavía existe una sutil división entre la iglesia y los negocios, entre los seminarios y las universidades de comercio, entre los dos planos que se consideran como sagrado y secular. Un mito, demasiado poderoso todavía en la iglesia, que eleva la búsqueda «espiritual» de la fe personal y denigra la búsqueda «secular» del emprendimiento comercial. Debemos vencer esa idea.

Muchos de los que pertenecen al mundo secular lo entienden. Algunos grupos seculares escribieron más sobre la importancia de la fe judeo-cristiana en los negocios que la misma iglesia. En muchos países, las autoridades aceptan que la fe y las virtudes cristianas son la clave para el éxito económico. En privado, algunos líderes invitan a los profesionales cristianos a residir en sus naciones. Es cierto que muchos quieren el cristianismo más por los beneficios económicos y sociales que por su poder transformador de vidas. Pero una vez que la gente se abre al evangelio, el Espíritu obra en ellos.

Sin embargo, los que estamos en la iglesia fuimos lentos para aceptar el desafío y aprovechar la oportunidad. Históricamente, la iglesia ha sentido el fuego de Dios que la llevó a participar del camino comercial. Hoy, la iglesia se ha quedado atrás en la curva del desarrollo. Existen muchas organizaciones de DME, pero pocas son cristianas. Muchos programas de DME son rentables, pero casi ninguno de los exitosos son cristianos (los programas cristianos para PyMEs y compañías de CPE son más recientes y no están tan avanzados). El cuerpo de Cristo debe volver a tomar la iniciativa para promover un comercio que florezca sobre los principios bíblicos.

Tal vez el movimiento de los negocios del Reino tenga éxito, pero tendrá que ser con todos los socios de Dios a bordo. La iglesia local debe abrazar y promover los negocios del Reino como centro de su misión, y lo mismo tienen que hacer nuestras instituciones educativas, seminarios y universidades cristianas de administración de empresas. Las organizaciones misioneras deben respaldar y asociarse a quienes difunden el evangelio a través de los negocios. Los inversores y profesionales cristianos deben utilizar sus recursos y talentos para hacer avanzar la misión y el crecimiento de la iglesia mundial. Algunas de estas apasionantes corrientes ya están funcionando, pero todas necesitan cambiar una determinada cantidad de cosas.

La educación y la capacitación cristiana

Los seminarios, las universidades de administración de empresas y hasta las escuelas secundarias cristianas preparan potenciales misioneros para una era que está pronta a terminar: la de los misioneros occidentales con financiación plena. Las instituciones cristianas, con el llamado a preparar alumnos para una obra misionera eficaz en el siglo veintiuno, deben ofrecer instrucción y enseñanza no solo en los paradigmas misioneros del pasado, sino también en los del futuro inmediato. Más allá de la oportunidad de desarrollar y respaldar a los profesionales de los negocios del Reino, se precisa que las instituciones educativas cristianas enseñen e integren un entendimiento básico del comercio en todos sus cursos. Durante demasiado tiempo, la gran mayoría se abocó a enseñar lo netamente «espiritual» (evangelización, predicación, enseñanza y teología) ignorando en cierta medida el servicio «secular» en el mercado. Los seminarios y escuelas bíblicas tienen que cruzar la línea divisoria y trabajar con las escuelas de negocios, para equipar a estudiantes que luego se desempeñarán tanto en el ámbito de los negocios como en el de las misiones.

Las universidades y escuelas de negocios cristianas deben empezar a investigar y enseñar los aspectos filosóficos, teológicos y prácticos de los negocios del Reino, explorar e investigar más los modelos probados y los asuntos referentes a ese ámbito. Con cursos dictados sobre las temáticas relevantes, se abrirán las mentes de muchos estudiantes al poder y las posibilidades de los negocios del Reino como legítimo y eficaz recurso misionero. Las universidades y escuelas cristianas que comiencen a hacerlo, podrán acumular experiencia en un campo de rápido crecimiento, dando a sus estudiantes (y potenciales inversores) mayor poder a medida que avance el siglo veintiuno.

Desafortunadamente, la educación en materia de negocios, si es que se enseña en las instituciones cristianas, por lo general está divorciada del programa de enseñanza sobre las misiones. Esa separación, entre la educación comercial y la teología, se basa en un paradigma de doscientos años de antigüedad que establece que los misioneros occidentales con apoyo financiero completo y los estudiantes de comercio tienen necesidades y aspiraciones distintas. Sin embargo, para preparar a los profesionales de los negocios de Reino para el siglo veintiuno, los estudiantes tendrán que desarrollarse en lo económico y en lo espiritual (el modelo de la Escuela de Misión de Basilea, donde se enseñaban oficios y misión, puede ser muy útil). Eso implica un cambio en el currículo de enseñanza en las escuelas de negocios, en los seminarios y en las escuelas secundarias cristianas.

Los programas de educación cristiana deben equipar a los profesionales de negocios con los recursos necesarios para trabajar en el ambiente financiero del Reino. Los desafíos de los empresarios, en cuanto a la administración y el discipulado en culturas y climas diferentes, serán importantes. Se necesitan programas e instituciones que brinden asistencia, conexiones e instrucción a hombres y mujeres cristianos dedicados a lo comercial y llamados a trabajar en los negocios del Reino.

Las escuelas cristianas de administración y negocios están en una posición única para equipar a los futuros profesionales de los negocios del Reino con destrezas, conocimiento, mentalidad y herramientas, que les permitan ser eficientes. Los principios del comercio exitoso reflejan los atributos de Dios, y las escuelas y universidades pueden establecer la conexión entre los valores bíblicos, el capital espiritual y el éxito comercial. Como esos conceptos esenciales están incluidos en la Biblia, se les debe enseñar a los estudiantes mucho más que buscar ejemplos. Algunas escuelas ya lo están haciendo.

Se puede aprender mucho de la experiencia de los pioneros en el campo de los negocios del Reino. Las escuelas y universidades cristianas pueden ser verdaderos catalizadores de emprendimientos eficaces en pro del avance del Reino, al enseñar sobre los modelos exitosos, los casos de estudio relevantes y las técnicas probadas de administración, para convertir a los estudiantes en exitosos profesionales cristianos. En una conferencia reciente, un experimentado profesional de negocios del Reino presentó algunas lecciones que aprendió al fundar y administrar rentables emprendimientos en el este de Asia: «Se deben evitar dos actividades: las artesanías y las cafeterías», advirtió a los concurrentes. Luego, un misionero se acercó para comentarle que años atrás había establecido negocios comerciales en el campo misionero, pero se había dado por vencido abrumado por la angustia: «Es que esas eran exactamente las dos actividades que habíamos pensado para nuestros emprendimientos», confesó tímidamente. «La gente de aquí aprendió en diez minutos lo que a mí me llevó nueve años y miles de dólares entender».

Las lecciones que se aprenden en el aula cuestan mucho menos que las aprendidas a través de la experiencia.

Varios negocios del Reino nos proveen lecciones de éxito y fracaso, y es cierto el dicho que afirma que quien no aprende de los errores está destinado a repetirlos. Aquí hay lecciones sobre los tres frentes principales: (1) cómo avanzar y trabajar con la iglesia local, (2) cómo maximizar la creación de empleo y riqueza local, (3) cómo crear una empresa que sea rentable y sustentable con un objetivo triple.

Los profesionales eficientes de los negocios del Reino deben entender que el éxito económico es solo una pequeña parte de su llamado, y que la asociación con la iglesia local y la creación de empleo para la comunidad son dos medidas de éxito que tienen la misma importancia que la percepción de ingresos.

Los seminarios cristianos deben equipar a los estudiantes para comprender el funcionamiento de los negocios del Reino y el lugar que ocupan en las misiones. Los seminarios podrán brindar el contexto para la investigación exhaustiva del éxito en los negocios del Reino. Por ejemplo, aunque ya existan estudios sobre el tema, se puede investigar el uso de los movimientos de negocios como misión a lo largo de los años; o la definición y afirmación del rol de los negocios del Reino en el contexto de las misiones de hoy. También se puede desarrollar un marco teológico integral para comprender y poner en práctica los negocios del Reino.

La educación en los seminarios debería incluir la validación de los negocios del Reino, como un llamado legítimo para los obreros cristianos a trabajar a tiempo completo en ello, y no verlo como una alternativa inferior al ministerio. Los seminaristas deberían terminar sus estudios con la visión de movilizar a los laicos, en especial a la gente de negocios, y entender el tremendo potencial (todavía no utilizado) que tienen los profesionales del Reino para asistir a una iglesia.

Las escuelas secundarias cristianas deben enseñar los principios básicos del libre comercio. La instrucción comercial es la manera de marcar una diferencia con los antiguos modelos educativos de las escuelas públicas.

Porque el estudiante secundario que se gradúe teniendo un entendimiento básico de cómo es el sistema económico, tendrá más posibilidades de ser un exitoso miembro de la sociedad, en comparación con los que no conocen esos principios. Aun en la escuela secundaria se podrá alentar a los jóvenes a explorar la posibilidad del llamado a trabajar en los negocios del Reino a través de la enseñanza básica del capitalismo exitoso con fundamentos bíblicos y el rol vital que tiene la gente de negocios en la sociedad.

Algunos ejemplos de iniciativas de educación y capacitación cristiana

- Bajo el liderazgo de Dean John Mulford, la escuela de graduados en administración de empresas de la Regent University (Virginia, EE.UU.), en octubre del 2002, organizó la primera conferencia que convocó a una cantidad de personas interesadas y a participantes en los negocios del Reino. El acontecimiento tuvo como enfoque las bases de esos negocios y dio lugar a la publicación de una obra importante en ese campo, llamada *On Kingdom Business: Transforming Missions Through Entrepreneurial Strategies* [Los negocios del Reino: Transformar a las misiones a través de la estrategia empresarial] (Crossway Books, 2003).
- El EC Institute (Michigan, EE.UU.) lleva a cabo un esfuerzo concertado por elevar el perfil de los negocios del Reino con profesores cristianos de economía y finanzas. Estableció una relación con la Asociación Cristiana de Facultades de Negocios y la Asociación de Economistas Cristianos, donde más de quinientos educadores universitarios promueven la prominencia de los negocios del Reino en sus programas educativos. El EC Institute, también ofrece un programa de verano para educar y equipar a la próxima generación de profesionales de los negocios del Reino. Su programa de pasantías de verano está afiliado y registrado en el Consejo de Universidades Cristianas desde hace varios años.
- Varias escuelas cristianas de economía y administración ofrecen cursos sobre los negocios del Reino. En particular, la Facultad

de Economía de la Universidad Biola (California, EE.UU.), ofrece el curso de «Negocios como Misión», y además implementará un programa internacional de negocios que integra el trabajo en el aula con los estudios y misiones interculturales. Ese currículo se diseñó según el modelo de los tres programas internacionales más importantes del país, aunque no tengan una visión cristiana del mundo. La Facultad de Economía y Administración de la Universidad Spring Arbor (Michigan, EE.UU.) tiene un curso similar al de «Negocios y misiones».

- La Universidad Biola (California, EE.UU.), considera muy importante la conexión entre los negocios y las misiones, por eso promueve que los estudiantes del seminario tomen cursos de economía y administración de empresas. El seminario y la escuela de negocios trabajan juntos para desarrollar un programa.

- En conexión con la Universidad de las Naciones, el Centro para el Empresariado y Desarrollo Económico opera como una «organización global para las personas que sienten el llamado a discipular a las naciones a través de la esfera de los negocios».[1] Este Centro ofrece seminarios, de dos o tres semanas de duración, en distintos lugares del mundo. En ellos enseñan sobre las problemáticas que enfrentan los participantes de negocios del Reino actuales o en desarrollo.

Las iglesias locales

Las iglesias de los países que envían misioneros tradicionales y están acostumbradas a brindarles dinero, oraciones y apoyo, podrían ser de mucha ayuda dando el mismo nivel de respaldo estructural y espiritual a los misioneros dedicados a los negocios del Reino. Ese tipo de apoyo es igual de importante para los que se dedican a promover emprendimientos internacionalmente, enfocados en los negocios de Reino.

Las iglesias deben generar un cambio con respecto a los misioneros de los negocios del Reino, y ofrecerles un constante apoyo de oración regular, establecer la comunicación frecuente y organizar reuniones programadas con ellos. Debemos reconocer que su tarea es tan espiritual (y a veces más eficaz) como la de los misioneros tradicionales, y dan la misma validez al llamado del profesional de los negocios del Reino que al de un líder espiritual o misionero tradicional.

Otro cambio de mayor alcance, es establecer fondos de inversión en la iglesia, con la intención de promover los negocios del Reino ubicados en determinados países, como catalizadores para los hombres y mujeres de negocios que participan de esos esfuerzos. Aparte del fondo de misiones de la iglesia, los miembros también podrían contribuir a un fondo de inversión o financiamiento para los negocios del Reino. Ese dinero puede brindar capital a uno o más negocios, y promover así la iglesia local en un lugar determinado.

El funcionamiento sería el siguiente: digamos que una congregación siente en su corazón el llamado de ayudar a Rumania. Dos misioneros de la iglesia están allí. El misionero tradicional ya ha plantado una iglesia; el otro, como profesional de los negocios del Reino, asiste a las PyMEs del lugar. El fondo de la iglesia es utilizado por el profesional en Rumania para invertir en PyMEs operadas por personas de la iglesia local. Él también se ocupa de aconsejar, entrenar y discipular a esos nuevos empresarios. A medida que las compañías de los creyentes crecen, tendrán la posibilidad de contribuir con su iglesia local. Los cristianos y no cristianos de Rumania consiguen nuevos puestos de trabajo en los que utilizan sus dones y talentos. Los creyentes locales pueden pagar a un pastor rumano y también financiar las campañas para alcanzar a su región. El misionero que había plantado la iglesia puede entonces seguir avanzando y usar sus dones y pasión para iniciar otra obra. El fondo de capitales crece como resultado de los retornos de la inversión y está disponible para poder volver a usarse en Rumania o en otro lugar. También, con el retorno del capital se puede financiar un viaje de misión de dos semanas para ayudar a otros emprendimientos nacientes.

Aliento a los laicos a que pidan en su iglesia promover los cambios que aquí se proponen. Usted es un importante agente de cambio. Los pastores y líderes de las iglesias, que dan a los profesionales de los negocios del Reino una plataforma financiera, estarán promoviendo la obra del Reino en las misiones, y sembrando semillas para que surjan otros profesionales en el futuro.

Algunos ejemplos de iniciativas de las iglesias locales

- La Perimeter Church (Georgia, EE.UU.) formó el Business Partners International (BPI), una iniciativa de la iglesia con alcance global. Desde un suburbio de Atlanta, los miembros de la iglesia creen que «la gente de negocios cristiana que sirve en su profesión, es parte integral y estratégica para la expansión de la iglesia en el mundo». El BPI reconoce que la gente de negocios aporta una contribución única, y busca «asistir en la evangelización de los empresarios locales y en el desarrollo de los líderes cristianos en materia de negocios».[2] El BPI ya ha enviado equipos de profesionales de negocios a los países en vías de desarrollo, para facilitar las relaciones personales entre las empresas de los EE.UU. y diversos lugares del mundo, y brindan capacitación y asistencia para el desarrollo de emprendimientos comerciales.

- ACMC, Advancing Churches in Mission Commitment [Compromiso de misión para el avance de las iglesias], se asoció con el EC Institute para elevar el perfil de los negocios del Reino en las iglesias con enfoque de misión. Presentan el comercio como una estrategia eficaz de misión ante cientos de pastores en seminarios y conferencias regionales de toda Norteamérica. ACMC se relaciona con más de mil pastores y organizaciones misioneras en los EE.UU. y funciona como un importante recurso para la asesoría en materia de misiones estratégicas.

Las organizaciones misioneras

Las organizaciones misioneras tradicionales, seguramente, tendrán un papel clave en el movimiento de evangelización hasta el día en que vuelva nuestro Señor. Pero hay un rol potencial que tienen las organizaciones específicamente diseñadas para satisfacer las necesidades de los negocios del Reino. La capacitación y el respaldo que requieren los negocios, es diferente del ofrecido a los misioneros tradicionales, por eso hacen falta nuevas organizaciones misioneras. Así como los capitalistas de riesgo surgieron de las organizaciones comerciales tradicionales (en Silicon Valley en la década de 1960) para convertirse luego en catalizadores claves de la revolución tecnológica posterior, es posible que un nuevo tipo de organización misionera con visión para los negocios adquiera la misma importancia. A continuación, menciono algunos de los servicios que una organización misionera del siglo veintiuno podría brindar a los profesionales de los negocios del Reino:

- Brindar acceso a inversores y capitales enfocados en el Reino.
- Capacitar a empresarios y administradores en cuanto a interesantes oportunidades de negocios en los países subdesarrollados.
- Crear redes comerciales con valor agregado que puedan utilizar los negocios del Reino.
- Conectar a potenciales empleados enfocados en el Reino con las compañías que ya existen o que se están formando.
- Brindar profesionales y expertos para proyectos a corto plazo, según haga falta.
- Establecer relaciones de mentoría comercial a largo plazo.
- Monitorear el rendimiento de los negocios del Reino a la luz de sus objetivos espirituales y económicos.
- Establecer equipos de oración con los profesionales de los negocios del Reino.

La belleza de las organizaciones de apoyo a los negocios del Reino está en que el respaldo a largo plazo, para cada misionero, no requiere de grandes sumas de dinero para financiar su obra. De hecho, es posible que haya retorno sobre el capital, lo cual también será bienvenido para cubrir más necesidades. Los profesionales de los negocios del Reino que sean exitosos podrán autosustentarse a través de sus emprendimientos comerciales. Así, como sucedió con el modelo de capitales de riesgo de Silicon Valley, la capacidad para reconocer oportunidades económicas y satisfacer necesidades en países en vías de desarrollo será de suma importancia. El profesional de los negocios del Reino que tenga éxito será reconocido e identificado en los primeros cinco años en el país donde trabaja.

Algunos ejemplos de iniciativas de las organizaciones misioneras

- Integra Ventures (Illinois, EE.UU.) reúne capital de inversión y lo utiliza para apoyar a profesionales de negocios en Europa oriental. Integra tiene una Maestría en Administración de Negocios que aconseja, discipula y financia a líderes de pequeños emprendimientos comerciales.
- World Partners (Países Bajos y Virginia, EE.UU.) es una organización misionera que apoya las iniciativas cristianas de empresas locales en países subdesarrollados de los cinco continentes. Brinda inversión financiera y asistencia comercial o específica de la industria ofrecida por profesionales occidentales.
- Business Professional Network (BPN) (Oregon, EE.UU, Suiza) establecida en 1997, es una organización que conecta profesionales cristianos de occidente con empresas de los países en vías de desarrollo. BPN utiliza la experiencia y los recursos de un grupo de experimentados profesionales en beneficio de los creyentes que operan pequeñas empresas en el Tercer Mundo.
- Los organizadores de la gran Conferencia Misionera Trienal de Urbana (Illinois, EE.UU) decidieron que uno de los cuatro temas más importantes de su próximo encuentro en el 2006 se basará en los negocios como misión.
- El Comité de Lausana para la Evangelización del Mundo también creó un programa para los negocios del Reino. Los líderes de la organización reconocen la importancia estratégica de esos negocios y están muy comprometidos con ellos al punto de incluir en sus planes un esfuerzo más profundo para integrarlos.

Los fondos de inversión para los negocios del Reino

El capital de riesgo y el capital privado han ofrecido excelentes tasas de retorno, en todas las categorías de inversión, desde hace treinta años (incluyendo el período de la reciente caída en el sector de la tecnología). Por supuesto, como tales inversiones presentan grandes riesgos, las firmas más exitosas de capitales de riesgo y capitales privados buscan distribuir sus inversiones en la mayor cantidad posible de empresas, sabiendo por adelantado que algunas fracasarán pero que otras serán muy exitosas. Esas inversiones se recaudan y administran bajo la forma de un fondo de inversión.

El siglo veintiuno presenciará la evolución de los fondos de inversión cristianos que invertirán, específicamente, en emprendimientos de los negocios del Reino. La diferencia con sus contrapartes seculares, claro está, radicará en que la tasa de retorno sobre la inversión no será la única medida del éxito para las compañías, por más redituable que sea. Se manejarán otros dos criterios: el impacto local para el evangelio (apoyo y crecimiento de la iglesia local) y el desarrollo de la economía local (creación de empleo y recursos económicos). Ambos objetivos tendrán igual importancia para los inversores. Los métodos de medición serán diseñados para poder evaluar el rendimiento de los fondos de inversión cristianos en todos sus aspectos.

La rentabilidad es la clave para el crecimiento significativo del movimiento de los negocios del Reino como misión. Los fondos de inversión cristianos, colocados en organizaciones DME, prestadores a PyMEs y promisorias compañías con CPE, deberán brindar una tasa de retorno competitiva, además del impacto por promover el reino de Dios en los países donde operen. A menos que los inversores puedan esperar un retorno sobre su inversión, la financiación de los negocios del Reino solamente atraerá donaciones de caridad.

Es importante también que los programas cristianos de DME y PyMEs rompan el ciclo del «sin fines de lucro». Esos programas exigen la rentabilidad del empresario local al que capacitan, pero el mandato sonará hueco si las organizaciones que desarrollan los negocios del Reino operan sin la disciplina de la rentabilidad. Las compañías de CPE ni siquiera podrán despegar del suelo si no son rentables. Es decir, hay que romper la barrera del «sin fines de lucro», en todos los niveles de los negocios del Reino, para poder brindar verdaderas oportunidades de inversión a los cristianos.

Se deberán diseñar y probar diversas estructuras de inversión y financiación. Por ejemplo, los inversores individuales podrán tomar sus ganancias, o darlas como donación exenta de impuestos, a ministerios en los países anfitriones. A veces, retirar el retorno de la inversión en moneda fuerte de un país en vías de desarrollo producirá dificultades. En esos casos se deben investigar todas las alternativas para que los inversores utilicen sus ganancias; por ejemplo, cubrir los gastos de las visitas de los consultores a ese país.

Sin duda, muchos cuestionarán la viabilidad de esos fondos de inversión hasta que uno o dos demuestren tener éxito, así como muchos dudaron de las compañías tecnológicas de Silicon Valley en los años sesenta. Pero cuando el concepto haya demostrado ser viable, las organizaciones de inversión en negocios del Reino podrán atraer el capital necesario. Por cierto, la comunidad secular lo ha demostrado. El consejero económico suizo, BlueOrchard Finance, opera un fondo de $ 43 millones, que invierte en casi cuarenta organizaciones de financiamiento a DME, registrando retornos promedio de 4,8 por ciento al año.[3] Los inversionistas ya comprometieron más de $ 120 millones al Fondo de Asistencia a la Pequeña Empresa en los EE.UU., que invierte en PyMEs de los países subdesarrollados de todo el mundo. Establecido en 1995, el programa de inversión de la Fundación Calvert brinda retornos de hasta el 3 por ciento (según lo elija el inversor), durante diez años. Los inversores pueden destinar los fondos a organizaciones específicas, que se dedican a promover el desarrollo social y económico, por ejemplo, Grameen Bank y Opportunity International. Los cristianos deben estar al tanto de los modelos exitosos que presentan los fondos de inversión para el desarrollo de los negocios del Reino.

Algunos ejemplos de iniciativas de los fondos de inversión en los negocios del Reino

- Algunos fondos de inversión que desean financiar esfuerzos de los negocios del Reino están en etapa de formación. Uno de ellos es Ibex International Associates (Canadá y otros lugares). Otro es Business Professional Network, que también estableció hace poco un fondo de inversión para los negocios del Reino.
- Don Chapman, vicepresidente de Operaciones en la India para Mission India, diseñó una matriz de comercio y ministerio que evaluará los negocios del Reino. Los logros del ministerio, tanto dentro de la compañía como en la comunidad que la rodea, serán medidos y tomados en cuenta. El esfuerzo inicial apunta a evaluar los resultados espirituales de negocios ubicados en la India y en China. El análisis está diseñado para ejecutivos occidentales que piensan contratar como proveedores a esas empresas del Reino.

Los profesionales de los negocios

El mundo occidental está lleno de profesionales exitosos y experimentados en materia de negocios, o ejecutivos retirados que desean con ansias utilizar su experiencia de años para el avance del reino de Dios en países difíciles de alcanzar. Generalmente se buscan profesionales cristianos para solicitar donaciones dinero, pero su experiencia y sus contactos tienen mucho más valor para los esfuerzos de los negocios del Reino en el mundo entero. Esas personas son recursos invalorables para los empresarios del Reino en el exterior, si se conectan a través de una red comercial eficaz, como parte de una organización misionera o un fondo de inversión de los negocios del Reino.

Los profesionales que tienen experiencia funcional, internacional o específica en un campo de la industria, pueden colaborar en diversas actividades, desde ser mentores informales a miembros de la junta de directores, y ayudar de ese modo a enfrentar los desafíos futuros. La tecnología permite que, fácilmente, asistan a compañías que están en lugares lejanos a través de video-conferencias o correos electrónicos. Sin duda, tal mentoría será de gran ayuda para los profesionales de los negocios del Reino, tanto en lo espiritual como en lo económico. Otros profesionales podrán utilizar su posición actual en el mundo occidental para comercializar los productos de esas compañías y abrir mercados importantes en países del Primer Mundo. La experiencia exitosa de cientos de miles de cristianos profesionales en los negocios ubicados en occidente, es uno de los activos valiosos que la iglesia de hoy tiene. Los esfuerzos en materia de los negocios del Reino podrían beneficiarse mucho a partir de ese activo en el siglo veintiuno.

Algunos ejemplos de iniciativa de los profesionales de los negocios

- Business Professional Network conecta a las personas cristianas de negocios en occidente con creyentes dedicados a los negocios en otros países. BPN tiene proyectos piloto en Europa oriental, Asia Central, y América Latina. Los grupos de desarrollo reúnen de ocho a doce profesionales occidentales para que compartan sus conocimientos, redes, capital y apoyo, con empresarios cristianos seleccionados de los países subdesarrollados. John Warton, de BPN, denomina a esos grupos como «esencialmente guardadores de promesas con un propósito». Otros grupos han adoptado también la práctica de la formación de grupos de negocios. Por ejemplo, un grupo de Integra Ventures, en las afueras de Chicago, envió a ocho de sus miembros a Eslovaquia para que visitaran a su empresario, y ellos recaudaron dinero para la ampliación de su negocio.

- International Micro Enterprise Development, Inc. (IMED) (Georgia, EE.UU.) ayuda a los cristianos pobres a lanzar y operar micro emprendimientos para la gloria de Dios, a través de la combinación de capacitación, consultoría y financiamiento. En coordinación y sociedad con un auspiciante local, por lo general un cristiano emigrado en ese país, IMED lleva grupos de profesionales occidentales al grupo en cuestión. Esos equipos realizan programas de capacitación que duran doce meses, en los que enseñan los principios bíblicos referidos a iniciar una pequeña empresa que logre el avance el reino de Dios, formando un plan de negocios viable y repasando principios y prácticas de administración específicas. Con el tiempo, la enseñanza y las responsabilidades se delegan en líderes nacionales, de los que se espera que en cinco años más, tomen las riendas y el control total de la empresa. Desde 1998, IMED apoyó el inicio de ciento cincuenta empresas pequeñas en Asia Central, Asia del sur y sudeste, norte de África y sur de Rusia.
- *Equip* es un ministerio de negocios del Reino (California, EE.UU.), que junto con Silicon Valley Fellowship organiza diversos viajes cortos de misión para negocios del Reino en Sudáfrica. Los profesionales de Silicon Valley permanecen allí durante dos semanas, aprenden sobre el lugar, consultan y forman lazos con líderes cristianos de pequeñas empresas, a quienes les enseñan cómo desarrollar una mejor visión para sus compañías sudafricanas y lograr el éxito económico y espiritual.
- Pura Vida (Washington, EE.UU.) es una compañía que importa, tuesta y distribuye café de América Central, reinvirtiendo las ganancias en un ministerio para chicos en riesgo de San José, Costa Rica. «Muchas veces me pregunté cómo se podría ser un

apasionado capitalista y cristiano a la vez», dice John Sage, ejecutivo principal (CEO) de Pura Vida. «Y creo haber encontrado la respuesta».[4] John es un ex ejecutivo de Microsoft que conoció a Chris Dearnley en la Facultad de Economía de Harvard. Ambos son muy buenos amigos y compañeros de oración desde entonces. Hoy, Chris lidera el ministerio para niños en Costa Rica y ambos fundaron Pura Vida de Seattle, como forma innovadora de financiar esa obra. Chris ayuda a comprar el café de Costa Rica, que Pura Vida vende a iglesias, empresas y personas en los EE.UU.

- Las personas que se dedican a los negocios, pueden asistir a las empresas del Reino simplemente haciendo su trabajo de cada día. Un amigo mío cristiano es ejecutivo en una de las más grandes compañías norteamericanas de tarjetas de crédito. Cuando le hablé de los servicios de calidad a precios competitivos de nuestro centro de atención telefónica en la India, les presentó ET a los que toman las decisiones en su compañía. La presentación y propuesta de ET causó excelente impresión. Esta oportunidad podría añadir mil operadores al centro de atención telefónica ¡duplicando el tamaño de la empresa! Y todo comenzó con un profesional de negocios del Reino que solamente hacía su trabajo.

Los gobiernos

Muchos esfuerzos informales para la iniciación de negocios del Reino se han realizado con la convicción de que los gobiernos son un gran obstáculo para el éxito espiritual y económico del emprendimiento. Y aunque es cierto que algunos gobiernos locales y hasta nacionales no ayudan a la gente de negocios de todo tipo, cada vez reconocen más el rol vital que tienen los empresarios y la gente de negocios en el crecimiento económico. Muchos ya trabajan por limitar la corrupción, el favoritismo y las políticas inhibidoras del comercio que existían en el pasado. Es sorprendente la respuesta que pueden dar algunos gobiernos, aun cuando se conoce la existencia de los objetivos espirituales del emprendimiento, además de los económicos.

Al invitar activamente a los gobiernos a cooperar desde el principio en el negocio, se pueden conseguir beneficios como incentivos impositivos o la capacitación para trabajadores que algunos ofrecen a organizaciones occidentales que inician compañías en su tierra. Al trabajar estrechamente vinculados desde un primer momento con el gobierno anfitrión, en materia de progreso y acción favorable al mercado, los profesionales de los negocios del Reino ayudan a fortalecer esos elementos y a formar alianzas, que luego podrán ser útiles si en algún momento llega una autoridad que promueva la corrupción.

Los gobiernos occidentales también han contribuido al desarrollo de iniciativas económicas basadas en la fe en el Tercer Mundo. Los gobiernos de algunas naciones desarrolladas no exigen la separación de la iglesia y el Estado, y hasta el gobierno de los EE.UU. está más abierto a la idea de financiar con dinero federal los programas sociales basados en la fe. Aunque los gobiernos, quizá, se limiten más a la financiación de los objetivos económicos y no tanto a los espirituales, pueden ser útiles recursos en el proceso. Sin embargo, es importante que el apoyo del gobierno no tenga condiciones, y que no obstaculice la búsqueda de logros en materia de evangelización y discipulado.

Los profesionales de los negocios del Reino deben asociarse activamente con el equivalente local del Departamento de Finanzas y Comercio de los EE.UU. Ambas organizaciones asisten a los empresarios y compañías norteamericanas alojadas en países con presencia diplomática estadounidense. Con frecuencia, tal asistencia puede ser de vital importancia para fomentar relaciones positivas con el gobierno anfitrión y resolver problemas impositivos o económicos de diversa índole. La mayoría de los gobiernos occidentales entienden que los empresarios son la clave de la producción de empleos bien pagos y la creación de riqueza local, y que esos elementos solo subsisten en las democracias de libre mercado y bajo el régimen de la ley. Por eso, los gobiernos de países desarrollados casi siempre buscarán asistir activamente a los empresarios occidentales.

Algunos ejemplos de iniciativa de los gobiernos

- Citando su entusiasmo por el establecimiento de nuevas compañías en el país, las autoridades del gobierno de Israel dieron una cálida bienvenida a Galtronics, cuando su fundador Ken Crowell vino a pedirles ayuda. De manera similar,

China recibió a Richard Chang y SMIC. Esos gobiernos tuvieron tal actitud a pesar de que conocían las motivaciones cristianas de Richard y Ken para instalar sus empresas.

- Por su deseo de bendecir a la nación de Fiji en el 2004, John Warton y Ted Yamamori, trabajando con Forum Fiji, un negocio del Reino, visitaron a los miembros de más alto rango en el gobierno de ese país. El primer ministro, el presidente y varios ministros de Fiji expresaron gran interés en el trabajo de desarrollo económico que planificaban esos profesionales de negocios del Reino. Los han apoyando desde entonces porque aprecian la ayuda que brindan a la gente de Fiji. El gobierno hasta parece dispuesto a ofrecer algo de financiación a los negocios del Reino.

- Cuando el gobierno suizo recibió la propuesta de Jürg Opprecht de BPN sobre un programa de asistencia para el desarrollo de PyMEs en Kirjistán, la respuesta fue favorable, y acordaron financiar el noventa por ciento de los costos administrativos y la capacitación necesaria, durante los primeros cuatro años.

Escribir el siguiente capítulo de los negocios del Reino

Los negocios del Reino se disponen a tener un fuerte impacto en pro del mandato de Dios en este siglo, pero hacen falta ciertos cambios para que se concreten las visiones insólitas que este libro propone. El nivel al que puedan llegar los negocios del Reino, como estrategia de misión, depende de las actitudes y las prácticas en el ámbito de la educación y capacitación, las iglesias locales, las organizaciones misioneras, las inversiones, los profesionales y los gobiernos. Confío en que algunas de esas ideas le demostrarán el tipo de cambios institucionales que favorecen al desarrollo de los negocios del Reino y tal vez logren mostrar, en parte, los esfuerzos ya iniciados, para inspirar en usted una idea de cómo Dios puede usarlo para promover un negocio del Reino en su esfera de influencia. Sea usted economista, pastor, estudiante universitario, profesional activo o retirado, profesor de seminario o empresario, espero haber atraído su atención con una o dos ideas de insólita visión. Quizá Dios lo use para escribir un nuevo capítulo en la historia.

Hace poco tuve la oportunidad de reunirme con talentosos individuos que comparten la visión, provenientes de diversas organizaciones de apoyo a los negocios del Reino. Son visionarios fundadores, gente de negocios, académicos, pastores y profesionales de los negocios del Reino. Y en sus respectivas esferas de influencia buscan promover el impacto y prominencia de los negocios del Reino como poderoso vehículo para el evangelio. Si percibe que Dios lo llama a formar parte de este movimiento misionero, lo invito a conocer las muchas organizaciones que se dedican a los negocios del Reino. (El sitio de *God is At Work* [Dios está trabajando] es www.godisatwork.org, y presenta los contactos con las organizaciones de apoyo a negocios del Reino. Muchas de ellas ya fueron mencionadas en este libro.)

Avanzar hacia el crecimiento explosivo

Los empresarios exitosos conectan la necesidad con las tendencias emergentes, que para el observador casual no tienen relación alguna. Al ver el vínculo entre la necesidad y las tendencias, logran identificar nuevas oportunidades de negocios. Los empresarios más exitosos perciben el inicio de esas fuerzas, mucho antes de que se levante la niebla. Y a medida que esas tendencias aumentan, los empresarios se encuentran en posición favorable para el crecimiento explosivo.

Como mencioné en el capítulo 1, después de terminar mi tiempo en Inmac, comencé a explorar dos ideas de negocios que me había dado Dios. Una de ellas tenía que ver con un problema importante sucedido en Inmac, y yo creía que muchas otras compañías también se enfrentaban con eso. Cuando las grandes corporaciones compraban insumos pequeños de mantenimiento o reparación, solían gastar más dinero en hacer el pedido que en comprar el producto. Por ejemplo, no era raro que una gran corporación de Fortune 500 tuviera que gastar unos $ 250 a 350 en solicitar un producto, y luego pagaran el precio del producto mismo, que en general valía menos de $ 250. Además, estas compras pequeñas sumaban bastante dinero, que representaba entre el dos y el siete por ciento de los gastos totales de las grandes corporaciones (sin incluir el costo de hacer el pedido).

Era un problema importante, pero nadie había encontrado la manera de reducir los costos. Mientras tanto, Internet crecía y se usaba casi exclusivamente para difundir información o correos electrónico. La filosofía de muchos de los pioneros de Internet era que sirviera como recurso para la información y comunicación gratuita. Sin embargo, gente como yo reconoció que también podía utilizarse como vehículo de comercio electrónico. Tenía en mis manos el potencial para resolver el problema de los pedidos de pequeñas cantidades o productos. Todavía la idea presentaba algunos obstáculos, pero como siempre, Dios fue fiel y nos dio las soluciones para todo. Se levantó la niebla y la idea evolucionó hasta convertirse en Ariba: ¡una compañía que despegó y que llegó a valer $ 40 mil millones! Todo comenzó al reconocer algunas necesidades y tendencias que estaban evolucionando en ese momento.

Aunque la imagen de los negocios del Reino todavía no está desarrollada completamente, en mi experiencia veo las necesidades y tendencias que harán que los negocios del Reino tengan un crecimiento explosivo. Ya sea que se inicie una nueva empresa o se desarrolle un campo nuevo como el de los negocios del Reino, descubrí algunos aspectos similares. Al principio el objetivo resulta claro, el entorno comienza a encontrar su foco y los inicios pueden ser espasmódicos. Pero a medida que uno va avanzando, las dificultades van aclarándose. Seguimos aferrados al objetivo. Podríamos compararlo con una lucha libre en el barro. No hay reglas bien definidas, es difícil tomar algo porque todo está resbaloso, se mezclan los brazos, las piernas y el lodo volando por todas partes. Pero el objetivo sí es claro y siempre hay un ganador al final. Para los negocios del Reino, el objetivo es la transformación sustentable que haga avanzar la obra de Dios. El ganador, claramente, es el Reino.

Con tantas señales que apuntan en la misma dirección, creo que los negocios del Reino, como Ariba, están listos para despegar. En sus inicios, Ariba y otros emprendimientos exitosos en los que participé, fueron oportunidades parecidas a una puerta entreabierta. Las tendencias, fuerzas y observaciones apuntan hacia un resultado positivo si el plan de negocios es sólido y se ejecuta correctamente. Aunque soñábamos con los resultados, nadie sabía el tremendo alcance que tendría, pero yo tenía la seguridad de que Dios estaba en ello. En esa primera etapa de factores promisorios se encuentran los negocios del Reino.

Al principio de este libro, comparé el entorno actual de los negocios del Reino con los primeros tiempos de la fiebre del oro en California, cuando la noticia de un tremendo descubrimiento llegaba a la ciudad.

Pasaron meses antes de que la gente entendiera la magnitud de ese descubrimiento. Pero cuando por fin sucedió, la fiebre del oro fue contagiosa. Con los negocios del Reino es igual. Recién ahora se está corriendo la voz. El oro son los negocios del Reino, porque crean una transformación económica, social y espiritual en las naciones del mundo entero. Gracias a eso, el evangelio es llevado a los confines de la tierra. Sin embargo, Dios recién comienza la obra de la misión a través de los negocios del Reino. Nos está llamando a unirnos a esta fiebre, y a participar en lo que será uno de los más grandes emprendimientos misioneros del siglo veintiuno. Con un poco de esfuerzo y tiempo para explorar, los resultados para el Reino serán insólitamente gloriosos.

LOS FUNDAMENTOS BÍBLICOS

Hace poco, un pastor muy respetado bendijo a mi nieto Nathaniel. «Será pastor», profetizó el hombre sobre el niño, y evocó en mí el recuerdo de Simeón con el niño Jesús. Todos nos llenamos de gozo. ¡Un pastor! Entonces me di cuenta. Fue algo muy sutil, pero yo sucumbí a ello. ¿Por qué la idea de mi nieto como futuro pastor me resultaba más especial que la de un hombre de negocios, cuyo ministerio fuera servir a otros y proclamar el evangelio a través de su actividad comercial? Después de años de comprender que mi llamado era ministrar el evangelio a través de los negocios, venció en mí la jerarquía mental que considera más espiritual al empleo de tiempo completo en la iglesia, comparado con las vocaciones seculares.

A muchos cristianos, hombres y mujeres de negocios, les resulta difícil encontrar el significado de su tarea en el esquema de la eternidad. Los negocios suelen complicar el problema porque la gente no logra ver que su trabajo puede marcar una diferencia. También las iglesias, a veces, complican el problema porque no logran dar respuestas satisfactorias a las preguntas fundamentales que muchos creyentes tienen en la mente: ¿Le interesa a Dios solamente salvar a las personas? Y si es así, ¿tiene el trabajo secular algún valor eterno? ¿Cuál es el aspecto redentor del trabajo secular, si su objetivo es aumentar el valor de las acciones de una empresa? ¿No es eso robarle tiempo a la obra y al ministerio de Dios? El objetivo del comercio es la ganancia, pero ¿está mal ganar dinero si implica que está aprovechándose de otro para obtenerlo? ¿No dice la Biblia, además, que la riqueza es mala y que debemos abrazar la sencillez y la pobreza?

Es triste, pero muchos cristianos suelen aferrarse a esas creencias y actitudes tan comunes, que llevan a una serie de preguntas. Y esas opiniones representan una barrera para los que consideran dedicarse a los negocios del Reino. Para que los negocios del Reino puedan verse y aceptarse como misión loable de la iglesia, debemos antes resolver esas inquietudes. Para poder vencer esos prejuicios hace falta examinar los conceptos de la transformación, el trabajo, los negocios, las ganancias y la riqueza. Los negocios del Reino se apoyan en la idea de que a Dios le importa la transformación espiritual, social y económica de la gente; y que el trabajo en el mundo de los negocios es un llamado y un ministerio a la vez, que las ganancias son necesarias y también señal de que se ofrece un servicio útil, y que la pobreza es un mal social que tenemos que resolver.

La transformación personal

La historia de la iglesia está repleta de intentos de transformación en las naciones. En el siglo cuarto, el emperador Constantino promovió el cristianismo en el imperio romano, para eso cambió las leyes de la vasta región que controlaba. San Patricio en un intento de transformar a la pagana Irlanda del siglo quinto, llevó el evangelio de Jesús a la isla. Durante gran parte del siglo veinte, una monja albanesa conocida como la Madre Teresa se dispuso a transformar Calcuta, en la India, a través de la satisfacción de las necesidades físicas de la gente más pobre de esa ciudad. En la década de 1950, el misionero norteamericano, Jim Elliott, buscó una transformación en los indios aucas de Ecuador, cambiando su condición espiritual.

La transformación es algo central de la misión de la iglesia en la Tierra. Como vemos, a partir de esos ejemplos, los esfuerzos cristianos por lograr la transformación pueden adoptar diferente formas. Constantino cambió leyes, San Patricio enseñó sobre Jesús, la Madre Teresa alimentó al hambriento y ministró a los enfermos y moribundos. ¿Qué tiene Jesús en mente al respecto? ¿Existe algún modelo bíblico de transformación que deberíamos seguir?

El ministerio de Jesús

Varios segmentos de la iglesia actual ponen énfasis en distintos aspectos de la transformación. Algunos dicen: «¿Por qué vamos a ocuparnos de los males sociales cuando lo que la gente necesita es confiar en Jesús? ¡Todo se trata de salvar sus almas!» Otros dirán: «Jesús satisfacía las necesidades físicas de los enfermos, los pobres y los marginados. Nuestra misión tiene que hacer lo mismo, satisfacer las necesidades de la sociedad en nuestros días». ¿Qué carga tenía Jesús en mente durante su ministerio? La respuesta es: *todas esas cargas*. Jesús satisfacía las necesidades físicas, económicas, sociales y espirituales de la gente. Daba de comer al hambriento, llamaba a la gente a vivir en santidad personal, sanaba a los enfermos, enseñaba en la sinagoga, predicaba ante multitudes y alentaba a los marginados sociales. Su ministerio fue integral y abarcador, sin limitarse a un plano en especial.

¿Qué es el reino de Dios?

La búsqueda de resultados espirituales y físicos no refleja solamente los intereses de Cristo en su ministerio, sino que además cumple con el mandato de hacer avanzar el reino de Dios. Si uno tuviera que elegir la temática que Jesús predicaba, en una palabra, es el Reino. La palabra griega para «reino» (*basileia*) puede significar poder real, majestad, dominio o gobierno. Aparece con mayor frecuencia en el Nuevo Testamento en la frase «reino de Dios». Así que el reino de Dios es el gobierno o el dominio de Dios. Jesús dice: «Es preciso que anuncie también a los demás pueblos las buenas nuevas del reino de Dios, porque para esto fui enviado» (Lucas 4:43). Es interesante observar, en este punto, cómo eligió Jesús transmitir el mensaje del Reino. En lugar de ofrecer una definición del Reino en palabras, impartió su visión indirectamente a través de parábolas e historias. Haber elegido imágenes es un hecho significativo, porque eran bocetos de la vida comercial cotidiana: la granja, la pesca, mujeres amasando pan, mercaderes comprando perlas.[1]

La diversidad de formas en que Jesús hablaba del Reino, creó dos interpretaciones específicas pero decididamente distintas, que dieron como resultado perspectivas también diferentes en cuando a la transformación. A menudo, se considera al reino de Dios como un estado futuro del fin de los tiempos, que solamente alcanzarán los salvados; o se lo ve como un estado terrenal presente en el que la iglesia logra avances sociales.[2] En el mundo occidental, satisfechos con el presente, nos inclinamos a esperar la esperanza futura. En cambio, en los países del Tercer Mundo, la necesidad incentiva a una esperanza en el presente y también en el futuro. Veamos las dos interpretaciones del Reino, la futura y la presente, y cómo influyen en las perspectivas sobre la transformación.

El reino de Dios como acontecimiento del futuro: Jesús hizo una cantidad de afirmaciones que señalan al Reino como un evento futuro (ni siquiera terrenal). Ante Pilatos, Jesús declaró: «Mi reino no es de este mundo… Si lo fuera, mis propios guardias pelearían para impedir que los judíos me arrestaran. Pero mi reino no es de este mundo» (Juan 18:36). En el Padrenuestro, Jesús instruye a sus seguidores que pidan «venga tu reino». Muchos lo identificaron con el Reino de Cristo sobre la tierra en los últimos tiempos, como lo describe el Apocalipsis. Solamente los verdaderos seguidores de Jesús recibirán esa bendición y varias parábolas de Jesús parecen aludir a eso (ver la parábola de la red en Mateo 13:47-50 y la de las diez jóvenes en Mateo 25:1-13).

Como visión extremista, la perspectiva teológica que apunta a esos pasajes y pone énfasis en el aspecto futuro del Reino, suele hacer la vista gorda ante varias «señales de los tiempos» que primero tienen que suceder, tales como desastres naturales, impiedad y depravación. «Pero pueden saber esto», profetizó Herbert Armstrong en agosto de 1939. «Esta guerra ¡terminará con el regreso de Cristo! ¡Y puede comenzar dentro de seis semanas! ¡Así de poco falta para que Cristo vuelva!»[3] En 1980, Armstrong preguntó: «¿Podemos discernir las señales de los tiempos? Los eventos de los últimos días van a sucederse con rapidez desde hoy. La década de los ochenta podría ser la que vea el final de este mundo ¡despierten!»[4] Esa perspectiva futurista ve al mundo, a su cultura y a su sociedad en oposición a Dios, y a Dios opuesto a todo ello. Por lo tanto, esta tierra tiene muy poco valor, y de hecho, será destruida. Pero nos espera un tiempo mejor. Y el inminente regreso de Cristo promueve un sentido de urgencia. Por eso el objetivo debe ser salvar almas, sacarlas de este mundo caído y transportarlas al Reino que está por venir.

Como resultado de esa interpretación del reino de Dios, puramente futurista, los esfuerzos por transformar a la sociedad estarán exclusivamente enfocados hacia lo espiritual. Los que con gran celo evangelizador inspiran temor por la lluvia de fuego y azufre, muestran poca compasión por los necesitados o marginados. Como el alma de la persona es lo único que sobrevivirá al fuego, se la convierte en un objetivo primario, y toda necesidad social o económica se deja al margen. Podemos ver entonces, por qué los que prefieren el aspecto futuro del reino de Dios suelen poner énfasis en la transformación espiritual y no hacen hincapié en la transformación social y económica.

El reino de Dios como acontecimiento del presente: Jesús también habló en términos que indicaban que el Reino ya estaba presente durante sus días en la tierra. Jesús dijo: «La venida del reino de Dios no se puede someter a cálculos. No van a decir: "¡Mírenlo acá! ¡Mírenlo allá!" Dense cuenta de que el reino de Dios está entre ustedes» (Lucas 17:20b-21). Y otra vez volvió a predicar: «Se ha cumplido el tiempo… El reino de Dios está cerca. ¡Arrepiéntanse y crean las buenas nuevas!» (Marcos 1:15).

Los que ponen énfasis en el aspecto presente del Reino, lo ubican aquí en la tierra. El reino de Dios comenzó con la venida de Jesús y hoy está presente en el mundo bajo la forma del Cristo victorioso que gobierna a su pueblo por medio de su Palabra y Espíritu. La solución a los problemas físicos y sociales es un objetivo principal de la iglesia en tanto avanza el reino de Dios. En *The Kingdom of god is Within You,* [El reino de Dios está en vosotros], León Tolstoy explica esta concepción:

> [Dios] exige de nosotros solamente lo que es razonable, cierto y posible: servir al reino de Dios, es decir, contribuir al establecimiento de la unión más grande entre todos los seres vivos ... El único significado de la vida es servir a la humanidad contribuyendo al establecimiento del reino de Dios, lo cual solamente puede hacerse mediante el reconocimiento y la profesión de la verdad por parte de todo hombre.[5]

Según Tolstoy, el avance del reino de Dios significaba servir a la humanidad y crear unidad en la tierra. Jesús instruye a sus discípulos: «Cuando entren en un pueblo y los reciban, coman lo que les sirvan. Sanen a los enfermos que encuentren allí y díganles: "El reino de Dios ya está cerca de ustedes"» (Lucas 10:8-9). También indica que echar demonios es señal de que el reino de Dios llegó a las personas (ver Lucas 11:20). Podemos observar que mientras Jesús alimenta, sana y echa demonios, la fe en él o la salvación no son requisitos para tales bendiciones. Y en el Antiguo Testamento, Dios utiliza a los profetas para hablar en contra de los sistemas y las prácticas injustas. Los profetas denuncian las injusticias contra la gente pobre e indefensa una y otra vez.

El campo teológico que toma a pecho esos pasajes, y pone énfasis en el aspecto presente del reino de Dios, ve a los avances culturales y sociales como condiciones necesarias para un mayor Reino aquí en la tierra. Por eso, el enfoque está en la solución de los males sociales del momento: la pobreza, el hambre, la falta de vivienda, el racismo, la injusticia y la guerra. Eso es lo que hace avanzar el reino de Dios. Como este mundo se transformará en el mundo que vendrá, los intentos por curar esos males sociales y económicos no solamente son dignos sino también útiles para acelerar el proceso. De hecho, el aspecto presente del reino de Dios es más práctico en los países en vías de desarrollo, donde la gente necesita una esperanza para hoy, además de la esperanza para el mañana.

Como resultado de esta interpretación, el enfoque sobre los esfuerzos de transformación social estarán en lo físico y lo social. Tolstoy veía el reino de Dios como una entidad terrenal marcada por la armonía, la unidad y la falta de males sociales y físicos. Algunas organizaciones cristianas de ayuda y asistencia concuerdan con esta visión. Para ellas, resolver problemas económicos y sociales que mejoren la sociedad es la clave para el avance de la causa de Dios. Es fácil ver por qué, los que ponen énfasis en el aspecto presente del reino de Dios, suelen hacer hincapié en la transformación social y económica y no en la transformación espiritual.

El reino de Dios como acontecimiento del «ahora y todavía no»

Una tercera perspectiva se ubica en medio de las otras dos, y entiende de otro modo las diversas y complejas enseñanzas de Jesús en cuanto al reino de Dios. Debemos admitir que tanto el aspecto presente como futuro del Reino son importantes en las enseñanzas de Jesús. Philip Yancey observó que «la única explicación posible está en que la enseñanza de Jesús indica que el reino de Dios viene por etapas. Es "ahora" y también "no todavía", es presente y también futuro».[6] El reino de Dios se inauguró con el ministerio de Jesús, se concretó en parte con la iglesia y será consumado con el regreso de Cristo, cuando él «juzgará a los vivos y a los muertos» (2 Timoteo 4:1). Es «ahora», y «no todavía», presente y futuro. Con la venida de Cristo, la presencia del Espíritu Santo en su pueblo y la iglesia que actúa como su agente en el mundo, en un sentido el reino de Dios ya está aquí. Sin embargo, todavía no está presente en toda su gloria, y el cumplimiento supremo del reino de Dios ocurrirá en el futuro, cuando Cristo vuelva. Este «ahora, y todavía no» reconoce que son legítimos los esfuerzos por lograr el avance tanto de la manifestación del Reino presente como la futura.

El ministerio de Jesús, y su enseñanza sobre el reino de Dios, nos impulsa a satisfacer necesidades espirituales, económicas y sociales. Jesús dijo: «Como el Padre me envió a mí, así yo los envío a ustedes» (Juan

20:21b). Los problemas económicos y sociales que son un flagelo para nuestro mundo deben transformarse. La oscuridad espiritual que lleva a la eterna separación de Dios también debe ser transformada. Si vamos a seguir a Jesús, tienen que preocuparnos todos los aspectos de la transformación. De hecho, es poniendo en práctica un ministerio integral que la iglesia logrará mayor eficacia en la transformación de naciones enteras. Es una misión abarcadora, en la cual la evangelización y la responsabilidad social van de la mano. En su paráfrasis del Manifiesto de Manila del Comité de Lausana para la Evangelización Mundial, Mats Tunehag afirmó: «la [abarcadora] misión del Reino es llevar la totalidad del evangelio a la totalidad del hombre, y lo hará la totalidad de la iglesia a la totalidad del mundo. Este es nuestro mandato y nuestra tarea».[7]

La transformación y los negocios del Reino

La tierra es del Señor y suyo es lo que hay en ella. Que los últimos días estarán llenos de maldad, no es excusa para no responder ante la pobreza de nuestro prójimo. También existe el peligro de que una mejora física y económica genere apatía espiritual, y de hecho, eso sucedió con Israel en el Antiguo Testamento. Aunque la humanidad tiende a recurrir a Dios en momentos difíciles, eso tampoco implica que vivamos exentos de responder ante la dificultad ajena. En el nombre de Jesús podemos satisfacer necesidades físicas y económicas, *y también* llevar esperanza para hoy y para el futuro.

La verdadera transformación debe ser abarcadora. Tiene que incluir el aspecto espiritual, el económico y el social. El triple objetivo de los negocios del Reino (la rentabilidad y sustentabilidad, la creación de empleo y riqueza local, y el avance de la iglesia de la región) están en línea con esta transformación abarcadora e integral. Los negocios del Reino buscan desarrollar un modelo sustentable para la transformación espiritual, la transformación económica y la transformación social.

El trabajo

En muchos lugares del mundo, y por cierto en occidente, la identidad de una persona muchas veces se define por su trabajo.[8] Para el creyente, la identidad de una persona debe estar definida por su fe en Dios. Sin embargo, entre los cristianos y en las iglesias existe la creencia de que el trabajo secular no tiene relación con la fe. «El problema con el cristianismo en Norteamérica no es el contenido de la fe, sino que sus adherentes no llegan a integrar los principios de la fe en su estilo de vida», observó George Barna.[9] La mayoría de los cristianos siente una gran desconexión entre sus intentos por seguir a Jesús y su trabajo diario. El origen de esta incapacidad para conectar la fe y el trabajo radica en la equivocada categorización de lo secular y lo sagrado. Por eso, el trabajo y la fe parecen estar en compartimentos estancos, lo cual agranda la brecha entre la iglesia y los negocios. Esa separación existe tanto a nivel personal como colectivo dentro de la iglesia.

La integración de la fe y el trabajo

Aunque muchos no logren experimentar una articulación o les cueste encontrarla, existe la conexión entre nuestra relación con Dios y nuestro trabajo. Entendemos, vemos y llevamos a cabo nuestro trabajo, de una forma que puede relacionarse con lo que Dios hace en el mundo. El trabajo es nuestro llamado y como cristianos debemos operar dentro del paradigma bíblico de lo que significa, lo cual determinará cómo lo entendemos, cómo lo vemos y cómo lo ponemos en práctica, desde el punto de vista de los propósitos de Dios.[10]

¿Qué queremos decir con «trabajo»? Según John Stott, «el trabajo es el uso de la energía (manual, mental o ambas a la vez) al servicio de los demás, que da plenitud a quien trabaja, beneficio a la comunidad y gloria a Dios».[11] El trabajo es servir a los demás. Jesús lo confirmó al completar la obra que tenía encomendada, dando gloria al Padre (ver Juan 17:4). Todo trabajo que hagamos debe dar gloria a Dios (ver 1 Corintios 10:31). Podemos glorificar y adorar a Dios a través de nuestro trabajo. De hecho, la palabra hebrea *avodah*, significa «servicio», y las derivaciones de esa palabra se traducen como «trabajo» y «adoración».

Este libro se refiere al mundo de los negocios, y por cierto la palabra «trabajo» tiene que ver con el conjunto de actividades en esa esfera. Quienes trabajan en el mercado, o como maestros, pastores, senadores, también desarrollan un trabajo. Pero la visión bíblica del trabajo es todavía más amplia. En esencia, el trabajo es un servicio y por eso no necesita incluir elementos de compensación. Las amas de casa, los voluntarios, los estudiantes, los que cuidan a los ancianos, todos hacen un trabajo valioso. «No habrá tarea sórdida o demasiado baja», dijo Juan Calvino, «si obedecemos a nuestro llamado de realizarla, que no brille y que sea tomada en cuenta por los preciosos ojos de Dios».[12] Pablo nos instruye: «Hagan lo que hagan, trabajen de buena gana, como para el Señor y no como para nadie en este mundo» (Colosenses 3:23).

Sea compensado económicamente o no, el trabajo consiste en un servicio a los demás realizado para la gloria de Dios.

La división entre lo sagrado y lo secular

En la iglesia hay una tendencia demasiado común por clasificar la actividad terrenal en dos amplias categorías: la secular y la sagrada. Lo sagrado es aquello que se percibe como espiritual o de valor eterno, y lo secular incluye toda actividad que no cumpla con ese criterio. El paradigma de los sagrado en oposición a lo secular surge al ver la vida de Jesús dividida en dos períodos: el del «trabajo» y el del «ministerio». Pero Jesús era perfecto en todo, y lo fue durante todos sus días, y su vida entera estuvo dedicada al ministerio, ya sea como carpintero, enseñando o sanando. Esa división, entre lo sagrado y lo secular, es una falsedad que se infiltró en el pensamiento y en la práctica de la iglesia. La aplican tanto al modo en que un cristiano organiza su vida, como al modo en que una comunidad cristiana otorga valor y nobleza a las diferentes ocupaciones. Al aplicar esa división a la vida de una persona, se presenta una segmentación de actividades. Las que son consideradas espirituales tienen respaldo y apoyo, en tanto las que no lo son, se toleran mínimamente. Todo cristiano sincero buscará maximizar el tiempo dedicado a las actividades con valor espiritual o eterno, y minimizar el tiempo dedicado a las actividades que no tienen ese valor. La fórmula es sencilla: aumentar lo sagrado, disminuir lo secular.

No es extraño que esa línea de pensamiento derive en la percepción común de que el trabajo secular es un obstáculo necesario, que nos impide ocuparnos de actividades verdaderamente valiosas, como el ministerio, el estudio de la Biblia, la comunidad, la evangelización, la oración y las misiones. El trabajo en sí mismo no contiene valor eterno. El cristiano que trabaja en lo secular, posee una tensión entre su anhelo por lo sagrado y sus obligaciones seculares. A menudo, la única solución para eliminar esa tensión es quitar del medio las obligaciones seculares, y los que son «sinceramente espirituales» suelen hacerlo buscando empleos que se consideren intrínsicamente sagrados. Los misioneros, pastores y otras personas empleadas en profesiones cristianas de vocación, no encuentran tensión entre su trabajo y su fe. Ambas cosas son sagradas. Desafortunadamente, ese paradigma deja a quienes trabajan en el mercado secular con una carga pesada difícil de resolver.

La jerarquía en el trabajo

Muchos sectores de la iglesia cristiana de hoy operan bajo un sistema de *castas*. Existe una jerarquía tácita del trabajo que eleva ciertas ocupaciones por sobre otras. La división entre lo sagrado y lo secular produce un rango de ocupaciones basadas en el valor eterno que producen. Los pastores y misioneros son llevados ante la iglesia para celebrar su vocación y destacar la nobleza de su trabajo. ¿Pero cuándo oyó usted decir a un pastor: «Hoy, le pedimos a Joe que comparta con nosotros su llamado al mundo de los negocios, su tarea en la compañía según los principios bíblicos y el servicio que brinda a los clientes con excelente calidad»? Lo más probable es que no vea el valor espiritual de un trabajo secular, y menos en comparación con el valor del ministerio. La ausencia del tema laboral en los sermones contribuye a fortalecer las bases del paradigma de jerarquías tácitas.

La jerarquía del trabajo no es solamente problema de los pastores. Los cristianos que se dedican a los negocios, muchas veces, no pueden resolver la tensión que existe entre su fe y su trabajo. Con tan pocos modelos que presenten el trabajo secular como esfuerzo en pro del reino de Dios, muchas personas de negocio no logran ver si su trabajo cotidiano tiene valor espiritual. Entonces, llegan a la conclusión de que no lo tiene, o en el mejor de los casos, que tiene muy poco. En lugar de reconocer el potencial de ministerio que tiene el trabajo, cambian de ocupación y se dedican a trabajar en la iglesia.

Paul Stevens ilustra la jerarquía del trabajo con una pirámide.[13] En la punta de la pirámide están los misioneros que van a las fronteras para la evangelización y el plantado de iglesias. (Se le asigna un valor inferior a los misioneros que ayudan a los pobres, brindan servicios de transporte o construyen casas.) Los pastores y otras personas llamadas al ministerio de tiempo completo ocupan el peldaño que sigue. Por debajo de ellos están aquellos cuya ocupación tiene cierto valor social, pero no es explícitamente cristiana. Los médicos, maestros y trabajadores sociales pertenecen a esa casta. Quizá no se ocupen de salvar almas, pero al menos su trabajo está guiado por motivaciones altruistas. Y por debajo de ellos están las ocupaciones comunes: contadores, vendedores, abogados, obreros de fábricas. Esos trabajos no son malos, pero no tienen nada significativo en términos espirituales.

Si se considera la nobleza intrínseca del trabajo en sí mismo, dos componentes del empleo secular adquieren valor espiritual. El trabajo secular puede verse como suelo fértil para predicar el evangelio, y el salario de ese trabajo secular es un factor importante para financiar a los que trabajan en el ministerio. Sin embargo, el trabajo en sí mismo se considera carente de valor eterno, y muchos de lo que son sinceramente devotos optan por subir de jerarquía y comprometer sus vidas «en empleos más sagrados».[14]

Los Reformadores ya pelearon la batalla para erradicar la división entre lo sagrado y lo secular, hace siglos, cuando el servicio en la iglesia era considerado el llamado más noble y la vida contemplativa se veía como superior a la vida activa. «El hombre, que por excelencia vivía una vida racional en el sentido religioso, era y siguió siendo por siempre un monje», dijo Max Weber con respecto a las actitudes imperantes antes de la Reforma. «La importancia de la Reforma [fue] el hecho de que todo cristiano debe ser un monje durante toda su vida».[15] Todo cristiano tenía que decidir cómo actuar en el mundo y al mismo tiempo ser apasionadamente espiritual. ¿Cómo vivir una vida espiritual sin monasterios? Martín Lutero lo explicó así: «Los votos monásticos se apoyan en la falsa suposición de que hay un llamado especial, una vocación a la que los cristianos superiores son invitados para observar las virtudes de la perfección, en tanto los cristianos comunes solamente cumplen sus órdenes. Pero sencillamente, no hay una vocación religiosa especial, porque el llamado de Dios nos llega a cada uno de nosotros en nuestra sencilla tarea».[16] Más que en el monasterio, el escenario de la santidad cristiana reside en las tareas cotidianas.

«El sentido de la religión cristiana no es dejar el mundo atrás para vivir la vida de la fe, sino vivir la vida de la fe en medio del mundo», dijo el filósofo cristiano Lee Hardy. «La vida religiosa no es prerrogativa de un pequeño grupo de especialistas espirituales. Debe ser vivida por todos, y puede ser vivida en el contexto del trabajo diario».[17] El concepto de hallar plenitud espiritual en el trabajo cotidiano plantea un fuerte contraste con el concepto monástico, que se aleja del trabajo secular inspirado por un llamado religioso especial. Es un concepto que, concientemente, evita la división entre lo sagrado y lo secular. Y la iglesia de hoy debería recapacitar en él.

La vocación, el llamado y el ministerio

Muchos cristianos que trabajan en lo secular sienten una frustración por la falta de integración entre la fe y el trabajo. Y a menudo, por no entender el significado del ministerio, la vocación y el llamado, no pueden vivir esa integración.[18] Existe la creencia común de que el llamado lo tiene, únicamente, el ministro cristiano y que la vocación es sinónimo de la ocupación diaria. Esas definiciones, sin embargo, no reflejan los significados bíblicos de las palabras y ubican a muchos en la categoría de ciudadanos de segunda dentro del cuerpo de Cristo. *Vocatio* significa llamado, y *ministerio* significa servicio, en la capacidad que sea. Por eso, todos tenemos un llamado/vocación al ministerio/servicio y el trabajo secular es solamente uno de los escenarios donde se puede ejercer el llamado a servir. (Otros escenarios son: la familia, el barrio, la sociedad y la congregación.)

Si el llamado no se refiere únicamente a las profesiones cristianas por vocación, ¿qué implica el llamado? Paul Stevens describe tres niveles: el llamado humano, el llamado cristiano y el llamado personal.[19] El llamado humano está determinado por la relación del ser humano con el mundo. Se apoya en dos mandatos de Dios para continuar con la obra que comenzó en la creación y en la salvación. El mandato de la creación (ver Génesis 1:27-30) significa que los cristianos somos llamados a ser administradores de la tierra, llenándola, desarrollándola y guardándola. La Gran Comisión (ver mateo 28:19-20) significa que los cristianos somos llamados a dar testimonio hasta los confines de la tierra y hacer discípulos de todas las naciones. Las tradiciones cristianas pusieron énfasis en uno u otro de estos dos llamados humanos, y como resultado, avanzar la causa de Dios se enfoca en la acción social o en la evangelización. Como mencionamos antes, la transformación del ministerio y el mensaje integral de Jesús abarcan ambos encargos. El mandato de la creación y la Gran Comisión están incorporados en el llamado humano de hacer avanzar el reino de Dios.

El llamado cristiano es aquel al que se refieren las Escrituras con mayor frecuencia. Es un llamado general a todo ser humano en relación con Dios. Antes del llamado a hacer algo, hay un llamado hecho a alguien:

«Síganme», dijo Jesús (ver Juan 1:43, Mateo 4:19). En el Nuevo Testamento, el llamado cristiano invita a experimentar la salvación: «...para que todo el que cree en él no se pierda, sino que tenga vida eterna» (Juan 3:16), instruye a vivir en santidad personal y colectiva («Ahora vete y no vuelvas a pecar» Juan 8:11), y nos manda a servir («sírvanse unos a otros con amor» Gálatas 5:13). Es decir, que consiste en un triple llamado a pertenecer a Dios, a ser el pueblo de Dios y a hacer la obra de Dios en la iglesia y en el mundo. «Todos somos llamados. Se llama a todos juntos. A todos se nos llama para toda la vida, día tras día», dijo Stevens.[20]

El llamado personal es una combinación del llamado humano y el cristiano, en particular para cada persona y camino en la vida. Es un llamado individual sobre el modo en que la persona servirá, según el trabajo que realice. Este llamado se pone de manifiesto a través del discipulado personal, la experiencia personal, los dones y talentos de cada persona y el deseo de cada uno. Los cristianos tenemos dones personales diferentes que incluyen la capacidad de administrar y ayudar (ver 1 Corintios 12:28-30), y «Cada uno ponga al servicio de los demás el don que haya recibido, administrando fielmente la gracia de Dios en sus diversas formas» (1 Pedro 4:10). Dios nunca nos llama a hacer algo que esté más allá de nuestro talento. Llama a las personas a trabajar según su capacidad. Los que sienten pasión por el arte, saben de música o tienen talento creativo no tendrán un llamado personal a servir al prójimo en la reparación de automóviles, la enseñanza de contabilidad o la realización de tareas burocráticas. «Aunque es extraordinario que cada persona tenga un "llamado" verbal y directo (como en Hechos 16:9-10), es totalmente común que Dios cree un deseo en nuestro corazón que nos lleva a hacer justamente lo que hace falta, sea en la iglesia o en el mundo. La gente de negocios recibe su llamado también, como lo reciben los ingenieros, las amas de casa, los artesanos, los pastores y los misioneros», añade Stevens.[21]

Dios llama a todos para que continuemos su obra de creación y salvación (llamado humano) y para que seamos miembros activos de su Cuerpo (llamado cristiano). Sin embargo, a cada persona se la llama a un escenario de servicio en particular (llamado personal). Ningún llamado personal es pequeño o insignificante. Dios le pidió a Nehemías que construyera un muro (ver Nehemías 1-7), y a Rahab que mostrara hospitalidad a dos forasteros (ver Josué 2:8-11). A otros les pide que vendan productos o que pinten casas. «Porque somos hechura de Dios, creados en

Cristo Jesús para buenas obras, las cuales Dios dispuso de antemano a fin de que las pongamos en práctica» (Efesios 2:10).

Si cada uno de nosotros recibe dones y capacidades diferentes de Dios, para cumplir con una misión específica que él preparó de antemano para cada persona, entonces no hay un llamado personal universal más elevado. El más alto llamado para cada persona es aquel que incorpora el diseño de Dios, sus dones y talentos, y la orientación para cada uno. La noción limitada del propósito de Dios llevó a muchos a considerar la evangelización y el ministerio personal como únicas expresiones de la vida dedicada al servicio. Pero en verdad, todo el que trabaja atendiendo al llamado personal, en armonía con el llamado humano y el cristiano, vive la vida que Dios dispuso. Eso incluye a los que seguimos el llamado de trabajar en el mundo de los negocios.

Muchos se sienten llamados a trabajar en el mundo de los negocios, o en otros campos. Sin embargo, permiten una desconexión entre su trabajo y la responsabilidad ante Dios. La solución que adoptan ante la tensión entre lo sagrado y lo secular es la de divorciar su vida espiritual de su vida laboral. No sienten integración de la fe y del trabajo. Dejan fuera a Dios, abandonan el llamado cristiano en favor de algún llamado personal. Esta claro que eso no cumple con el plan de Dios. El llamado personal tiene que incorporar al llamado cristiano y al llamado humano.

Cómo ve Dios al trabajo

El trabajo es bueno: En el principio Dios creó. Trabajó y luego descansó. Y dijo que eso era bueno. Después le pidió al hombre que continuara su obra dando nombre a los animales, trabajando la tierra y cuidando de su creación. Fue el mandato creacional a la humanidad. En el jardín, el trabajo era bueno. ¿Cambiaron las cosas con la caída? No. El trabajo seguía siendo bueno. La caída solamente lo convirtió en algo difícil, duro, pero no cambió la opinión de Dios con respecto a su naturaleza buena.

Jesús pasó la mayor parte de su vida trabajando, como carpintero durante un buen tiempo, y por tres años como predicador itinerante. Era el hijo mayor de José, y probablemente se hizo cargo del negocio familiar en Nazaret, dirigiendo a los miembros de su familia. Era conocido como carpintero y al igual que hoy, la sociedad lo identificaba por su profesión. «¿No es acaso el carpintero?», se preguntaba la gente de Nazaret la primera vez que lo oyeron predicar (ver Marcos 6:3). Jesús, seguramente, enfrentó los mismos desafíos en el servicio al cliente, en la producción de productos de calidad, en su manejo con los trabajadores, en el pago a proveedores y en las ganancias de dinero, como sucede normalmente. El trabajo lo creó Dios y es bueno.

El trabajo es un mandato: El primer hombre recibió el mandato de trabajar en el jardín del Edén. Las Escrituras, luego, en varias ocasiones hacen referencia al trabajo, llamando a las personas a trabajar. Pablo nos alienta a trabajar con nuestras manos para no ser una carga a los demás (ver 1 Tesalonicenses 4:10-12) y dice que la forma normal de vivir es disfrutar del fruto de nuestra labor (ver 1 Corintios 9:3-10). También en las Escrituras aparecen, varias veces, instrucciones en cuanto a ser generosos con el fruto de nuestro esfuerzo, y advertencias en contra de la holgazanería (ver 2 Tesalonicenses 3:6-15; 2 Corintios 9:11). Todo lo que hagamos, incluyendo el trabajo, debe ser para la gloria de Dios (ver 1 Corintios 10:31). Nuestro enfoque tiene que estar en trabajar para el Señor, en lugar de hacerlo para el hombre, porque Dios es nuestro jefe (ver Efesios 6:5-9; Colosenses 3:22-25).[22] Fuimos creados para trabajar y hacer buenas obras (ver Efesios 2:10).

El trabajo es sagrado: Todo trabajo que honre a Dios y cumpla con su llamado es sagrado, no hay jerarquías que indiquen que un trabajo es mejor que otro. «Ahora bien, hay diversos dones, pero un mismo Espíritu. Hay diversas maneras de servir, pero un mismo Señor. Hay diversas funciones, pero es un mismo Dios el que hace todas las cosas en todos» (1 Corintios 12:4-6). Más adelante, en los versículos 27 al 30 del mismo capítulo, Pablo define la diversidad de trabajos dentro del cuerpo de Cristo, pero no los enumera en orden de importancia.

Muchos trabajos diferentes son sagrados. En la actividad cotidiana, al cumplir con nuestro trabajo podemos hacer avanzar el reino de Dios. Podemos con nuestra labor, beneficiar y servir al prójimo. Nos brinda la oportunidad de evangelizar de palabra y con los hechos. La demostración del evangelio por medio del ejemplo constituye la forma más importante de predicar y quienes trabajan en el mercado secular cuentan con la oportunidad de difundirlo. El trabajo hecho para Dios es sagrado, porque significa vivir el evangelio.

El trabajo es un ministerio: Observamos que el trabajo es «la utilización de energía en servicio hacia los demás». El trabajo es la respuesta al llamado que todos recibimos para servir a Dios y a los otros seres humanos. El trabajo es servicio, es ministerio. Este es un punto crucial para el cambio de paradigma que los cristianos necesitan: el trabajo *sí es* un ministerio.

Dave Evans, cofundador de los creadores de videojuegos Electronic Arts, describió tres perspectivas que tienen las personas con respecto a su ministerio de trabajo. Las tres son válidas, aunque muchos cristianos solamente tienen en cuenta la primera.

1. El ministerio *en el lugar* de trabajo: Una de las opiniones más comunes es que los cristianos consideran su empleo como lugar donde pueden ejercer el ministerio, mostrando amor y compartiendo su fe. Pero no ven el trabajo en sí mismo como ministerio. Solamente los subproductos del trabajo (las oportunidades para evangelizar) se consideran ministerio. Sin embargo, la visión bíblica del trabajo va mucho más allá.

2. El ministerio *del* trabajo: Nuestro trabajo tiene un valor espiritual que excede los ingresos destinados a las misiones o las oportunidades para dar testimonio. Es que nuestro trabajo, en sí mismo, es el ministerio al que fuimos llamados. El trabajo es algo santo y ordenado por Dios. A través de nuestro oficio, ejercemos dominio y somos administradores de lo terrenal. Cumplimos con el mandato de la creación. Servimos al prójimo, ya sea transportando gente en avión o tallando madera. El trabajo, en sí mismo, es un ministerio a los demás, hecho para Dios.

3. El ministerio *de trabajar*: Dios, por cierto, puso a sus hijos en posiciones donde cada uno puede manifestar a Dios ante los demás. Pero quiere ir más lejos. Somos la sal y la luz del mundo para redimir todo lo que hay en él (ver Mateo 5:13-16). Como agentes redentores en el lugar de trabajo, podemos ejercer influencia sobre las estructuras y las políticas de la organización. Podemos determinar el modo de conducir los negocios. Podemos trabajar para redimir escuelas, gobiernos, iglesias y hasta las compañías mismas.[23]

Muchos cristianos necesitan adoptar un nuevo paradigma que vea al trabajo en sí mismo como un ministerio y un llamado santo de Dios en su vida. Al ver el valor espiritual intrínseco del trabajo, se evitarán las trampas de buscar un cambio ocupacional que otorgue «mayor componente ministerial». Recuerdo la historia de unos obreros que trabajaban juntos en un proyecto. Se acercó un curioso y preguntó qué estaban haciendo: «Estoy haciendo ladrillos», respondió el primer obrero. El segundo dijo: «Estoy levantando una pared». Y el tercero, con expresión de gozo y orgullo exclamó: «¡Estamos construyendo una catedral!»

¿Cuánta gente piensa que su trabajo consiste en hacer ladrillos? ¿Y cómo podemos hacer que nuestro trabajo se convierta en la construcción de una catedral? Al ver nuestro trabajo en la imagen completa de los planes de Dios, podemos servirle a él y al prójimo a través de nuestra labor secular día a día.

Los negocios

La gente de negocios aparece en el peldaño más bajo de la opinión pública, cuando se refieren a la nobleza de su trabajo, junto a los políticos y a los abogados. En una encuesta conducida por Gallup en el 2003, donde se evaluaba la honestidad y la ética de las profesiones, solamente el dieciocho por ciento del público consideró que los ejecutivos de negocios tenían parámetros «muy altos» o «altos». En contraste, el ochenta y tres por ciento percibió que el trabajo de enfermería tenía estándares éticos superiores. Tal vez a causa de la influencia de los medios, que retratan a ejecutivos sin corazón, agresivos y torcidos, incluso los que se dedican a los negocios suelen encontrar dificultad para ver el valor redentor de su profesión. Sin embargo, es una ocupación muy noble a la que Dios llama a muchos creyentes comprometidos.

Dos conceptos bíblicos aplicables a la gente de negocios son el servicio y la creación. El comercio exitoso tiene que ver con el servicio al prójimo y con mejorar su estándar de vida. Se relaciona con crear bienes, servicios y riqueza. Encuentra las necesidades de la gente para satisfacerlas. «El comercio legítimo sirve al público promoviendo el bien», dijo el teólogo Stanley Grenz.[24] Los negocios dan gloria a Dios cuando bendicen a las personas a través de la creación de productos necesarios y de la provisión de servicios excelentes, como medios para mejorar el estándar de vida de la sociedad.

El valor espiritual de los negocios

El valor espiritual de los negocios se produce al avanzar con éxito en los objetivos de Dios, al ayudar a su propósito a través de la creación y del servicio. Por eso, las preguntas que debemos hacer para evaluar el valor espiritual de los negocios, son las siguientes: ¿De qué modo el comercio cumple el mandato de la creación, de ser administradores de la tierra, de llenarla, trabajarla y guardarla? ¿De qué modo sirve nuestro negocio a la humanidad? ¿Y cómo redime su esfera de influencia?

En una conferencia de los negocios del Reino realizada hace poco, un participante contó una conmovedora historia sobre una pobre mujer coreana que vivía con sus hijos, en las calles de una ciudad de Asia Central. Eran extranjeros. Un día, la mujer pudo mudarse a un apartamento, pero al llegar observó que estaba plagado de cucarachas. Recordó que en su juventud, en Corea, un pariente había inventado un potente repelente para cucarachas, pero no tenía idea de cómo prepararlo. Como esa era su única esperanza, oró y tomó ingredientes de su cocina. La mezcla resultante funcionó milagrosamente combatiendo a esos insectos. La mujer obtuvo el financiamiento de una organización de apoyo para los negocios del Reino, y pudo iniciar un negocio de producción, comercialización y exportación de ese producto tan eficaz. Hoy, tiene una empresa exitosa que sirve a los demás.

Al final de la historia, el narrador comentó: «Es maravilloso cómo la mano de Dios la guió tan evidente y eficazmente, pero ¿cuál es el valor espiritual de su empresa?» Algunos comenzaron a responder, y entonces, alguien dijo sencillamente: «Ya no hay cucarachas». ¿Qué? ¿Cómo eso puede tener un significado espiritual?

La respuesta es que esa mujer cumple con el mandato de servir al prójimo y continuar la obra de la creación de Dios. Desarrolla y trabaja la tierra con la creación de un nuevo producto, con la construcción de un nuevo negocio. Sirve a sus clientes resolviendo un problema importante: el de las cucarachas que invaden las casas. Bendice a los empleados al tratarlos con respeto y permitir que utilicen sus dones, al tiempo de proporcionar oportunidades de aprender más. Ella es la sal y la luz en la red comercial de su país en Asia Central, porque conduce un negocio honrado, en una sociedad donde la corrupción y la deshonestidad son algo corriente. Su negocio es su ministerio y es también su llamado más alto. Es algo intrínsecamente bueno. Allí es donde ella pone en acción su fe, y eso tiene una importancia espiritual. Fue llamada a servir a Dios y al prójimo de ese modo: eliminando las cucarachas.

El servicio y la creación en los negocios

Las compañías exitosas sirven a sus clientes eficazmente, brindan productos o servicios por menos de lo que les llevaría a los clientes producir o
comprar lo mismo que obtienen. El rol de los negocios es mejorar la provisión de bienes y servicios, ministrando y dando testimonio ante la
comunidad. Los productos y servicios mejorados no solamente aumentan
el estándar de vida. También crean riqueza. Es decir, se incrementa el bienestar físico de la nación. El comercio hace crecer el pastel, para no sacarle a uno con el fin de darle a otro. El negocio exitoso logra que dos más
dos sea igual a cinco. Tiene que ver con crear valor.

¿Cómo puede un negocio crear riqueza y lograr que dos más dos sea
igual a cinco? La economía podría resumirse en un ejemplo sencillo: digamos que una mujer tiene que caminar durante una hora desde su aldea
(cincuenta familias aproximadamente) para poder conseguir agua potable.
Hace el recorrido todos los días. También, durante diez horas al día trabaja como costurera, y por eso le pagan $ 0,50 por hora. Imaginemos ahora que un empresario del Reino construye un acueducto desde la fuente
de agua hasta la aldea, con lo cual en solo cinco minutos se puede conseguir agua. En teoría, la mujer podrá trabajar dos horas más cada día, que
representa un aumento de $ 1 diario. ¿Cuánto estaría dispuesta a pagar
por el agua?

Si el empresario de los negocios del Reino le cobra $ 0.10 por toda
el agua que utiliza la mujer normalmente, ella lo pagaría con gusto si
en el tiempo ahorrado logra hacer más vestidos. Al comprar el agua y
hacer más vestidos durante dos horas, la mujer gana $ 0.90 más (el dieciocho por ciento de sus ingresos). Si el empresario vende agua a las
cincuenta familias de la aldea, ganaría $ 5 por día, lo cual cubre el costo, el mantenimiento y la ganancia. Todos en la aldea se benefician al
ahorrar dos horas por día, lo cual añade un total de cien horas que pueden utilizarse de manera productiva. Sin cambiar el total de horas de
trabajo, el ingreso diario de la aldea aumenta $ 0.90 por familia, o $ 90
en total.

Los negocios se convierten en una actividad espiritual cuando cumplen
los objetivos de Dios de servir a los demás creando productos y recursos.

Son un vehículo para el servicio a Dios y al prójimo. Un medio a través del cual podemos ser administradores, desarrolladores y guardianes de la creación de Dios (ver Génesis 1:27-30).

Las ganancias

Hace años, me invitaron a disertar en un seminario en Suecia sobre cómo iniciar un negocio. Era una conferencia de tres días para cristianos, y asistieron miles de personas. Después de mi presentación, algunas personas del público vinieron a confrontarme con la opinión de que el comercio es algo «sucio». ¿Cómo era posible que siendo cristiano iniciara emprendimientos comerciales nuevos? Me propuse descubrir por qué percibían al comercio como algo innoble y les pregunté qué pensaban de las grandes compañías como Volvo o Ikea. «Con esas no hay problema», fue la respuesta. «Nos brindan empleo y planes de retiro». Seguimos hablando y percibí que el problema real estaba en los objetivos de tener ganancias. La compañía que gana dinero se beneficia a expensas de otros, sugerían con sus palabras. ¿Cómo era posible que un cristiano iniciara un emprendimiento con fines de lucro?

Jesús utilizó la parábola de los talentos (ver Mateo 25:14-30) para mostrar que Dios nos da recursos que debemos utilizar y aumentar. Un hombre que se va de viaje reparte a tres sirvientes cinco talentos, dos talentos y un talento, respectivamente. A su regreso, los primeros dos sirvientes habían ganado retornos del 100% sobre sus fondos y el hombre los elogia. El tercer sirviente no informó de ganancia alguna y es interesante que fue severamente reprendido por no haber usado el dinero sabiamente. La ganancia era algo esperable. Los talentos podrían representar dinero o dones, pero de uno u otro modo, hay que utilizarlos y beneficiar así, tanto al dueño como a la personas que los utiliza.

Existe la creencia común de que los negocios tienen que ver mayormente con maximizar las ganancias. No es así. Es cierto que algunos empresarios operan con el objetivo de exprimir lo más posible a sus empleados y clientes. Pero el valor redentor del comercio es un vehículo para servir a los demás, a través de la entrega eficaz de productos y servicios. Cuando se trabaja con ese objetivo, ganar dinero es algo secundario.

También está la creencia de que las organizaciones sin fines de lucro tienen mayor nobleza intrínseca que las que operan con fines de lucro. Es cierto que las organizaciones sin fines de lucro suelen realizar actividades loables que benefician a la sociedad, pero lo que merece elogios es el servicio que brindan y no la ausencia de lucro. No hay correlación directa entre la ausencia de lucro y el beneficio a la sociedad. De hecho, cuanto más grandes sea el beneficio del producto o el servicio para quien lo recibe, tanto mayor será el potencial de ganancia.

Si no hay lucro no hay comercio. El lucro es necesario para proteger y recompensar a los empleados e inversores. Sin ganancia, no puede haber crecimiento para la compañía. Las ganancias son algo bueno, son la señal de que la compañía ofrece un producto o servicio beneficioso. En una economía de libre mercado, indica que la compañía sirve a los demás y no que se aprovecha de ellos. Cuanto más beneficioso sea un producto o servicio para el cliente, con respecto al costo de producción, mayor será la ganancia que se pueda obtener. La ganancia, a su vez, permite la expansión del servicio a la humanidad. Es el oxígeno que provee fondos al negocio y hace que la compañía continúe su crecimiento y servicio.

Los negocios no son malos por naturaleza porque sean rentables, pero tampoco son buenos por naturaleza simplemente porque lo sean o no. El valor del comercio para Dios no es equivalente a su rentabilidad.

En cambio, como dijimos antes, el valor espiritual de los negocios está en su concordancia con el propósito de Dios. Y aunque la ganancia, a menudo viene con el comercio efectivo, no tiene por qué ser su única misión. El dinero, sin un sentido de la participación de Dios y de nuestra responsabilidad para con él, puede degenerar en una actividad inmoral como el comercio deshonesto o la venta de pornografía. El negocio sirve al hombre, aumenta el estándar de vida y promueve el bien común. Es una actividad llena de significado. Y las ganancias son un resultado importante.

La riqueza

«Recuerda al Señor tu Dios, porque es él quien te da el poder para producir esa riqueza; así ha confirmado hoy el pacto que bajo juramento hizo con tus antepasados» (Deuteronomio 8:18). El comercio exitoso y rentable puede dar como resultado la creación de riqueza para los empleados, propietarios y socios. Las Escrituras tienen mucho que decir sobre la riqueza. Muchos proverbios, parábolas y enseñanzas hablan de ella, pero el mensaje suele ser mal interpretado. De hecho, hay dos actitudes equivocadas en cuanto a la relación entre la riqueza y la vida cristiana. Algunos consideran que la riqueza es una malvada enemiga de la vida cristiana. Otros ven la riqueza como evidencia esencial de la vida cristiana. Pero tanto el «evangelio de la pobreza» como el «evangelio de la salud y la riqueza» no llegan a transmitir completamente la rica enseñanza bíblica sobre la prosperidad. Exploremos esos dos puntos de vista de la teología, antes de comentar qué es lo que dice Dios sobre la riqueza.

El evangelio de la pobreza: La riqueza como malvada enemiga de la vida cristiana

Desde que San Francisco de Asís comenzó a enseñar acerca de la virtud de la pobreza, hubo cristianos que consideran a la pobreza el estado más santo y deseable. La pobreza tiene cierto atractivo romántico como complemento de la vida cristiana, y la riqueza se desprecia como peligro opuesto a la piedad. Los que no tienen riqueza no están preocupados por su dinero, ni temen a los peligros potenciales de perderlo todo, y por eso tienen libertad para concentrarse solamente en Dios. El dinero es algo inmoral porque suele corromper. Hay quienes consideran que la riqueza y la salvación son mutuamente excluyentes.

Los que sostienen esa visión romántica de la pobreza, suelen fomentar la división entre lo sagrado y lo secular. La riqueza se ve como evidencia de un enfoque en lo secular. No se acepta el camino a la prosperidad porque todos los medios que llevan a la riqueza implican un indebido énfasis en las actividades seculares. En cambio, la pobreza facilita el enfoque en las actividades y búsqueda de lo sagrado. Muchos de los que piensan así, se apartan de las trampas de lo secular y buscan ocupaciones «sagradas» sin fines de lucro.

Uno de los textos que suele citarse como prueba para abogar por la visión de la pobreza está en Mateo 19. En su encuentro con el joven rico, Jesús dijo: «Si quieres ser perfecto, anda, vende lo que tienes y dáselo a los pobres, y tendrás tesoro en el cielo. Luego ven y sígueme» (v. 21). Las Escrituras dicen que el joven se fue triste porque era muy rico. «Les aseguro… que es difícil para aun rico entrar en el reino de los cielos», dijo Jesús a sus discípulos. «De hecho, le resulta más fácil a un camello pasar por el ojo de una aguja, que a un rico entrar en el reino de Dios» (vv. 23-24). Muchos se detienen allí y concluyen que Jesús quería decir que la vida cristiana implica una renuncia a la riqueza.

Algunos infieren, con razón, que Jesús se refería al corazón más que a las riqueza. Es claro que el joven tenía un problema: confiaba demasiado en su riqueza. Y Jesús discernió que la riqueza era un ídolo para el joven y que le resultaba más importante que seguir a Dios, por eso le dijo que regalara sus posesiones.

Eso se puede ver a partir de lo que Jesús sigue diciendo: «Al oír esto, los discípulos quedaron desconcertados y decían: "En ese caso, ¿quién podrá salvarse?" "Para los hombres es imposible… mas para Dios todo es posible"» aclaró Jesús, mirándolos fijamente (vv. 25-26). En esa sociedad, se consideraba bendecidos por Dios a los prósperos en cosas materiales, y la declaración de Jesús en cuanto a la dificultad de un rico para entrar en el reino de Dios dejaba atónitos a los discípulos. «¿Quién podrá salvarse?» preguntaron. Jesús decía que aun al rico, y no en particular al rico, le resultará imposible la salvación sin Dios.

Una creencia común indica que Jesús no tenía posesiones materiales y por eso denunciaba la riqueza terrenal. Sin embargo, aunque Jesús se despojó de todas sus posesiones, lo hizo por una razón: para poder ser igual a *todos* los hombres, no porque la riqueza fuera intrínsecamente mala. La pobreza no se considera aquí un estado más espiritual.

El evangelio de la pobreza también tiene otra falencia: la creencia de la naturaleza intrínseca de los recursos materiales. La prosperidad no es ni moral ni inmoral. Es amoral. La riqueza en sí no es el problema. El problema está en lo que el ser humano hace con esa riqueza. Podrá usarla con fines nobles o innobles. Las Escrituras enseñan que lo importante es el uso que le damos a las posesiones. No se refiere a la adquisición de recursos materiales como un problema. Por eso la pobreza no implica ni lleva a un estado más espiritual que el de la prosperidad.[25]

Un maravilloso ejemplo de esto es la vida de Job. La Biblia lo describe como un hombre recto y sin mancha, que temía a Dios y se apartaba del mal (ver Job 1:1). Luego enumera los recursos materiales que tenía, concluyendo con la observación: «Entre todos los habitantes del oriente era el personaje de mayor renombre» (v. 3). Satanás pensó que por la prosperidad, Job era fiel a Dios. Seguramente, si se le quitaban a Job todas sus pertenencias terrenales renunciaría a su fe. Pero Job perdió más de lo que mucha gente jamás logrará tener y hasta su esposa lo alentó a maldecir a

Dios. Sin embargo, se mantuvo firme. Siguió siendo recto en la pobreza como lo había sido en la prosperidad. Se trataba de una actitud de su corazón, más que de la cantidad de posesiones que tuviera.

Dios restauró la prosperidad de Job y le dió el doble de lo que tenía antes. También otros hombres rectos de la Biblia recibieron riqueza. El pacto de Dios con Abraham (ver Génesis 15) incluía promesas de tierra fértil y multitud de descendientes. David y Salomón fueron muy prósperos. No hay reseña de que las posesiones fueran causa de división entre Dios y esos hombres. En todo caso, la riqueza se ve como bendición de Dios, «...quien se deleita en el bienestar de su siervo» (Salmo 35:27).

El evangelio de la salud y la riqueza: La prosperidad como evidencia esencial de una vida recta

Otros sostienen que la bendición de Dios sobre los rectos implica que automáticamente le dará gran riqueza material y salud física a su pueblo. En su visión más extrema, la teología de la «salud y riqueza» señala que si uno tiene fe suficiente, Dios le bendecirá con riqueza terrenal y perfecta salud. «No habrá enfermedad para el santo de Dios», dijo un predicador. «El mayor deseo de Dios para la iglesia de Jesucristo ... es que disfrutemos de plena y perfecta salud». Quienes promueven el evangelio de la salud y la riqueza dicen que lo único necesario es la fe para recibir las abundantes bendiciones físicas y materiales de Dios. Pero quienes eligen esta teología y la convierten en su evangelio sentirán gran desilusión, porque tienen la mirada puesta en el objetivo equivocado.

Con frecuencia, el enfoque está en la bendición más que en el dador de bendición o nuestro servicio a él. Se enfoca de manera equivocada en la riqueza, en lugar de buscar la vida recta. «Más bien, busquen primeramente el reino de Dios y su justicia, y todas estas cosas les serán añadidas», dijo Jesús (Mateo 6:33). La riqueza puede llegar después de buscar su rectitud, pero no tiene que ser nuestro objetivo. Cuando nos enfocamos en las bendiciones materiales, está la tentación de adorar al dios de la riqueza. Como observó Joe Johnson, presidente de la Business Reform Foundation: «El Señor quiere que poseamos riqueza, pero no que la riqueza nos posea».[26] Jesús advirtió que no podemos servir a dos señores. Nuestro enfoque tiene que estar en Dios, que nos bendice, y no en la bendición misma.

«Oro para que te vaya bien en todos tus asuntos y goces de buena salud, así como prosperas espiritualmente» (3 Juan 2). Dios quiere derramar bendiciones sobre su pueblo, pero por eso no debemos suponer que todo creyente recibirá salud y riqueza en la medida de lo esperado. Dios usa la dificultad para enseñarnos y perfeccionarnos (ver Santiago 1:2-3), lo cual durante un tiempo puede excluirnos de las bendiciones. Hay muchos ejemplos en las Escrituras, donde las personas fieles a Dios no disfrutan de la prosperidad según podría definirla el mundo. Job, nuevamente, sirve como ejemplo de hombre recto que sabe lo que es la pobreza y la riqueza, la salud y la enfermedad. Juan el Bautista y Jesús no amasaron fortuna terrenal. La salud y la riqueza no son prueba de obediencia a Dios o de fe suficiente en él, como tampoco la enfermedad y la pobreza son prueba de desobediencia o falta de fe en Dios.

La prosperidad de Dios

La visión bíblica de la prosperidad es compleja y muchos quedaron a la deriva al tratar de navegar en sus aguas. Hasta ahora, la discusión se enfocó en las dos visiones de la riqueza que no son bíblicas. El «evangelio de la pobreza» y «el evangelio de la salud y la riqueza» muestran claramente una visión errónea de la prosperidad. ¿Habrá alguna afirmación o declaración que podamos hacer sobre la actitud de Dios hacia la riqueza? Afortunadamente, las Escrituras tienen mucho que decir sobre esto y podemos discernir algunas verdades. Los seis principios que siguen saltan a la vista: (1) la riqueza está en todas las áreas, (2) la riqueza es de Dios, (3) la riqueza debe ser administrada, (4) la riqueza debe usarse para los propósitos de Dios, (5) la riqueza es para disfrutar, (6) la riqueza no debe ser nuestra fuente de confianza.

1. La riqueza está en todas las áreas: En lugar de la riqueza material, nuestro objetivo tiene que ser la riqueza en Dios (ver Lucas 12:21). Jesús advirtió en contra de hacer de la prosperidad material nuestro objetivo: «¡Tengan cuidado! ... Absténganse de toda avaricia; la vida de una persona no depende de la abundancia de sus bienes» (Lucas 12:15). El enfoque no debe estar en la riqueza material. Dios quiere que disfrutemos todos los tipos de riqueza que él nos da, en especial la riqueza espiritual.

Cuando Dios le otorgó un deseo a Salomón, este pidió sabiduría para discernir entre el bien y el mal. Dios respondió:

«Como has pedido esto, y no larga vida ni riquezas para ti, ni has pedido la muerte de tus enemigos sino discernimiento para administrar justicia, voy a concederte lo que has pedido. Te daré un corazón sabio y prudente, como nadie antes de ti lo ha tenido ni lo tendrá después. Además, aunque no me lo has pedido, te daré tantas riquezas y esplendor que en toda tu vida ningún rey podrá compararse contigo. Si andas por mis sendas y obedeces mis decretos y mandamientos, como lo hizo tu padre David, te daré una larga vida» (1 Reyes 3:11-14).

El enfoque de Salomón estaba en la riqueza espiritual, por eso, Dios lo bendijo con riqueza material y física, para cumplir con la obra que Dios había preparado de antemano para él. Dios quiere que su pueblo disfrute de la prosperidad en todos sus aspectos.

2. *La riqueza es de Dios*: El ejemplo de Salomón también ilustra que Dios es la fuente de la prosperidad. Jesús enseñó que nuestro Padre celestial nos da los buenos dones (ver Mateo 7:11). Dios es dueño de todo animal del bosque, de toda ave en las montañas, de toda criatura en el campo y del ganado en miles de colinas (ver Salmo 50:10-11). Jamás debemos pensar que la riqueza ganada honradamente proviene de nuestro propio esfuerzo. (Hay riqueza deshonrosa, claro, por ejemplo el dinero ganado con el tráfico de drogas.) «Recuerda al Señor tu Dios, porque es él quien te da el poder para producir esa riqueza; así ha confirmado hoy el pacto que bajo juramento hizo con tus antepasados» (Deuteronomio 8:18). Dios es el dador de todas las cosas.

3. *La riqueza debe ser administrada:* Otra tentación consiste en considerarnos poseedores, dueños de las bendiciones de Dios. No es así. «Del Señor es la tierra y todo cuanto hay en ella» (1 Corintios 10:26). Somos administradores de las posesiones materiales que se nos confían y eso implica que debemos administrarlas con responsabilidad. La parábola de los talentos deja en claro que rendiremos cuentas ante Dios por el uso de los recursos. Dios nos manda a multiplicarlos. Con la riqueza viene una gran responsabilidad, y la administración adecuada de la riqueza es adoración a Dios. «La posesión y direccionamiento de las fuerzas de la riqueza son expresión legítima del gobierno redentor de Dios sobre la vida humana, como lo es la enseñanza de la Biblia o una reunión de oración», dijo el teólogo Dallas Willard.[27] Como siervos de Dios tenemos el deber

de administrar con sabiduría la riqueza que él nos da, para poder devolverle aun más.

4. La riqueza debe usarse para los propósitos de Dios: Desde la perspectiva de Dios, no hay valor en la riqueza. Pablo escribió que los ricos deben disponerse a dar y compartir (ver 1 Timoteo 6:17-18). El concepto de devolver las bendiciones materiales a Dios existe desde antes de la ley de Moisés. En respuesta a la bendición de Dios, Abraham le dio a Melquisedec una décima parte de todo (ver Génesis 14:18-20). El diezmo es una parte importante de la riqueza para utilizarla en los propósitos de Dios. Las Escrituras nos advierten en contra de retener o mezquinar, y prometen bendición sobre los que dan:« Traigan íntegro el diezmo para los fondos del templo y ... Pruébenme en esto —dice el Señor Todopoderoso— y vean si no abro las compuertas del cielo y derramo sobre ustedes bendición hasta que sobreabunde» (Malaquías 3:10). «... el justo da con generosidad» (Proverbios 21:26). «Den, y se les dará», instruyó Jesús (Lucas 6:38). Las Escrituras demuestran la existencia de un ciclo económico espiritual que comienza al dar. Pablo dijo: «Ustedes serán enriquecidos en todo sentido para que en toda ocasión puedan ser generosos, y para que por medio de nosotros la generosidad de ustedes resulte en acciones de gracias a Dios» (2 Corintios 9:11). Quienes reciben por generosidad, a su vez orarán por el generoso y Dios los seguirá bendiciendo para que puedan continuar dando. Pablo describe un ciclo económico y espiritual que incluye dar, orar y recibir bendición (ver 2 Corintios 9:6-15).

5. La riqueza es para disfrutar: Sabemos que la riqueza tiene un propósito en el Reino y también debemos saber que Dios quiere que la disfrutemos. «A los ricos de este mundo, mándales que ... ni pongan su esperanza en las riquezas, que son tan inseguras, sino en Dios, que nos provee de todo en abundancia para que lo disfrutemos» (1 Timoteo 6:17). Algunos cristianos consideran que la riqueza es inmoral y que las posesiones materiales son corruptas. La culpa y la vergüenza por las posesiones materiales impiden que disfruten de lo que Dios les da. ¡Pero si Dios nos llama a disfrutar de la prosperidad! No debemos minimizar el peligro de volvernos altivos o indulgentes con nosotros mismos. Para el cristiano, al que Dios bendice con riqueza material, la línea definitoria está entre esa persona y Dios.

6. La riqueza no debe ser nuestra fuente de confianza: Pablo instruyó a Timoteo sobre los peligros de confiar en la riqueza: «A los ricos de este mundo, mándales que ... ni pongan su esperanza en las riquezas, que son tan inseguras, sino en Dios, que nos provee de todo en abundancia para que lo disfrutemos» (1 Timoteo 6:17). Jesús también condena el hecho de confiar en las riquezas y no en Dios. Nos exhorta a no almacenar tesoros en la tierra sino en el cielo (ver Mateo 6:19-21). Jesús también observó que donde está nuestro tesoro también estará nuestro corazón (Lucas 12:34). Está claro que nuestro tesoro debe ser el servicio a Dios y a su Reino. Es posible que eso produzca riqueza, pero no debe ser el objetivo de nuestro esfuerzo.

Los que buscan la prosperidad suelen no poner énfasis en el peligro real de olvidar a Dios y confiar en sí mismos o en su riqueza. En Proverbios 30:8-9, Agur dice: «No me des pobreza ni riquezas sino sólo el pan de cada día. Porque teniendo mucho, podría desconocerte y decir: "¿Y quién es el Señor?" Y teniendo poco, podría llegar a robar y deshonrar así el nombre de mi Dios». Agur sabía que la pobreza puede provocar que la persona solamente piense en su problema, y que la riqueza puede generar que solo se piense en el dinero y no en Dios. Tanto la pobreza como la riqueza presentan riesgos potenciales.

Los ciclos de pobreza y de éxito

«La riqueza del rico es su baluarte; la pobreza del pobre es su ruina» (Proverbios 10:15). La pobreza es un mal que aflige a millones de personas en el mundo. Quizá lo más dañino es la actitud que genera la pobreza. La desesperanza y falta de confianza provocan depresión y desesperación. Uno ya no percibe las oportunidades, ni tiene visiones o sueños para el futuro. Esas actitudes también pueden afligir a una comunidad entera. Se pasan de generación en generación, y se crea un ciclo de desesperanza. A aquellos que están atrapados en ese círculo, les resulta muy difícil librarse de la maldición generacional de la pobreza. La visión se vuelve limitada. Las personas se sienten resignadas a sufrir como designio del destino o falta de oportunidades. Si eso se combina con la visión de que crear riqueza es algo malo, el problema se complica todavía más y la gente sigue siendo pobre.

Hace poco cené con un grupo de personas y con la Honorable Asenaca Caucau (Ministra para la Mujer, acción social y alivio de la pobreza en Suva, capital de Fiji). Compartió con nosotros una presentación del ciclo de la pobreza que hay que romper en Fiji. Le sugerí que quizá debería concentrarse en el ciclo del éxito, en lugar de hacer lo opuesto, y en ver qué faltaba para lograrlo. El ciclo del éxito comienza con creer en las visiones y sueños, en la esperanza para el futuro. Lleva a un cambio de mentalidad que da comienzo a la transformación. La ministra expresó que le encantaba la idea y que propondría hablar de eso en su presentación para el Parlamento al día siguiente.

El ciclo del éxito suele dar como resultado una actitud de esperanza, anticipación y confianza. Dios se goza en las visiones y los sueños. Hasta a Jerusalén se la llama «Valle de la visión» (ver Isaías 22:1). Dios habla del día del Señor diciendo: «Después de esto, derramaré mi Espíritu sobre todo el género humano. Los hijos y las hijas de ustedes profetizarán, tendrán sueños los ancianos y visiones los jóvenes» (Joel 2:28). El primer sueño de José, en que los manojos de sus hermanos se inclinaban ante el suyo (ver Génesis 37:5-8), se convirtió en la visión que lo ayudó a subsistir hasta gobernar Egipto. Jamás perdió la esperanza, aun cuando languidecía en el pozo o en la cárcel. Tenemos que soñar con posibilidades, ver visiones de lo posible, tener esperanza y futuro. El éxito económico permite que se glorifique a Dios y se anticipe el futuro.

Dios le mostró, en la década de 1950, al Dr. David Yonggi Cho que su nación, Corea, necesitaba esperanza para el futuro. La gente necesitaba soñar, pero soñar a lo grande. La esperanza es uno de los más potentes antídotos contra el ciclo de la pobreza. Gracias a la esperanza y la fe (hoy, más de un tercio de la población de cuarenta y siete millones de surcoreanos son nuevos cristianos en comparación a los pocos miles que había en 1956), Corea pasó de ser la nación más pobre a ser una de las más desarrolladas del mundo, y todo esto en menos de cincuenta años.

Del mismo modo, Silicon Valley vio la importancia que tienen las visiones y los sueños, la necesidad de alentarlos y fomentarlos. Las grandes visiones y los grandes sueños impulsan el espíritu empresarial de Silicon Valley. En el ambiente hay una sensación de optimismo. El emprendimiento que fracasa no es visto como fatalidad, sino como un paso hacia la construcción del futuro. Y aunque Silicon Valley no es un lugar emblemático por su espíritu cristiano, entendió un principio cristiano fundamental: el ciclo del éxito comienza con la fe, las visiones, los sueños y la esperanza para el futuro.

Los conceptos de transformación, trabajo, negocios, ganancias y rique- zas son fundamentos bíblicos de los negocios del Reino. Tenemos que entender que a Dios le importa la transformación espiritual, social y eco- nómica de las personas; que trabajar en el mundo de los negocios es tan- to un llamado como un ministerio; que la ganancia es necesaria y también es la señal de un servicio útil; y que la pobreza es un mal social que hay que resolver. Los negocios del Reino se apoyan en estos conceptos tan importantes.

EL SOCIALISMO

El socialismo es uno de los dos sistemas económicos predominantes del siglo veinte. Actualmente, la cantidad de países oficialmente comunistas pueden contarse con los dedos de una mano: China, Cuba, Laos, Corea del Norte y Vietnam. Sin embargo, muchos otros países operan bajo diversos matices de políticas socialistas. Aunque ya no es tan popular como lo era antes del colapso del imperio soviético, el socialismo sigue siendo en nuestros días la única alternativa al capitalismo.

¿Qué caracteriza a la economía socialista?

«La teoría de los comunistas puede resumirse en una sola frase», dijo Karl Marx, «la abolición de la propiedad privada».[1] El socialismo se compromete con el dominio comunitario de la propiedad, en especial de los medios de producción, fábricas, granjas y tiendas. En los ejemplos modernos, el gobierno sirve como entidad que posee y controla todos los activos. Las decisiones de producción están centralizadas y la asignación o uso de los medios de producción también, como la tierra o la mano de obra. Desafortunadamente, los modelos modernos del socialismo consideran necesario imponer severas limitaciones a las libertades personales, para poder lograr el funcionamiento de ese sistema económico.

El objetivo principal del socialismo es la igualdad económica de todos los miembros de la comunidad. El sentido de justicia implícito en ese objetivo encontró suelo fértil en diversos lugares del mundo. Incluso, algunos seguidores de Cristo encuentran algo loable en ese objetivo de igualdad, y se han afiliado a las causas socialistas. El teólogo Paul Tillich, de Harvard, dijo una frase que lo hizo famoso: «Todo cristiano sincero tiene que ser socialista».[2]

¿Socialismo en las Escrituras?

Algunos señalan a la primera iglesia de Jerusalén como evidencia de respaldo bíblico al sistema económico del socialismo. El relato de Hechos 4:32-35 observa que los creyentes eran unidos en corazón y mente y que compartían sus posesiones libremente con sus hermanos y hermanas en Cristo. Quienes tenían más activos, como tierras o casas, las vendían y llevaban el producto de la venta a los apóstoles, para que pudieran satisfacerse las necesidades de los menos afortunados. Como resultado, no había gente pobre entre ellos.

Debemos hacer tres observaciones en cuanto al uso de ese pasaje para afirmar que la Biblia tiene una inclinación hacia el socialismo. Ante todo, era un sistema completamente voluntario. No había una legislación que determinara la participación, como en las economías socialistas modernas. Era una comunidad movida por el amor y no por la ley. El socialismo, solamente puede funcionar cuando las personas lo adoptan por elección propia, pero aun en ese caso habrá pocos ejemplos exitosos, si los hay. El utopista Robert Owen dirigió una fábrica textil en Escocia según los principios socialistas a comienzos del siglo diecinueve. Fracasó, como también fracasaron comunidades similares en la época de la colonización de los EE.UU. Si bien las comunidades socialistas individuales con membresía voluntaria podrían funcionar, los países que instituyeron el socialismo no tuvieron éxito económico.

En segundo lugar, la iglesia de Jerusalén no abolió el derecho a la propiedad privada. No adoptó la forma del dominio comunitario. Los creyentes seguían teniendo posesiones individuales. Sencillamente, se ofrecían a compartirlas. Algunos mantenían sus propiedades importantes y no se les obligaba a entregarlas a la comunidad, y ni siquiera se esperaba de ellos que lo hicieran. Eso se ve claramente en la historia de dos integrantes de esa iglesia, Ananías y su esposa Safira. Vendieron un terreno y afirmaron que entregaban la totalidad del producto de la venta, pero solamente entregaron a los pies de los apóstoles una parte. La respuesta de Pedro es instructiva, porque dijo: «Acaso no era tuyo antes de venderlo? [a la propiedad] Y una vez vendido, ¿no estaba el dinero en tu poder? ¿Cómo se te ocurrió hacer esto? ¡No has mentido a los hombres sino a Dios!» (Hechos 5:4). Queda claro que Pedro reconocía los derechos de propiedad de Ananías y Safira, y su derecho a poseer y controlar lo que poseían. Su pecado no había sido no entregarlo todo, sino mentirle al Espíritu Santo.

En tercer lugar, por mucho que se compartiera lo económico, la iglesia de Jerusalén cayó en la pobreza tiempo después. Era tan sombría la situación, que Pablo mandó pedir donaciones a las iglesias gentiles de Macedonia, Corinto y quizás a otras más para poder mantener a sus hermanos necesitados de Jerusalén (ver 2 Corintios 8:1-15; Gálatas 2:1-10). Los estudiosos especularon sobre la causa de las dificultades económicas que acaecieron sobre la Primera iglesia de Jerusalén, y algunos lo atribuyen a la sequía. Aunque el objetivo no era el desarrollo económico sino el esfuerzo a corto plazo por desarrollar los cimientos de la iglesia, la práctica de los creyentes en Jerusalén no puede presentarse como un ejemplo de desarrollo económico exitoso.

«Cada quien según su capacidad, a cada quien según su necesidad». Ese es el credo marxista. Sin embargo, en una sociedad de hombres y mujeres caídos, egoístas y codiciosos, las personas pronto se concentran más en lo que obtienen que en lo que contribuyen. «Cada quien según su necesidad» se convierte en lema por encima de «cada quien según su capacidad». Pablo dijo: «El que no quiera trabajar, que tampoco coma» (2 Tesalonicenses 3:10). Luego observó que la debilidad de la naturaleza humana lleva a la holgazanería. «Nos hemos enterado de que entre ustedes hay algunos que andan de vagos, sin trabajar en nada, y que sólo se ocupan de lo que no les importa. A tales personas les ordenamos y exhortamos en el Señor Jesucristo que tranquilamente se pongan a trabajar para ganarse la vida» (2 Tesalonicenses 3:11-12). También Jesús buscó asegurar que el evangelio no se fundara en limosnas. Después de alimentar a los cinco mil, la multitud estaba concentrada en el don de Jesús, en el pan físico y no en el pan espiritual. Pedían más. «Ciertamente les aseguro que ustedes me buscan, no porque han visto señales sino porque comieron pan hasta llenarse», les dijo amonestándolos (Juan 6:26). Tanto Pablo como Jesús denunciaron la holgazanería y el abatimiento que pueden surgir como resultado de la caridad y la redistribución.

El fracaso del socialismo

El objetivo socialista de lograr resultados económicos iguales para todos los miembros de la sociedad es loable, pero en la práctica el sistema fracasa.

«El socialismo, en general, registró fracasos tan desastrosos que solamente un intelectual podría ignorarlo o evadirlo», dijo el economista ex marxista, Dr. Thomas Sowell. Cuando los resultados económicos están predeterminados, los miembros de la sociedad ya no tienen incentivo para innovar, ni para utilizar su energía. El proceso de pensamiento que suele acompañar al socialismo moderno es limitante y no liberador. Es lo que ata a la gente a una estrecha visión de las oportunidades, y por lo tanto a limitadas aspiraciones. Quita toda responsabilidad personal, toda esperanza. Esos atributos de Dios, entonces, quedan truncos. Los mejores y los más brillantes pierden su afán de inventar y crear, y el desarrollo se estanca.

No es coincidencia que la teoría socialista vea el pastel económico como de tamaño constante. Por eso pone énfasis en la redistribución de la riqueza y no en la creación de la misma. En un entorno en el que no crece el pastel, el único mecanismo para mejorar la suerte de los que tienen trozos más pequeños, es redistribuyendo la porción de los que tienen un trozo más grande. Tomar del rico para dar al pobre es la única solución a la pobreza si el desarrollo económico se estanca. Sin embargo, el comercio exitoso implica la creación de productos y servicios útiles, y una riqueza agregada en crecimiento. La aspiración del socialismo a una igualdad económica parece algo bueno, pero el sistema no ofrece ni el incentivo para innovar, ni el reconocimiento de que la innovación producirá un progreso en los aspectos de la sociedad. Es un sistema que, en la práctica, demostró retener a la gente en el atraso.

Ni el socialismo, ni el capitalismo son sistemas perfectos. Sin embargo, hay poca evidencia bíblica a favor del socialismo, pero el capitalismo se apoya en los principios bíblicos de la libertad y de la responsabilidad personal.

EL MARCO DE LOS NEGOCIOS DEL REINO

A continuación del marco para los negocios del Reino (capítulo 9), exponemos unas listas con ejemplos de países que tienen regiones pobres, en vías de desarrollo, y en proceso de industrialización. Los DMEs son más efectivos en las regiones más pobres. La asistencia a las PyMEs es lo más adecuado en las regiones en vías de desarrollo, y las compañías de CPE son la opción más atractiva en las regiones en proceso de industrialización.

Figura 13

Las regiones más pobres			
Afganistán	Brasil	Colombia	Eritrea
Albania	Brukina Faso	Congo	Etiopía
Angola	Burma	Corea del Norte	Filipinas
Bangladesh	Burundi	Costa de Marfil	Gabón
Belice	Camboya	Cuba	Gambia
Benín	Camerún	Ecuador	Ghana
Botswana	Chad	Egipto	Guatemala

Las regiones más pobres

Guinea	Libia	Pakistán	Surinam
Guyana	Madagascar	Papúa-Nueva Guinea	Swazilandia
Haití	Malawi		Tayikistán
Indonesia	Malí	República de África Central	Tanzania
Irak	Marruecos	República Dominicana	Togo
Irán	Mongolia		Túnez
Jordania	Mozambique	Ruanda	Uganda
Kenia	Namibia	Senegal	Uzbekistán
Laos	Nepal	Sierra Leona	Vietnam
Lesotho	Nicaragua	Siria	Zambia
Líbano	Níger	Somalia	Zimbabwe
Liberia	Nigeria	Sudán	

Figura 14

Las regiones en vías de desarrollo			
Algeria	Ecuador	Kazajstán	Rumania
Arabia Saudita	El Salvador	Kirjistán	Rusia
Argentina	Emiratos Árabes Unidos	Kuwait	Sri Lanka
Armenia		Latvia	Sudáfrica
Bielorrusia	Eslovaquia	Lituania	Tailandia
Bolivia	Eslovenia	Macedonia	Trinidad y Tobago
Bosnia y Herzegovina	Estonia	Malasia	
	Filipinas	México	Turquía
Brasil	Georgia	Moldava	Ucrania
Brunei	Ghana	Pakistán	Uruguay
Bulgaria	Guatemala	Panamá	Venezuela
Chile	Honduras	Paraguay	Yemen
Colombia	Hungría	Perú	
Costa Rica	India	Qatar	
Croacia	Indonesia	República Checa	

Las regiones en proceso de industrialización

	China	Méjico
Argentina	Corea del Sur	Panamá
Bahrain	Egipto	Polonia
Brasil	Filipinas	República Checa
Bulgaria	India	

NOTAS

Nota del autor

1. Sam Brannan, *Gold Discovered! The Excitement and Enthusiasm of Gold Washing Still Continues – Increases* [¡Descubrimiento de oro! El entusiasmo y la pasión por el lavado del oro todavía continúa], *California Star*, 10 de junio, 1848. Versión online en http://www.sfmuseum.org/hist6/star.html.

Capítulo 2: Los negocios como estrategia emergente de las misiones

1. Patrick Lai, Carta de oración número No. 187, junio 2004.
2. *«The State of World Population 2001»* [El estado de la población mundial], Capítulo 3, United Nations Population Fund (UNFPA). http://www.unfpa.org/swp/2001/ english/ch03.html (accedido el 2 de marzo de 2005).
3. David B. Barrett y Todd M. Johnson, *World Christian Trends AD 30-AD 2000: Interpreting the Annual Christian Megacensus* [Tendencias del cristianismo en el mundo, del 30 DC al 2000 DC: Interpretación del mega censo cristiano anual], William Carey Library, Pasadena, CA, 2001.
4. David B. Barrett y Todd M. Johnson, *International Bulletin of Missionary Research* [Boletín Internacional de Investigación Misionera], enero 2003.
5. Barrett y Johnson, *World Christian Trends AD 30-AD 2000* [Tendencias del cristianismo en el mundo, del 30 DC al 2000 DC]; interpolaciones hasta llegar a los valores del 2003.
6. Ibid.
7. Ibid.
8. Billy Graham, Conferencia de la Asociación Evangelística de Billy Graham, 2002.
9. Datos del Instituto de Finanzas Internacionales. http:// www.iif.com.
10. John Case, «The Job Factory» [La fábrica de trabajo], Inc, Mayo 2001. http://www.inc.com/magazine/20010515/22617.html (accedido el 2 de marzo de 2005).
11. El producto bruto interno de un país equivale al valor total de mercado de los bienes y servicios producidos por los trabajadores y el capital dentro de las fronteras de ese país durante determinado período de tiempo (generalmente un año).
12. En 1998 se otorgaron trescientos treinta y seis mil diplomas y maestrías en el campo de los negocios. Departamento de Educación de los EE.UU. *The Chronicle of Higher Education* [La crónica de la educación superior], citado por Thomas Sudyk en el libro de Tetsunao Yamamori y Kenneth A. Eldred, eds., *On Kingdom Business: Transforming Missions Through Entrepreneurial Strategies* [Los negocios del Reino: Transformar las misiones a través de estrategias empresariales], Crossway Books, Wheaton, IL, 2003), p. 154.
13. Barrett y Johnson, *World Christian Trends AD 30-AD 2000* [Tendencias del cristianismo en el mundo, del 30 DC al 2000 DC], n.p.
14. Henry T. Blackaby y Claude V. King, *Mi Experiencia con Dios*, ISBN 0311110533 Ed. Mundo Hispano, Casa Bautista de Publicaciones.

Capítulo 3: Las definiciones de los negocios del Reino

1. Entrevista con Dan Carless, 16 de agosto de 2004, Jack Dennison, actualicación de la organización del ministerio de Impact Colorado Springs, 22 de julio de 2004.
2. Clem Schultz con Sonia Chou, de Tetsunao Yamamori y Kenneth A. Eldred, *On Kingdom Business: Transforming Missions Through Entrepreneurial Strategies* [Los negocios del Reino: Transformar las misiones a través de estrategias empresariales], Crossway Books, Wheaton, IL, 2003, pp. 37-44.

3. Steven L. Rundle, adaptado del libro de Yamamori y Eldred, *On Kingdom Business: Transforming Missions Through Entrepreneurial Strategies* [Los negocios del Reino: Transformar las misiones a través de estrategias empresariales], pp. 229-230.

4. R. Paul Stevens, «What makes a Business Christian?» [¿Qué hace cristiano a un negocio?], Presentación de líderes de negocios cristianos en Ndola, Zambia, Agosto de 1994.

5. Chuck Buck, Presidente de Buck Knives, registro de producto y documento de garantía.

6. Ibid.

7. Ibid.

8. Ibid.

9. Adrienne S. Gaines y Eric Tiansay, «Christians Expose Ponzi Scheme That Bilked Ministries of $ 160 Million» [Los cristianos exponen sobre el esquema de Ponzi, que defraudó a los ministerios en $ 160 millones], *Charisma*, febrero de 2004, pp. 25-27.

10. Adaptado del trabajo de Sun Ki Bang, «Business and Mission» [Negocios y misión]. http://www.csonline.net/tie/prev1.htm (accedido el 12 de diciembre de 2003), y de Mats Tunehag, «Business as Mission» [Negocios como misión], Octubre de 2002. http://www.ywamconnect.com/c9/images/15/93/2/29315/37324.doc (accedido el 12 de diciembre de 2003).

11. Tentmakers International Exchange [Intercambio Internacional de los Fabricantes de Tiendas]. http://www.tieinfo.com (accedido el 6 de agosto de 2003).

12. David Aikman, *Jesus in Beijing: How Christianity Is Transforming China and Changing the Global Balance of Power* [Jesús en Beijing: Cómo el cristianismo está transformando China y cambiando el equilibrio del poder mundial], Regnery Publishing Inc., Washington, D.C., 2003, p. 17.

Capítulo 4: El capitalismo exitoso y los principios bíblicos

1. Harold Lindsell, *Free Enterprise: A Judeo-Christian Defense* [Empresa libre: una defensa judeo-cristiana], Tyndale Press, Wheaton, IL, 1982), p. 13.

2. Michael Novak, *The Spirit of Democratic Capitalism* [El espíritu del capitalismo democrático], Madison Books, Lanham, MD, 1991), p. 26.

3. *CIA World Factbook* [Libro de hechos de la CIA mundial], Análisis basado en datos del PBI per cápita, 2002.

4. Jaap Sleifer, «United, Divided and Reunited: Comparative Economic Performance of the East and West German Economies from 1936 to 1997» [Unidos, divididos y reunidos: Nivel económico comparado de las economías del este y oeste de Alemania de 1936 a 1997], Duitsland Instituut Amsterdam, Working Document No. 5, junio de 1999.

5. Douglass North, *Institutions, Institutional Change and Economic Performance* Cambridge [Instituciones, cambios institucionales y económicos de la estructura de Cambridge], Cambridge University Press, 1990.

6. Como el tema era demasiado controversial en el momento, los fundadores de los EE.UU. omitieron la abolición de la esclavitud en los documentos fundacionales de la nación. Entendiendo que más adelante se trataría el tema de la esclavitud, acordaron estar en desacuerdo con tal de lograr una Constitución con consenso.

7. Brian Griffiths, *Capitalism, Morality and Markets* [Capitalismo, moralidad y mecados], London: Institute of Economic Affairs, 2001, pp. 20-25.

8. Ibid, pp. 25-35.

9. Richard Whately, *Thoughts and Apothegms* [Pensamientos y apotegmas] pt. II, cap XVIII, Pious Frauds.

10. Michael Novak, *Business as a Calling* [Los negocios como llamado], The Free Press, New York, 1996, p. 22.

11. Griffiths, *Capitalismo, moralidad y mercados*, p. 35.

12. John Adams, Discurso ante los militares (11 de octubre de 1798), citado por C.F. Adams en *The Works of John Adams, Second President of the United States* [Los trabajos de John Adams,

segundo presidente de los EE.UU.], New York, AMS Press, 1971, np. Énfasis añadido por el autor.

13. W. Cleaon Skousen, «Religion and government in America: Are they Complementary?» [Religión y gobierno en América: ¿Son complementarios?], http://www.forerunner.com/mandate/X0035_Religion_and_Law_0in_.html. (accedido el 2 de marzo de 2005), de Skousen, *The Five Thousand Year Leap: Twenty Eight Great Ideas that are Changing the World* [El salto de los cinco mil años: Veintiocho grandes ideas que están cambiando al mundo], Washington, National Center for Constitutional Studies, 1981.

14. Alexis de Tocqueville, *La democracia en América* Fondo de Cultura Económica – México 1992.

15. Ibid., n. p.

16. Andree Seu, «France's Veil» [El velo de Francia], *World*, 7 de Febrero de 2004, p. 51. Versión online en http://www.worldmag.com/displayarticle.cfm?id=8493.

17. «Russia: President Putin Cracks Down» [Rusia: Las medidas represivas del presidente Putin], BusinessWeek, International Edition, 3 de abril de 2000, nota de tapa. Versión online en http://www.businessweek.com/2000/00_14/b3675013.htm (accedido el 2 de marzo de 2005).

18. Atribuido a Alexis de Tocqueville por varias fuentes (ej: Presidente de los EE.UU. Dwight D. Eisenhower en su último discurso de campaña en Boston, Massachussets, el 3 de noviembre de 1952), pero que no se halla en sus obras publicadas.

19. Max Weber, *La ética protestante y el espíritu del capitalismo,* ISBN 9681669088 (F.C.E).

20. David Bradford, citado por Janet Zich en «Ideas. We're All in This Together» [Ideas: Estamos en esto juntos], *Stanford Business*, Septiembre de 1998. Versión online en http://www.gsb.stanford.edu/community/bmag/sbsm9809/ideas.html (accedido el 2 de marzo de 2005).

21. «W. Edwards Deming: Statistical Quality Control» [W.Edwards Deming, Estadísticas de Control de calidad], *TheWorkingManager.com* http://www.theworkingmanager.com/articles/detail.asp?ArticleNo=337 (accedido el 21 de mayo de 2004).

22. Chuck Ripka, entrevista con el autor, el 12 de agosto de 2004.

23. Adaptado de Mark Markiewicz, Youth with a Mission (Juventud con una misión, JUCUM), Presentaciones de la Consulta de Negocios en Asia Central de 1999 y 2000.

24. The Worshipful Company of Glass Sellers, «Our Heritage: Livery Tradition» [Nuestra herencia: La tradición de la librea], http//www.glass-sellers.co.uk/LiveryTradition.Main.htm (accedido en mayo de 2005).

25. Sitio web de The Worshipful Company of Builders Merchants. Http://www.wcobm.co.uk/introduction.htm (accedido el 12 de noviembre de 2003).

26. Atribuido a Alexis de Tocqueville por diversas fuentes (Ej.: Presidente de los EE.UU Dwight D. Eisenhower en su discurso final de la campaña en Boston, Massachussets, el 3 de noviembre de 1952), aunque no se halla en sus obras publicadas.

27. Niall Ferguson, «Why America Outpaces Europe (Clue: The God Factor)» [Por qué los Estados Unidos van delante de Europa (La clave: El factor Dios)], New York Times, 8 de junio de 2003, sección Week in Review Versión on line en http://www.nytimes.com/2003/06/08/weekinreview/08FERG.html (accedido el 2 de marzo de 2005).

28. Ibid.

Capítulo 5: El capital espiritual

1. Bill Child, citado por Marc Gunther en «God and Business», [Dios y los negocios], *Fortune,* 9 de julio de 2001, p. 66. Versión online en http://www.marcgunther.com/article_godandbus01.html (accedido el 2 de marzo de 2005).

2. Liberia, Panamá, Ecuador y algunas naciones de las Islas del Pacífico utilizan el dólar estadounidense como moneda oficial. Otros países tienen economías pequeñas o inestables y por eso deben anclar su moneda al dólar (Ej.: Egipto, Siria, Jordania, Líbano, Hong Kong, las Bahamas, los Países Bajos, las Antillas, Barbados).

3. Askold Krushelnycky, «Corruption Destroys People's Faith in Democracy» [La corrupción destruye la fe de las personas en la democracia], Radio Free Europe/Radio Liberty, 6 de septiembre de 2000.

4. Ajay Goyal, «The Russia Journal» [El periódico de Rusia], Semanal informativo del Centro de Defensa de Rusia, no. 196, 8 de marzo de 2002.

5. Larry Diamond y Marc F. Plattner, *Economic Reform and Democracy* [Reforma económica y democracia], Johns Hopkins University Press, Baltimore MD, 1995, p. xxi.

6. Dennis M. Mahoney, «A Growing Flock» [Un rebaño creciente], *The Columbus Dispatch*, 31 de enero 31, 2003.

7. Harold Caballeros, «Economic Development and the Individual Spirit» [Desarrollo económico y el espíritu individual], discurso en la conferencia del Kingdom Business Forum, Atlanta, Georgia, 23 de abril de 2004.

8. Discurso de George W. Bush en el Centro de Convenciones de Santa Clara, Santa Clara, California, 4 de marzo de 2004.

9. Timar Kura, «The Islamic Commercial Crisis: Institutional Roots of Economic Underdevelopment in the Middle East» [La crisis comercial islámica: Raíces institucionales de la economía subdesarrollada en Medio Oriente], USC Center for Law, Economics and Organization Research paper No. C01-12, 2002.

10. Ibid.

Capítulo 6: El gobierno, la cultura y los negocios del Reino

1. David S. Landes, «La cultura es lo que marca casi toda la diferencia», en el libro de Lawrence E. Harrison y Samuel P. Huntington, eds., *La cultura es lo que importa*, Ed. Planeta.

2. Richard A. Shweder, «Mapas morales "Primer mundo", engaños y los nuevos evangelistas», en Harrison y Huntington, *La cultura es lo que importa*. Énfasis añadido por el autor.

3. Noah Webster, citado por David Barton en *Original Intent: The Courts, the constitution and Religión* [Intento original: La corte, la constitución y religión], WallBuilder Press, Aledo, TX, 2000, p. 157.

4. George Washington, citado por Barton en *Original Intent: The Courts, the Constitution and Religion* [Intento original: La corte, la constitución y religión], p. 156.

5. John Adams, citado por Barton en *Original Intent, The Courts, the Constitution and Religion* [Intento original: La corte, la constitución y religión], p. 156.

6. Bruce Bueno de Mesquita y Hilton L. Root, *Governing for Prosperity* [Gobernar para prosperar], New Haven, CT: Yale University Press, 2000, p. 9.

7. Stephen Haber, Douglass C. North y Barry R. Weingast, «If Economists Are so Smart, why is Africa so Poor?» [Si los economistas son tan inteligentes, ¿por qué África es pobre?], *Wall Street Journal*, 30 de julio de 2003.

8. Larry Diamond y Marc F. Plattner, *Economic Reform and Democracy* [Reforma económica y democracia], Johns Hopkins University Press, Baltimore, MD, 1995, pp. xxviii-xxii.

9. Ronald Inglehart, «Cultura y Democracia» en Harrison y Huntington, *La cultura es lo que importa,* ed. Planeta.

10. Haber, North y Weingast, «If Economists Are so Smart, why is Africa so Poor?» [Si los economistas son tan inteligentes, ¿por qué África es pobre?].

11. Michael E. Porter, «Actitudes, valores, creencias y micro economías de la prosperidad», en Harrison y Huntington, *La cultura es lo que importa.*

12. Mariano Grondona, «Tipología cultural de desarrollo económico», en Harrison y Huntington, *La cultura es lo que importa,* ed. Planeta.

13. Daniel Etounga-Manguelle, «¿Necesita África un programa de ajuste cultural?» en Harrison y Huntington, *La cultura es lo que importa,* ed. Planeta.

14. Ibid.

15. Diamond y Plattner, *Economic Reform and Democracy* [Reforma económica y democracia], p. 3.
16. Louis Berkhoff, *Systematic Theology* [Teología sistemática], London: Banner of Truth, 1971, p. 527.

Capítulo 7: La perspectiva histórica de los negocios en las misiones

1. Heinz Suter y Marco Gmür, *Business Power for God's Purpose* [El poder de los negocios para el propósito de Dios], Greng, Switzerland: Verlag fur kulturbezongenen Gemeindebau, 1997, p. 12.
2. Ibid.
3. Norbert Brox, «Zur Christlichen Mission in der Spätantike», Basel, Switzerland: Ediciones Herder, 1982, pp. 224-225. Traducido y citado por Suter y Gmür en *Business Power for God's Purpose* [El poder de los negocios para el propósito de Dios], p. 12.
4. Suter y Gmür, *Business Power for God's Purpose* [El poder de los negocios para el propósito de Dios], p. 14.
5. Ibid., p. 19.
6. J. Christy Wilson, *Today's Tentmakers* [Los fabricantes de tiendas de hoy], Tyndale, Wheaton, IL, 1985, p 26-27. Citado por Suter y Gmür en *Business Power for God's Purpose* [El poder de los negocios para el propósito de Dios], p. 20.
7. Suter y Gmür, *Business Power for God's Purpose* [El poder de los negocios para el propósito de Dios], pp. 20-21.
8. William Carey, *An Enquiry into the Obligation of Christians to Use Means for the Conversion of the Heathens* [Una consulta sobre la obligación de los cristianos de usar medios para la conversión de los paganos], Ann Ireland, Leicester, England, 1792.
9. Hendrik E. Neimeijer, «Dividing the Islands: The Dutch Spice Monopoly as a Catalyst of Indigenous Religious Contrasts and Resistance in the 17th-Century Maluku» [Dividir las islas: El monopolio holandés de las especias como catalizador de los contrastes religiosos indígenas y su resistencia en el Maluku del siglo diecisiete], Kampen Theological University, resumen de una sesión del Encuentro Anual de la Asociación de estudios Asiáticos, 1999.
10. Paul E. Pierson, «Moravian Missions» [La misión de los Moravos], en *Evangelical Dictionary of World Missions*, ed. A. Scott Moreau, p. 660.
11. Jonas Clark, «Count Nicolaus Ludwig von Zinzendorf» [El conde Nicolaus Ludwig von Zinzendorf], http://www.jonasclark.com/ludwig_vonZinzendorf.htm (accedido el 2 de marzo de 2005).
12. William J. Danker, *Profit for the Lord: Economic Activities in Moravian Missions and the Basel Mission Trading* Company [Beneficios para el Señor: Actividades económicas en las misiones moravas y en la Basel Mission Trading Company] Eerdmans, Grand Rapids, MI, 1971, pp. 23,27-29. Citado por P. Baker, *William Carey and the Business Model for Mission* [William Carey y el modelo de negocios para las misiones], Overseas Ministries Studies Center report, 5 de junio 5 de 2002, p. 7. http://www.global-connections.co.uk/business.asp (accedido el 18 de mayo de 2005).
13. Suter y Gmür, *Business Power for God's Purpose* [El poder de los negocios para el propósito de Dios], p. 24.
14. «History of C. Kersten and Co., N.V.» [Historia de C. Kersten y Co., N.V.], http://www.kersten.sr (accedido el 29 de agosto de 2003).
15. Suter y Gmür, *Business Power for God's Purpose*, pp. 25-27.
16. Reporte internacional de la libertad de religión, 2002 (Departamento de Estado de los Estados Unidos) y CIA World Factbook, 2004.
17. «Mission Statement of C. Kersten and Co., N.V.» [Testimonio de la misión de C. Kersten y Co., N.V.], http://www.kersten.sr (accedido el 29 de agosto de 2003).
18. Carey, *An Enquiry into the Obligation of Christians to Use Means for the Conversion of the Heathens* [Una consulta sobre la obligación de los cristianos de usar medios para la conversión de los paganos], p. 67.

19. Ibid.

20. David Livingstone, discurso en Cambridge University, diciembre de 1857.

21. Richard Borreca, «Sugar yields sweet deal for "Big-Five" firms» [El azúcar le provee un convenio dulce a las Cinco-Grandes firmas] Honolulu Star Bulletin, 12 de julio de 1999.

22. Suter y Gmür, *Business Power for God's Purpose* [El poder de los negocios para el propósito de Dios], pp. 32-33.

23. Baker, *William Carey and the Business Model for Mission* [William Carey y el modelo de negocios para las misiones], p. 8.

24. Extracto del folleto de la Basel Mission Christian Association's «Festival of Christmas Music '82» [Festival de música de Navidad de 1982], Bangalore, India. Versión online disponible en http://www.children-of-bangalore.com/basel.htm (accedido en mayo de 2005).

25. Suter y Gmür, pp. 32-34.

26. Ibid., p. 35.

27. Ibid., p. 38.

28. Extracto del folleto de la Basel Misson Christian Association's «Festival of Christmas Music '82» [Festival de música de Navidad de 1982].

29. Ibid.

30. Suter y Gmür, *Business Power for God's Purpose* [El poder de los negocios para el propósito de Dios], p. 37.

31. Extracto del folleto de la Basel Mission Christian Association's «Festival of Christmas Music '82» [Festival de música de Navidad de 1982].

32. Suter y Gmür, *Business Power for God's Purpose* [El poder de los negocios para el propósito de Dios], p. 39.

33. Swiss Embassy in Ghana, «History of Trade Development between Switzerland and Ghana» [Historia del desarrollo comercial entre Suiza yk Ghana], http://www.eda.admin.ch/accra_emb/e/home/buseco/ecorel.html (accedido el 2 de marzo de 2005).

Capítulo 8: Los objetivos y las perspectivas de los negocios del Reino

1. Trim Line Bakery es cliente de Integra Ventures. Los detalles de este ejemplo son cortesía de Terry Williams, presidente de Integra Ventures y de Paul Borthwick , «Business Can Heal the Community» [Los negocios pueden sanar a la comunidad]. *World Pulse*, 21 de febrero de 2003.

2. Johnson and Johnson, «Our Credo Explained» [Nuestro credo explicado], http://www.jnj.com/careers/credo.html (accedido el 25 de septiembre de 2003).

3. Glenn J. Schwartz, «An Introduction to the Subject of Dependency and Self-Reliance for Church and Mission Leaders in East, Central and Southern Africa» [Una introducción al tema de la dependencia y de la confianza propia de los líderes de las iglesias y las misiones en el África del este, central y del sur], manuscrito de los discursos de mayo de 1992 en el Rosebank Bible College, Johannesburg, Sudáfrica. Disponible online en http://www.wmausa.org/art-introtodepend.htm (accedido el 2 de marzo de 2005).

4. Resumen del discurso titulado «Missions Beyond the Economic Earthquake», [Misiones que trascienden el terremoto económico] por Glenn Schwartz, Director ejecutivo de WMA, en un banquete en Mount Joy, PA, 27 de enero de 1995. Ver http://www.wmausa.org/art-beyond.htm.

5. Opportunity International, «Meet Our Clients» [Conozca nuestros clientes], http://www.opportunity.org/site/pp.asp?c=7oIDLROyGqF&b=212825.

6. Integra Ventures, «Portfolio», marzo de 2002, pp. 1-2.

7. Ken y Margie Crowel, citados en Tetsunao Yamamori y Kenneth A. Eldred, eds. *On Kingdom Business: Transforming Missions through Entrepreneurial Strategies* [Los negocios del Reino: Transformar las misiones a través de estrategias empresariales], Wharton, IL: Crossway Books, 2003, pp. 45-48.

Capítulo 9: El rol de cada perspectiva de los negocios del Reino

1. Franklin Graham, «The Gathering» [La reunión], conferencia anual, Calrsbad, California, 25 al 28 de septiembre de 2003.

Capítulo 10: El desarrollo de los micro emprendimientos (DME)

1. Opportunity International 2001 Report. http://www.opportunity.org/site/pp.asp?c= 7oIDLROyGqF&b=212825.
2. Stanley Fischer, citado por Phil Roosevelt, en «Tiny Loans, Big Dreams»,[Pequeños préstamos, grandes sueños] *Barron's Online*, 8 de diciembre de 2003. Copia online del artículo (no del sitio de Barron) disponible en http://www.unitus.com/docs/pdf/12-08-03.pdf (accedido el 2 de marzo de 2005).
3. ACCION Ventures, Reporte Annual/Boletín informativo, primavera de 2003. http://www.accion.org..
4. Opportunity International, 2001 Informe.
5. Shahidur R. Khandker, *Fighting Poverty with Microcredit: Experience in Bangladesh* [Combatir la pobreza a través de los micro créditos: Experiencia de Bangladesh], World Bank Publications, Washington, DC, 1998. p. 145. Citado en United Nations Food and Agriculture Organization (FAO), *The State of Food and Agriculture 2000* [El estado de los alimentos y la agricultura 2000], Roma, Italia, 2000.
6. David Bussau y Russell Mark, *Christian Microenterprise Development* [Desarrollo de los micro emprendimientos cristianos], Christian Transformation Resource Center, 2001, p. 20.
7. Roosevelt, «Tiny Loans, Big Dreams», [Pequeños préstamos, grandes sueños].
8. Por lo general se toma como valor el 250% del PBI per cápita. Las instituciones con préstamos promedio menores a ese valor son consideradas micro prestadoras, las de valor mayor se consideran en el área de la pequeña y mediana empresa.
9. Lou Haveman, «What is Entrepreneurial Success?» [¿Qué es el éxito empresarial?] *Christian Reformed World Relief Committee Development Stories*, 22 de julio de 2002. http://www.crwrc.org.
10. Christian Enterprise Trust of Zambia (CETZAM, Empresa cristiana Confianza en Zambia). http://www.scruples.org/web/entrust/cetzam.htm. Énfasis añadido.
11. Datos del análisis de 2001 de cuarenta programas cristianos de DME en todo el mundo.
12. David Bussau, entrevista con el autor el 4 de abril de 2002.
13. «Microfinance in the Pacific Success stories» [Micro financiamiento en las existosas historias del Pacífico], UNVNews, no. 86, diciembre de 1999. Versión online en http://www.unv.org/infobase/unv_news/1999/86/99_12_86LB_fishb.htm.
14. Rosalind Copisarow, «Micro-finance Technology and the United Kingdom: Key Commercial and Policy Issues» [Tecnología micro financiera y el Reino Unido: Cuestiones clave en comercio y política], *Microfinance Article Library*. http://www.alternativefinance.org.uk/cgi-bin/summary.pl?id=63&sourcelang =E&view=html (accedido en mayo de 2005).
15. «Transparency International, Corruption Perceptions Index 2002» [Transparencia internacional: Índice de percepciones de corrupción 2002], http://www.transparency.org/pressreleases_archive/2002/2002.08.28.cpi.en.html (accedido en mayo de 2005).
16. Dave Larson, vicepresidente de programación de HOPE International, World Relief. Entrevista con el autor, 18 de marzo de 2002.
17. Ibid.
18. Cris Prystay, «In Tiny Loans, a Bank's Bonanza»,[En los pequeños préstamos, bonanza para el banco] *Wall Street Journal*, 6 de noviembre de 2003, p. A12.

Capítulo 11: Las pequeñas y medianas empresas (PyMEs)

1. John Case, «The Job Factory, Inc.» [La fábrica de trabajo], mayo de 2001. Versión online en http://www.inc.com/magazine/20010515/22617.html (accedido el 2 de marzo de 2005).
2. Cortesía de Integra Ventures.
3. John Warton, entrevista telefónica con el autor, 23 de noviembre de 2003.
4. Charles Dokmo, entrevista telefónica con el autor en marzo de 2002.
5. Roger Leeds, entrevista con el autor el 29 de marzo de 2002.
6. Terry Williams, entrevista telefónica con el autor, 20 de noviembre de 2003.
7. Terry Williams, documento no publicado dirigido al autor.
8. Adaptado de *The MicroBanking Bulletin* [El boletín de la micro banca], Issue No.7. Focus on Transparency, Noviembre 2001. http://www.mixmbb.org/en/mbb_issue/07/mbb_7.html.
9. John Case, «The Job Factory» [La fábrica de trabajo].

Capítulo 12: El capital privado extranjero (CPE)

1. Evelyn Iritani, «China's Challenge: Mastering the Microchip» [El desafío de China: El logro de los microchip], *Los Angeles Times,* 22 de octubre de 2002, Bruce Einhorn, «Richard Chang: Taiwan's Silicon Invasión [Richard Chang: La invasión de silicona a Taiwan], *BusinessWeek Online,* 9 de diciembre de 2002. http://www.businesweek.com/ magazine/content/02_49/b3811013.htm.
2. Richard Chang, citado por Richard Read en «Chinese Businessman Finds Open Market for Church» [El hombre de negocios chino encuentra un mercado abierto para la iglesia], *Baptist Standard* (31 de marzo de 2003). Versión online en http://www.baptiststandard.com /2003/3_31//pages/chinese.html.
3. «Thompson Venture Economics/National Venture Capital Association», comunicado de prensa, 21 de abril de 2003.
4. Teresa Barger, ex directora de capitales privados de la International Finance Corporation, entrevista telefónica con el autor, 12 de abril de 2002.
5. Roger Leeds y Julie Sunderland, «Private Equity in the Emerging Markets: Rethinking the Approach» [Valor líquido privado en los mercados emergentes: Repensar el acercamiento], marzo de 2002, borrador de un artículo todavía no publicado en el *Journal of Applied Corporate Finance.*
6. Clem Schultz con Sonia Chou, de Tetsunao Yamamori y Kenneth A. Eldred, eds. *On Kingdom Business: Transforming Missions through entrepreneurial strategies* [Los negocios del Reino: Transformar las misiones a través de estrategias empresariales], pp. 37-44.
7. Steve Rundle y Tom Steffen, *Great Commission Companies* [Las compañías de la Gran Comisión], InterVarsity Press, Downers Grove, IL, 2003, pp. 163-180.
8. Clem Schultz con Sonia Chou, de Yamamori y Eldred, *On Kingdom Business: Transforming Missions Through Entrepreneurial Strategies* [Los negocios del Reino: Transformar las misiones a través de estrategias empresariales], pp. 37-44.
9. Lecciones de parte de la Corporación Financiera Internacional. http://www.ifc.org
10. Clem Schultz con Sonia Chou, de Yamamori y Eldred, *On Kingdom Business, Transforming Missions Through Entrepreneurial Strategies* [Los negocios del Reino: Transformar las misiones a través de estrategias empresariales], pp. 37-44.

Capítulo 13: Las tendencias de hoy y las visiones descabelladas.

1. Barrett y Johnson, *World Christian Trends AD 30-AD 2000: Interpreting the Annual Christian Megacensus* [Tendencias cristianas en el mundo desde 30 DC hasta 2000 DC: Interpretación del mega censo cristiano anual], William Carey Library, Pasadena, CA, 2001, p. 60.
2. The Barna Group. «Tithing Down 62% in the past year» [Diezmos del 62% durante el pasado año] The Barna Update, 19 de mayo de 2003. http://www.barna.org/ FlexPage.aspx ?Page=BarnaUpdate&BArnaUpdateID=39

3. De un folleto de invitación al evento «Spiritual Capital: Developing a new interdisciplinary field» [Capital espiritual: Desarrollo de un nuevo campo interdisciplinario]. Reunión de planificación estratégica y de proyecto de libro realizada el 9 y 10 de octubre de 2003 en Cambridge, MA, organizada por el Metanexus Institute on Science and Religión (http://www.metanexus.net).

4. Bill Child, citado por Marc Gunther en «God and Business» [Dios y los negocios], *Fortune*, 9 de julio de 2001, p. 66. Versión online en http://www.marcgunther.com/article_godandbus01.html (accedido el 2 de marzo de 2005).

5. Os Hillman, «The Faith at Work Movement: Opening "The 9 to 5 Window"» [El movimiento Fe en Acción: Apertura de la «Ventana 9 a 5»], *Regent Business Review*, Issue 9, enero y febrero de 2004. Versión online disponible en http://www.regent.edu/acad/schbus/maz/busreview/issue9/tableofcontents.html.

6. Mike McLoughlin, citado por Dallas Willard en *The spirit of the Disciplines* [El espíritu de las disciplinas], San Francisco: HarperSanFrancisco, 1999. p. 214. Se ha citado a McLoughlin en varias fuentes, por ejemplo http://www.regent.edu/acad/schbus/maz/busreview/ issue9/faithatwork.html (ver sección «The Movement in Ministries»).

7. George Barna, *Boiling Point* [Al punto del hervor], Regal Books, Ventura, CA, 2001. p. 253.

8. De un folleto que promovía la conferencia «His Presence in the Workplace» [Su presencia en el lugar de trabajo], co-conducida por la Billy Graham Evangelistic Association, The Cove, Asheville, NC, 31 de marzo al 3 de abril de 2003.

9. C C. Peter Wagner, citado por Os Hillman en «The Faith at Work Movement: Opening 'The 9 to 5 Window'» [El movimiento Fe en Acción: Apertura de la «Ventana 9 a 5»], *Regent Business Review*, Issue 9, enero y febrero de 2004. Versión online en http://www.regent.edu/acad/schbus/maz/busreview/issue9/faithatwork.html.

10. Sun Ki Bang, «Business and Missions» [Negocios y mission]. http://www.csonline.net /tie/prev1.htm (accedido el 12 de diciembre de 2003).

Capítulo 14: Conocer la visión de Dios referente a los negocios del Reino

1. Centre for Entrepreneurship and Economic Development [Centro de desarrollo empresarial y económico]. http://www.ceed-uofn.org.

2. Doug Hunter, Kingdom Business Forum Conference [Conferencia del foro de los negocios del Reino], Atlanta, Georgia, 22 y 24 de abril de 2004.

3. Phil Roosevelt, «Tiny Loans, Big Dreams» [Pequeños préstamos, grandes sueños], *Barron's online*, 8 de diciembre de 2003. Copia online del artículo (no del sitio de Barron) en http://www.unitus.com/docs/pdf/12-08-03.pdf (accedido el 2 de marzo de 2005).

4. Cydney Gillis, «Big C- little c- John Sage finds the place where Christianity, capitalism intersect» [C mayúscula, c minúscula; John Sage descubre el lugar en el que se produce la intersección del cristianismo con el capitalismo], *King County Journal*, 21 de mayo de 2000.

Apéndice A: Los fundamentos bíblicos

1. Phillip Yancey, «Unveiling the Kingdom of God» [Develando el reino de Dios], *Good News Magazine*, enero y febrero 1999. Adaptado de Phillip Yancey, *El Jesús que nunca conocí*, Editorial Vida, Miami, FL.

2. Anthony A. Hoekema, *The Bible and The Future* [La Biblia y el futuro], Wm. B. Eerdmans Publishing Company, Grand Rapids, MI, 1994.

3. Herbert W. Armstrong, «Plain Truth» [La verdad lisa y llana], agosto de 1939. Las mayúsculas pertenecen al original. Citado por Ambassador Watch en http://www.ambassadorwatch.co.nz/herb2.htm.

4. Herbert W. Armstrong, «Worldwide News» [Noticias del mundo], 28 de enero de 1980. Las mayúsculas pertenecen al original. Citado por Ambassador Watch en http://www.ambassadorwatch.co.nz/herb2.htm.

5. León Tolstoy, *The Kingdom of God Is Within You* [El Reino de Dios está dentro de ustedes], University of Nebraska Press, Lincoln, NE, 1985, cap. XII, escrito original de 1894.
6. Yancey, «Unveiling the Kingdom of God» [Develando el reino de Dios].
7. Mats Tunehag, «Business as Mission» [Negocios como mission], junio de 2001. Versión online disponible en http://ywamconnect.com/c9/images/15/93/2/29315/73248.doc (accedido el 28 de mayo de 2003).
8. R. Paul Stevens, *The Other Six Days: Vocation, Work and Ministry in Biblical Perspective* [Los otros seis días: Vocación, trabajo y ministerio desde la perspectiva bíblica], Wm. B. Eerdmans Publishing Company, Grand Rapids, MI, 2000, p. 106.
9. George Barna, «Igniting a Moral and Spiritual Revolution»,[Encender una revolución moral y espiritual] *The Promise Keeper*, Vol. 2, No. 1, enero y febrero de 1999.
10. Adaptado de Stevens, *The Other Six Days: Vocation, Work and Ministry in Biblical Perspective* [Los otros seis días: Vocación, trabajo y ministerio desde la perspectiva bíblica].
11. John Stott, *Issues Facing Christians Today* [Cuestiones que enfrentan los cristianos hoy], Basingstoke, UK: Marshalls, 1984, p. 162. Citado por Joyce Avedisian «Spirituality of Work: An Investigation» [Espiritualidad en el trabajo: Una investigación], una reflexión del InterVarsity Ministry in Daily Life en http:&//www.ivmdl.org/reflections.cfm?study=69.
12. Juan Calvino, *Institución de la Religión Cristiana*, publicada en latín en 1536 y traducida por Calvino al francés en 1541 y por Cipriano de Valera al español en 1597.
13. Marco adaptado de Stevens, *The Other Six Days: Vocation, Work and Ministry in Biblical Perspective* [Los otros seis días: Vocación, trabajo y ministerio desde la perspectiva bíblica].
14. Ibid.
15. Max Weber, «*La ética protestante y el espíritu del capitalismo* (escrito entre 1904 y 1905)
16. M Martín Lutero, citado en R. Bainton, *Here I Stand: A Life of Martin Luther* [Aquí estoy: La vida de Martin Luther], Abingdon, Nashville, TN, 1978, p. 156.
17. Lee Hardy, *The Fabric of This World* [La estructura de este mundo], Wm. B. Eerdmans Publishing Company, Grand Rapids, MI, 1990, p. 51.
18. Avedisian, «Spirituality of Work: An Investigation» [Espiritualidad en el trabajo: Una investigación].
19. Stevens, The Other Six Days: Vocation, Work and Ministry in Biblical Perspective [Los otros seis días: Vocación, trabajo y ministerio desde la perspectiva bíblica], pp. 72-91.
20. Ibid, p. 88.
21. Ibid, pp. 81-82.
22. Dave Evans, «Faith and Work: A Biblical Overview» [Fe y trabajo: una perspectiva bíblica], notas. Versión online en http://www.svfellowship.org/resources/Faith + Work Basics Outline v 3.doc (accedido el 10 de junio de 2005).
23. Ibid.
24. Stanley J. Grenz «Is it God's Business?» [¿Es un negocio de Dios?]. http://www.meda.org/calling/reflections/god_business.html.
25. Joe Johnson, «A Biblical View of Wealth» [Una vision bíblica de la riqueza], Business Reform, vol. 1, no. 1, enero y febrero, 2001, p. 17.
26. Ibid, p. 18.
27. Dallas Willard, The Spirit of the Disciplines [El espíritu de las disciplinas], San Francisco: HarperSanFrancisco, 1999, p. 213.

Apéndice B: El socialismo

1. Karl Marx, «El capital, el manifiesto comunista y otros escritos» (1848)
2. Paul Tillich, citado por Richard John Neuhaus en Doing Well and Doing Good [Hacer bien y hacer lo bueno] New York, Random House, 1992, p. 47.